**The Nation-State and Violence:
Volume Two of A Contemporary Critique of
Historical Materialism**

民族国家与暴力

［英］安东尼·吉登斯
（Anthony Giddens） 著
徐法寅
郭忠华 校译

中国人民大学出版社
·北京·

译者序

"译者序"本质上属于"序言"的范畴。这不禁让译者联想到马克思在《〈政治经济学批判〉序言》中的话:"我把已经起草的一篇总的导言压下了,因为仔细想来,我觉得预先说出正要证明的结论总是有妨害的,读者如果真想跟着我走,就要下定决心,从个别上升到一般。不过在这里倒不妨谈一下我自己研究政治经济学的经过。"[1] 同理,在撰写"译者序"时,译者亦不免担忧这个"译者序"是"有妨害的"。

相较于马克思为自己著作写序的顾虑,译者的这种担忧或许更为深重。作者为自己的作品撰写序言时,无论读者作何解读,其对自身研究的问题意识、思想脉络、逻辑架构与核心观点的把握,总归比读者更为透彻。因此,马克思担心"总是有妨害的",与对作品的理解并没有什么关系。但是,在写"译者序"时,译者兼具读者身份,很难完全理解作者本人的问题、思考、逻辑和观点,因此"总是有妨害的"的担忧就更为强烈。况且,作者本人的"导论"也交代得很清楚了。

所"幸"的是,作者与读者之间的这种隔离关系和互动关系是不可避免的,因此读者们可以坦然地与作者进行"对话"。一种元理论分析方法表明,文本总是在特定的社会情境、社会思潮、学术训练、个人经历中产生的[2];同样,读者对于文本的解读也是在社会情境、社会思潮、学术训练、个人经历中进行的,其中涉及读者和作者的视

---

[1] 马克思,恩格斯. 马克思恩格斯选集:第2卷. 3版. 北京:人民出版社,2012:1.
[2] RITZER G. Sociological metatheory: a defense of a subfield by a delineation of its parameters. Sociological theory,1988,6(2):187-200.

域之间的融合①。

谈及与作者的"对话",译者本人正是在与吉登斯的"对话"中成长的(当然,所谓"成长",也是就译者本人的自我比较而言的)。由于社会科学同时具有人文性和科学性②,我的一些老师就主张在学习理论史的基础上精读一两个理论家的作品。上学的时候,译者就阅读了安东尼·吉登斯和皮埃尔·布迪厄的作品。当然,译者本人并没有采取对理论家的思想进行阐释的研究路径,而是更加关注社会科学研究的方法论,更加强调在经验研究中审视理论。不过,译者也认为,在经验研究中运用和发展理论,也要以深化对理论本身的理解为前提。比如,就论证逻辑和研究方法而言,理解《民族国家与暴力》一书,需要放在吉登斯关于"历史唯物主义的当代意义"的三部曲中进行理解③。从这里我们就可以发现,虽然吉登斯在《民族国家与暴力》中集中探讨的是民族国家的兴起及其中暴力的演变和作用,但是如果从其完整的论证逻辑来看,吉登斯关注的问题则是现代社会的特征、动力、进程、困境和前景。从理论视角上来说,对于理解他关于"历史唯物主义的当代意义"的三部曲,吉登斯的《社会理论的核心问题》(*Central Problems in Social Theory*)和《社会的构成》(*The Constitution of Society*)都有所帮助。

另外,译者还认为,这种"对话"虽然在读者和作者的隔离与互动中是不可避免的,但是却不一定是有意识的。这种"对话意识"(或者"批判意识"),不仅包括技术层次上的对话方法,而且包括社会层次上的对话现象。在各种研究方法课程上,关于对话方法的讨论是颇为丰富的,尤其是在文献综述中找"research gap"(研究空白)的方法。但是,在技术层次之外,我们还需要关注"对话"的知

---

① GADAMER. Truth and method. New York: Bloomsbury, 1989.

② WEBB K. An introduction to problems in the philosophy of social sciences. London and New York: Pinter, 1995.

③ 这三部曲分别是《历史唯物主义的当代批判》(*A Contemporary Critique of Historical Materialism*)、《民族国家与暴力》(*The Nation-State and Violence*)和《超越左与右》(*Beyond Left and Right*)。译者认为,这三部曲的内容非常庞杂。

识社会学方面的性质。比如，就《民族国家与暴力》而言，我们读者与之进行的对话，也一定是在我们所处的社会情境中进行的。我们也需要从知识社会学的角度思考和进行这种对话。从知识社会学的角度来看，在与吉登斯的现代性理论进行对话时，我们尤其需要关注的是中国式现代化。应该说，吉登斯关注的现代化还主要是西方世界的现代化过程和现代性特征，主张的是反思性现代化，本身就指出了西方现代化道路的困境①。这在一定程度上，对于我们理解西方的现代化和一般意义上的现代化具有借鉴意义。此外，吉登斯也关注现代化与全球化之间的关系，尤其是现代性的全球扩散②。在这个论述中，我们也可以看到多元现代化理论、世界社会理论、世界体系论的成分。对于我们在复杂的全球形势中走中国式现代化道路，这些论述都具有重要的借鉴意义。当然，"对话"就是"对话"，"借鉴"就是"借鉴"。译者认为，从知识社会学的角度看，我们需要立足中国实践，秉持科学的精神，对本书进行批判性的阅读和分析。

不知道这是不是一种职业病：译者总认为，自己写东西，要有明确的问题，也要有自己的创见，因此需要与现有研究进行对话，必然包括对现有研究的引用；译者序也应该如此。显然，这个"译者序"并不是这样的，因为译者本人没有什么成形的"东西"，因此也没有什么"长篇大论"。这样也可以减少"总是有妨害的"担心。

徐法寅

2025 年 6 月

---

① BECK U, GIDDENS A, LASH S. Reflexive modernization: politics, tradition and aesthetics in the modern social order. Stanford: Stanford University Press, 1994.

② 比如《失控的世界：全球化如何重塑我们的生活》(*Runaway World: How Globalization is Reshaping our Lives*)。

目 录

说　明 / 1
导　论 / 2

第一章　国家、社会与现代历史 / 7
　　权力与支配 / 7
　　国家的概念：初步的评论 / 15
　　社会理论中的国家、民族国家和军事力量 / 20
　　对现代史的断裂论阐释 / 28

第二章　传统国家：支配和军事力量 / 35
　　传统国家中的城市与乡村 / 35
　　监控与行政力量 / 40
　　领土权、国家、社会 / 47
　　传统国家的军事力量 / 50

第三章　传统国家：官僚制、阶级和意识形态 / 62
　　官僚制和阶级统治 / 62
　　意识形态和非现代国家 / 70
　　国家体系 / 76

第四章　绝对主义国家与民族国家 / 82
　　绝对主义国家体系 / 83

作为组织的绝对主义国家／90
绝对主义国家向民族国家转变过程中的军事力量／98
民族国家、民族、民族主义／108

第五章 资本主义、工业主义和社会转型／119
什么是资本主义？／119
资本主义和工业主义／131

第六章 资本主义与国家：从绝对主义到民族国家／143
商品化与国家发展／143
资本主义与世界体系理论／153

第七章 行政权力与内部和平进程／164
行政权力（1）：传播与信息储存／164
行政权力（2）：内部和平／171
城市主义、区域化和隔离／180

第八章 阶级、主权与公民身份／187
多元政治／187
公民身份、意识形态和民族主义／196

第九章 资本主义发展与战争工业化／209
"长期和平"／209
战争与社会变迁／217
两次世界大战／220
民族国家、工业主义和军事力量／226

第十章　全球国家体系中的民族国家 / 239
　　民族国家与"国际关系"的发明 / 240
　　民族国家的类型 / 248
　　世界资本主义经济 / 256
　　国际秩序和国家主权 / 260
　　资本主义、工业主义和国家体系 / 265

第十一章　现代性、极权主义和批判理论 / 272
　　极权主义：监控与暴力 / 273
　　极权主义统治的要素 / 278
　　现代性的维度 / 283
　　需要一种有关暴力的规范性政治理论 / 295
　　20世纪晚期的批判理论 / 302

参考文献 / 310
索　引 / 327

说　明

在本书注释中，作者的下列书籍将以缩略的形式呈现：

Central Problems in Social Theory (London: Hutchinson, 1977) —CPST.

New Rules of Sociological Method (London: Hutchinson, 1976) —NRSM.

Studies in Social and Political Theory (London: Hutchinson, 1977) —SSPT.

The Class Structure of the Advanced Societies (London: Hutchinson, 1979; revised edition, 1981) —CSAS.

A Contemporary Critique of Historical Materialism (London: Macmillan, 1981), vol. Ⅰ—CCHM, vol. Ⅰ.

Profiles and Critiques in Social Theory (London: Macmillan, 1982) —PCST.

The Constitution of Society (Cambridge: Polity Press, 1984) —CS.

导　论

本书是我所著的《历史唯物主义的当代批判》三卷本之第二卷①。它们都关注历史唯物主义与当今世界的关联，但却无意对马克思的著作再度进行没完没了的批判性解剖，而是试图勾勒后马克思主义（post-Marxist）有关当今社会、政治分析的轮廓。马克思的著作对理解资本主义至关重要，作为一种比以前任何生产秩序都具有更广泛扩张趋势的经济生产模式，资本主义是塑造现代世界的最重要力量之一。但资本主义不是塑造现代性的唯一力量，而且对马克思勾勒资本主义发展的一些主要视角，我们也有进一步审视的充分理由。

马克思有关资本主义历史起源和前途命运的讨论是其总体历史框架中的组成部分，但这一框架的解释力是有限的。他有关资本主义本质的分析必须从其历史唯物主义的总体框架中抽离出来，且与一种有关以往历史和现代制度分析的不同研究视角结合在一起。把现代社会看作生产力渐进扩张过程的顶点，这种做法导致它无法表明现代社会

---

① 其中，第一卷为：ANTHONY G. A contemporary critique of thistorical materialism, vol.1: Power, property and the state. Berkeley: University of California Press, 1981.（中译本参见：吉登斯.历史唯物主义的当代批判：权力、财产与国家.郭忠华，译.上海：上海译文出版社，2010.）第三卷为：ANTHONY G. Beyond left and right: The future of radical politics. Stanford: Stanford University Press, 1994.（中译本参见：吉登斯.超越左与右：激进政治的未来.李惠斌，杨雪冬，译.北京：社会科学文献出版社，2009.）

与各式传统社会之间的**差异**到底有多大。现代"社会"都是民族国家，它存在于由大量民族国家所组成的体系中。无论从内部特征抑或外部相互关系而言，传统国家——我所说的"阶级分化社会"（class-divided societies）——都与民族国家存在本质性区别。社会科学家们习惯于将"社会"视作具有明确边界的行政实体（administrative unities）。但是，阶级分化社会并非如此。如果现代社会是这样的，也并非源于所有社会联合的固有特征，而是与民族国家相关联的独特社会整合（social integration）形式的结果。

历史唯物主义把传统国家和现代国家的兴起都归结为物质生产的发展，或者我所说的"配置性资源"（allocative resources）。但是，信息的收集和储存同样重要，可以协调从属人口的行为，也往往是物质财富生产的主要手段。在构造时空范围比部落文化更大的社会系统的过程中，信息储存对于"权威性资源"（authoritative resources）的作用发挥尤为重要。监控（surveillance）——表现为对信息的控制以及对其他群体行为的监督——则是使这种资源得以扩张的关键。

在本书中，我也非常强调军事力量对于传统和现代国家组织的重要性。在所有拥有"武装力量"的社会中，谁控制暴力工具？控制程度如何？使用暴力工具的目的是什么？这些问题显然极为重要。但有关监控和暴力手段控制的考察却鲜见于一些最有影响的社会理论派别，包括19世纪和今天的马克思主义。对于这些现象的研究必须与马克思主义所主要关注的现象——资本主义和阶级冲突——联系在一起，但除马克思主义所关注的现象外，它们对现代性的发展也具有独立的影响。

与现代性关联的第四个"制度丛结"（institutional cluster）是工业主义（industrialism），马克思主义对于其影响和后果的认识很大程度上并不清晰。社会理论中的主要争论之一是，有些人把资本主义看作现代世界的"缔造者"，有些人则把这一不太光彩的功劳归于工业主义。因此，在马克思主义有关"资本主义扩张及其为社会主义所取代"的观点之外，还存在与之对立的"工业社会理论"（theory of industrial society）。在这一理论看来，资本主义和社会主义无非是工业生产对现代社会生活的塑造这一更大主题的不同表现形态。但这种观点对立很大程度上是一种误解，因为工业主义尽管是资本主义刺激的结果，两者在本质和社会后果方面却存在诸多差异。

3　　20世纪是一个血腥和令人恐怖的世纪。我认为这样评价马克思是公平的：他预见到了激烈的阶级斗争和剧烈的革命变迁（就这一点而言，他没有错），但他没有预见到这个世纪骇人听闻的军事暴力。包括马克斯·韦伯在内，那些公认的现代社会理论的奠基人，都没有预见到当今社会出现的某些力量有多么野蛮、多么具有破坏性。韦伯尽管亲身体验了第一次世界大战的血腥和屠杀，但却没有预见到接踵而来的第二次世界大战和极权主义。也没有人能预见到热核（thermonuclear）时代的到来，虽然这种趋势在19世纪就已经出现。这种趋势与工业化战争手段的发展相关，工业、技术和战争手段的结合是总体意义上的工业化过程的重要特征之一，但社会理论的主要传统对这一特征的重要性都未予以充分的分析。

　　在进行了上述分析之后（在本书中我也将用大量篇幅进行分析），对马克思主义所秉持的批判性诉求我们的看法又是怎样呢？至少，我们必须承认，我们与马克思所预测的未来相去甚远，我们几乎没有通往那种未来的明确路径。我们生活在一个同时充满重大机遇和重大灾难的世界，只有最愚蠢的乐观主义者才会相信，机遇终将战胜灾难。

　　本书涉及庞杂的世界史内容，为了系统地说明其中的线索，我将列举一些基本结论来概括本书的主要观点。我相信大部分读者会认为其中一些结论存在争议，但我也相信他们会发现其中一些具有启发性。当然，这些结论的含义只有在阅读本书的过程中才会变得清晰，而且还需不时加以回顾。

4　　1. 传统国家（阶级分化社会）本质上是分裂的（segmental）。政治中心的管理范围有限，政治机构对其成员不能进行现代意义的"统治"（govern）。传统国家有边陲（frontiers）而无边界

(borders)。

2. 绝对主义国家（absolutist state）与传统国家形态发生了断裂，这种断裂预示着后来民族国家的发展。自绝对主义时代开始，与"非个人化的行政权力"观念相关的主权观念以及一系列相关政治观念，一定程度上成为现代国家的构成性因素。

3. 民族国家的发展预设了传统国家所赖以建立的城乡关系的瓦解，预示着密集的行政命令的出现（与边界相关联）。

4. 民族国家本质上是一种多元政治（polyarchic）。稍后，我将会具体说明这一术语的含义。这种政治起源于民族国家的行政集权（通过监控的扩展而实现的）及其带来的控制辩证法（the dialectic of control）性质的转变。

5. 民族国家仅存在于民族国家之间的系统性关系之中。民族国家内部的管理协调从一开始就依赖于其对国际环境的反思性监控。"国际关系"与民族国家是同时出现的。

6. 与传统国家相比，民族国家很大程度上实现了内部和平，对暴力工具的垄断通常只是统治者维持其"统治"（government）的间接资源。就这一点而言，现代国家的军事统治与传统国家的军事统治截然不同。在19世纪的社会理论对军事社会和资本主义工业社会进行的对比中，这一点也很重要。

7. 资本主义的扩张对于巩固16世纪以来的新型世界秩序至关重要。虽然资本主义和工业主义对于民族国家的兴起具有决定性影响，但民族国家体系不能化约成这两种因素。现代世界是资本主义、工业主义和民族国家体系交互作用的产物。

8. 战争工业化（industrialization of war）是伴随民族国家而兴起的一种重要过程，也是塑造民族国家体系的关键变量。战争工业化催生了一种世界军事秩序，这种秩序同时存在于"第一世界"、"第二世界"和"第三世界"中。

9. 不能认为20世纪跨越国界的全球性交往的持续强化必然

削弱国家主权。恰恰相反，它实际上是当今时代民族国家体系全球扩张的主要条件。

10. 现代性与四个"制度丛结"相关联：高度监控、资本主义组织、工业生产、暴力工具垄断的巩固。其中的任何一个都不能完全化约为其他三者，对其中任何一个的过分强调都将使批判理论偏离其下面这个核心目标：作为未来社会发展的唯一目标，社会主义将超越资本主义。

我这里还要表明这些结论的性质和适用范围。本书主要是对民族国家的起源——也就是"西方"民族国家——进行考察。在总结性的最后三章之前，当我说"民族国家"的时候，读者应该理解为"西方民族国家"，而且主要指"欧洲民族国家"。在最后三章，我将力图追溯这种政治形态扩展到全球的过程和原因，但我无意对当今世界各个国家的差异进行全面分析。

第一章　国家、社会与现代历史

权力与支配

本节的开始部分将概述与权力概念相关的一些常见概念，从而确立本书之主旨。与"能动性"（agency）和"结构"（structure）一样，"权力"（power）也是社会科学的基本概念[1]。成为人也就意味着成为能动者（agent）——尽管并非所有能动者都是人——而成为能动者也就意味着拥有权力。从高度抽象的意义而言，"权力"指"转换能力"（transformative capacity），即干预特定事件并以某种方式改变它们的能力。对于社会理论而言，能动性与权力之间的逻辑关联至关重要，但为了让"权力"概念在社会研究中发挥实质性作用，这个"一般意义"上的权力定义还需作进一步细化。

这主要包括两个方面：一方面，权力必须与能动者旨在实现其行动目标的过程中所使用的资源联系起来。资源存在于社会系统持续再生产的过程中，这种跨越时空的持续再生产形成社会系统的结构性特征，从而使社会得以"存在"。我们可以区分出两类资源：配置性资源和权威性资源。配置性资源指对物质工具的支配,包括物质产品及其生产过程中所使用的自然力量。权威性资源指对人类活动本身的支配[2]。两种权力来源很大程度上都依赖于对时空关系的管理。

无论马克思主义还是非马克思主义的社会学和人类学研究,都强调配置性资源在社会构成和社会变迁中的作用。这种观点直接而充分地体现在历史唯物主义上,如果把历史唯物主义看作马克思在《〈政治经济学批判〉序言》中有关历史的阐释的话[3]。在那里,马克思从生产力发展的角度解释历史,不同社会类型的制度组织及其变迁都根源于生产力的发展。但对配置性资源的强调并不仅仅存在于历史唯物主义当中,所有基于"文化进化主义"或"社会进化主义"的理论实际上都表现出这一特征,这些理论力图用社会形态对其"环境"的不同适应方式来解释社会变迁。我已在其他地方对这种观点进行过广泛的批判[4],这里无须重述这些批判,只需指出下面这一点就够了:在本书所采用的立场看来,所有认为配置性资源对社会组织和社会变迁具有决定性作用的历史解释都是站不住脚的。

这样说并不意味着走向另一个极端,即单纯地强调权威性资源的作用。如果人类历史不存在所谓的原动力(即使在最终的意义上),社会分析所要针对的问题就是:考察配置性资源和权威性资源在社会系统构成和社会动态变迁过程中的各种关系[5]。

资源绝不会"自发地"进入社会系统的生产过程;只有特定情境中的行动者在日常生活中使用资源的时候,它们才会发生作用。也就是说,所有的社会系统都可以视为**支配**(domination)的构成或表现方式,"支配"概念而不是其他概念才是权力研究的焦点。所有跨越时空而稳定存在的社会系统都是"权力系统",都呈现为某种支配形态,因为社会系统建立在行动者之间或行动者群体之间的自主与依赖关系的基础上[6]。有关权力性质的大量争论已经表明,各种支配形态不能化约为个体行动者所采取的行为、作出的决定或制定的政策。权力是即使面对他人反对也能够有效地决定事件进程的能力,它无疑极端重要。但是,"决定"和"争议性政策"只是支配的面向之一。

用"不作决策"（non-decision-making）来描述权力的另一个面向虽然并不恰当，但政治科学的某些研究领域已经广泛接受了这一术语。重要的不仅仅是没有作决策，甚至决策之事从未被考虑过。也就是说，不决策，不是决策的对立面，反而总会影响行为"选择"的各种情境。当权力以制裁力量的面孔出现时，权力是最令人不安的和最令人恐怖的。不过，权力只有在重复性制度化实践中无声地运行时才是最集中和最持久的[7]。因此，我所使用的"支配"并不一定是一个本质上具有负面含义的概念[8]。

任何具有一定时间延续性的社会系统都必然包含着"权力的制度化调配"（institutional mediation of power）[9]。也就是说，支配存在于制度之中，并通过制度而得到体现；制度体现了嵌入在社会生活最深处的延续性。但在所有的社会集合体中——无论是在社团还是在组织中[10]——支配都体现为各种**控制**模式，一些行动者通过这些控制模式而致力于获得和维持他人对于自己的服从。我将那些相对稳定的控制形态称作**统治**（rule）类型。统治形态是社会系统中自主性与依赖性之间的（或多或少的）稳定关系，统治形态的维持依赖于支配者影响他人行为的例行化实践。因此，就分析性意义而言，它们区别于权力的制度化调配[11]。比如，就作为转换能力的权力而言，特定类型的科层制组织可能会产生高水平的权力。就其掌握的配置性资源和权威性资源而言，现代大型工业公司的权力也同样如此。但任何个人或群体对组织运转的控制能力并不是权力"大小"的直接延伸。就个人动用资源的能力而言，他可能处于"强有力"的地位，但在何种程度上能够实现特定的目标，则还依赖于能够从他人那里获得的必要服从[12]。那些"位高权重"之人经常谈到这样一种体验：在实现自己的目标时面临诸多障碍。这种经历无疑非常真实。

我们应该将统治的"广度"（scope）与统治的"强度"（intensity）区分开来[13]。前者指处于支配地位的行动者所能控制的被统治者的行为范围。企业管理者对于较低层次劳动者的控制可能非常广泛，虽然这种控制通常只局限于与"工作"相关的行为。后者则指为获得他人的服从所能使用的制裁措施,其中最极端的方式是实施具有生杀大权的暴力手段。统治的广度与强度之间可能存在各种联系——这一点对于本书的研究主题而言非常重要。正是基于这一点,很多传统统治者对于其臣民拥有"绝对的"权力,因为这些臣民必须服从其所有的命令,否则将"被处以极刑"。但这种权力并不意味着对臣民的行为具有非常广泛的实际控制。正如我稍后将详细分析的,在传统国家,统治集团缺乏对臣民的日常生活进行常规性控制的手段。与此相反,现代国家的一个重要特征是:国家管理人员的控制能力得到大规模扩张,甚至能够影响到最私密的日常活动。

因此,所有统治类型都依赖于权力的制度化调配,但这是通过特定的控制策略得到实现的。显然,控制策略在很大程度上依赖于它们发生于其中的支配形态。比如,在现代工业的背景下,管理者赖以获得工人服从的策略必须在下面这个框架下做出选择:不能使用暴力,甚至不能威胁使用暴力。现代工业中的大部分"管理"内容都根源于这一事实。但是,管理者在控制劳动者时所使用的资源可以非常集中,而且可以通过一系列不同的方式加以应用。处于支配地位的人或群体所使用的所有控制策略都必然引起从属者的反控制策略(counter-strategies)。这种现象就是我所说的社会系统中的**控制辩证法**,这又与我开头所讨论的能动性问题直接相关。成为能动者,就是能够改变世界(make a difference to the world);能够改变世界,就是拥有权力(这里的权力就是转换能力)。无论支配者控制的广度和强度如何,他们的权力都依赖于他人的服从,但后者也可以采取自己的策略、使用特定形式的制裁。对于主奴辩证法(master-slave dialectic),黑格尔指出,"自我意识","只能在另一个自我意识中才能得到满足"[14]。黑格尔以此为基础发展出一种目的论的历史哲学。但在这个宏大而华丽的哲学体系背后,我们还必须认识到,即使那些最具依赖性、最为柔弱、最受压制的奴隶,也能够开拓出自身的自主行动空间。

所有的统治形式都存在从属者可以加以利用的"机会",从而可以影响那些掌权者的行为。由此导致的一个结果是:权力技术——各种正式统治程序——虽然看起来具有"固定性",但在实际运转过程中却很少那么固定。在一个社会系统中,支配者的控制所依赖的权力越广泛,这一社会系统的组织便越不稳固并且越有可能发生动荡。比如,在有关监狱和精神病院的研究中充满着关于"讨价还价"的描述:那些组织的管理者必须与犯人或病人进行协商,从而使自己的统治更加有效。

所有社会再生产和权力系统都以日常活动的"可预测性"(predictability)作为基础。日常行动的可预测性特征——也就是例行化特征——并不是"自然发生的",相反,它实际上是社会生活情境中行动者"人为制造的"。当然,行动者这样做不是"有意为之"(就这一术语在日常生活中的意义而言),虽然他们也经常通过话语来反思他们所从事的活动。行动者"人为制造的"社会生活的许多特征都是通过非话语性的"实践意识"(practical consciousness)而实现的[15]。也就是说,行动者会常规性地利用社会风俗中的复杂知识,来对自己的行为进行反思性监控,并在这一过程中维持和再生产出那些风俗。所有社会行动者都是"社会理论家",他们通过话语所做的系统阐释,是他们所再生产的社会形态的组成部分。因此,他们绝不只是盲目地履行和再履行日常生活中的例行常规。即使在最传统的文化中,"传统"也会被反思性地利用,而且会在某种意义上"通过话语来加以理解"(discursively understood)。

然而,在传统社会,尤其是在小规模口头文化中,人们并不是这样来理解"传统"的,因为没有哪种事物可摆脱传统之影响,也没有哪种事物与之对立。"历史",不是被视为利用过去来促进未来的变迁,而是被视为"可逆时间"(reversible time)的不断重复[16]。"历史"的发明使人类社会的生存状况发生了重大变化,自那以后,在改变制度形态的各种努力中,社会再生产的环境也被一再得到反思性监控。这就是"组织"(organizations)区别于其他类型的集合体(collectivity)的主要特征。本研究将不断提到"组织"这一术语。它是这样一种集合体:在这种集合体中,关于系统再生产的条件的那些知识会被反思性地用来影响、塑造或调整这一系统的再生产过程。从这一意义而言，所有形式的国家行政机构都是组织，我在后文中将会详细说明理由。但与先前存在的国家形式相比，现代民族国家高度强调对系统再生产的反思性监控，此外，社会生活的其他许多方面也具有"组织"的特征。

在前文中，我将支配与时空控制联系在一起。理解这一点的含义需要关注人类社会活动的时间安排（timing）和空间布局（spacing）[17]。强调权力与场所（locales）之间的关系尤其重要。这也是本书的一个重要主题。我特意使用"场所"而不是地理学家通常使用的"地点"（place），因为"地点"通常只是一个模糊的概念，而且没有突出时间和空间坐标。场所指各种互动的场景（settings），包括系统性互动和社会关系发生于其中的物理场景——场景具有"设计风格"（architecture）。行动者在建构互动的过程中经常使用身边的场景，这一点对于互动的"意义"极为重要[18]。但在再生产跨越广袤时空的制度化活动的过程中，场景同样无处不在。因此，居所（dwelling）是一个具有特定设计风格的场所：它们与行为的时空特征和分布紧密关联，具有社会重要性。一个拥有多个房间的居所是"区域化的"（regionalized），不仅意味着这一居所包含着不同的"地点"，而且意味着这些房间被习惯性地用于不同类型的目的，它们在例行化的日常生活中是功能分化的。但我所说的"场所"并不仅仅指具有严格限定性质的场景。场所也包括各种内部区域化了的、跨越广袤时空范围的场景，如城市、民族国家等。

场所对于权力理论的重要性可以表述如下：各种类型的场所构成了"权力的容器"（power containers）——行政权力产生的竞技场。场所之所以是权力容器，是因为它为配置性资源和权威性资源的集中提供了可能。在我所说的阶级分化社会中，城堡、庄园——尤其是城市——都是权力产生的容器。在现代世界，行政组织——公司、学校、大学、医院、监狱等——也是资源集中的中心。但以民族国家作为表现形式的现代国家在许多方面是权力容器的主要形式，因为民族

第一章　国家、社会与现代历史

国家尽管内部高度区域化，但它是一个具有明确领土边界的行政统一体。

尽管不同类型社会中的场景会存在差异，但我们仍可以从总体上说明权力是如何通过资源"控制"（containment）而产生的。如前所述，权力容器主要通过配置性资源和权威性资源的集中而产生权力。虽然配置性资源的生产直接受技术水平的影响，但它们的集中程度主要取决于那些产生权威性资源的因素。这些因素主要包括如下类型。

1. 不同类型的场景所允许的监控水平。"监控"包括两种相互关联的现象：一种是"编码信息"（coded information）的积累。这些信息既是关于个人的，也可以用来管理个人的行为。不仅信息的收集非常重要，信息的储存也非常重要。虽然人类记忆是信息储存的手段，但是作为记录方式的标记或痕迹极大地提高了信息储存的能力。如果说文字是所有文化都存在的现象，现代国家中的电子储存方式——磁带、唱片、磁盘等——则显著地丰富了信息储存的方式。所有的信息储存方式同时也是信息沟通的方式；面对面的交流也是如此，而且还是口头文化中唯一的人类互动方式。信息记录的"外在化"必然会切断信息沟通与身体在场和面对面互动之间的内在联系。但电子沟通在历史上首次将"即时"沟通与身体在场分离开来，从而导致现代文化的发展。稍后我将会表明，这一点对于民族国家的产生和巩固具有根本重要的意义。

另外一种监控现象是处于权威地位的人对另一些人的行为进行的直接监控。在明确限定的场景中集中行动，极大地提高了管理者对行为进行"监视"的程度，因此也提高了控制的程度。在大多数非现代社会，第二种意义上的监控程度（和第一种一样）是相对有限的：虽然有许多在建设公共设施的过程中大规模人口被集中起来的案例，比如寺院、纪念馆和道路的修建，但这些聚集往往只持续较短的时间，而且与大多数人口的行为和生活相比，这种聚集也十分稀少。在阶级分化社会，在某些明确限定的区域中（比如小型农村社区）会存在特定的监控程序，而且这些程序可以不同程度地与更大的网络联系在一起。其中的例证包括，中世纪天主教中地方神父的作用，中国传统国家中对告密者的利用。但只有在城市中，中央国家机构才能进行直接而持续的监控，但这种监控的成功程度与现代组织相比仍然很低。在现代组织中，社会行动者日常生活中的很大部分（比如，在工厂或办公室）和"全控"情境中（比如，监狱和精神病院）的大部分生活时间，都或多或少受到持续的监控。

两种意义的监控紧密地糅合在一起，因为对社会活动信息的收集可以（而且事实上也如此）被直接整合到各种形式的监督中，而且在现代组织中这种糅合也会被最大化。

2. 在特定场景中将大量日常生活中不直接参与物质生产的人集中起来的可能性。组织和牢固的规训权力（disciplinary power）的形成都依赖于某种专业化的行政官员的存在。正统历史唯物主义用剩余价值生产的发展来"解释"早期行政专业化（administrative specialism）的兴起。不过，剩余价值的生产要想成为行政权力得以产生的资源，就必须以某种方式得到调配。如果"剩余价值生产"所指的是任何具体的事物，那它必然是：对于特定数量的生产者而言，超出了传统的或预定的需求的物质生产。如果这样界定，剩余价值的生产甚至都不是专业化行政机构得以形成的必要条件。这样的组织经常产生于对广大被统治者实施严重剥削的背景下——对"剩余价值"的占有可能正是这种剥削的根源[19]。

正如马克斯·韦伯所强调的，组织场景中对个人持续"控制"的出现，除"剩余价值生产"的扩大之外，还需要其他各种社会条件，其中有些条件是现代西方社会所特有的。这些条件尤其包括"俸禄式"（prebendal）薪酬方式的消失，以及与之相伴的货币经济的充分发展。纯粹的"职业化"官员是领取工资的官员，他们的薪酬来源完全不同于根据官阶来将物质资源用于私用的报酬方式。

3. 制裁广度和强度的发展，尤其是军事力量的发展。我认为，这里有两种场所至关重要：阶级分化社会中的城市和现代社会中的民族国家。军事力量与法律制裁之间的关系非常重要。任何形式的组织都会建立起某种法律规范，这些法律规范又会规定官员以某种形式实施的制裁，而且直接或间接地以暴力威胁作为后盾[20]。但与阶级分化社会截然不同的是，暴力制裁在大部分现代组织中已变得非常间接和罕见。这也是我在本书中所提出的主要论点之一。此外，总体而言，军事力量与警察力量之间也进行了明确的区分，前者是"外部"指向的，后者则是"内部"指向的。

常备武装力量的首次出现给现代历史注入了全新的事物。但在所有的阶级分化社会中，无论国家控制的军事力量有多么强大，总会存在逃脱中央机构控制的重要反抗武装，如强大的地方军阀、四处掠夺的游牧民族、各式各样的海盗和土匪，它们都表明了阶级分化社会的分裂性。

4. 影响意识形态形成的特定条件的创设。阶级分化社会的系统整合并不特别倚重大部分社会个体普遍接受特定符号秩序（symbolic orders），重要的是通过统治团体或统治阶级成员的接受所实现的领导权（hegemony）。各种活动在城市的集中在此以多种方式发挥了重要的作用。监控的扩张能在相当程度上提升意识形态的影响，尤其当它被贯彻到各种正式教育中以后——哪怕接受教育的人只是很小的一个阶层。但是，很多传统城市的物理布局也可能产生意识形态影响。在这种城市布局中，国家和宗教的宏伟建筑通常占据主导地位，这种权力的视觉呈现无疑会给周边的人们留下深刻的印象[21]。

国家的概念：初步的评论

"国家"在日常语言中存在两种含义，但对于社会理论而言，这种模糊性并不令人十分担忧。"国家"有时指政府或权力机构，有时指政府或权力机构所控制的整个社会体系。在大多数情况下，这两种用法并不让人感到困惑，但我们必须区分两种用法所体现的专业术语。因此，当我讨论政府行政机构时，我将使用"国家机构"（state apparatus）一词，而当讨论整体社会体系时则将使用"社会"或"文化"。"社会"和"文化"这两个术语的内涵同样模糊不清。就"社会"这个术语而言，我们必须谨慎：社会学家都含蓄或明确地将"社会"理解为一个具有明确边界的系统，而且具有明显而易于识别的一系列特征。现代民族国家尽管的确如此，但其他类型的社会——无论是"国家"，还是小规模地方群体——却并非如此[22]。

就我前面提到的"国家机构"这个术语而言，所有形式的国家机构都包含众多组织。但出于分析的方便，我们也需要将国家机构视为单一的组织。就国家的诸多特征而言，我认为这是一般意义上的"国家"的第一个本质特征。**任何国家都会反思性地监控其所管辖的社会体系再生产的各个方面。**注意，这种观点不同于涂尔干等人所提出的国家理论。涂尔干认为，国家的主要特征是，它是与社会其他部分进行沟通的机构。他提出，"国家"是"社会思想组织"，但他接着又说，这并不意味着"所有社会思想都根源于国家"。社会思想的一个来源是"社会在长期演化过程中共同创造的情感、理念和信仰"，另一个来源则是国家的"思想过程"。涂尔干写道，"在日常社会生活中，有些事情是自发的、自主的和不需要思考的"，但"另一方面，审慎和反思是政府机构的特征……在那里，所有的事物都是组织化的，这种组织化越来越阻止未经思考就发生的变化"[23]。我认为这些观点大部分是正确的。但涂尔干却进一步假定：除非是在异常和"病态"的情况下，国家必然代表受它统治的人的利益。他仅仅将现代民主国家视为一般意义上的国家权力的简单延伸，而且也低估了国家机构作为一种权力来源独立于社会其他部分的程度。

对于韦伯所提出的将国家与其他组织区分开来的那些现象，涂尔干并不将它们视为国家的特征。韦伯有关"国家"的界定包括三个要素：（i）常规的行政人员；（ii）能够宣称对暴力工具行使合法性垄断；（iii）能够在特定区域内维持这种垄断。韦伯的国家定义强调暴力性（violence）和领土性（territoriality）特征，但涂尔干却错误地拒绝将两者视为国家的普遍性特征。但是，韦伯的观点也不能完全令人满意[24]。韦伯首先以现代国家为参照来定义国家，然后再将这种定义进行一般化，将其应用到历史上的国家中。他直截了当地说，"国家概念"，"只有在现代社会才得到充分的发展"，因此"国家定义最好根据现代国家类型来进行界定，但同时也要将其从当今价值观念中剥离出来，因为这些价值观念特别容易发生变化"[25]。这种分析方法的问题是，就他所选择的那些国家特征而言，这种方法容易导致缩小传统国家与现代国家之间的差异。正如我将指出的，只有在现代民族国家中，国家机构才能从总体上——但并非完全——宣称实现了对暴力工具的成功垄断，也只有在现代民族国家，国家机构的管理范围才扩展到其所宣称的领土边界。对暴力工具的垄断权及其与某种领土观念的结合是所有现代国家的一般特征。但我们要特别小心地强调第一部分中的那个"宣称"，也要认识到第二部分对领土要素的分析是存在问题的。

韦伯不仅依据对暴力工具的控制来定义国家，而且还以之为依据对"政治"（political）进行界定。"政治"是一个更加宽泛的范畴。在韦伯看来，"政治"组织不能根据它所专注的目标来进行界定，这种做法不会为政治提供一个令人满意的"实质性"界定，因为包括国家在内的政治组织涉及各种各样的活动。"从生活保障到艺术扶持，我们难以想象出存在任何政治群体从未追求过的目标。"[26]所有政治群体唯一的共同特征是它们所使用的手段，即武力（force）的使用。但正如韦伯本人所指出的，作为一种制裁方式，使用和威胁使用武力也不仅仅局限于那些通常被视为"政治性的"组织，它"也被亲属群体、家庭群体、合作联盟所随意使用；在中世纪的某些情况下还被有权佩带武器的人所恣意使用"[27]。

我将用下述方式来界定"政治"。正如我在其他地方所详细论证过的：所有的人类互动都包含意义的沟通、权力的运作（资源的使用）和制裁的规范方式（normative modes）（包括使用和威胁使用身体暴力）[28]。在互动的生产和再生产过程中，行动者使用社会系统中相应的结构性要素：示意（signification）（意义）、支配（domination）（权力）和合法性（legitimation）（制裁）。这些要素存在于社会系统的再生产过程中，提供了一种制度的分类方式。这种分类方式可以表达如下：

   S—D—L   符号秩序/话语模式
   D（权威性）—S—L 政治制度
   D（配置性）—S—L 经济制度
   L—D—S   法律/制裁模式

  这里的"政治"不是以实质性的方式进行界定的，它也不必然涉及武力的使用。组织的"政治"之维体现在他们对权威性资源或者我所说的**行政权力**（administrative power）的控制上。所有的组织都具有政治的属性，但只有国家才在一定的领土范围内拥有稳固的军事力量并控制着暴力工具。国家可以界定为这样一种政治组织：它的统治是一定地域范围上的统治，而且可以使用暴力工具来维持这种统治。这种定义与韦伯的定义比较接近，但不强调宣称垄断暴力工具和合法性因素。

  需要说明的是，前面那些讨论没有涉及与政治理论相关的若干重要概念，它们是一些16世纪以来被提出而且经常被应用于所有国家的概念。我尤其没有提到主权概念和大众代表权的重要性。将这些概念排除在讨论之外是由本书的主题所决定的。这些概念最初并不仅仅作为统治的描述性语言而提出，也不能应用于先前已经存在的国家形态。像"政府"概念一样，这些概念意味着一种新政治形态的诞生。此外我还认为，这些概念是现代国家的关键要素，它们构成了现代国家区别于传统国家的独特性。

  作为国家机构，所有国家都可以与他们所处的社会区分开来。自启蒙运动以来，国家范围"之外"的现象被理解为各种意义的"市民社会"。我稍后还会进一步讨论这一点。但这里首先有必要说明一下这个概念的使用方式。这个概念可以追溯到黑格尔与马克思之间的关系，我也将对此进行集中讨论。在黑格尔看来，国家是社会进化过程中出现的一系列"道德共同体"的最后发展阶段;其他道德共同体包括家庭和市民社会。黑格尔关于这些问题的观点绝不是前后一致的。他的核心观点是:国家实现和促进了社会——尤其是现代资产阶级社会——所缺乏的"普遍性"。市民社会是由原子化的、自利的个人所组成的,它不能脱离国家而存在,而且其本质也使它不能实现"普遍的自由"。现代国家体现了理性,但并不是通过吞并市民社会而实现的,而是通过保护它所依赖的普遍性而实现的。国家"表达了其具体理性的普遍性",体现了"普遍意志和特殊意志之间的一致性"。国家是"具体自由的体现。个人的特殊利益在其中获得了充分的发展,个人也充分认识到了自己的权利"[29]。

　　通过"倒转黑格尔",马克思认为,国家依赖于市民社会,它没有超越市民社会,只是反映了市民社会的阶级结构。同时,马克思还拓展了市民社会的内涵,使它不仅包括"经济现象",而且包括国家机构直接触及范围之外的所有现象。但是,对于解释国家与市民社会之间的关系,对于国家在社会主义社会将会消亡的假说,这种分析却存在缺陷。在这种分析中,"市民社会"变成了在起源和性质上都不同于国家的事物,国家的存在和形态依赖于市民社会。黑格尔将国家视为"普遍性的实现"。这种观点的其他部分尽管令人生疑,但马克思的观点却牺牲了黑格尔有关资产阶级社会分析中的一个重要贡献:作为资产阶级社会的"市民社会"在很大程度上是由(现代)国家所创造的,或者更准确地说,两者是相伴而生的。

　　这一点非常重要,这不仅是因为这与马克思的经济还原论倾向不同——黑格尔强调政治现象具有独立的力量。问题的关键在于,随着现代国家的诞生,"市民社会"不再是与先前的国家形态共存的那种市民社会了。阶级分化社会虽然出现了国家机构,但大部分社会领域仍然保留着自身的独立性。我所提出的政治中心缺乏对个体日常生活进行常规性控制的能力就是这个意思。在阶级分化社会,尽管"城市"和"乡村"以各种方式相互依赖,但它们具有迥异的特征;原因也在于此。"乡村"并不完全等同于"市民社会",但"市民社会"所指的很多现象都存在于此，存在于农业生产和地方社区生活中。随着现代国家的兴起和民族国家的最终成熟，这种意义的"市民社会"消失了。国家机构管理范围之外的空间，不能被理解为不受国家影响的空间。

鉴于市民社会概念存在的困境，我在后文中将不再使用这一概念。但我将强调，随着现代都市生活的兴起，"乡村"的彻底消失具有深远的影响，我也会将把这一现象与民族国家的性质联系在一起。

社会理论中的国家、民族国家和军事力量

我们现在必须转变概念工具，简要讨论一下知识社会学中一些令人困惑的问题，并将其应用于社会学本身。学者们通常一致认为，"社会"是社会学的研究对象——更具体地说，这种社会指的是现代社会形态。社会被理解为具有边界的统一体，因此也就是民族国家。但社会理论却几乎没有考察这一现象的本质。为什么会出现这种情况呢？

有关社会学事业，当前的社会学还存在一种更加怪异的现象。打开任何一本社会学教材，读者都会发现关于大部分现代社会制度的讨论——家庭、阶级、越轨等，但他们很难发现有关军事制度的讨论，也不大可能发现有关军事暴力和战争对现代社会的影响的讨论。纯粹的社会理论著作同样如此，它们集中讨论的是资本主义、工业主义等[30]。但对于生活在20世纪的我们来说，谁又能否认军事力量、备战和战争本身对社会世界所造成的巨大影响？

要理解社会学思想为什么会忽略这么重要的现象，我们必须回顾19世纪的社会思想对社会科学理论的影响。我认为，传统社会理论资源已不能应对我们今天所处的环境了，尤其是那些与自由主义和社会主义相关的传统社会理论。我们生活在以民族国家为主导的世界中；其中，两个超级民族国家在武力上的脆弱均衡，是新型国际秩序中全球暴力的主要制动器。这个世界与19世纪思想家所设想的世界

存在着巨大的差异，但主导当今社会科学的思维方式却严重受到了19世纪思想的影响。

为了说明这种情况为何和如何产生，让我们再以涂尔干和马克思为例进行探讨。总体而言，涂尔干的思想属于自由主义的思想，而马克思的思想则是最盛行的社会主义理论的核心。可是，两者都没有将民族国家视为一种独立的现象来进行详细考察，也都没有系统考察民族国家的性质与暴力工具控制以及领土权之间的关系。涂尔干对国家的认识建立在社会进化论的基础上，他的理论总体上几乎没有关注传统社会和现代社会中的军事力量。如赫伯特·斯宾塞的理论所表明的，与涂尔干同时代的思想家并不都是这样的。就有关非现代社会的解释而言，斯宾塞可能比涂尔干更能代表19世纪的自由主义。斯宾塞很大程度上将农业国家的起源和性质归结为战争。在他看来，前工业社会很大程度上是好战的，工业社会则本质上是爱好和平的，工业社会依赖于人类集体之间的和平合作，而不是对抗。随着工业活动的扩张，"多种多样的自愿性信仰取代了强制性的单一信仰……基于强制的军事服从让位于基于自愿联合的各种不服从"[31]。

涂尔干可能没有强调非现代社会中军事力量和战争的重要性。但是，尽管他对斯宾塞进行了一些批判，他有关"有机团结"发展过程的分析却与斯宾塞有关工业主义的解释具有相似的取向。有机团结是指相互依赖性。现代工业的进步导致劳动分工的发展，劳动分工的发展使个人逐渐意识到他们之间的相互依赖性。现代国家是对这种发展趋势的直接反映，因为复杂经济关系的协调需要一种集中化的"社会智力"（social intelligence）。在涂尔干所喜欢的生物学类比中，现代社会是一种复杂而统一的实体，这个实体需要有一个专门分化出来的"大脑"来监控它的协调和进一步发展。涂尔干批判了与社会主义相关的国家观，包括马克思的国家观——在涂尔干看来，这种国家观认为现代国家组织仅仅与经济交易相关[32]。他认为，国家不能被废除，相反，国家作为一种道德组织具有特殊的重要性。但这远没有使他将国家视为民族国家而进行分析，也没有让他分析国家与军事力量和领土权之间的紧密关系；相反，他几乎完全偏离了这些问题。有机团结的拓展和与之相伴的"个体崇拜"的道德化必然是国际性的，因为现代工业的扩展将极大提升相互依赖关系。涂尔干断言："战争只是短暂的挫折〔！〕……将变得越来越稀少和罕见。"[33]在社会进化的大潮中，民族的特定特征不一定会消失，但一定会成为人类和平秩序的构成要素。"民族理想将与人类理想统一起来"；每一个国家将会把目标定位为"不扩张、不拓展，必须保持自己家园的内部秩序，让最大多数成员追求更高层次的道德生活"。也就是说，"民族道德与人类道德之间的差异将会消解"[34]。

马克思和恩格斯——尤其是恩格斯——的确考察过军事力量和战争。1858年，恩格斯写信给马克思说："目前我正在读克劳塞维茨的《论战争》。"[35]他所关注的其他著作则包括约米尼（Jomini）和冯·比洛（von Bülow）的作品。恩格斯终其一生都对这些问题感兴趣，还以马克思的名义在《纽约每日论坛报》（New York Daily Tribune）上发表过军事主题的文章，也进行过其他一些"军事学"研究。马克思也读过克劳塞维茨的著作，偶尔也浏览过恩格斯推荐的其他著作；但关于战争的性质，他仅写过一两篇小文章[36]。虽然马克思的著作时常提及"民族"概念，但在他有关现代资本主义的主要理论探讨中却很少提及此概念。他有时用民族来指国家，但主要是用民族来指民族共同体的文化属性。《共产党宣言》摒弃了社会主义的目标在于消灭"民族性"这种主张，认为民族性是文化认同的合理表现。但它的确预测了人类之间重大分裂的消失，因为社会主义将进一步推动资本主义已经启动的那些过程。通过促进"世界市场"的形成，资产阶级"使一切国家的生产和消费都成为世界性的了"。马克思和恩格斯接着指出，"古老的民族工业被消灭了，并且每天都还在被消灭……民族的片面性和局限性日益成为不可能"[37]。

虽然马克思可能意识到了军事力量的重要性，但和恩格斯一样，他对于军事力量的关注主要针对革命和反革命暴力而言。与阶级之间的斗争相比，民族之间的战争将变得越来越不重要。马克思坚信具有共同命运的工人最终将成功超越民族的界限，这种结论似乎无可争议。显然，"工人无国界"的观点，既是一种经验的观察，也是一种希望的表达。作为对一种内在趋势的预测，这种观点与马克思的资本主义发展理论的主要动力完全一致。对马克思而言，因为根深蒂固的阶级分裂必然要求以革命性变革的方式来得到解决，所以现代世界远比涂尔干所认为的更加充满冲突性分裂。但马克思有关未来民族联合的预测在本质上类似于涂尔干。一位研究马克思的民族和民族地位理论的学者这样评论道：

> 对马克思而言，进步爱国主义意识到国际进步对民族福利的作用，与健康的国际主义是一致的，甚至是相当同义的。即使为了确保自己民族的进步，真正的爱国者也一定会推动其他民族的发展；真正的国际主义者一定会将具体国家的进步视为世界进步的基础，并为之奋斗……[马克思]是一名国际主义者，不仅是因为他倡导一种合作的世界关系体系，而且他更具体地将这个体系视为各大民族友好交往的结果或函数，视为从内部发展起来的和谐组织。[38]

不论是自由主义社会学还是马克思思想，都没有系统阐释以领土边界为基础的民族国家及与之相伴的军事力量的兴起，这种缺失可以追溯到圣西门的政治理论和古典政治经济学遗产的影响。马克思的思想只是暗示了圣西门的这种观点，恩格斯则公开地予以接受，那就是：在基于社会进化而到来的社会中，一部分人对另一部分人的管理将让位于人对事的管理。涂尔干更加关注的不是圣西门的这种观点，而是从圣西门发展而来的另一种观点：在工业化秩序中，国家将在社会共同体中发挥一种道德功能。也就是说，与马克思不同，涂尔干更多受圣西门晚期思想而不是其早期思想的影响。但两者都没有分析工业社会中的国家与暴力手段控制之间的内在联系，也没有分析行政秩序与领土边界之间的关系。总之，在他们眼里，工业国家不是民族国家，工业秩序——无论是否存在内部阶级斗争——将逐渐克服先前社会类型中存在的军事主义倾向。自由主义者和马克思主义者都分别批判了政治经济学，他们的国家观也深受这种批判的影响。无论他们之间存在何种差异（当然，他们在很多方面存在着深刻的差异），两个学派都认为，工业主义本质上是一种必然超越民族共同体的和平力量，将通过相互依赖的经济交换而将全球统一起来。与涂尔干相比，马克思更加激烈地批判了劳动分工所产生的"非人化"后果。但他们都认为，现代经济生活促进了相互依赖关系，阶级分裂一旦消失，全球性社会团结也将得到发展。

有一点到这里似乎已非常明显：如果上述思想传统存在这种缺陷，我们就必须转向"右翼自由主义"或者保守主义思想家寻找答案，因为他们更倾向于将国家视为好战的实体。奥托·欣茨（Otto Hintze），一位所谓"普鲁士学派"的历史学家，至少在关注点上与马克斯·韦伯有着大量共同之处。欣茨强调国家的存在与军事力量的巩固之间的普遍联系。他认为，军事力量不仅会影响资本主义和工业主义的发展，而且会影响其未来的发展轨迹。他强烈批判马克思主义的假设，认为"将阶级冲突视为历史的唯一动力是片面的、言过其实的，因而也是错误的。民族之间的冲突远为重要"[39]。欣茨也批判熊彼特，认为他试图以准马克思主义的方式表明资本主义与"民族"是相互对立的。在欣茨看来，"如果不考察民族形成过程的影响，资本主义的兴起和发展仍然是难以理解的"[40]。他还进一步指出，资本主义的扩张和民族国家权力的提升在很多方面是同步进行的。

我稍后还将以一种特殊的方式维护并进一步阐明这种观点。与对待自由主义和马克思主义传统一样，在分析现代民族国家和军事暴力的性质时，欣茨、韦伯和其他持类似立场的人尽管非常重要，但我不认为我们可以简单地接受他们而放弃其他人的观点。虽然韦伯力图以某种方式整合马克思和尼采这两种互不相容的观点，但关于民族国家及其与资本主义和工业主义发展的关系，我们在他那里很难找到令人满意的答案。如前所述，其中一部分原因是韦伯对于国家的界定方式使他难以提炼出民族国家的特定特征。如前面已经提到的，与大多数强调政治权利的理论家一样，韦伯倾向于认为暴力和战争是不可避免的人类生存条件。在韦伯那里，"尼采要素"强烈而明确地体现在他的两个彼此关联的观点上：其总体国家观与其非理性的"终极价值"哲学立场。在"终极价值"之外，只有武力：对于不可调和的文化之间的冲突，只有在"权力之屋"中运作的国家才能对文化进行捍卫和保护[41]。我不认为这种观点在哲学上站得住脚[42]，而且这种观点也偏离了这样一个问题：现代世界中民族国家之间的关系，与早期国家之间的关系有何不同。虽然自由主义和马克思主义的观点在某些方面存在缺陷，但它们却让我们注意到下述事实：资本主义-工业主义为社会变迁注入了一整套全新的动力。

前文的讨论集中于现代社会学先驱们的思想。我们也许会问，自那以后，这三大思想传统难道没有取得明显的进步吗？它们当然在很多方面取得了进步。我想这里不难表明它们的缺陷仍然存在。20世纪的马克思主义思想当然没有忽略战争、武力和暴力现象。这个时期虽然没有发生马克思所预测的工业社会的革命性转型，但的确是一个"革命的世纪"。马克思主义怎么会忽略这些现象呢？实际上，当今所有对马克思主义持同情态度的人都同意：马克思仅仅提出了现代国家理论的雏形。因此，在过去20年左右的时间里，大量马克思主义著作力图弥补这一欠缺。其中一些的确很具有启发性[43]。但它们关注的几乎都是国家在经济生活方面的作用，或者将国家视为"内部"压迫的中心[44]。那些理论分析倾向于将国家化约为这种或那种经济关系。这方面的一个愚蠢的例子就是，将"世界体系"划分为"中心"、"半边缘"和"边缘"；其中，"半边缘"包括东欧社会主义国家。苏联虽然在经济上不如西方国家发达，但在军事力量上将苏联划分为"半边缘"却是荒唐的。

自由主义作家有关民族国家的著述颇丰，但只是在第三世界"国家建设"（state-building）的背景下进行讨论。与大部分马克思主义者不同，其中一些学者致力于把握民族国家的本质。T. H. 马歇尔（T. H. Marshall）和莱因哈德·本迪克斯（Reinhard Bendix）的著作就是其中的例子。他们都讨论了民族国家和民族主义，但在他们的思想中，与马歇尔所说的"公民身份"（citizenship）和"公民权利"（citizenship rights）概念相比，这些概念绝对处于从属地位[45]。正如本迪克斯本人所说的，其晚近著作主要关注的是"权力和统治的授权"（the mandate to rule）和"具有权威属性的武力的运用"[46]。他特别强调民选政府的兴起如何推翻了专制权力。"民选的权威"取代了"国王的权威"[47]。当然，没人会否认这一现象的重要性。此外，本迪克斯还在批判社会变迁的进化论方面发挥了引领作用，强调不同国家在现代化道路上的多样性。然而，与这个思想传统中的其他人一样，他没有分析工业组织是如何受制于军事力量的，也没有分析它们与现代民族国家特征之间的联系。国家被视为公民权利得以实现的"政治共同体"，而不是由民族国家所构成的世界中军事力量的所有者。本迪克斯经常引用欣茨和马克斯·韦伯，但在他的著作中几乎看不到他们所强调的那些观点，尤其是韦伯思想中的"尼采气质"。

但在当今社会思想中，尼采具有重要的影响，尤其是在批判自由主义和马克思主义的视角方面。因此，起源于法国左派的"新哲学家"摒弃了马克思主义而转向尼采[48]。他们在审视马克思主义时发现，马克思的思想不仅缺乏对于国家的详细分析，而且缺乏关于权力（不同于阶级权力）的一般理论。这些新哲学家将国家和权力视为社会生活中的基本组成要素。

> 我们必须打破财产、经济基础和上层建筑的形而上学……因为问题不在于此；更为根本的问题是：权力不是利用世界，而是不断地从各个方面**创造**世界。权力不是**剥削**人们及其家园，而是**将他们软禁起来**，加深和加固他们生活的每个角落。权力绝不是在恶意地扯断社会纤维之线，而是在编织各种现实之布……如我们所知，如果资本的现实带来绝望，那么我们寄梦想和希望于另一种现实，也是徒劳的。[49]

这种思想风格虽然运用了华美的修辞，但却失去了因强调权力普遍性而获得的洞见。权力无所不在，因此它的具体表现也就变得没有什么吸引力了；所有国家都是权力的金字塔，因此对它们的具体属性或特征进行区分也就没有意义了。这种研究对于国家的考察是间接而不是直接的，它们不但不能帮我们识别民族国家的特征，反而会令人失望地掩盖民族国家的特征。

我前面的讨论无意表达晚近无人对民族国家进行过有意义的讨论之意，也无意表明这些讨论已包含所有相关的社会思想。当前还有几种文献与本书关注的问题相关，但在我看来它们与社会理论的主要趋势关系不大。当前和过去都存在大量有关战争和军国主义的一般性文献，这一分析视野下的大部分著述存在的问题是，它们倾向于得出各个历史时期都适用的一般性结论。它们倾向于认为战争一直存在，这或者与人类固有的攻击性倾向有关，或者与人类群体之间无法避免的利益冲突有关，民族国家的军事特征因此不过是所有社会都具有的特征的表现，或者至少是所有国家都具有的特征的表现。另一方面，大量关于核战争威胁的文献正在出现，它们认为在未来几十年整个星球上的人口可能将无法生存。与对战争的宽泛讨论（这些讨论通常具有无所不包的特征）相反，这些讨论仅关注很短时期内的现象，仅关注那些迫在眉睫的问题。这种文献虽然非常重要，但往往是策略性的，它们关注的问题是：可以采取什么样的措施来阻止人类迈向灾难。

还存在大量国际关系方面的文献，我们可以在这些文献中找到很多与民族国家分析有关的材料。但是，将国际关系视为一个独立领域的观念，在某种程度上将自身与民族或"社会"的内部运作分离开来，从而在某种程度上导致我前面指出的社会思想的局限性。如果把"资本主义发展"或"工业发展"看作社会变迁的主要根源，它们因此被当作社会学关注的核心内容；国家之间的关系则会被视为一种附带性问题，可以留给与社会理论关系不大的专家们进行研究[50]。这种不幸和不合理的分工某种程度上也依赖于社会理论家所持有的下面这种倾向：与国际关系理论家不同，他们倾向于采用社会发展的进化模型或内生模型来从事研究。如果社会变迁的主要影响因素被视为来自"社会"内部，而且这些因素还主要被看作经济因素，那么社会学家就会将国家之间的政治关系划分成一个独立的研究领域，这种做法的出现就不足为怪。虽然社会科学必定存在劳动分工和专业化，但这种学科分割所导致的理论扭曲并不合理。

对现代史的断裂论阐释

进化论认为，由于某些可识别的变迁机制，历史发展趋势最终催生了现代社会，即西方社会——这些社会处于社会类型等级的顶端[51]。这种理论假定，各种社会类型之间无论存在何种差异，人类历史整体的主导趋势是各种连续性。大多数进化论都认为，这些连续性是从简单到复杂的普遍性社会分化过程的组成部分。由于马克思把社会变迁看作生产力的渐进性发展，他的观点因此与其他进化论存在共同之处。他的观点同时具有历史断裂论的特征，因为他认为社会发展是通过相继出现的革命性转型实现的。这种观点不是我所主张的"现代史的断裂论阐释"(discontinuist interpretation)，我所说的"现代史的断裂论阐释"指向的是相对晚近时期所发生的一系列变迁。这种观点的确可以在马克思那里找到踪迹，但他从未进行充分的阐释，与进化论相比仅仅处于从属地位[52]。

在这种观点看来，现代资本主义的出现并不是社会发展进化过程（迄今为止）的最高点，而是出现了一种与以往所有社会秩序存在根本区别的社会类型。我所说的现代史的断裂论阐释就是这种意思。对于这种现象的理解，马克思的思想是有价值的。但除了前面所指出的局限性，马克思所拥护的主要是进化论，他的贡献因此有限。

我将首先区分几种不同的人类"历史"图景，我们将再度发现这个看似无伤大雅的术语背后隐藏着多么复杂的问题。一种是进化论，它认为历史——主要指社会变迁——是由渐进性的发展过程所主导的。在这种观点中，社会变迁中不存在根本的断裂，那些看似"革命"的各种发展阶段其实并不是剧烈的深层变迁过程。这也是涂尔干所持的立场，从孔德至今的很多人都持这种观点。另一种将历史看作由斗争所驱动的过程,其中不同的发展阶段之间会出现实质性断裂。历史唯物主义属于此类,社会达尔文主义也属于此类。在这种观点中,历史也被看作社会变迁,这种社会变迁表现为曲线上升的形式,但是以若干迅速变迁作为节点。我所坚持的观点与这两种观点都迥然相异,我们要驳斥将历史等同于社会变迁的做法,这种做法不仅在逻辑上是错误的,而且在经验上也存在不足。如果历史表现为时间性(temporality)——社会事件的时间构成——那么将历史等同于社会变迁的做法就显然是错误的。此外,人类历史也不像盖尔纳(Gellner)所说的那样表现为"世界成长的故事"[53]。人类在相当漫长的历史时期都生活在小型狩猎和采集社会中,那时的历史是静态的而不是变动的。如果说那时存在某种总体发展模式,那么这种模式类似于社会形态的连续性。阶级分化社会——农业国家或者农业"文明"——的到来,标志着与此前社会截然不同的断裂。正如列维-斯特劳斯所指出的,这是以前所未有的动力为标志的"热文化",此后的历史既是书写的历史,也更意味着社会变迁。

但与现代工业化社会相比,阶级分化社会的变迁速度非常缓慢,尤其是经济和技术变迁。马克思指出,传统印度和中国等亚洲国家具有"停滞"的性质。这种说法之所以正确,就是因为这一点。他的不足在于假定,在资本主义到来之前,西方社会比其他阶级分化社会更具有活力,或更加"进步"。事实上,只有随着资本主义的诞生——更准确地说,随着工业资本主义的诞生——社会才真正经历剧烈的变迁。在过去不到300年的时间里,变迁的速度、情节和范围是以前任何历史变迁所无法比拟的。现代性所开创的社会秩序不仅是过去发展趋势的加剧,而且日益成为真正的全球体系,它本质上也不是一种和平的秩序。这种社会秩序在很多明显和根本的方面都是全新的。

因此,我所提出的现代史的断裂论观点不是要否认之前转型或裂变的重要性,但我的确主张:与其他任何人类历史阶段相比,现代社会经历了一系列规模巨大的变迁;这种变迁起源于西方社会,但其影响却越来越具有全球性。与先前任何社会和任何历史时期的生活相比，现代世界生活的断裂性比过去漫长历史中的连续性更加深远。这不是说，为了更好地理解我们当今世界的特征，我们不能借鉴有关以前社会的研究，而是意味着我们可以发现的差异比可以识别的连续性更加明显。"社会学"的**任务**正是要分析我们生活在其中的20世纪晚期的新世界的性质。无论如何，我都把它看作这个学科的任务。

在第一卷中，我详细讨论了将我们与过去区分开来的各种断裂的性质和起源，这里将不再重复[54]。从日常生活中亲密关系的转变到名副其实的世界范围的转型，都属于此类断裂。过去300年虽然只是整个人类历史的瞬间，但正是在这一时期整个世界变得面目全非。也就是说，各种传统社会在某种程度上已完全消失。将变迁的起点追溯到16或17世纪——虽然稍晚才达到顶峰——可能不够准确，但我们的确应该将它们置于整个人类历史的背景下进行考察，将它们置于与其他重大变迁过程的关系中进行考察。只有这样，我们才可以更加准确地定位这些变迁——比如与定位大多数农业国家的起源相比——尽管在我看来，农业国家的影响更加深远。

民族国家以及与之相携出场的民族国家体系的形成，是现代史诸断裂中的一种。我将对它进行集中考察，但我不会假装可以对现代性进行全面考察。把民族国家的发展看作一种特定的制度形式，必然意味着必须进行更大范围的分析。其中必然涉及有关资本主义性质及其与工业主义的关系，以及两者与西方民族国家起源的关系。但我们首先必须对现代国家与先前的国家组织进行比较，从而明确现代国家的独特特征。

【注释】

[1] cf. *CPST*, chapter 2; *CS*, *passim*.

[2] 更全面的论述，参见 *CPST*, chapter 3.

[3] K. Marx, 'Preface' to 'A Contribution to the Critique of Political Economy', in K. Marx and F. Engels, *Selected Works in One Volume* (London: Law-

rence and Wishart, 1968); cf. *CPST*, chapter 3. (马克思, 恩格斯. 马克思恩格斯选集: 第 2 卷. 3 版. 北京: 人民出版社, 2012: 1-5.)

[4] *CS*, chapter 5.

[5] 特别参见 *CCHM*, vol. Ⅰ, chapters 3, 4 and 5; *CS*, chapters 4 and 5.

[6] *NRSM*, chapter 3.

[7] Talcott Parsons, 'On the concept of political power', *Proceedings of the American Philosophical Society*, 107, 1963.

[8] *CPST*, p. 91ff.

[9] *CSAS*, pp. 156-62.

[10] *CS*, chapter 5.

[11] Ibid., p. 14ff.

[12] *CPST*, pp. 88-94.

[13] Ibid.

[14] G. W. F. Hegel, *The Phenomenology of Spirit* (Oxford: Clarendon Press, 1977), p. 126.

[15] *CPST*, chapter 2; *CS*, chapter 1 and *passim*.

[16] 关于这一问题, 参阅列维-斯特劳斯和萨特关于历史性质的著名论辩; 这一论辩的简要版, 参见 Claude Lévi-Strauss: 'Réponses à quelques questions', *Esprit*, 31, 1963.

[17] *CS*, chapter 3 and *passim*. 齐美尔 (Simmel) 对这一问题的论述依然很有帮助。参见 'Der Raum und die raumlichen Ordnungen der Gesellschaft', in his *Soziologie* (Leipzig: Duncker and Humbolt, 1908).

[18] *CPST*, pp. 84-5.

[19] *CCHM*, vol. Ⅰ, pp. 97-100. 简・雅各布斯 (Jane Jacobs) 的著作虽然会受到一些批判, 但这里特别重要。

[20] 本书中所用的"暴力"含义是其直接含义, 而不是布尔迪厄 (Bourdieu) 等人所使用的更宽泛的含义。我所说的"对暴力工具的控制", 是指通过武力对人类身体进行生理伤害的能力。

[21] *CCHM*, pp. 140-56.

[22] *CS*, pp. 166ff.

[23] Emile Durkheim: *Professional Ethics and Civic Morals* (London: Routledge, 1957), pp. 79-80.

[24] 参见 A. Giddens, 'The nation-state and violence', in Walter W. Powell and Richard Robbins, *Conflict and Consensus* (New York: Free Press, 1984).

[25] Max Weber, *Economy and Society* (Berkeley: University of California Press, 1978), vol. I, p. 56.

[26] Ibid., p. 55.

[27] Ibid., p. 54.

[28] *CPST*, pp. 81-111; *CCHM*, vol. I, pp. 46-8.

[29] G. W. F. Hegel, *The Philosophy of Right* (London: Bell, 1896), section 261.

[30] 雅诺维茨指出，前四届世界社会学大会根本没有讨论军事制度和战争问题。1962年在华盛顿举办的第五届大会上，政治社会学论坛中出现了一篇关于军事在新兴国家中的作用的文章。1964年才建立关于"职业化军队和军国主义"的专门论坛。Morris Janowitz, 'Armed forces and society: a world perspective', in Jacques van Doorn, *Armed Forces and Society* (The Hague: Mouton, 1968), p. 15. 也可参见我在 *CCHM*, vol. I 第177-182页的讨论。

[31] Herbert Spencer, *The Evolution of Society*, edited by Robert L. Carneiro (Chicago: University of Chicago Press, 1967), p. 61. 斯宾塞认为，现代社会仍然处在军事社会和工业主义之间的过渡阶段。因此，他认为，"在我们这个文明过渡阶段，必然保留着一些残暴"，"国家对抗依然激烈，国防事务依然必要，这种半军事化训练也依然合理"。但他也明确指出，这种状态不会持续太久，因为"战争直接制约着工业进步"。参见 H. Spencer, *The Study of Sociology* (Ann Arbor: University of Michigan Press, 1961), pp. 172, 173 and 179.

[32] E. Durkheim, *Socialism* (New York: Collier, 1962), pp. 80-105 and *passim*.

[33] E. Durkheim, *Professional Ethics & Civic Morals*, p. 53.

[34] Ibid., p. 74.

[35] Engels to Marx, 7 Jan. 1858, in K. Marx and F. Engels, *Werke* (Berlin: Dietz Verlag, 1963), vol. 24, p. 252. （马克思，恩格斯. 马克思恩格斯全集：第29卷. 北京：人民出版社，1972：244.）

[36] 关于这些问题，最有帮助的一般性资料是 B. Semmel, *Marxism and the Science of War* (Oxford: Oxford University Press, 1981). 参见 Solomon F. Bloom, *The World of Nations* (New York: Oxford University Press, 1941),

pp. 11-32.

[37] K. Marx and F. Engels,'The Communist Manifesto', in Marx & Engels, *Selected Works in one Volume*, pp. 38-39.（马克思,恩格斯.马克思恩格斯选集：第1卷.3版.北京：人民出版社,2012：404.）

[38] Bloom, *The World of Nations*, pp. 206-7. 亦可参见加利的评述：W. B. Gallie, *Philosophers in Peace and War* (Cambridge：Cambridge University Press, 1978), chapter 4.

[39] Felix Gilbert, *The Historical Essays of Otto Hintze* (New York：Oxford University Press, 1975), p. 183. 欣茨对于龚普洛维奇（Gumplowicz）和拉岑霍费尔（Ratzenhofer）的社会达尔文主义持批判态度。亦可参见Jacques Novicow, *La Guerre et ses Prétendus bienfaits* (Paris：Alcan, 1894).

[40] Ibid.（我对翻译做了一些修改）。

[41] 对于理解韦伯在这一方面的观点, Wolfgang J. Mommsen, *Max Weber und die deutsche Politik，1890—1920* (Tübingen：Mohr, 1959) 仍然是非常重要的资料。

[42] 参见'Max Weber on facts and values', in *SSPT*.

[43] *CCHM*, vol. I , chapter 9.

[44] 比如，参见Bob Jessop, *The Capitalist State* (Oxford：Martin Robertson, 1982) 中的出色研究。

[45] 与Barrington Moore, *The Social Origins of Democracy and Dictatorship* (Harmondsworth Penguin, 1969) 这一经典研究相对照，摩尔（Moore）特别强调现代国家形成过程中的武力和暴力。

[46] Reinhard Bendix, *Kings or People* (Berkeley：University of California Press, 1978), p. 16.

[47] Ibid., p. 4.

[48] 参见'From Marx to Nietzsche? The new conservatism, Foucault, and problems in contemporary political theory', in *PCST*.

[49] Bernard-Henry Lévy, *Barbarism with a Human Face* (New York：Harper, 1977).

[50] *CCHM*, vol. I , chapter 8.

[51] 特别参见*CS*, chapter 5.

[52] *CCHM*, vol. Ⅰ, pp. 76-81.

[53] Ernest Gellner, *Though and Change* (London: Weidenfeld, 1964), pp. 12-13; 参见 CS, chapter 5.

[54] *CCHM*, vol. Ⅰ, chapter 3 and *passim*.

第二章 传统国家：支配和军事力量

传统国家中的城市与乡村

在有关传统国家[1]或阶级分化社会的各种分类中，艾森斯塔德（Eisenstadt）的分类方式甚为有用。他区分了城邦国家、封建体制、家族帝国、游牧或军事帝国以及"中央集权的古代官僚帝国"[2]。由于这些类型之间可能存在各种重叠，这些分类方式因而并非十分可靠。比如，家族帝国与官僚帝国之间的划分就不那么严格和明确，我们很难找到一个在某种程度上可以将两者区分开来的历史案例。中国在某些方面是官僚帝国的典型案例，但在大部分历史时期也被视作家族帝国。出于我这里的分析的目的，我们只要集中考察最小规模和最大规模的类型——城邦和大型农业帝国——就足够了。"游牧帝国"的存在对于下述观点而言似乎是一个重要的难题：城市是阶级分化社会中的主要权力容器。但对这种帝国特征的考察反而将证实而非质疑这种观点。游牧社会征服了大面积的土地，因为它们控制了生活在这些土地上的人们。只要它们致力于以正规的方式管理人口，而不只是掠夺其资源，这些社会就倾向于发展为家族型或官僚型体系；其中，与其他类型的国家一样，固定的聚集点发挥着重要的作用。事实上，最明显的例外可能是古王国时代的埃及。虽然相关的考古证据还不能够确定，但有些人提出，那里的城市还仅仅处于相对初级的发展阶段[3]。

一种观点认为，阶级分化社会中的城市在建筑风格和社会特征上具有某种普遍的形式，舍贝里（Sjoberg）是这一观点的主要倡导者。正如他所指出的，"我们的主要假设是，前工业时代的城市——无论是中世纪欧洲、传统中国和印度，还是其他地方——在结构或形态上都非常相似，但与现代工业城市中心明显不同"[4]。虽然我们需要对其基本论证保持谨慎，但我非常赞同这种观点，而且尤其想强调一下现代都市主义的独特性。在舍贝里看来，几乎所有非现代城市都表现出独有的特征：城市有城墙围绕；城墙通常是一系列总体防御工事的组成部分；城市中心区矗立着衙门和宗教建筑，它们通常在视觉上占据主导地位；拥有一个主要市场，它通常位于广场的开阔处；中心地带通常为精英之居所，贫困群体则住在远离中心的区域[5]。舍贝里否认商业活动的集中通常是传统城市兴起和发展的主要影响因素。从某种程度而言，这是有意与韦伯唱反调，因为韦伯总体上非常强调城市中商业活动的重要性。在韦伯看来，城市"总是市场中心"[6]。阶级分化社会的城市是配置性资源的生产者，这方面无可置疑，这不仅因为城市维系着市场和生产活动，如雅各布斯（Jacobs）指出的，城市区域还是技术创新的主要中心，即使对农业生产亦是如此。如果这种观点有效，那么，城市在这方面的作用比我们通常所认为的还要大。但正如舍贝里所正确地强调的，城市发展的一个重要影响因素是它们所产生的行政资源，用他的话来说就是，"如果我们要解释城市的发展、扩张和衰落，我们就必须把城市看作统治者巩固和维持权力的一种机制"[7]。

舍贝里虽然正确地指出了将传统城市与现代都市区别开来的总体相似性，但是无疑夸大了传统城市之间的一致性。与现代都市群相比，传统城市的确更加相似，但舍贝里的描述却过于一般化了。此外，在阶级分化社会，城市通常存在于与其他权力容器或权力产生地

第二章 传统国家：支配和军事力量

所组成的网络中。正如雅各布斯所指出的，即使在狩猎和采集社会中也存在大量的聚居点；这种聚居点在更大规模的社会中仍与城市并存。这些"村落"的规模可能比被舍贝里所划分的城市聚居点的规模更大，而且构成了农业和手工艺品市场交易的中心。

正如我以前所指出的，非现代城市并非总是被城墙环绕。比如在传统中国，虽然整个周代城市皆有城墙，但早期传统国家中的城市有时却没有[8]。城市不是最古老的堡垒形态，也不是唯一形态，在世界很多地方，村落筑防也是一种普遍现象。在韦伯看来（虽然存在争议），总体而言，用栅栏围护的村落并不是有城墙防御的市镇的前身，后者更多是由封建领主的城堡发展而来，这些城堡中居住着封建领主及其武士和仆役[9]。在官僚帝国衰落的地方，产生了某种准封建体制；其中，无论是否与庄园有关，城堡通常都成为权力的中心，城市则失去昔日的荣光。

> 城堡建设和城堡诸侯（castle-seated princes）随处可见。早期埃及的资料就表明了城堡和城堡统治者的存在，而且我们几乎可以确认，这些城堡中居住着大量的小诸侯。最早的资料显示，在美索不达米亚的地方王国之前，吠陀时期的西印度就存在城堡王国，最早的（拜火教）伽泰时期的波斯也可能存在这种现象，在北印度的恒河流域，城堡在分裂时期显然到处都处于支配地位。[10]

舍贝里认为，在非现代社会，包括欧洲封建时代，统治阶级总是城市阶级。这种说法有一些合理的成分，但总体而言，只要能够维持足够的内聚力就能被称为"国家"，城市（而不是乡村）就是统治阶级成员的主要居住地。但我们不能过度扩展这种观点，因为不同传统社会中的上层阶级的构成和分布毕竟存在很大的差异。舍贝里过于强调作为行政中心的城市在农业国家中具有独立和自给自足的特征。这不是我这里所要主张的观点，我认为情况更加复杂，我不想对非现代城市进行这种过度曲解的概括。阶级分化社会中的城市是产生权威性资源的主要权力容器，但这并不意味着每个城市都是明确和统一的行政中心。在非现代社会的城市中居住的仅仅是一小部分人口，城市中的统治模式不仅依赖于城市本身的内部构成，也依赖于城市与乡村之间的关系。行政高度集中且拥有军事自主性的城市主要见之于城邦国家，城市则是这些城邦的中心。欧洲后封建时代的"城市共同体"在很多方面具有独特性。因此我们不应该将之视为评价城市行政能力的一般性标准。在这一方面，中国的城市实际上更加典型。在传统中国，村落在某种程度上是"自治的"，但城市却不是，起码没有达到同等自治的程度[11]。

在阶级分化社会，只有少数人居住在城市，这表明传统国家对其臣民所拥有的行政权力水平是很低的。自从研究东方社会的西方研究者提出"东方专制主义"以来，就存在着将官僚帝国假定为高度中央集权社会的强烈倾向。但如果将这些社会与现代国家进行比较，这种假设则是根本错误的。比如，我们可以考察一下印加社会。一些人将印加社会视为独裁国家的最佳范例（有时甚至被看作国家社会主义社会的早期形态）。与魏特夫（Wittfogel）类似，鲍丁（Baudin）也将对印加社会的分析与对现代社会主义的批判联系起来[12]。但这种观点的确具有误导性，这不仅因为他对印加国家的描述在事实方面是错误的，而且还因为这意味着现代国家只是彰显了传统国家的某些特征。如摩尔等人所指出的，在秘鲁，帝国权力的范围远比通常所认为的要小，这个社会很大程度上是分裂的并具有地方化的特征。与其他阶级分化社会一样，它的大部分贸易都是地方性交易，行政控制区域内的经济相互依赖程度不及政治整合的程度高[13]。

有关阿兹特克，印度的孔雀、笈多和莫卧儿帝国以及古埃及的研究，也必定得出相似的结论。其中，古埃及的情况值得讨论一下，因为和印加国家一样，它也通常被视为稳固的高度集权的社会形态。事实上，韦伯对埃及和现代资本主义的理性化趋势进行了直接比较，而且认为这种趋势将通过社会主义而进一步加剧。一种"人们有一天将可能被迫生活于其中的束缚之壳"正在形成，在那里，人们"像古埃及贱民那样无力"[14]。韦伯提出，埃及就像"法老世袭统治下的单一而庞大的庄宅（oikos）"[15]。早在古王国时代，"所有的人就被固定在庇护的等级体系中"，这种体系的强化得益于"集权化的治水系统的重要性，以及农闲时期工程建设的重要性——较长的农闲时间也允许史无前例的大规模农民征召"[16]。但这种观点与最近的古埃及考古发现并不相符，考古发现，那里的官僚集权化的程度远低于韦伯的说法，他所提及的灌溉工程不仅罕见，而且与大部分民众的经历相去甚远，法老的有效权力即使在巅峰时期可能也小于其他地方的帝国统治者[17]。

这些结论也适用于城邦。在规模上，城邦处于与官僚帝国相对应的另一个极端。在其地域范围内，城邦组织排除了中央集权的政治权威的存在。我们可以认为，城邦国家规模小且边界明确，因此与现代民族国家相比，可以在相同程度上集中权威性资源。但事实却并非如此，城邦的规模通常的确很小，控制范围很少超过几百平方英里①。如果它们扩张到邻国，这种扩张要么是暂时的，要么发展成为家族或官僚国家类型。城邦国家虽然规模微小，但对其臣民通常只实施低水平的直接行政控制。最近对城邦国家的比较研究表明，它们的确呈现出某些普遍性特征[18]。与大规模农业国家一样，城邦国家的城市中心与乡村之间存在明显的差异，大部分人口在乡村而不是在城市中生活和劳作。城市的面积很小。比如，苏美尔的城市埃雷克（Erech）不到两平方英里，雅典的中心区不到一平方英里。以现代都市标准衡量，这些城市是非常微小的，但它们却是国家机构的所在地。正如这项研究的作者所指出的："虽然中心区非常狭小，但正是这个中心区指导着城邦生活。用现代的话来说，这个中心区就是首都，因为政府机构都聚集在城墙之内，并与乡村分隔。在［所研究的］五种文化中，城墙是共同的特征，城墙标示着城邦的中心。"[19]

城邦行政组织的规模很小，其军事力量也很有限，这导致城邦国家对大部分人口的控制程度通常低于大型官僚帝国。城邦的一个显著

---

① 1平方英里约为2.59平方千米。——译者注

特征在于：只有在相对邻近区域存在其他城邦的情况下，一个城邦才能存在。它们构成了一种相对松散的国家体系，这种国家体系既不同于包含大型国家的国家体系，也不同于现代民族国家体系。虽然地方化体系中的各个城邦拥有某种相同的文化和语言，但维持独立政治和经济认同的努力超过了将它们合并为单个统一国家的力量。与实现统一的长期努力相比，国家之间的长期战争更加普遍。当城邦国家被并入大型帝国时，它们通常在那个大型社会中保持着较高的自主性，同时还保留了自己的政府形式[20]。

监控与行政力量

概括地说，所有非现代国家的兴起都伴随着书写（writing）的发展，这种关系非常紧密，因此不可能仅仅是偶然性事件[21]。当然，这种说法也会有一些例外，最显著的就是印加。要理解这种关系的性质，必须扩展一下我前面有关书写的讨论。语言哲学问题与传统文明权力的分析之间尽管看似关系不大，但对于前者的分析实际上可以极大地帮助阐明后者。很多语言学家认为，书写不过是言语的延伸，不过是将言论誊录到石头、纸张或其他能记录的质料上[22]。但古代文明中书写的起源与对语言的哲学分析都不支持此类观点。书写的最初诞生并非源于言语的再现，而是一种用来记载或记录的行政符号。我们不应在抽象的层次上将书写看作言语的物质性再现，相反，它具有不同于言语的独特性。通常认为，语言的基本形式是口头交流。有些哲学家不满足于这种观点，他们认为，书写，而非言语，实际上表明了语言的基本特征[23]。但我们更应该将言语和书写看作既相互联系而又相互独立的两种语言运用方式。可以用利科（Ricoeur）的著作来表明这一点[24]。利科承认，结构主义思想说明了语言不仅仅由横向上组合有序的言论所构成，而且这一观点很重要；但他延续了本维尼斯特（Benveniste）等人对于索绪尔的批判[25]。本维尼斯特对"符号的符号学"和"句子的语义学"进行了区分,认为它们之间尽管必然相互关联,但不能相互化约。符号研究尽管是一种合理的探索方式,但本身不能解决句子的语义问题,因为句子不仅仅包括符号的排列,而且具有论断性特征。这不仅使句子产生意义,而且使之具有指涉能力。句子是话语(discourse)的基本单位。通过句子,"语言超越了自身,可以理解世界、自我和他人,并用语言来表达这种理解"[26]。

话语既可以是口头形式的,也可以是书面形式的,书面形式的书写构成了文本(text)。和句子不仅仅是符号的集合一样,文本也是一个整体而不仅仅是句子的集合。口头形式的话语具有瞬时性,其存在仅限于它的使用情境;但文本具有跨越时空的固定性。在言语中,行动者想要表达的意义和他实际上表达的意义通常是一致的——言说者会利用各种"方法论工具"来确保这种状态的实现[27]。但正如利科所言,文本超越了"其作者的有限视野",而且"文本实际表达的比作者想要表达的更加重要"[28]。文本的作者所针对的可能是特定读者,可能是为了表达特定的意义。但从原则上说,文本所及的读者可以与作者所设想的相去甚远,文本被阅读的方式也可能是作者从未想象过的。文本还与口头话语中所针对的"表面参照"相分离。情境性行动中的意义沟通在根本上依赖于对行动的背景性因素的共同理解[29]。这种情况在文本中不再存在,正因如此,文本直接催生了诠释性问题。同时,由于文本不再具有固定的表面参照,它还可能出现口头交流中所没有的新的参照。由于文本的解释不再依赖于其形成的情境,它们也会打开新的视野或"展现新的存在方式"[30]。

书写并不始于文本,尽管所有的书面文档必然具有"文本的要素"。也就是说,最初的书写并不是由句子所构成的,即使就"句子"的最基本含义而言也是如此。美索不达米亚的图像文字最初几乎完全是用来制作各种清单的[31]。也就是说,它由离散的符号而不是由语义单位所组成。实际上,苏美尔人的文字最初可能根本不是黏土上的符号,而只是用来计数和分类的真实物品。虽然印加人没有发展出书写系统，可能也没有记录日历，但他们的确拥有能够进行复杂计算和记录的计数方法——结绳（knotted cords）记事法。尽管形式非常不同，但印加和苏美尔的文物总体上具有某些相似性。在乌鲁克（Uruk）发现的黏土标签上有一些小孔，细绳很可能穿过这些小孔，从而可以进行计数和记事。物品还可以根据其所有者打上标签，这些物品后来似乎就以图画的形式得到表现，并成为苏美尔人的书写基础[32]。

正如古迪（Goody）所言，在书写发展的过程中，列表的出现要早于文本，行政实物列表则又早于词汇条目[33]。如果书写起源于储存和分配配置性资源和权威性资源的需要，那么书写也产生了其发明者所没有预料到的其他结果。早在公元前3000年，美索不达米亚就存在"词汇条目"（lexical lists）——用于研究和实践的词汇列表；大约在500年之后又出现了更加专业的"文本条目"（text lists）。在一位评论者看来，这迈出了创建百科全书的第一步。也就是说，书写与系统的知识分类和发现联系在一起[34]。这些书写文字何时变成普遍和表音的文字系统，至今仍然存在争议，但有人认为这是相对较早的发展。无论事实到底如何，直到苏美尔人不再使用口头语言而使用"经典的"和"完善的"书写语言时，书写材料——利科意义上的"文本"——才开始大量出现。古迪对在乌加里特（Ugarit）出土的石碑进行了分类，它们主要是以当地的闪族语言、按照字母顺序进行书写的。对所有508份文档所做的分类可参见表1[35]。

表1

类别	石碑数量
1. 文学文本	33
2. 宗教或仪式文本	31
3. 书信	80
4. 颂词	5
5. 关于赛马的文本	2
6. 行政、统计、商业文本	
（1）配额（征兵、税收、债务、配给、供给、酬劳等）	127

第二章 传统国家：支配和军事力量

续表

类别	石碑数量
(2) 财产清单、各式列表和收据	28
(3) 行会和职业目录	52
(4) 家户统计和普查记录	6
(5) 人名和（或）地名目录	59
(6) 土地登记和转让	16
(7) 交易和成本或收益报表	5
(8) 信贷、担保和人证	7
7. 所有权的标签、标识或标示	18
8. 其他	31

其中，组织性材料明显占据优势。尽管这有可能是选择性保存的结果，但是这种比例结构与其他地方的类似发现是一致的。其中几乎没有（当然也可能有个别）再现口头表述的书面文牍，很多则根本没有口头的对应物。

书写对非现代国家的监控活动主要具有以下几种影响：书写提供了一种信息编码手段；这种信息编码手段可以扩展国家机构对物品和个人的行政控制范围。即使是最简单的符号标记，记录工具也可以帮助定时地安排事件和活动；否则，这种安排将变得不可能。信息储存不仅能对一系列事件进行标准化处理，而且可以有效地对这些事件进行协调。列表是对物品和个人进行记录的格式，使它们有序地联系在一起。这也许是书写发挥作用的最基本的方式：即使最简单的书写也能够促进时空伸延（time-space distanciation）；也就是说，书写使社会关系有可能跨越广袤的时空界限，而这是口头文化所不能实现的。就其产生的威力而言，与列表相关的监控必然非常初步——至少在下面提到的其他监控方式出现之前是这样。所有这些很大程度上都依赖于书写传统的发展和完全意义上的"文本"的出现。

书写文本一旦将符号组合起来而创造出语义内容，就不再仅仅是对事件、物品和人群所进行的分类，而且能够对它们进行描述。此

43

外，由于利科已经很好地作出分析的"文本自主性"的存在，这些描述还可以跨世代地流传下去。由于传统在阶级分化社会中的极端重要性，文本通常还很容易变成"经典"，需要专业人士（通常是祭司）持续作出阐释，而且确实经历了这种阐释。但是，"经典文本"的存在也与我前面提到的"历史"的发明直接相关。由于文本不仅描述了不同社会情境中"发生了什么"，还描述了"应该发生什么"，书面"历史"从而构成重要的权力工具。原来在地方性共同体中非正式地实践的一系列习惯性行为，现在被国家机构用来进行控制和管理。关于"历史"的知识变成了一种阐释的工具，彼此独立的"权威"可以界定原本由地方化习俗所控制的事物。"权威"的双重含义清楚地说明了这一点：权威既可以是特定领域内知识的权威，也可以是对他人所拥有的权威。这里表明了两种权威相统一的方式。

具有语义内容的书写可以直接用来描述和监视那些潜在对抗人群的活动。详细的"官方统计"、"个案历史"以及各种有关个人日常生活的详尽文献记载，是现代国家和组织的典型特征。但在所有类型的传统国家中都存在更加多元的形式。如"个案历史"这个概念所表明的，这里也涉及"历史"，这种类型的信息构成了文件或档案，"现在"可以根据"过去的档案"来进行检视。比如，苏美尔人就以年鉴的形式记录年度事件和活动，并向神祇（和国家）报告。根据魏斯曼（Wiseman）的说法，巴比伦书记员记录"所有公共事件、君主登基、丧葬、叛变、饥荒和瘟疫、重大国际事件、战争、战斗、宗教仪式、王朝法令及其他重要事件的具体日期"[36]。

书写还被用来制定行为准则，其中最重要的是成文法律。苏美尔人的法律体系也是一个很好的例子，它们似乎是从传统实践中逐步发展起来的，而且直到公元前3000年晚期才成为标准化的综合性法典。这一法律体系成为汉谟拉比法典的基础，此后又被所有的闪米特人所采纳，包括巴比伦人、亚述人、迦勒底人和希伯来人。这个法律体系主要是以报复原则（lex talionis）为基础的刑法体系。和传统国家中的所有法典一样，这个法律体系并不仅仅与法律执行机关有关——这一点很大程度上为现代国家所摒弃。比如，法律制裁的实施是半私人化的，依赖于受害者或其亲属将违法者交给司法机关，也通常依赖于他们来保证法庭判决得到执行[37]。被视为直接危害公共安全或严重冒犯神祇的案件，官员或警卫通常会直接进行处罚而不必诉诸任何公共司法程序。

此前我已指明，作为信息收集和整理的监控与作为直接监视的监控密切相关。我们这里可以更加详细地说明这是如何发生的，而且可以将这种分析与行政权力的性质联系起来。如前所述，常规性地使用关于社会活动和自然事件的信息是组织存在的基础。组织（这里指国家）对人类活动的命令和协调，取代了先前由地方共同体实践的行为方式或行为领域。无论是传统社会还是现代社会，所有社会的行政权力都是由权威性资源所造就的支配中心，尽管权威性资源不是唯一的资源（此外，权力还来源于对制裁的控制和意识形态）。我所说的行政权力不同于福柯所说的"规训权力"（disciplinary power），不是指在对权力对象进行"道德教化"基础上形成的权力[38]。相反，我所指的是**对人类活动的时间和空间进行控制**，这一点在福柯的著作中亦随处可见。行政权力通过操纵其发生的情境而对人类行为进行控制和协调。作为信息编码的监控是这种权力的基本因素，因为相对于纯粹口头文化而言，监控所形成的记录和分配优势巨大。但只有在信息编码真正直接用于监督人类活动，从而将人类活动从传统和地方共同体生活中分离出来的条件下，行政权力才能得到确立。与现代国家相比，阶级分化社会将两种监控方式结合起来的机会是十分有限的。由于阶级分化社会的分裂性，直接监督意义上的监控只有在非常有限的情境下才有可能，而且即使在这些有限的情境下，这种监控也不能像现代组织那样精准地对时空进行协调。

灌溉系统在一些农业国家是农业生产的显著特征。魏特夫在《东方专制主义》一书中将传统国家中很多组织的发展与灌溉系统联系在一起[39]。由于没有仔细检视现在已被推翻的证据，魏特夫显然过度夸大了灌溉工程的建设和日常运作中行政集权的程度。利奇（Leach）、艾伯华（Eberhard）和其他人都提出了比魏特夫更有说服力的相反观点。比如，利奇指出，虽然斯里兰卡的僧伽罗地区拥有规模巨大和十分复杂的灌溉工程，但它们没有形成统一的体系，不是根据总体行政规划建设的，日常使用也不是由行政协调的。这些工程是在超过1 500年的时间里逐步建起来的，其间没有大规模的劳动力动员[40]。艾伯华也表明，中国的灌溉体系是非常分散的，其运行不是由国家官员管理的，而是由地方共同体委任的长老管理的[41]。

我在第一章中已表明，与主要生产领域相比，公共工程建设几乎在所有传统国家中都必定处于边缘地位。考虑到可资利用的原始技术，这些工程的规模可谓宏大，用来建造这些工程的方法只能算是最原始意义的行政权力。古王国时期埃及的金字塔就是一例，其建造过程花费了大量劳动力。希罗多德（Herodotus）估计，单是建造位于吉萨的胡夫金字塔在20年的时间里就征用了十万人。无论基于何种标准，这都是一座庞大的建筑，由大约200万块石灰石精确堆砌而成。但是，金字塔工程的精确性也体现了同样复杂的劳动的组织化协调吗？可以相当肯定地说，答案是否定的。建造金字塔所使用的大多数劳动力都来源于聚集起来的劳工，他们在严酷的强制条件下开采和运输石块。除放置准备好的石块的熟练工人外，生产过程的协调主要是通过强制来实现的[42]。

在传统国家，与现代行政权力的常规化组织相似的现象主要出现在军事、宗教以及矿井和种植园中的奴隶使用等情境中。奴隶种植园和矿井当然经常涉及对生产过程的持续和直接监督，但即使是那些情境也与现代行政权力对于时空和权威的整合存在相当大的不同。只有在前面提到的军队和宗教组织中，我们才会发现某些与现代行政权力非常相似的现象，但即使在那里这种现象也不是很常见。我在本章中还将详细讨论军事问题。就宗教组织中的行政权力而言，需要指出的是，当宗教组织与国家统治明确分开以后，其行政权力才得到最大发展，比如，各种修道院便是如此[43]。

毫无疑问，对于各种非现代国家的形成和持续而言，两种意义的

第二章 传统国家：支配和军事力量

监控的扩张都至关重要。但作为"政府"权力的监控的集中化很大程度上是（如果不完全是的话）现代国家的现象，因为这也必然涉及国家在其行政范围内的协调能力，而且这种行政范围与其明确的领土边界是一致的。虽然所有国家都具有领土性的一面，但现代国家产生之前的国家机器的行政权力通常难以与其领土边界保持一致，而这种现象在民族国家占支配地位的时代则变得非常普遍。

领土权、国家、社会

尽管人类学和社会学文献很少关注国家边界，但地理学家已进行了大量的讨论。现代著名地理学奠基者之一拉采尔（Ratzel）提出的国界理论，与当时的社会学研究一样也把国家类比成生物有机体[44]。在他看来，国家由"边疆"所环绕，边疆又由三个地带构成，其中两个是相邻国家之间的边境地带，另一个则是糅合了两国社会和政治特征的"自主地带"。拉采尔的理论有很多有趣的地方，比如认为，国家的领土边疆是国家权力的表现和测量标准，它与中心地区一样应被视为国家的重要组成部分[45]。边疆是国家的动态组成部分，强大的国家会谋求扩张其地域范围，衰落中的国家则会收缩到易于防御的地域。

除具有明显的决定论色彩外，拉采尔的思想也不是一个令人满意的一般性理论。在对传统国家和民族国家的领土权进行区分时，我们一定要认识到前者的"边境"与后者的"国界"之间存在明显的区别。在政治地理学中，"边境"存在两种含义：要么是指两个或多个国家之间的特定分界，要么是指一个国家内聚落区与荒芜区之间的分界[46]。第二种边境还可以进一步细分。"初级聚落边境"（primary settlement frontiers）是一个国家向外扩张到的区域，这些区域以前要么没有居民，要么由部落群体所占领。"次级聚落边境"（secondary settlement frontiers）是一个国家领土内部由于各种原因而人口稀少的区域，通常是由于土地贫瘠或地势恶劣的原因。无论如何，"边境"都指国家的边远区域（不一定与其他国家毗邻），中央政治权威在这些区域是分散或稀薄的[47]。另一方面，"国界"是区分和连接两个或多个国家的明确地理界线。虽然在边界地区居住的群体可能表现出（实际上也经常如此）"混合性"社会和政治特征，但这些群体仅明确地隶属于其中一个国家的管理范围。在我看来，国界只有在民族国家兴起以后才存在。

无论是对于传统国家间的边境还是对于民族国家间的国界的划定，地理环境显然都有着重要的影响。沙漠、海洋、山脉、沼泽或湿地、河流和森林都构成了传统国家的边境，这种自然边界通常是初级聚落边境。但好战群体经常会居住在"荒野"之中，而且时而向外扩张以占领先前的国家所控制的区域。那些超出自然边界或尚未达到自然边界的国家则通常设立某种人为的边界。在没有自然边界的区域，埃塞俄比亚的卡法王国（Kafa Kingdom）就设立了这种人为障碍。卡法王国的北部边境是一条河流，其他区域的边境都是宽而深的壕沟，壕沟外还有木栅防护，唯一可以进入的大门也由高耸的城墙和多道堑壕防护[48]。这种人工边界比较少见，因为它们造价昂贵，而且难以维护，它们只有在小型社会中才是可行的防御模式。在大型帝国中，最著名的两个人工边界当然是罗马的城墙和中国的长城。由于拉铁摩尔（Lattimore）的作品，我们得以对中国的长城知之甚详；关于罗马的城墙，也存在多种信息渠道[49]。罗马人建造城墙似乎完全是出于防御的目的。一些"蛮族"也从中得到启发，在远离罗马城墙的地方建造起自己的土木防御工程[50]。罗马倾向于将城墙视为初级聚落边境，并在相邻区域建立起被称作"界地"（agri limitanei）的农场。这些农场虽然自给自足，但主要任务是防御和通信。长城的修造显然是为了防御四处劫掠的游牧民族，虽然也发挥了限制边境群体流入长城以内的作用。

即使那些建筑明确标示了传统国家的地理边界（这种情况较为少见），把它们看作类似于现代意义的国界的看法也是错误的。在非现代国家中，拥有城墙的边界仍然是边境，处于中央权力机构的日常控制之外，而且国家越大就越是如此。无论是罗马还是中国，城墙都不是今天所说的"国家主权"的边界，相反，它们只是"内层"防御体系的外部延伸。现代国家的国界可能会与自然防御边界一致，这可能对国家在战争中的命运具有重要的影响，但与国界的性质并无关系。国界是标明国家主权的界线。国界的性质因此与其所经过的地形（或海洋）特征没有关系。作为主权的标志，国界必须获得所有相关国家的认可。只有少数传统国家就边界线达成过一致，比如卡法王国与它的邻国。但这只是个别而不是普遍现象，而且经常出现在小型而非大型国家之间，这种边界也缺乏现代国界的精确性。

传统国家，尤其是大型传统国家，包含很多次级聚落边境。这些边境区域，通常为稳定聚居地提供自然的物理边界。但是，在一些众所周知的情况下，为了改变特定**环境**中的社会政治结构，也会有意地建设一些居住区。在军事帝国中，原住人口通常保持他们原有的行为方式——甚至他们的行政系统也被原封不动地保留下来——只要他们缴纳了税赋或进献了必要的贡物。但更常见的情况是，新征服者系统地迁移部分人口，并让其他人群杂居于此[51]。

无论是从地域还是从文化而言，所有城邦都是内部同质的阶级分化社会，这是由于其非常有限的规模造成的。大型社会的内部往往都是高度分化的，地域上的分化同时也是文化上的分化。除统治阶级与民众之间的文化距离之外，还存在区域共同体之间的文化异质性[52]。在考察奥斯曼帝国时，吉布（Gibb）和鲍文（Bowen）讨论了政府与社会之间的"矛盾"：

> 政府，往往是冷漠的、顽固的，不关心臣民的福祉，经常随意而残暴地对待他们；但是，这种政府很少或根本不会影响社会制度和社会活动，其原因在于缺乏复杂的、全面的政治组织……我们可以这样认为：穆斯林社会是由两个共存的群体组成的，他们之间的关系很大程度上是形式化和表面化的。其中一个群体是由士兵和官员组成的统治阶级；另一个群体则是由商人、手艺人

和耕种者组成的被统治阶级。每一个群体内部都按照自己的方式组织起来，在通常情况下彼此互不干涉内部的组织过程。[33]

总结一下前面的讨论。传统国家依赖于权威性资源和配置性资源的产生；城市与乡村之间相互交织的关系使之成为可能。监控能力的发展是作为组织的国家行政权力的基础。但是，传统国家本质上是分裂的，国家机构只能维持有限的行政权威。这种国家有边境（包括次级聚落边境）而无国界。这一事实表明它们相对低下的系统整合水平。强调下面这一点非常重要：在"社会系统"方面，传统国家与现代国家存在根本的差异。由于其内部的异质性，大型传统国家可以被视为"由多个社会所组成"[54]。但我认为我们可以继续在一般意义上使用"社会"一词。我要特别强调的是，行政上高度统一的现代国家是一种特例，不可以用来衡量其他的国家类型。

传统国家的军事力量

无论非现代国家是否起源于战争[55]，没人会怀疑战争是所有地方统治阶级都关心的主要事务。19世纪社会思想家所关注的"军事"社会与"工业"社会之间的反差，原因正在于此。有些学者怀疑，某些（甚至大多数）部落文化是否存在真正的战争。马文·哈里斯（Marvin Harris）指出，"任何人类学家都可以列举出一些从未发动过战争的'原始'人群"[56]。但我们不能确定其中任何一个例子是否真实可靠。有些学者似乎还提到难民，认为正是由于他们与邻居发生的战争冲突，他们被驱赶到边远地区，或者因处于劣势而士气低落。不可否认，"原始战争"与组织化程度更高的政治共同体所发动的战争存在重要的区别。与其他情境下的战争相比，这些战争有时候（虽然并不总是如此）显得更加仪式化和更有节制[57]。但大量考古学和人类学证据表明，战争在所有人类社会都是一种重要的现象。所谓战争，就是群体之间的武装冲突，一个共同体（或为了一个共同体）对另一个共同体使用物理暴力[58]。除性别领域的劳动分工外，"原始战争"几乎不涉及专业分工。所有身体健壮和年轻的男性（极少数情况下还包括女人）都是战士，他们的武器通常就是其狩猎工具。相反，阶级分化社会拥有独立的"军事"机构（虽然实际战争中还会以各种方式进行增补），而且行政权力和武器也取得了进步。

在与历史唯物主义相关的（或受其影响的）社会变迁理论看来，技术创新通过直接影响生产活动而导致社会转型。但更准确的解释，还要强调技术创新在武器开发方面的应用。正如麦克尼尔（McNeill）所指出的，从某种意义上说，"战争工业化"与文明的兴起一样悠久：青铜冶炼技术的发展使得武器和装备成为可能，并像文字或宗教组织一样成为阶级分化社会的特征[59]。但正如他进一步强调的，这与现代工业化之间的相似性是非常有限的。与现代世界不同，那时的战争工具与技术进步之间缺乏持续的一致性，也没有"武器制造业"。武器和装备的生产通常非常缓慢，而且特别注意细节。一旦被制造出来，它们就会持续存在很长一段时间；与战士相比，武器制造者总是非常有限——总体而言，在非游牧共同体中，战士也只占总人口的极小部分。

战争是所有传统社会的一个如此普遍的特征，以至于我们很容易假定，所有传统社会将会表现出相同的军事特征。我们当然可以找到很多长期持续性战争的案例。在整个罗马帝国的历史上，只在战时打开的雅努斯神殿（Temple of Janus）仅仅短暂地关闭过两次，且每次不超过一年。维尔·戈登·柴尔德（V. Gordon Childe）在论及近东早期文明时指出，"可以相当肯定的是，东方君主制产生于战争，存在于长期战争，最后也毁灭于战争"[60]。前文引用过的城邦研究也写道，"城邦之间的战争如此正常，以至于我们可以将其视为城邦的天然属性"[61]。韦伯在讨论印度时也发现，"世俗的和宗教的印度文献都认为"，一个君主"没有考虑使用武力或欺诈来征服其邻国"是"不可思议的"[62]。但对"战争状态"的界定并不容易，因为国家之间即使处于"公开敌对"的状态，持续不断的直接武装对抗也显然是不可能的。此外，非现代国家的历史上还存在很多相对和平的时期，尽管这些和平时期往往发生在远离危险邻国的国家中。因此，古埃及在很长历史时期没有发生过重大战争，虽然在图特摩斯三世的统治下开启过一段强烈的军事扩张[63]。

虽然很多阶级分化社会的确弥漫着军国主义观念，至少在统治群体中是如此，但彼此之间也存在着巨大的差异。我们不应低估这种差异。亚述人接近其中的一个极端。军队中形成的很多行政权力特征首先出现于亚述人的军队中，而且持续了近3 000年。亚述人拥有大量的常备军，它有明确而有序的权威分工和晋升方式。有人认为，亚述人的"国家是一个庞大的军事机器"，其中，"军事指挥官一度是这个国家中最富有和最有权力的阶级"，而且"军事机构随时准备行使其最终决定权"[64]。亚述人还创造了一系列先进的、具有威慑力的军事装备，包括铁制长剑、重型弓弩、移动堡垒和攻城设备。但亚述帝国的鼎盛期不过持续了100年，而且突然就彻底崩溃了[65]。可以相当确定的是，如此热衷于军事的社会很难获得其他"世界文明"所实现的长久稳定。

在某些情况下，特别是在中国的某些历史时期，国家很大程度上远离了军事主义。相对而言，唐朝时期的中国较少受到外部攻击的严重威胁，而且文官统治得到蓬勃发展。虽然皇帝掌握着最高军事决定权，但军事机构与行政机构之间存在明确区分。相对于社会总体规模而言，军队规模很小，而且军事才能的地位相当低。在其他非现代国家中，统治群体中的其他成员很少如此轻视军事机构。在社会秩序的五个类别中，军队与土匪、盗贼和乞丐一起处于社会的底层；士绅群体的地位则最高，其次是农民、手工业者和商人。军队首领也不会被授予政治职位，而且为了降低他们的团结度，军队及其指挥官还会被定期调动[66]。

少数大型传统国家同等对待军队对内维持治安的功能与对外击退入侵、扩张领土的功能，中国即其中之一。但与其他地方一样，传统中国国家机构宣称的对暴力手段的垄断也是不完全的。这种垄断只有

第二章　传统国家：支配和军事力量

在城邦国家中才可以说是完全的；但如前所述，城邦不可能在保持其城邦特性的情况下扩大其控制的地域范围。在所有大型阶级分化社会，国家成功地实现对暴力工具的垄断受制于两个因素：军队的组织方式，以及交通运输和信息沟通的相对缓慢[67]。对于传统国家的统治者而言，长期维持大规模常备军的困难总是难以克服的。所有非现代国家都会维持一支训练有素的核心常备军，而且必须以各种方式进行增补以镇压内部叛乱和发动对外战争。达到这种目的的手段包括征兵、组建奴隶部队、聚集农奴、（尤其是）招募雇佣军。在大多数情况下，包括雇佣军在内的酬劳都是实物而非货币，而且通常是各种武装冲突中缴获的战利品。以各种方式招募的士兵（字面意思是"受雇者"）通常自带装备，而且效忠于他们自己的首领而不是招募他们的统治者。由于中央集权的军事权力对于传统国家的系统整合发挥着重要的作用，这些国家的统治者经常陷入两难境地。一方面，组建武装力量就是要征召士兵，并让他们履行军事责任。但由于这些士兵在多数情况下不可能成为"官僚式军队"（bureaucratic army）[68]，这种军队容易在国家内部形成独立的、对抗性的权力，从而对抗其组建者。另一方面，如果没有能力组建常备军，国家就会或者屈服于外部攻击，或者面临内部的统治衰败。

因此，在大型传统国家，几乎总是存在相当一部分独立于中央国家机构控制之外的现实或潜在军事力量。这些国家通常呈现出中央集权控制的暴力手段与地方军阀或各种反叛首领控制的武装之间的波动性紧张关系。但是，暴力手段还有其他摆脱国家垄断的方式。武装部落群体、游牧战士群体、强盗、土匪、海盗通常在远离城市管理的偏远地区发展起来，有时甚至在毗邻城市管理的区域发展起来[69]。如果这些群体提到了有效的控制，这也必然是地方性的。这是因为，交通运输和信息沟通所需要的时间阻止了中央武装力量的部署，除非是在国家权力遇到重大威胁的时候。但是，越是鼓励地方武装去控制匪患，便越有可能进一步加速准独立的军事采邑制的离心趋势。

如果"治理"（government）是指国家对其宣称拥有的领土进行

常规化行政管理，那么将非现代国家的统治形式称作"治理"就具有误导性，**传统国家缺乏这种意义的"治理"**（govern）①。他们的"政治"主要局限于对统治阶级和重要城市中心的内部冲突的治理。诚如约翰·考茨基（John Kautsky）所指出的，"政治"主要存在于"阶级内部，而不是阶级之间。贵族（以及城镇中依附于他们的仆役和下层官僚）、各个村落和（在某种程度上还有）行会等城镇组织都是相互独立的共同体或社会，因此构成了相互独立的政治竞技场"。使用和威胁使用军事力量通常是传统国家的重要基础，因为他们缺乏对其统治区域进行"直接管理"的手段。

总体而言，在大型非现代国家，国家与民众（也就是农民）之间的主要联系是征税。这种说法虽然有点过于简单化，但真实情况却大抵如此。"贵族帝国中的统治就是征税"[70]。传统国家中的很多税制很大程度上直接起源于战利品的攫取。比如，当蒙古人还是游牧战士时，他们就是通过大肆劫掠所经区域来养活自己的。当他们成为具有固定领土的帝国统治者时，则常规化和合法化原来的随意实践。毋庸置疑，他们也为农业生产提供了一些经济便利，如通过提供肥料、改善灌溉体系和发展长距离贸易来提高耕地产量，但通过武力来确保税收需求的能力仍是国家权力的最重要部分[71]。当然，税收水平在不同的国家、区域和时期存在很大的差异，与国家机构管理的官员相比，领取俸禄的地方官员更加具有压榨性。罗马帝国在这一方面相当具有代表性。意大利核心区域的税收水平相对较低，而且很大程度上是间接征收的；但帝国的税收水平却极具压榨性，这主要是因为国家机构无力控制远离罗马的军事管理者的活动。据一位权威人士所言，

---

① 在此，需要对古希腊的城邦进行一些具体说明。在对现代性进行的大部分进化论阐释中，由于共和主义、民主和公民属性等概念最早出现于那里，希腊城邦被描述为现代政府发展的"早期阶段"。但是，这种观念极具误导性。不可否认，经过罗马的传播和后文艺复兴思想的援用，"古典遗产"对于后来现代性的兴起的确非常重要。但是，关于传统国家历史的众多文献记载都没有表明，这些思想也同样存在于传统国家中。希腊不是典型的传统国家，也不是现代性渐进过程中的一个"阶段"。对于16和17世纪欧洲出现的现代国家理论和实践中的"非个人化主权"（impersonal sovereign power），希腊和罗马的古典共和主义都不是其早期征兆。

"从一开始，建立帝国的目的和功用就在于财政，开始是为了获得可供劫掠的领土，其后便进行征税"[72]。

我在前面已经提到，古代近东文明的中央国家机构很少直接执行其法典。事实上，所有阶级分化社会总体上也是如此，包括大部分城邦和大型帝国。法律可能主要是针对臣民的——统治者除外，有时其仆役也除外[73]。但法律的执行依赖于立法者几乎无法直接控制的机构。因此可以说，沙皇俄国"有成千上万的法则……但并没有法律"[74]。唐朝时期的中国通常被视为传统社会的典范，其中，上层制定的法律成功地控制了大众的行为。但这种观点是一种双重误解。罗马帝国具有系统和正式的法典，与罗马不同，中国则通过对儒家经典的阐释来表明，国家权威应该基于道德而不是法律规范[75]，皇帝应该为臣民树立榜样。在处理他们所遇到的道德伦理问题时，受过经典教育的国家官员应该直觉地意识到他们所应遵守的伦理规范，他们并不是要遵循正式的规范，而是要在一个个具体事务中找到最佳的解决方法[76]。同时，中央权威机构的规范也几乎不会直接影响地方共同体内的社会关系。

阶级分化社会也存在"越轨行为"，国家也可以对越轨行为进行控制。但是，这种控制仅仅限于其官员和与其经常有行政联系的人。只要他们不造反和顺从地缴税（无论是货币、实物还是徭役），其他日常生活行为其实并不重要。村落共同体中持续存在的习俗和传统通常加强而不是破坏了国家权力。即使那些习俗和传统与统治集团的信念和实践存在很大的不同，亦是如此。与其他地方一样，中国的村落和小镇也能够有效地进行自我管理，马克思在其著名的"东方农村公社"讨论中提到了这一点[77]，但韦伯在其中国研究中进行了更详细的阐述。虽然最近的汉学研究发现了一些与韦伯对传统中国的阐释不一致的方面，但在这一点上却是一致的。韦伯指出，城市是官员的聚集地，它不是一个自我管理的实体，但村落在所有方面都相反。村落中的争议或者由家族群体加以解决，或由当地庙宇加以解决，但人们积极地避免诉讼，国家也很少干预。庙宇"负责道路、水渠、防御和安全",国家则"不理会作为单元的村庄,但会不断强调其纯粹的财政利益"[78]。

不能想当然地认为,这意味着传统国家中民众日常生活的典型特征是安全的共同体。相反,与当今西方国家中的大部分民众相比,非现代国家中的民众往往更加贫乏、更加有暴力倾向,当然,非现代社会之间也存在很大的差异。传统国家中的农民往往生活在贫困的煎熬中,他们生产的"剩余产品"都被税官攫取了;他们要经受饥荒、慢性病和瘟疫,也经常受到土匪和武装强盗的攻击,暴力事件在日常生活中时常发生。因此,勒高夫(Le Goff)和萨瑟兰(Sutherland)对前现代法国的描述也广泛适用于阶级分化社会的农村共同体。大部分法国农村都存在长期的暴力团伙和各种争斗,国家机构并不特别关心并制止此类活动。来自其他地方的证据也高度印证了他们的结论:只要这些事件不破坏"税收和总体秩序,国家宁愿不进行干涉"。他们接着指出,旧体制"很大程度上是无为而治的,允许农村共同体自己解决大量事务"[79]。

【注释】

[1] 我将使用"非现代"社会这个术语,而不是我在 CCHM, vol.Ⅰ中使用的"非资本主义"社会。我使用"非资本主义"社会,主要是为了与传统的"前资本主义"社会相区分,因为资本主义社会在很长时间里与其他类型的社会共存。但"非资本主义"可能意味着,工业化的社会主义国家与传统社会和阶级分化社会属于同一类型,这是极不妥当的。

[2] S. N. Eisenstadt, *The Political System of Empires* (Glencoe: Free Press, 1963). 可与 H. J. M. Claessen and P. Skalnik, *The Early State* (The Hague: Mouton, 1978) 相比较。

[3] John A. Wilson, 'Egypt through the New Kingdom', in Carl H. Kraeling and Robert M. Adams, *City Invincible* (Chicago: University of Chicago Press, 1960). 需要强调的是,大多数游牧社会都具有领土归属。"游牧生活……[是]有组织的流动;其流动范围可能非常大;但习俗、条约、与竞争群体或相关群体之间默认的协议也会划定界限。"参见 Jean-Paul Roux, *Les traditions des nomades* (Paris:

Maisonneuve, 1970), p. 37.

[4] Gideon Sjoberg, *The Preindustrial City* (Glencoe: The Free Press, 1960), p. 5.

[5] Ibid., pp. 95ff.

[6] Weber, *Economy & Society*, vol. 2, p. 1213.

[7] Sjoberg, *The Preindustrial City*, p. 67.

[8] Paul Wheatley, *The Pivot of the Four Quarters* (Edinburgh: Edinburgh University Press, 1971).

[9] Weber, *Economy & Society*, vol. 2, p. 1222.

[10] Ibid., p. 1223.

[11] Ibid., p. 1229 and ff; 亦可参见 M. Weber, *The Religion of China* (Glencoe: Free Press, 1964).

[12] Wittfogel, *Oriental Despotism*; Louis Baudin, *A Socialist Empire. The Incas of Peru* (Princeton: Van Nostrand, 1961).

[13] 亦可参见 Alfred Métraux, *The History of the Incas* (New York: Schocken, 1970).

[14] Weber, *Economy & Society*, vol. 2, p. 1402.

[15] Ibid.

[16] Ibid., pp. 1044-5.

[17] cf. W. M. F. Petrie, *Social Life in Ancient Egypt* (London: Constable, 1923); J. E. M. White, *Ancient Egypt* (London: Allen Wingate, 1952); William F. Edgerton, 'The question of feudal institutions in ancient Egypt', in Rushton Coulborn, *Feudalism in History* (Princeton: Princeton University Press, 1956).

[18] Robert Griffeth and Carol G. Thomas, *The City-State in Five Cultures* (California: Santa Barbara, 1981).

[19] Ibid., p. 186.

[20] Ibid., p. 190. 亦可参见 Robert J. Braidwood & Gordon Willey, *Courses Toward Urban Life* (Chicago: Atdine, 1962); M. E. L. Mallowan, 'The development of cities: from Al Ubaid to the end of Uruk', in the *The Cambridge Ancient History* (Cambridge: Cambridge University Press, 1970), vol. I.

[21] cf. *CCHM*, vol. I, pp. 94-5.

[22] 参见布龙菲尔德:"文字不是语言,仅仅是用可见的符号来记录语言

的方式"。L. Bloomfield, *Language*,（New York：Allen & Unwin, 1933）, p. 21.

［23］Jacques Derrida, *Of Grammatology* (Baltimore：Johns Hopkins University Press, 1974) 及其他著作。

［24］特别参见 Paul Ricoeur, *Hermeneutics & The Human Sciences* (Cambridge：Cambridge University Press, 1981). 亦可参见 John B. Thompson, 'Action, ideology and the text', in his *Studies in the Theory of Ideology* (Cambridge：Polity Press, 1984). 这里的讨论，我特别得益于汤姆森的论文。

［25］E. Benveniste, *Problems in General Linguistics* (Florida：University of Miami Press, 1971).

［26］Thompson, 'Action, ideology and the text'.

［27］Roy Turner, 'Words, utterances and activities', in his *Ethnomethodology* (Harmondsworth：Penguin, 1974).

［28］P. Ricoeur, 'The model of the text：meaningful action considered as a text', in his *Hermeneutics and the Human Sciences*, p. 201.

［29］cf. Paul Ziff, *Semantic Analysis* (Ithaca：Cornell University Press, 1960).

［30］P. Ricoeur：'What is a text? Explanation & Understanding', in his *Hermeneutics and the Human Sciences*.

［31］I. J. Gelb, *A Study of Writing* (London：Routledge & Kegan Paul, 1952), chapter 1；亦可参见 S. N. Kramer, *From the Tablets of Sumer* (Indian Hills：Colorado University Press, 1956).

［32］Gelb, *A Study of Writing*, p. 60ff.

［33］Jack Goody, *The Domestication of the Savage Mind* (Cambridge：Cambridge University Press, 1977), p. 83. 这本书是考察文字与权力之间关系问题的基本资料。

［34］A. H. Gardiner, *Ancient Egyptian Onomastica* (Oxford：Oxford University Press, 1947), vol. I, p. 1.

［35］Goody, *The Savage Mind*, p. 86.

［36］D. J. Wiseman, 'Books in the Ancient Near East and in the Old Testament', in P. R. Ackroyd, C. F. Evans and G. W. H. Lampe, *The Cambridge History of the Bible* (Cambridge：Cambridge University Press, 1963), vol. I, p. 45.

［37］Edward McNall Burns and Philip Lee Ralph, 'The civilisations of the

Nile', in their *World Civilisations* (New York: Norton, 1974).

［38］Michel Foucault, *Discipline and Punish* (London: Allen Lane, 1977).

［39］Wittfogel, *Oriental Despotism*.

［40］Edmund Leach, 'Hydraulic society in Ceylon', *Past and Present*, 15, 1959.

［41］Wolfram Eberhard, *Conquerors and Rulers* (Leiden: Brill, 1970).

［42］I. E. S. Edwards, *The Pyramids of Egypt* (Baltimore: Max Parrish, 1962); A. W. Shorter, *Everyday Life in Ancient Egypt* (London: Marston & Co., 1932).

［43］关于这个问题，参见 Weber, *Economy & Society*, vol. 2, p. 1168ff.

［44］F. Ratzel, *Anthropogeographie* (Stuttgart: 1882); *Politische Geographie* (Berlin: R. Oldenboug, 1897).

［45］F. Ratzel, *Politische Geographie*, p. 584ff. 但要参见 J. Ancel, *Les frontières* (Paris: Gallimard, 1938).

［46］J. R. V. Prescott, *Boundaries and Frontiers* (London: Croom Helm, 1978), chapter 2.

［47］Ibid., p. 40ff.

［48］G. W. B. Huntingford, *The Galla of Ethiopia* (London: Hakluyt Society, 1955), p. 116.

［49］Owen Lattimore, *Inner Asian Frontiers of China* (New York: Oxford University Press, 1940); J. Baradez, *Fossatum Africae* (Paris: Arts et Metiers, 1949); R. G. Collingwood, *Roman Britain* (Oxford: Clarendon Press, 1932).

［50］Baradez, *Fossatum Africae*.

［51］Irfan Habib, *The Agrarian System of Mughal India* (London: Asia Publishing House, 1963).

［52］Eberhard, *Conquerors & Rulers*.

［53］H. A. R. Gibb and Harold Bowen, *Islamic Society and the West* (London: Oxford University Press, 1950), vol. Ⅰ, p. 209.

［54］John H. Kautsky, *The Politics of Aristocratic Empires* (Chapel Hill: University of North Carolina Press, 1982), p. 120. 此外，本迪克斯认为，在传统社会秩序中"使用'社会'一词有些困难。这是因为，民众本身生活在分裂的从属地位上，而他们的统治者才构成'社会'，因为他们是国家中的显赫人物"。

参见 Reinhard Bendix, *Nation Building and Citizenship* (Berkeley: University of California Press, 1977), p. 401.

[55] 关于所谓的国家"战争理论"的新近讨论，参见 Claessen and Skalnik, *The Early State*.

[56] Marvin Harris, *Cannibals and Kings* (London: Fontana, 1978), p. 41.

[57] cf. K. F. Otterbein, *The Evolution of War* (New Haven: Human Relations Area Files Press, 1970).

[58] 正如哈里斯所言，包括狩猎和采集社会在内，几乎所有小型社会都"存在某种形式的群体之间的争斗；在这种争斗中，战士都会想方设法地消灭对方"。参见 Harris, *Cannibals and Kings*, p. 41; cf. Quincy Wright, A Study of War (Chicago: University of Chicago Press, 1965), chapter 6; T. Brock and J. Galting, 'Belligerence among the primitives', *Journal of Peace Research*, 3, 1966.

[59] William H. McNeill, *The Pursuit of Power* (Oxford: Basil Blackwell, 1983), p. 1.

[60] V. Gordon Childe, *Man Makes Himself* (London: Watts, 1956), p. 234.

[61] Griffeth and Thomas, *The City-State in Five Cultures*, p. 197.

[62] Weber, *The Religion of India* (Glencoe: Free Press, 1958), p. 64.

[63] John A. Wilson, *The Burden of Egypt* (Chicago: University of Chicago Press, 1951).

[64] Burns and Ralph, 'The Mesopotamian and Persian civilisations', in *World Civilizations*, p. 63. 亦可参见 Yigael Yadin, *The Art of Warfare in Biblical Lands in the Light of Archaeological Study* (London: Weidenfeld, 1963), 2 vols.

[65] A. T. E. Olmstead, *History of Palestine & Syria* (New York: Charles Scribner, 1931).

[66] Chung-li Chang, *The Chinese Gentry* (Seattle: University of Washington Press, 1955); Wolfram Eberhard, *A History of China* (London: Routledge, 1950); John K. Fairbank, *Chinese Thought and Institutions* (Chicago: University of Chicago Press. 1959).

[67] *CCHM*, vol. I, chapter 7.

[68] Weber, *Economy & Society*, vol. 2, p. 980ff.

第二章 传统国家：支配和军事力量

[69] 参见 Eric Hobsbawm, *Primitive Rebels* (Manchester: Manchester University Press, 1959). 亦可参见 Philip A. Kuhn, *Rebellion and its Enemies in Late Imperial China* (Cambridge: Harvard University Press, 1970), chapter 1。

[70] Kautsky, *Aristocratic Empires*, pp. 73 and 150.

[71] Michael Rawdin, *The Mongol Empire: its Rise & Legacy* (New York: Free Press, 1967).

[72] Robert G. Wesson, *The Imperial Order* (Berkeley: University of California Press, 1967), p. 248. 亦可参见 G. H. Stevenson, *Roman Provincial Administration* (Oxford: Basil Blackwell, 1949); Jules Toutain, *The Economic Life of the Ancient World* (London: Kegan Paul, 1930).

[73] 奥斯曼帝国神圣法律的地位据说高于苏丹，虽然实践中没有太大意义。

[74] Nevin O. Winter, *The Russian Empire of Today & Yesterday* (London: Simpkin, 1914), p. 440.

[75] W. T. De Bary, 'Chinese despotism and the Confucian ideal: A seventeenth century View', in Fairbank, *Chinese Thought and Institutions*.

[76] Joseph Needham, *Science & Civilisation in China* (Cambridge: Cambridge University Press, 1954), vol. I.

[77] K. Marx, 'The British rule in India', in Shlomo Avineri (ed.), *Karl Marx on Colonialism and Modernisation* (New York: Doubleday, 1968).（马克思，恩格斯. 马克思恩格斯选集：第1卷. 3版. 北京：人民出版社，2012：848-855.）

[78] Weber, *The Religion of China*, pp. 91 and 93; 亦可参见 Eberhard, *A History of China*, p. 64ff.

[79] T. J. A. Le Goff and D. M. G. Sutherland, 'The revolution and the rural community in eighteenth-century Brittany', *Past and Present*, 62, 1974, p. 97.

第三章　传统国家：
官僚制、阶级和意识形态

官僚制和阶级统治

"国家"在定义上包括行政机构,即专门从事行政工作(包括军事工作)的官僚等级体系。世袭制行政中的君主本质上领导着极度扩大了的"家庭",君主被"大量的斟酒者、奉承者、端痰盂者、理发师和指甲修剪师、守门人、烹饪师、各种表演艺人,以及除了装饰性地站着什么都不做的仆役"所包围[1]。这种绚烂的描绘虽然表明了统治者享有的奢侈宫廷生活,但并没有表现那些不易观察到但更为严肃的行政活动。所有官员虽然在名义上都依赖于统治者个人的好恶,但是通常也努力营造自己的势力范围。实际上,宫廷内部在人员招收和生活方式方面非常不同于官员,官员的工作是内廷得以延续的必要基础。明代的皇帝废除了宰相职位,但自己却淹没于文案之中,在一周之内需要处理涉及3 291个不同问题的1 160份奏折[2]。

世袭制中的职位与官僚制中的职位存在诸多差异,其中之一是没有对"职业"与"私人"进行区分。政治权力被视作统治者的个人偏好，参与政治权力的人也将其视作个人权利，而不是把自己看作"公职的履职者"。中央集权的官僚帝国保留了强烈的世袭制因素，但将现代组织视为这种"官僚制"的延伸在很多根本方面是错误的。韦伯在一般意义上说的"俸禄"（benefice），在所有非现代组织中都以不同的形式存在（俸禄在现代社会也没有完全消失）。俸禄是"职位的权利"，韦伯将其区分成三种类型[3]：第一种是实物俸禄，包括统治者给予的物品或产品。第二种是薪金，即为官员执行特定任务而给予的报酬，但它不同于现代任职者所领取的工资。作为一种"生计"，它一旦被授予特定的个人，这种薪金通常会为其后代所继承。最后一种（显然，也是最重要的一种）是封地，土地及资源的使用权成为官员的生计基础。也就是说，封地通常包含着受俸权。封地可以给予官员大量脱离统治者的自主权，因为封地将地方人口与那些官员直接联系起来，而不必与遥远的君主联系在一起。

在阶级分化社会，封地及与之相伴的特权在国家行政管理中占据重要地位。这一点非常重要，因为它与这些社会中阶级统治的性质直接相关。有些人已经将国家行政机构（至少是中央集权的官僚帝国中的国家行政机构）本身视为一个阶级。因此，魏特夫断言，我们必须质疑主流的阶级概念，这种概念"产生于产权起决定作用的社会［即现代资本主义社会］……事实上，现代社会和传统社会中的国家权力才是阶级结构的主要决定性因素"。他还认为，在中央集权的官僚帝国中，那些操纵国家机构的人组成了一个统治阶级，其余的人则臣服于他们的专制统治[4]。其他一些学者则提出相反的观点，认为"阶级"概念根本不能有效地应用于前现代世界，因为阶级的形成依赖于资本的出现和劳动力市场的充分发展[5]。正统马克思主义实际上处于这两种观点之间，认为封建社会中的阶级统治根源于对生产工具的控制，其他非现代国家则具有"亚细亚生产方式"的特征，即停滞于早期进化阶段，从未演变成以阶级为基础的社会秩序。

以上观点都让人无法接受。为了说明这一点，我将对"阶级分化社会"和现代资本主义"阶级社会"（class society）之间的区别进行分类，从而为本书后面的讨论奠定基础。在传统国家，俸禄式的职位分配将国家行政管理与贵族或士绅的特权结合了起来。也就是说，几乎在所有非现代国家中，一个显而易见的"统治阶级"无不与国家权力的行政机构紧密地交织在一起。不同寻常的是，在传统中国，谋求公职的人必须参加科举考试，但科举考试需要多年的准备，因此即使在文人中也只有少数人才能参加。那些步入官场的人还要定期接受上级官员的考评；而且实际上，对于确保重要的俸产而言，世袭关系发挥着核心作用[6]。地主阶级操控行政机构的方式可能比其他传统国家更具有限制性和封闭性。在阶级分化社会，地主阶级的成员占据着大部分上层国家机构，但这种说法并不意味着国家权力等同于阶级构成。正如魏特夫所说的，阶级的构成不是由国家权力所决定的。同时，国家权力也不是阶级支配的表现。马克思主义理论就持这种观点。贵族/士绅阶级的特权依赖于他们对地产的控制，这种俸禄形式的控制将他们的阶级地位（不同的类型会采取不同的形式）与国家的世袭制特征联系了起来。

表2可以扩展和澄清上述观点，该表区分出了两类阶级体系。

表2

（各种）阶级分化社会	资本主义社会（现代西方国家）
统治阶级	治理阶级
缺乏阶级冲突	普遍的阶级冲突
"政治"和"经济"生活的割裂	"政治"和"经济"领域的分离
低度财产转让	财产可自由地转化为资本
缺乏劳动力市场	劳动力市场控制着职业结构
制裁：暴力手段的控制	制裁：就业在经济上的必要性

可以说阶级分化社会存在"支配"或"统治"阶级（"dominant" or "ruling" class），但这一术语必须加上限定。统治阶级对于他们所占据的国家机构具有很大的影响，因此，国家（尤其是其统治者）对于民众的命运拥有广泛而"专横"的权力。但是，国家并不能像现代

国家那样能够和实际上"控制"其臣民的一系列日常生活。相反，在资本主义社会，统治阶级（以各种形式拥有大量资本的人）有办法进行"治理"。但出于后文将分析的理由，这种办法是更加间接的，阶级分化社会中的土地贵族或士绅所使用的办法则是直接的，我这里所使用的"治理阶级"（governing class）因此是一个特定的概念。

我用"阶级分化"来勾勒传统国家，这是因为：虽然统治阶级和民众在财富和特权方面存在巨大的差异，但阶级冲突并不是群体形成的主轴，也不是影响社会变迁重要转型力量的根源。这种说法乍看起来似乎令人怀疑，因为即使很多历史唯物主义的坚定批评者都认为，马克思的名言"至今一切社会的历史都是阶级斗争的历史"是有效的[7]。但是，阶级分化社会的显著特征不但不是普遍的阶级冲突——积极的阶级斗争——反而是阶级冲突的相对缺失。从一定意义上说，马克思在将"亚细亚生产方式"描述为非阶级社会时也承认这一点，但他没有由此得出这样的结论：阶级冲突的缺乏是非现代资本主义社会的一般特征；相反，他倾向于把东方社会视为一个特例，并专注于考察欧洲从希腊-罗马世界到封建主义的发展"主线"[8]。

阶级分化社会相对缺乏阶级冲突（在这一方面，封建社会亦如此），要解释这一现象并不困难。农业共同体构成了生产体系的基础，它们在日常运作过程中很大程度上具有自主性，即不仅独立于国家，而且相互之间也是自主的。城市有时成为阶级斗争的舞台，但这些斗争或者发生在统治阶级内部，或者发生在统治者和城市贫民之间。统治阶级与被统治阶级之间存在着很大的物理、社会和文化距离，这使得他们之间很少发生公开的集体性斗争。除非在极个别情况下，农民的劳作并不是在统治阶级成员的直接监控下进行的。农民不会以"退出劳动"相威胁，这不仅因为他们缺乏这样做的组织手段，而且因为如果这样做他们也无法生存，毕竟他们生产着自己的生活资料。农民运动在20世纪成为社会革命的先锋，因此打破了农民永远是"保守的"这一观念，但我们不能用现代革命的情形去概括阶级分化社会中的农民反抗。埃里克·沃尔夫（Eric Wolf）指出，"历史档案中充满了农民的反抗"[9]。但我们需要意识到，它们与现代革命运动的相似性是非常有限的。而且还必须记住，就阶级分化社会的存在状态而言，"历史记录"涵盖了诸多世纪和地球的大部分，有些历史事件不过是其中的偶发性事件。

大部分关于农民反抗的研究只涵盖了西方和其他地方商业资本主义的早期巩固阶段。对于更早的农民起义的性质和起源的实质性研究，目前仍然相对少见[10]。艾伯华的研究便是其中之一，他全面列举了北魏时期中国北方所发生的反抗事件[11]。他的确发现，在公元397年至547年之间，那一地区出现了大量的农民起义，约有120起。正如他所指出的，这驳斥了传统中国是一个和平而统一的国家的观点。国家对农民的压迫性财政需求经常导致农民的满腔怨恨，而不是通常认为的那样，农民会自然地顺从天命。但艾伯华所记录的那些反抗几乎都是短暂和地方性的起义，它们对于现存秩序几乎或根本没有什么影响。这些起义似乎是很多非现代国家中地方性暴力总体模式的一种亚类型。在传统中国的更偏远地区，那些长期存在的起义还与那里普遍存在的土匪结合起来，有时还以这种方式最终建立起军队和开展重大的征伐活动[12]。但这种情况下，他们的头目就变成了军阀，而且采取了他们试图取代的地方官员的行为模式。

这种现象与现代资本主义的主要区别，不在于非现代"反抗"与现代"革命"之间的区别，虽然这种区别也非常重要。它们之间的主要区别在于资本主义社会中的阶级冲突具有"结构性意义"（structural significance），阶级分化社会中的反抗却没有这一点。简单地说，现代资本主义的阶级冲突集中在两个"地方"或两种场所。第一个是工作场所。与传统国家不同，在资本主义社会，劳动力总体来说受到了雇佣者或"管理方"的直接监控。工作场所中的纪律强制，与资本所有权所产生的不对称权利结合在一起，导致工作场所中的长期斗争。因此，"工业冲突"（industrial conflict）成为资本主义企业基本而持久的特征。由于资本控制是工作场所中的权威的基础，工作场所的斗争与更广泛的政治冲突模式也相互关联。简言之，在"政治领域"普遍化了的社会，阶级分裂是政治组织的重要工具，但它在传统国家中仅仅是统治阶级有限的特权[13]。

现在我们可以讨论"政治"与"经济"的关系问题了。马克思主义及其他类型的阶级理论通常都认为，与其他类型的社会相比，"政治与经济的分离"是资本主义社会的主要特征。这一问题可以追溯到"市民社会"问题。一般认为，随着资本主义的到来，国家从市民社会中分离出来——尽管马克思认为，市民社会依然是国家的真正来源。但是，这种观点却存在问题，这也是我在本书中没有使用市民社会概念的一个原因。与现代社会相比，阶级分化社会中经济活动与政治领域之间的分离通常更加明确。也就是说，即使在中央集权的官僚帝国，国家也仅仅以非常间接的方式"干预"经济生活，大部分农民的劳动都独立于政治中心所发生的事情[14]。随着现代资本主义及与之相伴的政治形态——民族国家——的发展，政治与经济才更加紧密地交织在一起。

我们应该如何解决这个表面上看起来自相矛盾的问题呢？回答这一问题既需要具体说明两种社会中"政治"和"经济"的存在形态，也需要具体说明这些差异与两种社会所依赖的结构性原则之间的关系[15]。正如波兰尼（Polanyi）所强调的，非现代社会没有明确的"经济"领域[16]。也就是说，经济活动与生产者所从事的其他行为和社会关系之间没有明确的区分。农民不会意识到一个与其他时间的行为相区分的"工作"领域；从更大的层次上说，不存在一整套与国家相分离的、明确区分的"经济机制"。独立的商人可能会从事一些相当高级的商业和贸易，但国家却直接介入主要的经济关系，即征税。与此相关联，我们还应当加上，传统国家的"政治"领域也是非常有限的，仅限于极少数人能够积极参与，这些人制定的政策和内部冲突主要是决定权威性资源的分配。随着现代资本主义社会的到来，一个明确的"经济"领域——"经济系统"（the economy）——才真正出现。当然，传统国家的存在也依赖于配置性资源的生产和分配，从这一意义上说，传统国家也存在各种经济活动（economies）。但现代"经济系统"是与资本主义社会其他制度性领域（相对）分离的活动领域。这里所说的"分离"应该理解为与政治生活"分化"（insulated）而不是割裂。另一方面，在现代社会（民族国家）中，"政治"也具有更宽泛的定义，包括了广大民众。

马克思历史观的一个基本要素是私有财产的产生，它是阶级形成的基础。但这种观点存在着一些问题，且马克思本人在其进化论色彩较弱的一些论述中也说明了这些问题[17]。他认为，在小规模的部落共同体中，生产工具不是私有财产，所有财产都是共有的，私有财产是从最初的集体所有制中进化而来的（又依赖于剩余产品的存在）。从当时的人类学发现来看，这一结论是合理的，但没有被后来的人类学研究发现所证实。这表明，生产水平的"原始性"与私有财产之间总体上不存在特定关系；在定居的农业共同体中，既可以发现各种各样的土地私有制，也可以发现共有财产。

详加探究就会发现：所有的"私有财产"概念都具有复杂性。在现代社会，"私有"财产通常指所有者拥有财产的自由转让权——有权出售给任何人。但在之前的社会形态下，私有财产在某些方面更加模糊，而且会严格限制其转让性。财产意味着"所有权"，所有权的存在又需要对所有权进行界定的法律体系。在没有书写的社会，"法律"是非常模糊的，而且通常依赖于占有关系。在大多数阶级分化社会，法定的所有权绝不像现代社会那样精确。就这一方面而言，罗马法是一个例外。毫无疑问，罗马法后来又对西欧资本主义的兴起产生了重大的影响。私有土地存在于所有非现代社会，但那时的"私有"更多是指受俸权，而不是现代意义上的所有权。当地主对财产具有类似的"法定权利"时，这些权利通常是占有土地的产出和剥削劳动者的权利。我们可以发现很多不同形式的土地所有权。大地主可能拥有永久的所有权，但当君主或敌手要侵占时，他们几乎不能诉诸独立的法律程序。贵族或士绅有时可租用国家的土地，但这种权利又依赖于能否提供令国家满意的军事服务。在其他社会体系中，农民拥有自己的土地，但仍然需要将部分产出交给领主或国家，或同时交给领主和

第三章 传统国家：官僚制、阶级和意识形态

国家[18]。对于农民和大地主而言，所有权极少意味着自由转让权。就农民而言，没有地方共同体理事会或长老的允许，或者没有家族代表的允许，他们是不能处置土地的；对大地主而言，与俸禄相关的责任和对继承的约束都会制约财产的处置权。

这种说法并不是完全没有道理：在阶级分化社会和资本主义社会，阶级的核心都是财产关系，也就是在最宽泛意义上说，是对生产资料的所有权与非所有权。但在"所有权"是什么的问题之外，我们还必须讨论"财产"（生产资料方面的财产）是什么的问题。阶级划分依赖于财产关系这种说法，赋予阶级系统很强的普遍性。但正如马克思在某些时候所着力强调的[19]，非现代社会中的"财产"与资本主义社会中的"财产"几乎完全不同。在非现代社会，财产首先是指土地。对于生产者而言，这意味着他们要过一种接近于自然节奏的生活；对于统治阶级而言，这意味着他们要与一定的土地保持内在的联系，尽管他们实际很大程度上生活在城市中。"资本"也是财产，但这是一种与传统土地财产非常不同的财产：在新兴的"经济系统"中，资本的重要性意味着相对于阶级分化社会而言的全面制度转型。从本质上说，资本是一种可以自由转让的财产，它完全可以根据交换价值进行交换。作为资本的土地与其他商品也没有什么不同，也可以与包括至关重要的劳动力在内的其他商品进行交换。

因此，在"私有"和"财产"两个方面，作为资本的"私有财产"不同于非现代社会中的土地私有权。有些人认为，只有在现代资本主义发展的过程中，阶级才得以产生。这种观点具有一定的合理性就是因为这一点。一个"自由农民"在生活和劳动中的行为，与依附的或纳税的农民的行为，或多或少是相同的[20]，即使在具有大规模灌溉系统的社会中亦如此。但在资本主义社会，阶级不仅侵入劳动过程的核心，而且与更广阔社会的主要结构联系在一起，很大程度上影响了社会结构的形态。作为资本的私有财产是一系列相互关联的经济机制的组成部分，这些经济机制又与社会组织模式和社会变迁模式联系在一起。现代社会中阶级分化的本质特征是：大众是"无产者"，

必须依靠向雇佣者出卖劳动力来谋得生存。这种现象在此前的所有社会都没有达到这种规模。此外，处于现代资本主义生产方式核心的阶级关系——虽然这种关系的性质还有待进一步探讨而不能凭空假设——与西方民族国家紧密关联。正是在这一点上，我认为我们在某种程度上已经说明了，过去的连续性是如何在现代发生根本和无可挽回的断裂的。

在资本主义社会，劳动力的可转让性是大规模"劳动力市场"存在的前提条件。在阶级分化社会，无论农民是否在某种意义上拥有他们赖以耕作的土地，很多纽带都将他们"固定"在了土地上。由于他们的生产活动并不纯粹是地方性的，他们可能"需要"统治阶级以保护他们免遭其他国家的外部威胁，或者为他们提供有效的货币、灌溉工程和道路等经济服务。他们的地位与一无所有的受薪工人存在很大区别，后者如果要谋生，就"需要"有雇佣者。农民拥有相对较高的生产自主性；因此当农民不顺从时，统治阶级所能动用的主要制裁措施就是直接使用武力。那里不存在长期的阶级对抗，只存在前面所说的零星的农民起义及随之而来的武力镇压。与此前的社会相比，资本主义社会出现了一些不同寻常的事物：统治阶级不再直接控制暴力工具。正如圣西门和很多其他 19 世纪的思想家所指出的，"工业主义者"不是军事阶级。不同于对不情愿支付的农民使用强制手段，雇佣者的主要制裁手段是马克思所说的"沉重的经济必然性"（dull economic necessity）。这是如何发生的？统治阶级为什么放弃了对暴力工具的直接控制？马克思没有回答这一问题。但是，在这个问题上，由于前面所分析的原因，马克思与其他社会科学思想家并无二致。

意识形态和非现代国家

马克思在一段著名的文字中写道，"统治阶级的思想在每一时代都是占统治地位的思想"；并接着说道，"支配着物质生产资料的阶

第三章 传统国家：官僚制、阶级和意识形态

级，同时也支配着精神生产资料，因此，那些没有精神生产资料的人的思想，一般地是隶属于这个阶级的"[21]。如果忽略这个主张与马克思的历史唯物主义之间的总体关系（以及他对意识形态讨论的复杂性和矛盾性)[22]，那么，这个主张是意识形态分析的一个有益的出发点。但抽离出这种观点的含义意味着脱离马克思之后从中发展出来的那些典型观点，意味着脱离马克思本人的立场。

与部落文化和现代社会相比，非现代国家中的意识形态具有相当显著的特征。宗教的理性化就是其中之一，韦伯对宗教理性化的研究作出了巨大的贡献。神正论（theodicy）的发展与文字的出现和僧侣群体的形成紧密相关，而且所有的阶级分化社会都存在某种"职业化"组织的宗教。但其意识形态方面的含义却十分复杂，认为宗教信仰不过是阶级统治的非物质性维度是荒谬的，但援引马克思上面那段文字的人却就这么认为。

虽然存在着"武士-祭司"和"官僚-祭司"统治阶级，但在多数情况下，国家官员与军事首领是不同于祭司的群体，他们与祭司的思想观点会存在很大的不同和张力。宗教也会美化战争，并因此有助于将国家崇拜与统治阶级的军事行动紧密地联系起来。其中最血腥的例子是阿兹特克人，其献祭实践要求永不休止地提供祭品，这驱使他们持续地进行帝国扩张的战争。据说，在没有重大战争的情况下，阿兹特克的君主会与邻国达成协议开展大众搏斗，从而获得向神进献的俘虏[23]。但孔雀王朝的国王阿育王（Ashoka）则是处于另一个极端的例子，他深受佛教的影响而放弃战争，从而导致统治集团内部出现严重分裂[24]。正如韦伯所指出的，大多数传统统治阶级是以军事或其他世俗价值而非宗教价值作为导向的。用他的话来说就是，"贵族的无宗教性"比"为信仰而战"更加普遍[25]。战士的行为模式与基督教的谦卑、罪恶和救赎观念几乎没有什么关系，与主要东方宗教中的自我克制理念也没有什么关系。只有对独一无二且无所不在的神的信仰与对异教徒道德败坏的指责相结合的时候（韦伯特别关注的是伊斯兰教），宗教狂热才会直接应用于领土扩张活动中。

理性化的宗教到处都是一把"双刃剑",这体现了宗教经典文本的多面价值(polyvalency)。对于特定文本,某些阐释是维护现存秩序的,另一些阐释则可能是反对或威胁现存秩序的。或者通过保护对神圣文本的使用权,或者通过控制解读该文本所需要的读写能力,或者通过严格他们内部的教育培训过程,祭司群体通常垄断了这种阐释权。但对于依赖宗教资源进行正当化(legitimation)的所有统治阶级而言,建构一种"符合宇宙秩序的"世界总会带来危险。宗教阐释中的宇宙秩序可能会妨碍或禁止那些有益于统治阶级的行动,可能会造成统治群体的内部分裂,还可能会激起反抗运动。

　　即使是高度理性化的宗教,将其与"标准化"的日常行为的道德实践联系起来也是错误的。即使对那些最虔诚的信徒而言,习俗、传统以及日常生活的世俗需要都会对宗教信仰所具有的道德意涵形成持续的影响。基督教强调道德危险(罪恶)和道德救赎,也详述了道德行为和堕落行为,就这一点而言,基督教是非典型的。很多宗教几乎不关心——也不会影响——日常生活的常规行为和政治领袖的宏大计划。君主可能是神,但不是众神中地位最高的神;相反,他们从属于其他被认为更有权力或更有影响的神。通过某种祭品或抚慰,某个或某些神可以满足人的愿望,但与那些不受人类影响、具有绝对权力和非人格化的神圣力量相比,这些神依然微不足道。毫无疑问,对于这种神圣力量的信仰有时会导致顺从,从而默许现存的秩序。神圣力量可能表现为"命",即"每个人命运的基本方面都是道德中立地注定了的"[26]。但另一方面,在某些情况下,"命"又可能与那些道德上精心构建的宗教规则禁止的行为相一致。因此,至少对韦伯而言,与道德理性主义的缺乏相携出场的"命",正好与好战的贵族统治世界观彼此契合。"命运"观念不会产生对仁慈的"神"的信仰,但对于靠战争获得统治地位的人却具有吸引力。

　　理性化的宗教通常只对社会上层具有吸引力,并与普通民众的仪式和信仰区分开来。阶级分化社会不是一个文化统一体,这一事实非常重要。与统治阶级成员相比,地方村落共同体中的人可能说着不同的语言，持有完全不同的宗教信仰，遵循着截然不同的习俗。传统中国的官僚持续而坚定地向民众灌输一种国家认可的宗教，汉朝制定了系统的道德教育政策，精心地将儒家思想整合到广泛流传的故事和戏剧之中[27]。清朝统治者设立了巡讲团，在农民共同体中进行巡回演讲以灌输普遍的道德教义[28]。但除了国家官僚阶层和城市群体外，这些措施并没有取得明显的成效。此外，宗教信仰也长期存在横向和纵向分化。佛教早在公元1世纪就传入中国，虽然相当长时间后才取得重大的发展。一些帝王强烈反对这种宗教，但佛教后来还是得到了广泛的传播。道教也取得了重大的发展，拥有了自己的宗教等级，并在8世纪得到官方的认可，后来也时而获得帝国的支持。汉朝和唐朝都积极支持儒家教育，很大程度上是为了抵制佛教和道教的流行。但许多上层精英既是佛教徒，也是儒生，有时还同时宣称信仰其他宗教；远东地区的宗教不存在近东地区宗教的那种排他性。

宗教抑制那种将自身完全化约为社会内容的做法。马克思把宗教看作现世斗争和物质匮乏的一种异化表现；涂尔干则把宗教看作集体价值观念的表现，神圣性体现了对这些价值观的尊重。没有哪一种宗教仅仅由信仰所组成，所有宗教都体现了社会实践，因此也就是社会制度。但这并不意味着各种宗教信仰都可以被理解为社会规范的变相表现。承认宗教信仰的"本真性"（authenticity）意味着反对这种化约，也就是再度强调：宗教不仅仅是意识形态，不仅仅是不对称支配关系的掩饰，而是与权力分布存在着复杂的关系。

前文的所有说法不会危及下述观点的有效性：所有阶级分化社会都拥有各种形式的"国教"；君主或统治阶级中的某些群体都在某种程度上把国教视为权力支柱，并促进其发展；在现代资本主义出现以前，宗教因素弥漫于各个层级的文化中。但尽管如此，我们还必须补充一些非常重要的限制性条件，即不能把宗教看作完全保守的力量，即使国教也不是。相反，宗教是一个思想和社会组织的框架，宗教影响着传统国家生活的很多方面，包括其中的创新性力量和分裂性力量。下面这种观点也是非常错误的：与大多数臣民的日常生活相比，统治阶级所信奉的理性化宗教影响更大。即使在凝聚力最强的非现代国家也非如此。

这又把我们带回到了马克思前面那段文字的应用范围问题。统治阶级控制着"精神生产资料"。如果我们否认这种观点：在阶级分化社会，统治阶级能够创造出为其臣民所"内化的"信仰和价值共识，那么，我们又能赋予"精神生产资料"何种意义呢？一个重要的现象是，统治阶级能够维持一个将大多数臣民排除在外的、进行政治思考和讨论的"话语场域"（discursive arena）。书写在这一方面至关重要，尽管它不是唯一的影响因素。统治阶级成员通常会迁入城市，尤其是那些与国家行政机构有着密切联系的人。这种城市环境为"文化世界主义"（cultural cosmopolitanism）的出现提供了可能，但这种文化仅仅为全部人口中很小一部分人所持有。在阶级分化社会，话语框架是"政治"在话语层面得以组织、管理信息得以协调的背景，是"政治"的基本要素。

由于大多数人被排除在政治的话语领域之外，他们很难——实际上不可能——在观念上发展出一个"对抗的领域"（field of opposition）。无论是作为总体的社会文化，还是大型国家中的部分文化，为了再生产在话语层面上明确表达的信仰，所有的文化都依赖于重复和重新确认。传统和习俗之所以重要，并不是因为"传统方式"具有规范性强制力，而是因为不存在有组织的信息动员所形成的"对未来的洞察"和"对过去的掌控"。口头文化中的那些人显然并不缺乏"精神生产资料"。正如列维-斯特劳斯等人已明确指出的，口头文化中发展起来的精致的认知分类体系，不但在内容上细致丰富，而且形式上也条理清晰，即使最"原始"的社会也有他们自己的理论家（及其怀疑者）。但在阶级分化社会，对于被排除在政治中心之外的人而言，话语领域的缺失具有致命的影响，因为这种话语领域可以阐明一般性政策，可以将政策与系统化的信息处理整合起来。

正是根据上述两点，我们才得以理解为什么阶级分化社会的系统整合很大程度上不依赖于"总体性意识形态共识"。统治者和国家机构

第三章　传统国家：官僚制、阶级和意识形态

的上层精英对统治阶级中的其他成员和行政官僚所拥有的意识形态霸权才是重点。在传统国家，控制辩证法的主轴不一定是（甚至通常不是）统治者与被统治者之间高度的文化同质性。和所有权力关系一样，统治群体与其被统治群体之间存在互惠性和自主性，但这种互惠关系主要是一种"政治-经济"上的互惠；也就是说，这种互惠关系产生于统治阶级的税收需求与农民的经济和管理服务需求，对暴力工具的控制则维持了统治阶级的支配地位。总体而言，农民对于自己的共同体生活、基本的劳动条件和传统的行为模式，都保有很高的自主性。意识形态控制具有重要性的主要领域是宫廷、高层家族机构和军事首领阶层。在很多君主体制中，宫廷绝不仅仅是满足统治者个人需求的地方，而是一个政治机构，是决策和密谋中心。作为一个特定场所，宫廷处于君主的监控之下，那里形成的隐秘的盟友关系证明其中存在着"明显的"意识形态控制。宫廷中与统治者最接近的人，往往是从统治阶级之外的群体中挑选出来的，比如宦官、奴隶或者外邦人。他们虽然名义上没有什么权力，但实际上往往拥有很大的权力[29]。

在很多情况下（当然不总是如此），宫廷中的人可能横跨君主与行政机构、军队之间的权力分界线。在所有非现代国家，维持君主对行政机构和军队的控制是一个永久性问题，而且这个问题很大程度上是无解的。国家越大则越如此，因为只有能够轻易地对下属进行常规性控制时，君主才能成功地左右他们的行为。在地方军队可能对中央权力形成长期威胁的社会，分而治之的策略自然非常普遍。因此，戴克里先（Diocletian）精心而复杂地划分了罗马帝国的行省，每个行省长官只能在特定的区域任职较短的时间，而且与军事指挥组织相分离，他们的子女有时候被扣在罗马当人质。为了保持他们与被治理者的距离，他们不允许在出生地担任官职，不允许在辖地购置财产和结婚[30]。但这种措施很难应用于武装力量，原因非常明显：分化的领导权无助于在战场上取胜。君主通常力图保持军队最高统帅的地位，但除非君主本人是军阀或战斗领袖，否则他不可能拥有太多的有效权力，而且君主权威被军队废黜的威胁会一直存在。传统中国在这一方

面或多或少是一个特例，因为军事首领极少对帝王权力造成威胁。但是，传统中国的国家机构中存在无孔不入的间谍和告密者网络，他们的任务是保证官员遵循正确的行为准则和信仰。比如在唐代，官员们必须定期接受再教育以确保他们严守规范，他们不允许在家乡生活，为了保证他们忠诚于上级命令，他们只会得到短期的任命。但他们还被要求相互举报，尤其是要留意同僚懒散和抱怨的行为倾向。御史是非常有效的监察官，专门负责揭发任何潜在的异议来源[31]。

以下两种因素之间是存在差异的：统治者对国家官员行使意识形态领导权的影响因素；统治阶级对其他民众行使权力的影响因素。这种差异是形成马克思有关"亚细亚生产方式"论述中所提及的那些现象的基础。在阶级分化社会，虽然总体的制度以及它们所包含的农民共同体的生活方式只会发生相对缓慢的变迁，但在统治阶级内部的精英之间却会发生急剧的权力更迭。正如马克思所指出的，主要的社会制度"不为政治领域中的任何风暴所触动"[32]。但这些风暴或多或少永远笼罩着统治精英。由于依赖于个人依附和亲属关系，家族权力本质上是不稳固的。谋杀、失宠和对无能或腐败的惩处，都会在国家行政机构和军队高层造成不断的权力再分配。虽然传统国家的一些统治者能够进行长期统治，但这通常依赖于持续地平衡下一级官员。我们有充分的理由认为，事实上，只有下一级官员的关系非常不稳定、因而不会在宫廷或家族中联合起来以形成实质性挑战时，君主才能成功地长期维持统治。对王朝的研究表明，稳固的个人统治通常非常短暂，且会被暴力推翻。在 37 位奥斯曼苏丹中，有 17 位被暴力罢黜[33]。(7 世纪和 8 世纪时期)倭马亚王朝哈里发的平均统治时间是 6 年，而(11 世纪和 12 世纪时期)塞尔柱王朝苏丹的平均统治时间是 11 年[34]。

国家体系

实际上，所有可辨识的"社会"都存在于更广泛的社会间关系体

第三章 传统国家：官僚制、阶级和意识形态

系（inter-societal systems）中，各个社会的内部特征在一定程度上必须在这一背景中才能得到理解。阶级分化社会区别于现代民族国家体系的一个外部特征，是前者有边陲而无边界，但这显然不是它们的唯一区别。20世纪的民族国家体系已经演变成全球性体系，只有广袤的大洋和两极的荒地还没有被纳入国家主权的范围。此外，在世界政治秩序中，国家的主权宣称也或多或少为各国政府所认可。以往的"世界体系"显然是碎片化的，无论其统治者所知晓的事件范围到底有多大，每一个大型帝国或"世界文明"都认为自己是地缘政治和文化的中心。孔子的格言"天无二日，民无二王"[35]，可以用来说明所有大型帝国都持有的这种观念。

我们可以区分出四种非现代社会之间的关系体系，尽管它们之间可能会相互重叠和同时并存。第一种类型是地方化的部落文化体系，比如采集狩猎部落、农业定居部落。阶级分化社会在人类历史上只存在了很短的时间。在人类历史的绝大部分时间里——有时候也不无理由地称作"史前时期"——部落社会体系是唯一的社会类型。此类社会类型一直存在于那些没有产生国家的地区，并且不为统治其他地区的国家所知晓。第二种类型是城邦体系。虽然存在孤立的城邦，但它们实际上都是港口城市，"对外"发展海上贸易并由此取得了繁荣和发展。城邦通常存在于城邦之间的关系体系中，如前所述，这种体系的突出特征是长期的战争和彼此的敌对，而不是和平合作。第三种类型是封建国家体系。对于封建主义概念在多大程度上可应用于中世纪欧洲以外的地区还存在很大的争论，但其他地区的确存在与欧洲封建国家体系相当类似的体系。第四种类型是大型帝国的统治体系，其边陲地带是一些较小的国家或部落的栖居地。显然，所有这些类型都与现代民族国家体系格格不入，但它们也曾经与现代民族国家体系短期共存。在更长的时期里，这四种类型彼此同时存在，而且它们在社会变迁过程中也会在时间和空间上彼此取代。

大约自第四个千年以来，就实力和规模而言，帝国体系就开始支配着其他的体系了。无论它们的疆域如何扩大或缩小，有些帝国（最

为明显的是传统中国）在相当长的历史时期里都明显地维持着制度结构的相似性。其他地区（最为明显的是近东和地中海盆地）也为帝国所统治，但随着特定王国的崛起和衰落而发生了中心的改变。所有的传统帝国，或者是通过起初狭小的国家进行扩张而建立起来，或者是通过外族对原有帝国的征服和侵占而建立起来。迄今尚未见过某一大型帝国完全是以某种联邦的形式、通过合作性协定而建立起来的。也就是说，帝国主要是通过使用军事力量而得到建立的，出于前面讨论过的那些原因，帝国的存续也主要依赖于它们持续地保持军事实力。在现代民族国家体系中，每一个国家都被视为政治实体，它们嵌入国际经济交易中，它们的存续也依赖于国际经济交易。从某种意义上说，这种关系在传统帝国时期是相反的。传统帝国通常会存在一定的远程贸易，而且这种贸易会超出帝国的疆域范围，但帝国扩张却倾向于将所有重要的经济需求纳入帝国控制的范围之内，帝国与周边群体的关系也经常处于不稳定状态。一旦得到建立，大部分帝国会发现其军事扩张受到限制，于是力图通过武力之外的其他方式来安抚周边国家或部落社会。

无论存续多长时间，帝国都不能像当今的民族国家那样与同样强大的国家毗邻。所有与帝国毗邻的国家都是小国，而且帝国统治群体将它们统统视为蛮族。也就是说，帝国在其疆域内具有一种普遍化的特征。比如，罗马人不承认任何国际权利或国际法，而是将自己的制度视为原则上可以普遍推行到世界其他地方的制度。这一点似乎是所有非现代帝国体系的共同特征，它在相当程度上说明了通过条约而和平地建立起来的边界不稳固的原因。比如，奥斯曼帝国的官员认为，边疆是划定"战争区域"的标志，边疆人口长时间大量减少并不是因为这些地方的地理特征，而是因为这些地方存在的无休无止的小规模战斗[36]。中国也许提供了最为典型的例子，按照正统学说，中国不需要从边界之外获取物品和服务，帝国的对外贸易通常是与朝贡一起进行的。这种国家哲学持续了数百年之久[37]。

城邦之间的关系本质上不同于这种模式。城邦在经济上很少具有自主性，而且往往与邻近地区以外的群体建立远程贸易关系。与帝国相比，商人在城邦中拥有更高的地位；对于帝国的存续，商人的作用则是微不足道的。苏美尔城邦派遣商人远赴中亚以获得矿石和其他重要物品[38]。一个城邦越是成功地以牺牲邻国为代价向外扩张领地，它就越需要外部资源的供给。和希腊一样，在苏美尔，长期战争导致可耕之地大量减少。长期军事斗争需要不断地征集新兵，从而使劳动者脱离土地，大部分的土地产出也被用于供养军队。这对于苏美尔人的影响是巨大的，因为灌溉系统是进行有效耕作所不可或缺的，大量的抛荒只会使农田再次沦为半沙漠化状态。苏美尔城邦的最终结局是这种变动不居的国家体系的典型归宿。也就是说，这些城邦被纳入更大的帝国体系之中，而且这些帝国不是由其中的某个城邦扩张而来的，而是由于外部力量的侵入。被阿卡德入侵者征服之后，这些城邦成为萨尔贡帝国的省份，必须向帝国政权交税和纳贡[39]。

【注释】

[1] Wesson, *The Imperial Order*, p. 116.

[2] C. Hucker, 'The Tung-Lin movement of the Late Ming Period', in Fairbank, *Chinese Thought and Institutions*.

[3] Weber, *Economy & Society*, vol. 2, pp. 1032-8.

[4] Wittfogel, *Oriental Despotism*, pp. 302-3.

[5] 这是我之前主张的观点。参见 CSAS, pp. 132-8 and *passim*.

[6] S. Wells Williams, *The Middle Kingdom* (New York: Wiley, 1879), vol. Ⅰ, pp. 354-6.

[7] Marx & Engels: 'The Communist Manifesto', p. 35. 恩格斯后来又补充说，"这是指有文字记载的全部历史"；但是，从这里讨论的观点来看，这个补充对其主张没有任何实质性改变。(马克思，恩格斯.马克思恩格斯选集：第1卷.3版.北京：人民出版社，2012：400.)

[8] cf. *CCHM*, vol. Ⅰ, pp. 105-8.

[9] Eric Wolf, *Peasant Wars of the Twentieth Century* (New York: Harper, 1969), p. 279.

[10] Kautsky, *Aristocratic Empires*, pp. 281-92.

［11］W. Eberhard, *Das Toba-Reich Nordchina* (Leiden: Brill, 1949). 在我看来, 考茨基错误地将所有的农民起义都与商业化联系起来, 并认为在中国历史上的那个时期出现了商业的加速发展。

［12］Eberhard, *Conquerors & Rulers*, p. 89ff.

［13］cf. *CCHM*, vol. Ⅰ, p. 220ff.

［14］这种观点见于 Michael Mann, 'State, ancient and modern', *Archives européennes de sociologie*, 18, 1977.

［15］*CS*, chapter 4.

［16］Karl Polanyi, *The Great Transformation* (London: Victor Gollancz, 1945).

［17］*CCHM*, vol. Ⅰ, chapter 5.

［18］Jacques Soustelle, *Daily Life of the Aztecs on the Eve of the Spanish Conquest* (Stanford: Stanford University Press, 1970).

［19］尤其是 K. Marx, *Grundrisse* (Harmondsworth: Penguin, 1973), p. 107ff.

［20］如果这不是术语上的自相矛盾。比如, 参见 Wolf, *Peasant Wars*, pp. 10-11, 这里, 他将"农民"界定为必须将部分产品转交给统治群体的农业劳动者。

［21］K. Marx and F. Engels, *The German Ideology* (London: Lawrence and Wishart, 1965), p. 61. (马克思, 恩格斯. 马克思恩格斯选集: 第 1 卷. 3 版. 北京: 人民出版社, 2012: 178.)

［22］cf. Jorge Larrain, *Marxism & Ideology* (London: Macmillan, 1983).

［23］Soustelle, *Daily Life of the Aztecs*, pp. 100-1.

［24］B. P. Lamb, *India: a World in Transition* (New York: Praeger, 1963), pp. 26-7.

［25］Weber, *Economy & Society*, vol. Ⅰ, pp. 472-80.

［26］Ibid., p. 431.

［27］Arthur F. Wright, *The Confucianist Persuasion* (Stanford: Stanford University Press, 1960).

［28］Kung-chuan Hsiao, *Rural China*, *Imperial Control in the Nineteenth Century* (Seattle: University of Washington Press, 1960).

［29］关于宦官在罗马帝国中的作用, 参见 A. H. M. Jones, *The Later Ro-*

man Empire (Oxford: Basil Blackwell, 1964), vol. Ⅱ, p. 570ff.

[30] Edward Gibbon, *The Decline & Fall of the Roman Empire* (New York: Modern Library, 1932), vol. Ⅰ, p. 102ff.

[31] Gordon Tullock, *The Politics of Bureaucracy* (Washington: Public Affairs Press, 1965), pp. 215-16.

[32] K. Marx, *Capital*, vol. Ⅰ (London: Lawrence & Wishart, 1970), p. 376.（马克思，恩格斯. 马克思恩格斯全集：第43卷. 2版. 北京：人民出版社，2016：374.）

[33] A. D. Alderson, *The Structure of the Ottoman Dynasty* (Oxford: Clarendon Press, 1956), p. 76.

[34] 具体计算见于 Kautsky, *Aristocratic Empires*, p. 247.

[35] Li Chien-nung, *The Political History of China, 1840—1928* (Princeton: Van Nostrand, 1956), p. 43.

[36] Albert H. Lyber, *The Government of the Ottoman Empire* (Cambridge, Mass: Harvard University Press, 1963), p. 29.

[37] cf. M Frederick Nelson, *Korea & the Old Order in Eastern Asia* (Baton Rouge: Louisiana State University Press, 1946), p. 84ff.

[38] cf. Jeremy A. Sabloff & C. C. Lamberg-Karlovsky, *Ancient Civilisation and Trade* (Alberquerque: University of New Mexico Press, 1975); Robert M. Adams, 'Anthropological perspectives on ancient trade', *Current Anthropology*, 15, 1974.

[39] Samuel Noah Kramer, *History Begins at Sumer* (New York: Anchor, 1959).

第四章　绝对主义国家与民族国家

前面有关传统国家的讨论几乎没有提及封建社会，在下文中我也不会对封建秩序进行系统分析。乍看起来这是一种非常奇怪的做法，不考察现代国家产生的欧洲封建主义背景，我们怎么能理解现代国家的具体特征呢？但是，正是因为我们常常将现代国家放在中世纪秩序解体的背景下进行理解，我们才无法充分理解其特性[1]。欧洲封建主义具有一些区别于其他封建体制和其他阶级分化社会的特征[2]，其中有些因素对于现代国家的形成至关重要。但过于关注这些因素可能将导致对历史作"渐进式"（progressivist）的解释。历史唯物主义就体现了这种解释方式，认为现代西方的历史体现了从古典世界，经封建主义到现代社会的发展顺序[3]。我并不否认欧洲的长期发展具有其独特性，而且解释现代性的起源也必须对之进行考察，但我的主要目的是表明现代国家与传统国家在性质上的完全不同。因此，我不想解释绝对主义国家从封建主义中脱胎而出的过程，也不想确定绝对主义诞生的准确日期和分析具体国家在绝对主义统治特征方面的典型差别。我的目的是类型化和比较性的。我想要表明现代国家与所有形式的传统国家之间的不同，从而强调现代性与此前社会之间的断裂的一些关键因素。

我将不会首先描述作为一种形态的绝对主义国家的特征，而是首先考察欧洲国家体系的特征。16—17世纪所形成的国家体系不仅是每个国家形成的环境,而且内在于其形成过程。

绝对主义国家体系

在绝对主义出现之前,欧洲当然也是一个由众多频繁交战的国家所组成的国家体系。随着绝对主义的到来,这一国家体系发生了重大的转变,首次出现了现代意义上清晰可辨的"欧洲"。传统观点认为,1453年君士坦丁堡陷落是奥斯曼帝国迫使欧洲独立的开始。但土耳其人在此之前就长期对欧洲大陆进行过侵扰,除此之外,更准确地说,当时的"欧洲"指的是"基督教世界"。神圣罗马帝国和教皇统治是基督教世界的身份象征,虽然从前面所讨论的意义上说,两者都不是帝国形态。瓦莱里(Valéry)认为,欧洲"只是亚洲的一个半岛"。这一著名论断比较准确地形容了欧洲封建国家,这些国家更像是处在世界主要文化的边缘,而不是一种独立文明。正像巴勒克拉夫(Barraclough)十分有力地指出的,传统观点认为,中世纪欧洲文明"是由拉丁语、古典遗产和基督教所构成的"[4]统一体,这种观点其实是一个神话。罗马帝国的中心在地中海地区,占领了亚洲和非洲的大片地域,但并没有完全包括不列颠诸岛、斯堪的纳维亚半岛和德意志。中世纪的拉丁语只不过是某些地区中公认而持久的文化要素,教皇统治和神圣罗马帝国的影响力也都不是真正普遍存在的,拜占庭帝国是强大的权力中心,但却位于后来所说的"欧洲"的边缘[5]。

绝对主义改变了这一切。当然,它并没有导致一个重新统一的欧洲,相反,欧洲大陆被国家的分化和战争的创伤再度撕裂。但欧洲的确形成了一种政治秩序,一种与后来的民族国家体系存在清晰联系的秩序。在封建国家体系中,遍布欧洲大陆的公国大部分皆为小国。无论和平还是战争,这些公国之间的联系都主要是部分统治阶级之间的联系,和所有阶级分化社会一样,这种联系与其他民众的文化和活动没有什么关联。在绝对主义体制中,虽然绝大多数臣民的生活一如往昔，国家却开始更加具有"金字塔"的特征。国家内部的团结更加明确地强调其地域版图；正是在绝对主义时期，欧洲的国家边界发生了变化。在封建时代的欧洲，边界就是边陲，且长期存在边界争议和管理混乱。虽然也存在"外交"，但却是传统形式的外交。也就是说，外交主要是提供物资和奖励来收买其他群体，或者收取作为依附象征的贡物。虽然封建时期也存在长期外交，但这种外交很大程度上是16世纪及以后才发展起来的。下面这一事实是最好的体现：一种新型国家体系诞生了，这种体系虽然像传统国家那样为战争所主导，但也依赖于国家之间相互承认各自拥有合法的自主性领土。

由于法国是西欧最强大的国家，法国的外交也非常领先，但长期外交制度很快就在整个欧洲建立起来。如果说路易十四是典型的绝对主义君主，那么，就外交训练和外交策略而言，他的管理方式也显然是最先进的。他所派遣的达沃伯爵（Comte d'Avaux）为欧洲国家的新型外交秩序提供了某种实践标准。对于其他国家的现状和命运，法国的国务大臣拥有一系列复杂的信息渠道，提供定期报告和备忘录[6]。其重要性在于：这标志着监控行动向国际领域的延伸，并形成了后来被称作"国际关系"的现象。传统国家在其长期的历史上从未出现过类似的现象，这也是现代民族国家体系区别于先前国家体系的一个基本要素。即使在17世纪的法国，外交的组织方式依然非常原始。在统治后期，路易十四仍然将一些重要的使命交给将军和神父，常驻外交官几乎没有接受过这方面的训练，更加显赫的外交差事几乎是高等贵族的特权。直到18世纪，大部分国家才拥有大量长期在国内外从事外交事务的工作人员。

绝对主义时期的一个重大创新是国际代表大会（congresses）[7]。中世纪就存在国际集会，尤其是神职人员的国际集会，其中发展出来的规程后来也传承了下来。但是，国际代表大会与之存在本质差别，而且有人恰如其分地将其描述为"（17）世纪的重大里程碑之一"[8]。在17世纪之前，几个国家的代表有时也会在某个地方集会，但在三十年战争结束之际召开的威斯特伐利亚会议在多个方面与那些集会存在根本不同。这个会议接近于欧洲全体代表大会，旨在解决各种各样的欧洲国家间关系。会议在明斯特和奥斯纳布吕克两个城市举行，除英格兰、波兰和丹麦等相对边缘国家外，这个会议包括了所有欧洲国家的代表。到路易十四逝世为止，还举行过9次国际代表大会，但这些大会的规模和全面性均不如威斯特伐利亚会议。这些大会中依次签订的条约奠定了欧洲各国的领土分布格局。随后的战争和冲突又导致进一步的国际代表大会。自17世纪直至雅尔塔会议，这种会议对欧洲历史产生了决定性的影响。这种会议几乎都是在长期战争之后召开的，雅尔塔会议亦如此。

欧洲国家之间"势力均衡"的观念现在已如此众所周知和司空见惯，以至于我们很难理解它在17世纪有多么新颖，对于绝对主义国家体系和民族国家体系有多么重要。乌得勒支条约第一次坚实地确立了这种观念的基础，这种观念此后成为各国发动战争或寻求和平时公认的准则。这是一种可实现的均衡状态理论（a theory of achievable equilibrium），它对于现代社会发展的重要性相当于"看不见的手"理论对于经济关系的重要性。其重要性不在于力量均衡的观念以及各国领导人为此而进行的积极努力，而在于它公开承认其他国家的正当性（legitimacy），所有国家都无权以其他国家为代价来推广自己的管理或法律。从我在第一章所界定的意义上说，它是一种组织结构。但它同时也是一种"无政府"结构，因为每个国家在获得对自己主权的承认时，也承认其他国家拥有独立的主权。正如索雷尔（Sorel）所指出的，"因此，大国之间形成了一种共同参与的社会：他们都力图保持他们拥有的权益，并根据各自的投入分享新得的权益，也禁止干涉彼此的内政"[9]。虽然"共同参与的社会"的说法非常强硬，但却抓住了这一国家体系的矛盾性特征：这个日益整合的国家体系，却坚定而明确地承认所有国家各自的正当性，并将它们联系在一起。

欧洲的国家基本上可划分成两种类型：第一种是能够利用这种新观念并通过外交和战争进行扩张的国家；第二种是因此丧失大片土地或彻底破灭的国家。战争的风险增加而不是降低了。这是因为：外交欺骗可能导致意外的武装冲突，而且武装冲突一旦爆发，坚固的国家联盟会导致比不存在联盟时更广泛的军事对抗[10]。国家能够收集到的关于国内外情况的系统性信息相对缺乏，这也增加了大规模战争"偶然"爆发的可能性。敌人或同盟的资源、个别国家发动长期战争的能力等，都可能被严重误算。直至18世纪中期，切斯特菲尔德（Chesterfield）勋爵还在给儿子的信中说道："有一部分政治知识只能通过调查和交谈才能获得，那就是欧洲各国在武力、税收和商业等三个重要方面的现状。"[11]欧洲国家的共同努力在欧洲大陆的东部取得了十分重大的成就：粉碎了最后一个传统类型的外部帝国——奥斯曼帝国——的严重威胁。17世纪末，将土耳其人阻挡在维也纳大门之外，对于后来西方的崛起非常重要。如果爱德华·迈耶（Edward Meyer）和韦伯的观点是正确的话，其重要性相当于1500年前希腊人在马拉松取得的胜利①。随着土耳其人的逐渐撤退，"东部问题"也明显变成具有现代形式的问题。

在绝对主义时期，反思性监控的国家体系的主要基础建立起来之后，国家之间的新国界也开始确立起来——尽管仍然存在大量的边陲。必须强调的是，现代国家与传统国家的区别不仅是边界取代边陲，国家主权理论还转变了国家领土的性质，而且这种极为特别的理论是与绝对主义国家的兴起同时发生的。"国家主权"概念往往被视为纯粹对国内事务的讨论；需要强调的是，这一概念也必然影响国家之间的外部联系。国家在领土范围内拥有排他性的权力，所有其他权力均由最高权力授予和撤销。正是基于这一特性，这种观念对不同国家的权威进行了明确的划分，并赋予国家之间的地理界线以一种新的重要性。

封建国家之间的关系主要以扩大疆域为取向，即各个王朝将尚无定论的区域转变成新增省份。中世纪统治者的疆域不一定是相互联结的，而是分散和分裂的。虽然有些君主会致力于将所有土地统合为一块版图，但这种努力的失败也不足为奇。此外，在封建国家的君主所

---

① 此处的计算有误。马拉松战役发生于公元前490年，距17世纪末2000多年。——译者注

第四章 绝对主义国家与民族国家

宣称的版图内，必然存在很大的区域，它们或者不知晓国王的命令，或者能够忽视国王的命令。与绝对主义相伴的政治集权化过程不单是将有效的控制扩展到统治者名义上拥有的地区，而且还要求实质性地改变国家的内部和外部边界。一个国王拥有的部分领土可能处于另一国王的领土深处，主权的加强因此必然引起重大的冲突，至少会引起国家之间领土的和平重组。对于17世纪中期色当公国的地位变化存在着不同的历史解释，这是国家边界改变过程中的模糊性的一个范例[12]。色当通常被视为一个独立王国，但也有一些人将其视作法兰西这个大国的一个边境省份，君主仅能对其行使极少的权力。历史学家们的疑惑并不令人意外：这只是在一定程度上反映了当时的疑惑而已。当时，布永公爵直接统治着这一区域，但他却将这一地区的部分所有权划归列日主教，列日主教又是效忠法国国王的亲王。公爵家族放弃了色当以换取法国的其他一些地区。历史学家有时认为这是法国对外国领土的吞并，有时则认为是法国领土中王权的强化。

在国家边界重组的过程中，之前存在的边陲不仅发生了变化，而且明显转变为前面所说的边界。这一过程直到19世纪才完成，尤其是在那些人口稀少的地区。很多边陲在17世纪仍然保持传统的形态：松散地存在着，与国家的经济或政治活动缺乏直接联系。比如，从新主权观而不是传统实践方式来看，荷兰共和国就存在各种怪异和混乱的现象：一方面，部分荷兰领土与国家主体部分完全分离；另一方面，主体部分中存在着西班牙的领地，列日主教还对部分荷兰领土拥有共同统治权。17—18世纪的战争及其导致的国际代表大会理性地将边陲转变成了边界，尽管有些边陲并没有发生改变。17世纪首次出现了边界地区居民"选择"归属某个国家的实践。1640年条约使法国接管了西班牙在荷兰的一些城市，住在那些城市中的居民可以选择留下来成为"法国人"，或者选择跨过新划定的界线继续做西班牙人或德国人。直到18世纪，边陲才逐渐演变为边界，即地图上相互认可的界线。第一条真正的边界直到1718年才出现，它是那一年关于佛兰德斯的条约的一部分[13]。

在民族国家反思性监控体系的形成过程中，还出现了其他一些重要的创新，它们直到"绝对主义时代"的末期才出现。其中的一个创新是自然边界的理念。在传统国家，统治者通常力图控制那些拥有抵御其他国家渗透的自然屏障的区域，这种理念在 18 世纪后期以降进一步得到发展，认为一个国家应该尽可能拥有自然边界，这种观念与作为行政统一体的国家凝聚力的巨大提升有密切联系。存在于这种新理念背后的，不仅是对有争议的边界地区的保护，而且是对国家整合的强调。其中，边界的"自然性"不是要将国家与自然环境有机联系起来，而是高度发展的国家主权观念的表达。实际上，"自然边界"还通过国家内部民众的语言或文化同质性得到界定，但这是后来的现象，一定程度上完全是欧洲民族国家兴起过程中的特有现象。

当然，欧洲反思性监控的国家体系的形成，不是绝对主义时期唯一重要的外部变迁，与之同时发生的还有某些欧洲国家海上力量的扩张。与东部帝国相比，所谓的"欧洲"是很小的，甚至比罗马帝国还小。一群马赛克式的彼此独立的国家，竟能征服或控制世界上的其他大片地区，这是不可思议的，甚至几乎是不可能的。需要强调的是，这的确是非凡的，在过去几千年的国家史上从来没有出现过类似的事情。但是，基于前面数段的分析，我想强调的是，到 17 世纪时，欧洲已不再是由独立国家所组成的马赛克了。每个国家（或更准确地说，在几个世纪的战争和领土重组过程中依然留存下来的国家）强化独立主权的过程，同时也是国家之间全面整合过程的一部分。

但是，欧洲人对于海洋的控制并非这一过程的直接产物，而是依赖于很多非常偶然的因素。远程航海活动和欧洲人所说的地理"大发现"，都早于让欧洲海军变得战无不胜的那些技术的发展。早在 13 世纪，欧洲在丝绸、香料和其他商品上就与中国进行了一定的远程贸易。事实上，较之于印度，欧洲人更加熟悉中国，因为一些旅行者早就为了商业目的穿越了亚洲大陆而到达中国，而阿拉伯商人却控制了从印度港口出发、经中东到达欧洲的贸易。这种状况随着鞑靼汗国的分裂而发生改变。明朝时期的中国开始与外界隔绝。由于奥斯曼土耳其人的入侵破坏了其他贸易路线，欧洲也变得更加与世界隔离。部分出于这些原因，一些冒险家（具有专业地理知识的"探险家"更晚才出现）开始探索"打开"从世界其他地方通往欧洲的新路线。毋庸置疑，文艺复兴在一般意义上刺激了更为大胆的环球航行，但两者之间似乎并不存在非常直接的影响。托勒密（Ptolemy）的《地理学》一书——1475年初版——产生了相当广泛的知识影响。但哥伦布显然没有读过该书，而是更大程度上受益于中世纪晚期达伊主教（Cardinal d'Ailly）的著作《世界图册》（*Imago Mundi*）[14]。

　　事实上，大部分航海大发现和对世界各大陆地理形态的认知都恰好发生在绝对主义时代。在某种意义上，我们当然不能低估这一点的重要性。无论多么强大或广袤，以前的大型帝国都没有真正认识整个地球；人们的知识无论多么具有世界主义性质，基本上都属于"地方性知识"[15]。无论欧洲思想多么具有种族中心主义倾向，人类有史以来首次生活在具有"世界知识"的世界中。如果这是一种与先前时代的断裂，那么欧洲海上军事力量和商业力量的扩张亦是如此。所有大型帝国都会进行某种远程贸易，一些小国的繁荣甚至很大程度上建立在商业和海上力量共同作用的基础上。但以往的主要文明均不同于欧洲此时发展起来的文明，后者主要是通过海上力量建立起来的，而且发展了大范围的贸易体系和殖民主义[16]。贵金属流入给欧洲带来的财富，无疑在一定程度上促进了绝对主义的发展。但它们之间几乎不存在直接的联系，试图将这一切硬塞进某种功能主义框架中是愚蠢的做法。大约在1650年之后的一个世纪里，地理发现和贸易扩张进程进入一个间歇期。《威斯特伐利亚和约》在很大程度上使欧洲国家专注于欧洲本身。商业政策是限制性而非扩张性的；除拉丁美洲之外，在世界其他地区的殖民过程主要还是聚居点的建立。如果没有西方"普遍主义"的兴起，商业资本主义及后来的工业资本主义在全球范围内的扩张将变得不可能；不过，这主要根源于其他一些原因[17]。与之有关的主要现象是欧洲海军力量的优势，这种优势使商业资本主义能大规模扩张到全球诸多地区。

作为组织的绝对主义国家

随着一种新型反思性监控的国家体系的建立，绝对主义也启动了现代世界与先前时代的断裂。但绝对主义保留了此前封建秩序的很多要素，与其继承者民族国家体系之间的差异也大于它与封建主义之间的差异。我不同意安德森（Anderson）的下述观点："在外交上……封建主义对绝对主义国家的支配非常明显。"但我同意他的这种观点：绝对主义国家是一种"混合物"，"其表面上的'现代性'一再暴露其背后的古代性（archaism）"[18]。判断绝对主义国家的创新性，不能像一代代历史学家那样仅仅与封建主义作比较，还应该从总体上与其他传统国家形态作比较。也就是说，绝对主义国家在很多重要方面仍然是一个阶级分化社会，但在另一些方面又具有其他类型社会所没有的特征。

如果把绝对主义视为缩小版的东方专制主义（一些人的确这么认为），那么我们就不能分辨出这些特征。这种做法不仅会再次错误地坚持认为中央集权的官僚帝国比现实情况更加统一，而且将低估欧洲君主统治（及其对正当性的诉求）的某些独特性。这些独特性很大程度上是围绕主权观念和主权现实而产生的[19]。在某种意义上，传统国家的统治者都是"君主"：他们被奉为政治秩序的最高权威（至少国家机构中的下层人是这么认为的）。和绝对主义君主一样，他们都通过神圣的象征符号来获得正当性；就其核心意义而言，"神圣权利"的观念并不是欧洲人的发明，无论这种观念的具体形式是什么。但传统统治者实际上并没有将国家与个人合而为一，而只是站在国家的顶端而已。实际上，"神圣权利"这一宗教象征体系应该被视为下面这种新现象所戴上的传统面具：**现代意义上的"政府"的发展，使统治者个人成为世俗化行政实体的个人化表征。**

就这一点而言，15—17世纪末的政治思想家对"主权"（sovereignty）观念的逐步发展具有启发意义。"主权"（sovereign）一词虽然在词源上与个体统治者的观念有关，但这并非其含义的主要来源，这也解释了为什么这一术语能够轻易地被用来解释非个人化的"主权"。在博丹（Bodin）之前，"主权"被用作形容词，并笼统地被用于任何贵族。比如，在15—16世纪的英国，升任主教的修道院院长这样的小贵族都会被正式地称作"主权者"，但这仅仅因为他是教会组织的首领。这一术语更经常地用来表示组织本身的特征——比如，法国有三个公认的主权法庭[20]。当博丹（有所保留地）主张只会存在一种最高权力时，他不是指单个君主所具有的无上权威，而是在描述和主张一种协调有序的行政体系[21]。我认为下面这种说法是合理的：如果不存在事先建立的"主权话语"，无君主的政治体制以及与英国革命相关的各种共和主义和自由主义理论将无从产生[22]。受当时政治理论的影响，绝对主义的观念将个人的最高权威与更普遍的国家权力联系在一起——国王或君主的角色在其中实际上变得不再必要——从而为绝对主义观念进行新的解释提供了可能。一旦主权观念被有效地转变为政府原则，它就开始与"公民身份"观念进行结合，而且"公民身份"的范围开始不再局限于城市共同体，而是指整个国家的政治"共同体"了。无论多么强调国王的神圣权利与绝对主权之间的关联，这种关联都是非常脆弱的，并因而成为意识形态关注的焦点和斗争的导火索。

绝对国家权力的政治理论尽管与现实存在一定的距离，但如大多数发达国家的行政变迁一样具有重大的影响。显然，无论从空间还是从时间上说，绝对主义都不是一个整体。但我们仍然可以轻易识别出绝对主义的一些普遍特征，其中包括相互联系的三个要素：（1）行政力量的集中和扩张；（2）新的法律机制的发展；（3）财政管理模式的变化。

绝对主义国家的宫廷生活类似于许多帝国社会的宫廷生活，最为奢华的路易十四的宫廷生活尤其如此。但路易十四的宫廷生活已失去大多数其他君主制国家所具有的世袭制（patrimonialism）特征。内廷不是由高层王室人员所组成，而是由受宠的贵族和侍从所组成，它显然是一个"政治"场所，其中充斥着阴谋诡诈和流言蜚语，但它不再是行政机构的组成部分。这在原则上为直接听命于统治者的官僚化行政体系的产生提供了可能，而且实践中也某种程度上的确产生了这种体系。路易十四任命的大臣虽然通常是贵族，但也并非总是如此。这些大臣虽然有时直接向他汇报，但更多的是通过政府会议进行汇报；他们与行政管理机构直接联系在一起，其中的大多数职位不是俸禄式的，而是由领取薪水的职业官员占据着[23]。柯尔培尔（Colbert）积极而谨慎地采取政策以巩固这种官僚体制，如设立督察官（intendants）。最初，为了实现税收的合理化和征税的中央集权化，柯尔培尔建立了一个行政等级体系，使得中央和地方官员的协调程度达到了前所未有的水平，他也派遣督察官调查财政资源配置的绩效情况，并提出相应的改革方案。这些督察官后来常驻各省，并定期汇报，实际上成为直接向国王负责的常驻行政管理者[24]。

  在法国以及整个欧洲，国家权力的协调和集中使君主要直接面对各种类型的组织，包括城市、议院和议会（如果存在的话）。法国的很多城镇在很大程度上已经独立于中央政治机构。根据1692年法案，法国的城镇被置于国王任命的市长的管理之下。巴黎议会的权威受到重组和限制，1673年法案限制了其作为立法者代表的权利，但国王必须定期与地方贵族和神职人员会议进行协商。此外，在很多情况下，在原来的官位之外设立的新的官位而非完全取代原来的官位，结果导致相互交织、纵横交错、纷繁复杂的权力关系网络的出现[25]。其他国家也发生了类似的情况，虽然不同国家之间存在很大的差异。结果，波希米亚、勃兰登堡和俄罗斯的贵族阶层遭到无情的压制。1680年以后，瑞典的卡尔十一世只让国会不定期地召开；在腓力四世的统治结束之前，西班牙的国会遭到极度削弱。由于这些组织很大程度上是由贵族、士绅或他们的代表所组成，有人认为，这些过程表明，绝对主义国家是建立在国王和商业资产阶级联盟的基础上。这事实上也是马克思的观点，马克思曾专门写道："中央集权的国家政权连同其遍布各地的机关,即常备军、警察局、官僚机构、教会和法院——这些机关是按照系统的和等级的分工原则建立的——起源于专制君主制时代,当时它充当了新兴资产阶级社会反对封建制度的有力武器。"[26]

毋庸置疑,在法国以及不同程度地在其他地方,一些城市社团以不同于贵族的方式与日益上升的绝对主义国家机构展开合作。城市放弃了一定的行政自主权,以巩固能够促进商业和制造业利益的更广泛的法律框架。这样做的理由是多方面的,如相关群体一定程度上认识到这种法律框架的发展会给自己带来好处。同时,一些日益壮大的群体也不再维护之前所获得的社团自主性,因为自由工资劳动者业已成为扩大生产的手段,而以这种自主性为基础的行会则已经成为了一种障碍。同样重要的是,城市不再是战争的重要防御形式,军事技术的突破很大程度上使城市失去了此类功能。城市逐渐失去了其传统的政治、经济和军事功能。这一过程虽然尚未完成,但在绝对主义国家兴起的过程中却是一个根本性转变。

今天,即使对马克思主义持强烈同情态度的历史学家也承认,马克思的解释很大程度上是值得怀疑的。比如,安德森认为,绝对主义国家"绝不是贵族与资产阶级之间的仲裁者,更不是新兴资产阶级对抗贵族的工具"[27]。相反,更准确的说法应是,绝对主义国家是传统少数土地所有者维持其阶级统治的表现,在应对内外威胁的过程中,这种阶级统治意外地发生了质的转变。在我看来,新兴国家体系的兴起所涉及的外部过程比很多历史学家所认为的要更加重要。如安德森所言,最为重要的内部因素可能是统治者应对那些消解地方性农民共同体的自主性的社会变迁的努力,由此导致的结果是,"上层权威的更替"在很大程度上强化了中央集权的王权机构。可以确定的是,对于防止后封建国家继续以传统方式压榨农民而言,具有部分自主性的城市共同体的出现(以及其他"欧洲"或"西方"特有因素)发挥了重要的作用,一种截然不同的政治秩序由此得以建立。

我们不应当夸大绝对主义对于强化官僚统治——存在于地域边界

明确的国家中——的作用。尽管马克思已有言在先，但只有随着民族国家的兴起，中央集权的国家行政机构才得以"普遍存在"。如果路易十四统治下的法国可以视为绝对主义国家的最高形态，当时的法国与民族国家仍相去甚远。从许多方面来看，当时的法国可能是同质度最高的欧洲国家，大部分居民使用同一种语言，尽管按后来的标准，不同省区使用的方言还是存在相当大的差异。但在一些关键方面，国家权力的作用范围仍十分有限。甚至君主也不只是法国国王，在南方，他被称作"普罗旺斯伯爵"，而且他自己也这么称呼自己；在多菲内，他又是维埃诺瓦王太子。地方农民共同体的封闭性虽然遭到实质性破坏，但这些地区仍然对自身事务保留着大量的行政控制。在法律和财务管理方面，各地区之间仍然存在巨大的差异和重叠的适用范围。伏尔泰发现，"在香槟地区公正和正确的事情，在诺曼底地区就不应当视为不公正和不正确的"[28]。这种情况到路易十四统治结束时一直如此。罗马法在南方法庭占据主导地位，习惯法则在其他省区依然流行。此外，一个共同体有时可能存在多种法律体系。比如，在博韦地区的一些村庄中，习惯法就存在各种分化和差别[29]。虽然柯尔培尔和其他大臣在规范税收体制上取得了重大成就，但征税方法却仍然变化无常。主要的直接税——人头税——是由向中央负责的官员征收的，其他税收则被承包出去，而且地方王国有自己的征税规则。此外，人头税也分两种：一种是主要按土地征收的人头税，主要存在于南方；另一种则是按人口征收的人头税。多种人口被免征人头税，在大部分大城市中都是如此。路易十四统治期间，一些城市对法国内部的大部分地区征收贸易关税，却与其他国家实行自由贸易。

必须从这样一种背景出发对绝对主义法律和财政体制的发展作出评估。毫无疑问，它们在国家机构巩固的过程中迈出了极其重要的步伐，但与前面提到的其他方面一样，绝对主义只是过渡性的。适用于国家全体人口的、抽象的法典的颁布，与主权观念的发展紧密关联。如果仅把绝对主义视为权力向君主手中集中的过程，那么法律的发展也就是总体政治秩序屈从于君主意志的过程。但如果从"自主性行政"协调的角度来看待绝对主义，那么法典的发展就会具有完全不同的意义，即它是普遍化权力机构中必不可少的组成部分。法典不但不是君主的玩物，而且标志着向新法律体制的发展，其中君主要么在形式上与之无关，要么像所有其他社会成员一样服从相同的法律原则。

与绝对主义国家相伴的法律发展包括以下几个方面：一是以非个人化的方式适用于全体人口的、不分社会等级的法规的增多。路易十四曾制定了一系列此类法规，涵盖了刑法和民法。欧洲其他主要国家也出现了类似的情况。这些法规的重要性绝不限于法律全书的形成，虽然这也很重要，其重要性还在于君主可以制定和实行新法律的观念的出现。封建体制下的贵族们宣称自己拥有传统形态的法律特权，甚至必要时具有使用武力进行制裁的权利；地方统治者也拥有类似的权利，但在修改法律程序时必须取得贵族的同意。但在绝对主义国家，中央行政机构之外的机构和组织至多是"受到优待的听众，其个别成员可能会被免除新统治带来的不利后果（尤其是财政上的后果）"[30]。

二是法律内容的变化，尤其是私有财产方面。罗马法的恢复对于这些变化的发生发挥了重要的作用，但这种作用也可能被夸大，尤其当认真考察其起源时。中世纪晚期及后中世纪时期的罗马法的某些特征，在古代根本就不存在；其他一些特征则发生了实质性改变，比如支配权和所有权概念。韦伯认为，"真正的"罗马法律制度很少如德意志法律制度那般抽象[31]。因此，罗马法的"再发现"过程也是一个重构的过程[32]。在这一重构过程中，以一种封建体制所不允许的方式，罗马法提供了将私有财产与公共领域区分开来的手段。与实际上用来界定私有财产的具体法律条文相比，这一点更加重要，因为城市中产生的商法与罗马遗产几乎没有什么关系。但是，法律原则和法律之间的区分，使绝对主义行政进行的形式化努力对后来的政治和经济发展产生了重要的影响。其中，法律为统治者扫清中世纪的障碍、获得制定法律的能力提供了现成的基础。法律原则——某种程度上同时也是法律制定过程的组成部分——为国家权力范围之外的土地和物品的"私有产权"创造了可能。这种说法并不矛盾：法律性质的变化既巩固了传统封建阶级的全面统治，又加强了商业和制造业资本的力量。

法律机制变化的第三个方面涉及刑法和国家机构使用的制裁方式。历史学家们充分考察了绝对主义体制下法律的一般特性的发展，但却极少关注影响刑法的那些具体变化。绝对主义时期，监禁开始出现，国家控制的制裁机构也得到进一步发展，取代了之前占主导地位的由地方共同体所实施的制裁。前面提到的那两种司法转变与这一点密切相关。下面这种观点包含了对"秩序"或社会规训的强调：统一的主权应该取代封建的法团主义，这是消除内部斗争的条件。博丹和霍布斯以不同的形式表达了这种观点。比如，博丹认为，"国家的目的"就是要创造"秩序井然的生活"[33]。将"秩序"和"无政府状态"并列起来（也以不同的形式存在于国家体系内部）是主权观念的内在特征。这不仅意味着承认对普遍性社会规训的需求，也意味着"越轨"观念的出现。和绝对主义的大部分特征一样，尽管不同的国家之间存在着巨大的差异，监禁性组织正是在16—17世纪开始变得普遍化。1657年巴黎综合病院的重组是当时这种趋势的表征，它由多幢古老建筑合并而成，其他城市则出于这一目的而建造了新的建筑——比如，里昂早在1612年就进行了此类建设。1676年的一项法令要求每一个达到一定规模的法国城市都要效仿巴黎建立一所综合病院[34]。

英格兰在法国之前就开始了类似进程，这无疑与那里国家权力更早进行的行政理性化有关；在那里，教养院的建设可以追溯到1575年的一个法令。这些教养院没有得到进一步扩展，它们很大程度上为后来建立的济贫所所取代。但是在1556年，英格兰的确建立了被视为欧洲第一个"现代监狱"的布赖德韦尔（Bridewell）监狱，而且还为其他国家广泛效仿。布赖德韦尔监狱可能是阿姆斯特丹锉木监狱的模型，虽然也有人不同意这种说法[35]。事实上，在布赖德韦尔监狱和欧洲其他地方的教养院建立之前，另一种规训性惩戒就已经存在了，那就是修道院的忏悔监禁。一些大修道院很早就制定出通过监禁和隔离来对冒犯者进行矫正性惩戒的规则。虽然修道院并不是早期教养院的直接起源，但它们与18世纪晚期和19世纪的监狱制度——一种出现于民族国家而非绝对主义国家中的现象一脉相承。当然，监禁性组织的发展不仅仅限于这种刑事领域，还构成了与绝对主义关联的更广泛的社会变迁趋势，这些趋势后来在民族国家中得到了更加充分的发展，它将病人、疯子以及其他特殊人群与"正常人"（心智健全/遵纪守法/身体健康的人）隔离开来。追随福柯的观点，多纳（Dorner）提出了"对非理性进行行政隔离的时代"（1650—1800）的观点，它比较准确地描述了这样一个时代，"教会不再能够控制各种非理性人群，尤其是穷人和精神错乱者，资本家-资本主义社会则尚不能够控制此类人"[36]。

虽然有些因素为绝对主义国家所特有，对财政管理的需要却不是。也就是说，和所有国家一样，绝对主义国家也依赖于大规模的征税。军事对抗的进一步扩大消耗了各个大国的大量资源。据估计，在16世纪末，西班牙超过四分之三的税收被用于军事目的。按照克拉克（Clark）的说法，在整个17世纪，欧洲国家之间只有七年没有发生过大规模战争，事实上在其中的一年还进行了大量军队动员和火炮交易，全面战争也是一触即发。战争成为"国家的主要产业"[37]。当然，各国一直都在进行战争，但随着武器技术的进步、征兵方式和军事训练方式的变化，战争变得更加昂贵和复杂。在这种背景下，财政资源管理也变得更加重要。为了资助军事机构而产生的大量货币需求，显然刺激了早期资本主义的扩张（尽管在多大程度和以什么方式上仍存争议）。在后来影响欧洲国家体系的一系列事件中，其中之一是西班牙的破产。这在17世纪末达到顶点，当时的西班牙无论如何都无法征召一支可以参战的军队了。17世纪初的法国也濒临破产的边缘，但财政管理方式的改革（也是在所谓的"全面危机"后进行的）[38]却为其他欧洲国家树立了典范，前文在谈到柯尔培尔时也提到过此次财政管理改革[39]。

与绝对主义国家的大多数其他方面一样，财政理性化所推动的中央集权化和官僚化相对来说还很不充分。在行政体系的核心，包税制保留了俸禄式的权利，直接税中存在着以等级和地域为基础的大量豁免措施，因此没有国家拥有后来出现的那种累进税制。即使是最先进的国家，也不能有效地收集这种制度所依赖的收入信息。人们普遍认为，腓特烈大帝统治下的普鲁士是欧洲官僚化程度最高的国家。但即使与官僚化程度最低的民族国家机构相比，其行政规模和控制范围也是很小的。在当时的普鲁士，每450个居民中才有一个公务员；而在1925年的德国，每46个居民中就有一个公务员。如一位研究者所指出的，我们有理由认为，绝对主义国家建立了"一个其决策能够真正得到执行的政府（即一个有效的政府）"，但我们也有理由认为，即使是18世纪的欧洲也仍然处于"中世纪建立的"制度的"束缚之下"[40]。

因此，与一般意义的传统国家比较，绝对主义国家在很多关键方面都形成了一种不同的政治秩序。欧洲国家的发展模式开始不同于之前的帝国兴衰模式。这首先体现在一种新型的反思性监控的国家体系的发展上；而这又在实质和思想上与主权的发展有关。主权观念不仅与绝对主义统治者的地位有关，而且与高度官僚化的中央集权制有关，它是将国家的"内部"发展与国家体系的"外部"巩固结合起来的最重要因素之一。

绝对主义国家向民族国家转变过程中的军事力量

在欧洲，规模和破坏性日益增大的大量战斗和战争，不仅塑造了绝对主义国家的地理格局，而且塑造了民族国家的地理格局。"持续存在的国家"的确是一个事实，但我们不能无视过去几个世纪中发生的那些令人眼花缭乱的变迁。诚如蒂利（Tilly）所指出的：

> 在1500年寻求自主和强大的政治单位中，绝大多数都在后来的几个世纪里消失了，它们被其他建构中的国家所击溃或吞

并。在那些当时被接受为国家的政治单位中，绝大多数也在那几个世纪里消失了。到19世纪还存活下来或发展起来的为数不多的自主性国家中，仅有少数几个能够有效地运转——无论我们使用的"有效的"标准是什么。[41]

在19世纪从绝对主义向民族国家早期发展阶段转变的过程中，存在以下几个显著的地缘政治模式[42]。一是西班牙影响的兴起与衰落。当我们谈到15—16世纪"西班牙"在欧洲、美洲和其他地方的作用时，这个"西班牙"并不是后来作为民族国家的西班牙。从传统封建欧洲的意义上说，西班牙的影响是"世界性的"。查理五世兼任神圣罗马帝国的皇帝，统治着众多西班牙王国、那不勒斯和西西里、米兰公国、德国境内和周边的哈布斯堡领地，以及大西洋两岸的殖民地。除了在形式上都效忠于西班牙国王外，这些地区之间几乎没有什么联系。我们很容易这样认为，虽然国家的领导方式存在某些不同，西班牙可能已经成为一个新兴的传统帝国的中心。

这种可能性到17世纪初却急速下降，西班牙统治的衰落对欧洲其他地区乃至最终对整个世界都产生了永久性的影响。如果西班牙在无敌舰队时代在海上击败了英国，将很难想象不列颠后来会成为先进的商业和制造业大国。西班牙的衰败加速了德国的分裂，我们绝不能低估德国分裂所带来的重要影响。西班牙国王没有利用好法国暂时衰败在西欧所造成的权力真空，导致法国后来不仅重回政治舞台，而且成为占据主导地位的欧洲强国。绝对主义时期的法国是第一个对欧洲政治产生引领性作用但又没有成为旧式跨国实体的国家，也因此真正开启了现代新纪元。

在这里，发挥作用的不仅仅是战争和外交，军事技术和军事组织的变化——部分发生于绝对主义兴起之前，部分与绝对主义相伴而生——同样影响深远。在与中国业已发生的变化进行比较时，西方历史学家应对这些变化保持审慎，但这些变化对欧洲历史进程的确具有根本性影响。中国早在11世纪就拥有了大规模军队和西方国家所没有的多种武器；到13世纪，更使用火药来发射炮弹[43]。中国在

12—13世纪就在战争和军事实践方面出现了大量的技术创新。虽然中国在很长时间似乎对海上力量兴味索然，但15世纪早期的中国已建立了一支超级舰队，这支舰队绝对有能力进行欧洲人所从事的那种探险和贸易活动[44]。此外，商业创业者也建立和组织了自己的舰队，并在南亚和东非开展贸易活动。如果中国的技术进步、军队和商业资本主义能够得到进一步发展，将不难想象世界历史进程的另一种可能性——马克斯·韦伯持相反的观点[45]。毫无疑问，儒家思想非常鄙视军人，也（程度低些地）鄙视商人，这无疑消解了这种可能性。但最重要的影响因素是直接的政治决策。在15世纪中叶，帝国禁止了跨越印度洋的长途航行，其后不久又禁止建造能够从事这种航行的船只。中国的急剧转变无疑助长了西方的早期海上扩张，使之能成功地对东方进行军事和贸易入侵。

尽管有过于简单之嫌，可以说，有三种军事发展对绝对主义国家的兴起发挥了决定性的作用，同时也受到了绝对主义国家兴起的影响。一是武器装备上的一系列技术进步，它们很大程度上使传统地面战争变得过时了。二是军队中高度集中的行政力量的出现。这不仅体现在战场上，而且体现在日常军事训练中。现代意义上的"规训"起源于军队，而且现在仍然如此。三是欧洲海军的发展。从16世纪开始，欧洲海军已成为世界其他地方无法抗拒的力量（部分原因仍然是技术进步）。虽然此前也存在过一些"贸易-军事"国家（如腓尼基），但只有欧洲国家才主要依靠对海洋的控制建立起庞大的帝国。无论多么依赖于海上交往，传统帝国都是通过对大片土地的控制而进行扩张的。

中世纪的军队通常是由变动不居的人员所组成的，这些人通过服侍领主来换取土地使用权。他们的武器是短剑和长矛。由于战争主要以骑士为主，因此很大程度上不会使用步兵。后勤补给仅仅能够长期维持家庭武装。对各种规模的军队的补给通常仅能够维持数周，而且一般是在夏季。坚固的城堡和后来以城墙环绕的城市给防御者带来了优势[46]。在14世纪的百年战争期间，君主命人将一些士兵组建成了雇佣兵，同时还存在士兵的"自由连队"，他们为战利品和土地而出卖服务。但这两种军队都无法长期存在，当报酬不足时，这些军队或者解散，或者转变成土匪；当取得成功时，他们的首领则通常变成领主的家臣。在欧洲封建社会早期，一项简单而有效的技术发明——铁镫（iron stirrup）——极大地影响了骑士的支配地位[47]。铁镫可以让武士使用长矛来承受马匹和骑士所遭受的冲击，而不仅仅靠人的臂力。但按照封建社会的经济标准，生产和维护铠甲和武器的成本是极高的——除富人外，任何人都负担不起这种成本。正如芬纳（Finer）所指出的，这就像让一个现代士兵承担一辆具有全面后备服务的坦克及其工作人员[48]。

瑞士步兵所使用的那种英式强弓和长矛（借鉴了罗马人在帝国晚期所使用的战术思想），是导致封建战斗方式解体的两种军事技术进步。其中，长矛被认为比强弓影响更大，因为使用强弓需要相当长的学习时间，而英国骑兵又不愿成为欧洲大陆的雇佣兵。瑞士的长矛兵主要是雇佣兵，而且他们在战场上的队形需要训练有素的协调。瑞士联邦成为整个欧洲征集士兵的来源；到15世纪，多数成功的欧洲军队都采用了他们的战术。但长矛也逐渐被使用爆炸性火药的武器所取代，这种武器无疑是人类历史上最重大的技术进步之一。枪炮对现代文明的形成具有深远的影响，因为早期的火炮极大地削弱了城堡和城市作为军事力量集中地的重要性。从"工业革命"所使用的"工业"的意义上说，枪炮是一种"工业"产品。也就是说，枪炮是一种机械化产品，其动力来源于无生命的物质能源[49]。

西班牙军队首次在步兵中大规模使用枪支；在意大利战争中，大概六分之一的步兵使用枪支，但大部分仍然是长矛兵。人们试验过各种各样的爆炸性武器，但早期的两种枪支分别是：十磅四英尺的火绳枪和十五磅六英尺的滑膛枪。到16世纪中期，具有叉形发射底座的双人滑膛枪成为主要武器，这种枪发射两盎司的子弹，可以穿透当时的各种铠甲，且射程可达三百码[50]①。由于恶劣天气可能导致枪支

---

① 1磅约为0.45千克，1英尺约为0.30米，1盎司约为0.03千克，1码约为0.91米。——译者注

无法使用，为了使枪支发挥作用还需要携带很多其他装备。枪支的使用强化了严格的训练，因为实现快速射击需要进行上百个独立动作，集中全部火力也要求更加严格和规范的协调。

野战炮很快成为攻城略地的重要因素，但由于野战炮缺乏机动性，导致战斗不再主要集中于城堡和城市，在开阔地带击败敌方军队后，可以使用野战炮轰击牢固的防御工事。为对抗火炮而发明的新型防御工事，与城市没有什么特别的联系。虽然枪炮和火药极有可能是中国的发明，但欧洲人在持续战争的压力下进行了很大改进[51]。古斯塔夫·阿道夫（Gustavus Adolphus）对军事技术的发展作出了两大贡献（古斯塔夫·阿道夫和拿索的莫里斯可以视为绝对主义时代军事领袖中的最伟大发明家）。他是最早进行冬季军事行动的领袖之一，他对军事运输和补给的改革使冬季军事行动成为可能。他还发明了一种新型弹夹。和更加轻便的滑膛枪管一起，这种弹夹使枪支变得更加便于携带。装弹的速度极大提升，这也催生了新的战场队形，提高了持枪部队的攻击能力。此后，在向现代战争转变的过程中，燧发枪和刺刀的发明发挥了决定性的作用。燧发枪极大地提高了射击速度，刺刀则让持枪士兵同时成为长矛兵。大规模长矛兵部队的时代趋于结束。

13—17世纪晚期武器方面的各种技术进步很难与军事组织的变化、军队与国家关系的变化割裂开来。但我们不难发现，对于由王国和公国构成的凌乱的封建秩序而言，它们具有独立的影响。小规模传统国家要么被新集中的军事力量所吞并，要么对欧洲大陆的前途变得无关紧要。军事技术的进步往往发生在这样的国家：无论采取何种方式，这些国家不仅动员了大规模军队，而且还定期进行训练和演习。

通常认为，百年战争期间出现的法国军团（标准武装力量）是第一支直接效忠于君主的常备军。在1445年，法国国王雇用了20个这样的军团，他们的报酬直接由国家保证。每个连队都由一百个"骑兵组"和几名军官所组成，每个骑兵组又包括一名重骑兵及其护卫、两名弓箭手、一名仆人和一名学徒[52]。他们是骑兵，而不是步兵，与后来产生的常备军之间也没有什么直接的联系。但随着他们的出现，追求财产的地主与更加专业化的职业军人之间形成了明确的分化。在法国和其他国家，这种分化与另一种分化同时发生——军队招募的士兵与农民大众之间的分化。随着封建制征兵方式的逐渐消失，法国步兵团的瑞士教官主要从"堕落的孩子"——农村的流浪汉和下等人——中招募新兵。到15世纪下半叶，法国和西班牙军队已经成为欧洲最强大的军队；尤其是法国的军队，它在某些方面已具备了明显的现代特征。也就是说，它（通过君主）附属于国家权力，配备了爆炸性武器及其他武器，拥有一个永久性的组织核心。

表3呈现了近一个世纪中法国和西班牙军队规模的变化，清楚地表明了法国军事力量的崛起和西班牙军事力量的衰落[53]。

表3

年份	西班牙军队人数	法国军队人数
1630	300 000	150 000
1650	100 000	100 000
1670	70 000	120 000
1700	50 000	400 000

从封建主义衰落时期到18世纪初，欧洲主要国家的军队规模的明显扩张是欧洲军事史上最显著的特征之一。大概有12 000人参加了黑斯廷斯战役（the Battle of Hastings），而且双方人数大致相当。古斯塔夫·阿道夫集结了30 000人参加战争，华伦斯坦（Wallenstein）则集结了多达100 000人——名义上他只是一个军事承包商，但实际上他本人就是一个准帝国统治者。欧洲军事力量最引人注目的特征是表3所表明的法国军队的扩张。在路易十四治下，法国军队的数量超过了巅峰时期的罗马帝国，这也表明这个主要绝对主义国家所具有的行政和财政能力；当然，它也不能因此而为所欲为。三十年战争的结束是反思性监控国家体系发展的重要转折点，主要特征体现在大多数欧洲大国常备军规模的急剧扩大上。不过需要强调的是，所有这些军队实

际上主要是由雇佣兵组成的，而且这些雇佣兵通常是由穷国向富国输送的。甚至到17世纪末，欧洲还很少有军营，部队官兵仍然住在平民家中。

海军力量显然不仅是陆军力量的延伸。由于地理位置的差异，各个国家可使用的海上航线存在很大的不同。海军的发展史必然是一种特定运输方式的发展史，只有献身于航海的人才会进行航行。在所有相对稳定的海军中，专门进行战斗的舰船必然需要大量服务船只的支持，同时也需要陆地设施的支持。正如布罗迪（Brodie）所指出的，一支仅由战舰组成的海军就像只有机车的铁路系统[54]。在封建时代，"欧洲"的海军力量主要集中在地中海地区，而且其主要战舰——划桨船——在几个世纪里都没有什么变化。当然，北海和大西洋周围也出现了海上探险者，即斯堪的纳维亚人。不过，他们虽然具有非凡的英勇事迹，但仅仅是无畏的水手、商人和海盗，而不是通常所说的"海军"。作为一种战船，划桨船主要是进行猛烈撞击和登船战斗，或仅仅运输陆地作战的士兵。随着能够在各种天气条件下航行的帆船的发明，船只作战范围不再仅限于地中海地区，这也是划桨船被淘汰的因素之一。更为重要的是海战中枪炮的使用。帆船可以像陆上部署攻城炮那样集中使用加农炮。划桨船和东方更加轻便的季风帆船都无法与欧洲配备重型装备的战船相提并论。这种战船还可以逆风而行，东方的船员却不知道这种技术，他们的经验仅限于随季风而行。

直到16世纪晚期，在地中海拥有巨大利益的国家仍然普遍使用划桨船，这也是英国、荷兰及后来的法国崛起为海上强国的有利因素之一。这些国家的崛起又强烈地影响了西班牙等一系列地中海国家的衰落，后者曾在后封建时代的欧洲的总体权力分配结构中占据重要地位。和陆军一样，海军很大程度上也是不归国家所有的雇佣军，而且这种情况在海军比在陆军的持续时间更长。在西班牙的无敌舰队中，百分之四十是为西班牙国王拥有的大帆船，其余则是武装起来的商船；英国舰队中，只有百分之十六是由皇家战舰组成[55]。常备海军主要是 17 世纪后期出现的,那时由于战舰火力和机动性的发展而淘汰了商船。但满世界游荡以寻找商机和肆意劫掠的武装商船仍是令人生畏的力量。在 16 世纪中期及以后的相当长时间里,"欧洲战舰在地球上的任何海域与各种设计的战船作战时,都具有压倒性优势"[56]。

如果这些陆上和海上武装力量的转变仅仅是与绝对主义国家相伴发展的过程,或者仅仅是其结果,那么对军事发展史进行这种详细叙述就没有什么意义了。无论对于阐明绝对主义的本质还是民族国家的特征而言,军事力量性质的变化都远为重要。

军事对抗和战争所产生的意外后果,决定性地造就了欧洲国家发展过程中的许多重要特征。没有什么比下面这种观点更加不合理的了:现代社会的产生是某种进化过程的结果,这种进化过程必然将苏美尔的冲积平原发展成现代欧洲的工厂车间。如果查理曼大帝或其他统治者在欧洲重建了一个具有罗马帝国那样统治范围和势力的帝国,那么欧洲无疑会"陷入停滞",就像后来欧洲人所观察到的东方大帝国那样。"资本主义"可能会在世界其他地方发展起来,但最有可能的结果肯定是,历史会沿着完全不同的道路前行。如果蒙古人在 13 世纪巩固了他们在欧洲边境所取得的胜利,而不是更加关注东方,如果奥斯曼帝国在 17 世纪取得了类似的胜利,那么"欧洲"也就不会成为一个"社会-政治"实体。

欧洲国家体系不仅仅是绝对主义国家和民族国家发展的"政治环境",也是它们发展的条件,实质上还是它们发展的根源。正是战争和备战,为行政资源集中和财政重组提供了最强烈的刺激,而行政资源集中和财政重组又是绝对主义兴起的重要特征。影响战争的技术进步比生产技术的进步更加重要。一般而言,将想象的中世纪技术停滞与文艺复兴以来的技术进步进行对比的做法是错误的。中世纪不缺乏技术进步[57],但在后封建时代,起码在 17 世纪之前,技术进步也没有加速发展。人们通常认为,中世纪的行会阻碍了技术进步,但他们忘了,和商业组织一样,新兴的国家机构对技术进步也没有什么好感[58]。起初,战争手段上快速的技术进步很大程度上是与生产中心相分离的，前者对后者的影响远大于后者对前者的影响。

常备军的出现，比通常认为的更加具有社会学意义。由于常备军并不是欧洲特有的现象，因此比较研究有时会产生某种混淆。所有大规模阶级分化社会都会以某种形式拥有常备军，比较而言，封建主义却并不是普遍存在的。因此，欧洲的发展看起来似乎并没有什么特别新颖的东西，似乎与其他地方的情况是一致的，但这种观点具有误导性。在其他传统国家，军队既是国家机构内部行政力量的主要基础，也是对抗外部威胁（或侵略手段）的主要基础。由于阶级分化社会的分裂性特征，我们很难对两者进行明确的区分，但绝对主义国家史无前例地出现了这样一种情况：军队不再是维持内部"秩序"的主要基础。这种转变在欧洲民族国家达到顶峰，而且我也认为，这一转变解释了民族国家的一些内在结构特征。战争手段发展的另一个方面是前面提到的内部和平进程（internal pacification）（下面还将进行更加全面的讨论）。内部和平既不是由于军队规模的扩大，也不是由于军事技术的精良；相反，大规模常备军的存在和内部和平进程，是国家行政资源集中的两个互为补充的表现，两者都涉及行政权力的跳跃式扩张。

在这一跳跃式扩张中，军队组织发挥了重要的作用，不仅影响了国家机构，而且影响了其他组织，包括后来的商业企业。正如芒福德（Mumford）特别提醒我们的[59]，现代意义的行政权力很大程度上首先产生于军事领域。拿索的莫里斯——奥兰治亲王——的发明既是这方面的最佳范例，也是军事组织长期发展趋势的例证。莫里斯发起了后来更加官僚化的组织中都能看到的两个相互联系的行政改革：组建了掌握核心行政技术的专家团队；创建了由"去技术化"的普通士兵所组成的部队。从莫里斯改革可以看出，泰勒主义实际上几百年前就存在于武装力量中了，只不过在几百年后的工业生产中才被称为泰勒主义[60]。正像范·杜恩（van Doorn）所指出的，如果对这两个截然不同的人进行比较，"我们会惊讶于两人扎实的实践知识、敏锐的分析能力和勇敢的实验愿望，他们对于人类行为的可组织性和可塑造性信念支撑着他们进行实验的决心"[61]。和后来泰勒所做的一样，莫里斯将士兵的工作技术划分为一系列具体而固定的单个行动。因此，基于西班牙指挥官之前所取得的进步，莫里斯制作了操作滑膛枪和刺刀的流程图，并对其中每一个动作进行了具体而明确的说明。士兵要不断地练习，直到能自发地执行这些"正确的"程序。新兵不再被视为能够熟练使用武器的"手艺人"，相反，他们必须进行操练以熟练地操作武器装备。小队的所有成员都要学会同时对统帅命令作出反应，从而使作为整体中的每一个人都协调一致地行动。

正是在这种行政重组的影响下，武装力量的性质和战场上的行为方式才发生深刻的变化。莫里斯建立了欧洲第一所军事学院，其教学方式以不同的方式成为全欧洲的标准做法。现代意义的"制服"（uniform）和"纪律"（discipline）可以追溯到军事学院的扩展。"uniform"最初只是一个形容词，但随着统一着装成为军队的规范，它也就变成一个名词。就普通士兵而言，制服可以追溯到英国内战时的新模范军。尽管18世纪的某些部队都还可以自由着装，但在17世纪的大部分时间里，穿制服的做法已在各级士兵中牢固地确立了。"discipline"一词过去指遵守教导的个人品质，但在军事训练的影响下，这个词不再指接受教导的个人，而是指这种教导的结果[62]。在新的战争模式中，个人表演和英雄主义的重要性明显下降。这也表明了福柯在考察惩罚时所说的从展示性（表演）向匿名性的转变，它不仅仅与监禁有关[63]。军营的出现也与制服和规范化训练密切相关。

莫里斯的行政技术部分来源于效仿罗马军团所使用过的方法，部分来源于对教育学中训练观念的借鉴。这些技术反映了17世纪末渗入多个活动领域的行政改革过程，而这一过程的根源正是绝对主义国家。但毫无疑问，很多致力于扩充其行政资源的人都直接诉诸这种军队模式——克伦威尔大胆的做法就极为明确地表明了这一点。当然，具体的情况会更加复杂。在大多数国家，军官群体仍然对军队的官僚化保持敌对态度，因为官僚化影响了他们的生活方式。1800年以前并不存在专业军官群体，军官往往都是雇佣兵或者贵族，"前者追求利益，后者则追求荣誉和刺激"[64]。

欧洲国家军事力量的早期发展是以"资本主义"的方式组织起来的，这一事实可能与企业家创办的企业的扩展不无关联，此类企业后来成为西方社会制度中的重要因素。在后封建时代，欧洲的王室统治者都依赖于银行家的贷款，银行家和唯利是图的企业家成为君主的废立者[65]。在绝对主义国家的早期形成阶段，雇佣军和银行家族在"打破"传统军事组织模式的过程中发挥了至关重要的作用。后来，由于战争的花费变得更加惊人，那些成功而完整地从封建制度中转变而来的国家获得了对信贷的控制。我们习惯于认为，商业资本主义及后来的工业资本主义是私人创业的产物；因此，随着绝对主义国家的巩固，资本主义的最初发展好像陷入停滞。但实际上，苏利（Sully）、柯尔培尔等人创设的一些模式一直延续至今：国家控制货币；国家为保证货币价值可以实施制裁；全国性信贷体系也得到建立。尽管个别银行家和企业家被迫破产，但从长期来看，资本主义企业的进一步发展得到了明显的加强而不是削弱。

为了考察这一问题及其与民族国家形成的关联，我们必须考察一些基本的概念问题。当用"资本主义"来描述15世纪或16世纪以来的欧洲经济发展时，"资本主义"的准确含义是什么？一般而言的"资本主义"与"工业资本主义"有什么区别？不同类型的资本主义与民族国家的兴起有什么关系？下一章所关注的正是这些问题，但首先有必要对民族国家作出界定。

民族国家、民族、民族主义

社会科学和历史学文献经常使用（甚至只有它们普遍使用）"民族国家"、"民族"和"民族主义"三个术语，而且它们被作为同义词使用。但我必须对它们作出区分[66]。在我看来，"民族主义"主要指一种心理现象：个人对一整套强调政治秩序中的成员团结的符号和信仰的归属感。虽然民族主义情感通常与国家内部的实际人口分布一致，而且现代国家的统治者也尽可能地激发这种情感，但两者之间并不总是存在明确的一一对应关系。我所说的"民族"则指存在于明确地域范围内的集体，它隶属于统一的行政体系，且同时受到内部国家机构和其他国家的反思性监控。民族和民族主义都是现代国家的显著特征，就它们的产生情境及其他方面而言，它们之间的联系并不是偶然的。如果没有民族的形成，也不会有民族主义，起码没有现代意义的民族主义，但反过来说则有问题。

为了表明民族主义是最近才发展起来的，我们必须对民族主义和之前的群体认同方式进行对比。巴斯（Barth）正确地指出，无论何时何地，群体认同感都是排他性的：人们如何认识一个群体或共同体依赖于他们如何认识其他群体——外人——的特征[67]。在许多部落文化中，用来表示共同体成员的词语和用来表示"人"的词语含义相同，但外人却不具备这种尊严。将外人与"野蛮人"联系起来，有时也具有同样的语言内涵。有些情况下，排他性词汇似乎是界定群体认同的唯一词汇。因此，日耳曼人只是称自己为"居于文德人和沃什人（Walsche）之间的人"，再也没有其他进行自我指称的概念了。这里所说的"文德人"是指原来居住在东北部的荷兰游牧人，后来变成了斯拉夫人，并继续向南迁移；而"沃什人"则从凯尔特人变成了罗马人。当然，"部落"概念也包含了血缘群体或血缘群体联盟的观念，这种观念和宗教符号体系往往是群体认同和群体排斥的主要根源。对于现实中血缘和亲缘联系对群体认同的巩固，家族谱系的神话是最常见的手段；因此，这些神话不仅成为阶级分化社会中统治阶级的历史的一部分，也成为总体文化历史的一部分。语言却并非如此，即使在小规模的部落共同体中，语言一般来说也不是——或者不被感觉是——群体认同和群体排斥的重要标识。周围的群体通常使用同一种语言或同一种语言的变体。阶级分化社会中的统治阶级通常通晓多种语言，这也表现了武力征服和不完全同化所产生的文化融合[68]。比如，16世纪奥斯曼帝国宫廷使用的语言，包含大量的阿拉伯语、波斯语和土耳其语混杂而成的词语和短语，而且大部分大臣都能说这些语言和其他一些语言[69]。

在中世纪封建主义时代，除中央集权的官僚化帝国外，许多阶级分化社会的宫廷通常都变动不居。神圣罗马帝国没有固定的首都，统治机构通常在多个城市之间移动。传统欧洲国家缺乏首都城市，这既导致了低度的地域整合，也表现了这种低度的地域整合。这虽然加强了统治阶级内部共同的观念和认同，但同时也妨碍了这种观念和认同向臣民的延伸。那些相对较早拥有确定首都的国家，往往是最初形式的民族情感最强烈的国家；这表明，和社会底层产生更加"自发的"认同相比，早先从民族文化中心传播象征符号的手段可能同样重要。法国和英格兰这两个典型国家，几百年来都是"持续存在的国家"。也就是说，他们都未曾被外人征服过，他们的核心区域也未曾归附于外邦的统治。由于两者的王朝都相互宣称对对方拥有王权，他们的地域和文化发展也紧密地联系在一起。在13世纪以前，法国和英格兰都由说法语的君主统治，其家臣和高官也说法语；因此，对于法国和英国，我们可以说存在两个法语王国，一个在欧洲大陆，一个在海外。那时的苏格兰存在四种语言：统治阶级使用的法语，东南部使用的盎格鲁-撒克逊语，苏格兰高地和西部岛屿使用的盖尔语，西南边缘地区使用的凯尔特语[70]。但是，在与英格兰的不断斗争的激发下，到15世纪的确出现了某种民族主义情感。像巴罗（Barrow）所指出的，这种情感并非起源于种族或语言的共同性，而是起源于国家为反抗共同的敌人而对不同阶级和阶层进行的动员[71]。

当然，这种"外围民族主义"（peripheral nationalisms）在欧洲一直延续到今天，而且它们的发展机制在某些方面也不同于大国民族主义。对于大国而言，早先建立的首都及其实行的稳定的行政管理似乎发挥了关键性作用。"英语"大约可以追溯到14世纪，而且很大程度上首先是在伦敦牢固确立了它的用法，然后再向外扩展开来[72]。到16世纪，我们可以发现"成为英格兰人"的一些核心要素了，而且与"说英语"有关。能否准确地将此称作"民族主义"还存在高度

第四章　绝对主义国家与民族国家

争议。19—20世纪出现的民族主义是"英国的"(British)而非"英格兰的"(English),虽然其中还掺杂着苏格兰和威尔士的民族主义情感。几个世纪以来,法国从巴黎地区开始的扩张过程相对稳定。最强大的、高度中央集权的绝对主义国家,也是现代民族主义发展过程中最易识别的国家,这种情况当然并非偶然。但16—17世纪形成的"法国"是由之前文化和语言迥异的很多省区集合而成的。13世纪上半叶的米雷战役(the battle of Muret),是规模很小但影响巨大的事件之一。它使北方君主统治了朗格多克(Languedoc),否则朗格多克很可能成为地中海中部海岸和罗讷河三角洲地带的强大国家[73]。法语的传播一定程度上是精心策划的国家政策的产物——1539年法令将法语确定为唯一官方语言。黎塞留(Richelieu)建立的法兰西学院极大地影响了法语的形态及其在整个国家范围内的成功传播。但大多数历史学家认为,17和18世纪早期法国的民族主义情感仍然是不成熟的、是地域性的,大多数"法国"人都还认为自己归属于某个省区或者城市。

人们通常把"持续存在的国家"的民族主义解释为它们所采纳的主权学说的必然产物。两者之间实际上并不存在本质性联系,这种联系是后来伪造出来的,博丹及其同时代的政治思想家并非"民族主义者"。不可否认,法国大革命影响了后来民族主义的发展,即一种"单一且不可分割"的民族观念。然而,现代民族主义却主要起源于中欧、北欧等分崩离析的国家或诸侯国,起源于浪漫主义而非宪法理性主义[74]。民族主义本质上是18世纪晚期及以后才出现的现象。其中的原因我将在后文再作解释。

只有当国家对宣称具有主权的领土拥有统一的行政控制时,我这里所说的"民族"才会存在。由于固定的边界依赖于国家体系的反思性建构,多元民族的发展是国家内部中央集权和行政扩张的基础。和琼斯(Jones)一样,我们可以区分出由边境转化为边界的四个方面[75],他分别称其为配界(allocation)、定界(delimitation)、勘界(demarcation)和管界(administration)。

配界指相关国家就彼此之间的领土分配共同形成的政治决策。定界是具体边界位置的认定[76]。在琼斯的方案中——这个方案是为决策者所写的指南，而不仅仅是学术研究——勘界是指如何在自然环境中标明边界。即使在当今欧洲的核心区域，很多边界仍没有勘定。显然，柏林墙是传统国家所建造的城墙在现代的对应物。它是一个反常事物，因为它表明，国家对其人口的行政控制还没有达到治理权威所认为的那种合理水平和必要水平。用琼斯的话来说就是，民主德国与联邦德国之间的边界一定是世界上"管理"水平最高的边界之一。也就是说，沿着这堵墙维持着高度的直接监控。传统国家有时会建立边境关卡，收取过关费用，查验行人的证件。但在那些地方，关卡通常是省区而非国家之间的界线。民族国家的一个显著特征是直接监控和间接监控的结合（海关官员和边境警卫，加上对护照信息的集中管理）。

因此，民族国家是一个有边界的权力容器——如我将指出的，是现代社会最重要的权力容器。这是如何形成的？接下来几章将就这一问题作出解释。其中的一个方面涉及城市转型的过程和国家内部和平的过程。伴随着这些现象发生的，还有作为一般类型的"越轨"概念的提出和强制隔离措施的创建。所有传统国家都宣称在领土范围内拥有暴力工具的垄断权，但只有民族国家才在某种程度上真正成功地实现了这种垄断。内部和平进程与这一成功紧密关联，它们事实上是同一过程的不同方面。

也许会有人提出这样的反对意见：即使在今天，一些国家对暴力手段的垄断也长期受到来自军队内部的威胁；叛乱（与国家军队相比，其武装和组织程度通常较低）有时会挑战和推翻国家机构；即使在政治最安定的社会，也会存在各种水平的小范围暴力行为（暴力犯罪、家庭暴力等）。但就民族国家与传统国家比较而言，上面这些问题并不重要。的确存在相当持久的内战，势均力敌的武装力量或武装联盟进行长期的对抗。但这种情况非常少见，而且"内战"的存在也假定了垄断性的国家权威这一规范。作为对照，现代国家中被称作

"内战"的情形（制造分裂的"内部"武装斗争），在所有阶级分化社会却是一种典型和长期存在的现象。今天的武装组织或武装运动几乎都是以夺取国家权力作为目标。为实现这一目标，它们或者占领现有的国家领土，或者分割部分领土并建立独立的政权。这些组织不会、也不能像在传统社会中那样"选择退出"国家权力。最后，我不想低估现代社会中小范围暴力行为的重要性和程度，但我关心的主要是与组织化武装力量相关的暴力手段，而不是对个人造成身体伤害的、更一般意义上的暴力行为。

总结前文的分析及其启示，我们可以对民族国家作如下界定，这一定义适用于所有类型的民族国家，且与任何特定形式的民族主义不存在必然关联。这一定义与本系列上一本书所给出的定义相同。"民族国家存在于由其他民族国家所构成的复合体中，它是统治的一系列制度模式，对具有明确边界（国界）的领土实施行政垄断，通过对法律和内外暴力工具的直接控制来维持统治。"[77]

【注释】

[1] cf. *CCHM*, vol. Ⅰ, pp. 182-6.

[2] 当然，这种论断简单地逃避了历史学家争论的一系列复杂问题；详细考察这些问题必然需要较长的篇幅。Rushton Coulborn, *Feudalism in History* (Princeton: Princeton University Press, 1956). 这本书虽然出版较早，但仍然是英文世界中最有用的全面讨论。亦可参见 Owen Lattimore, 'Feudalism in history', *Past and Present*, 12, 1957; F. Cheyette, *Lordship and Community in Mediaeval Europe* (New York, 1968).

[3] Perry Anderson, *Passages from Antiquity to Feudalism* (London: New Left Books, 1974), and *Lineages of the Absolutist State* (London: New Left Books, 1974).

[4] Maurice Ashley, *The Golden Century, Europe 1598—1917* (London: Weidenfeld, 1969), p. 217.

[5] Geoffrey Barraclough, *European Unity in Thought & Action* (Oxford: Basel Blackwell, 1963). 可与 René Albrecht-Carré, *The Unity of Europe: an*

Historical Survey (London: Secker & Warburg, 1966) 相比较。

[6] cf. Meinecke, *Der Idee der Staatsräson* (Berlin: R. Oldenbourg, 1924).

[7] E. M. Satow, *A Guide to Diplomatic Practice* (London: Longman, 1922); Garrett Mattingly, *Renaissance Diplomacy* (London: Jonathan Cape, 1955).

[8] G. N. Clark, The Seventeenth Century (Oxford: Clarendon Press, 1947), p. 135.

[9] A. Sorel, L'Europe et la révolution française (Paris: E. Plon, 1885), vol. I, pp. 33-4. 参见曼宁对"元外交"(meta-diplomatics) 进行的分析：和之前的国家形态不同，现代国家具有个体性 (individuality)。C. A. W. Manning, *The Nature of International Society* (London: Bell, 1962).

[10] cf. Meinecke, *Der Idee der Staatsräson*.

[11] 转引自 Clark, *The Seventeenth Century*.

[12] Ibid., p. 141ff.

[13] Ibid., p. 144.

[14] Roger Lockyer, *Hapsburg and Bourbon Europe 1470—1720* (London: Longman, 1974).

[15] Clifford Geertz, *Local Knowledge* (New York: Basic Books, 1983).

[16] "西方"一词是最近才开始使用的；在英语世界普遍使用之前，欧洲大陆（尤其是德国）的作家很喜欢使用该词。

[17] 这意味着，我不赞同沃勒斯坦（Wallerstein）的"世界体系理论"；当然，沃勒斯坦的理论已然遭到了一些批判。

[18] Anderson, *Lineages of the Absolutist State*, pp. 39 and 29. 安德森的确说过，外交"是这个时代最伟大的制度发明之一"，而且"随着它的出现，欧洲诞生了一个国际性的国家体系" (p. 37)。

[19] 参见 Quentin Skinner, *The Foundations of Modern Political Thought* (Cambridge: Cambridge University Press, 1978), 2 vols, 尤其是 vol 2, p. 286ff。

[20] Clark, *The Seventeenth Century*, p. 219; cf. Betrand de Jouvenel, *Sovereignty* (Cambridge: Cambridge University Press, 1957).

[21] cf. C. B. Macpherson, 'A political theory of property' in *Democratic Theory: Essays in Retrieval* (Oxford: Clarendon Press, 1973), p. 125ff.

[22] cf. Christopher Hill, *The World Turned Upside Down* (London: Tem-

ple Smith, 1972).

[23] 欣茨进行了精辟的分析, *Staat und Verfassung* (Göttingen: Vandenhoeck, 1962), p. 264ff.

[24] John C. Rule, *Louis XIV and the Craft of Kingship* (Columbus: Ohio State University Press, 1969).

[25] Lockyer, *Hapsburg and Bourbon Europe*, pp. 481-2.

[26] K. Marx, 'The civil war in France', in Marx & Engels, *Selected Works*, p. 289. (马克思, 恩格斯. 马克思恩格斯选集: 第3卷. 3版. 北京: 人民出版社, 2012: 95.)

[27] Anderson, *Lineages of the Absolutist State*, p. 18.

[28] 转引自 William F. Church, *The Greatness of Louis XIV, Myth or Reality?* (Boston, Mass: Heath, 1959), p. 47.

[29] Pierre Goubert, *Beauvais et le Beauvaisis de 1600 à 1780* (Paris: SEUPEN, 1960), p. 13ff.

[30] Gianfranco Poggi, *The Development of the Modern State* (London: Hutchinson, 1978), p. 73. 波吉对绝对主义国家中法律发展的讨论, 虽然简短, 但却经典。

[31] Weber, *Economy & Society*, vol. 2, pp. 800-2.

[32] cf. P. Vinogradoff, *Roman Law in Mediaeval Europe* (London: Harper, 1909).

[33] Preston, King, *The Ideology of Order* (London: Allen & Unwin, 1974), p. 75.

[34] cf. Klaus Doerner, *Madmen and the Bourgeoisie* (Oxford: Basil Blackwell, 1981).

[35] Sean McConville, *A History of English Prison Administration* (London: Routledge & Kegan Paul, 1981), p. 31ff.

[36] Doerner, *Madmen and the Bourgeoisie*, pp. 15-16.

[37] Clark, *The Seventeenth Century*, p. 98.

[38] Trevor Aston, *Crisis in Europe 1560—1660* (London: Routledge & Kegan Paul, 1965). 当然, 其后的文献对"全面危机"这一主题进行的讨论多到令人厌烦。

[39] 关于17世纪早期法国的重要资料是 A. D. Lublinskaya, *French Abso-*

lutism: The Crucial Phase, 1620—29 (Cambridge: Cambridge University Press, 1968), chapter 3 and 5.

[40] E. N. Williams, The Ancient Regime in Europe (London: Bodley Head, 1970), pp. 2 and 14.

[41] C. Tilly, 'Reflections on the history of European state-making' in his edited volume The Formation of National States in Europe (Princeton: Princeton University Press, 1975), p. 38.

[42] Clark, The Seventeenth Century, p. 155ff，对此进行了漂亮的分析。

[43] Frank A. Kierman and John K. Fairbank, Chinese Ways in Warfare (Cambridge, Mass: Harvard University Press, 1974). 特别参见 Herbert Franke, 'Siege and defence of towns in Mediaeval China'.

[44] Charles O. Hucker, Chinese Government in Ming Times: Seven Studies (New York: Columbia University Press, 1969). 对中国军事力量的一个非常有帮助的分析是 William H. McNeill, The Pursuit of Power (Oxford: Basil Blackwell, 1983) 中的第二章。

[45] cf. Kautsky, Aristocratic Empires, chapters 2-3.

[46] Charles W. C. Oman, The Art of War in the Middle Ages, 375—1515 (Ithaca: Cornell University Press, 1953). 亦可参见 Sidney Toy, A History of Fortification from 3000 BC to 1700 (London : Heinemann, 1955).

[47] L. T. White, Mediaeval Technology and Social Change (Oxford: Clarendon Press, 1962), chapter I.

[48] Samuel E. Finer, 'State - and nation-building in Europe: the role of the military', in Tilly (ed.), The Formation of National States, p. 103.

[49] 武器的机械化比它在"战争后勤"中的应用要早几个世纪。即使在第一次世界大战中，马匹和人力仍然是军事运输的基础；当时，英国军队运往前线的燕麦和干草比武器弹药还多。在整个文明史上，一般的步兵每天行军不过12~18英里，只能负重80磅（包括两周的口粮）。Cf. S. L. A. Marshall, The Soldiers Load and the Mobility of a Nation (Washington: Combat Forces Press, 1950).

[50] Theodore, Ropp, War in the Modern World (Westport: Greenwood, 1059).

[51] Pitrim Sorokin, Social and Cultural Dynamics (New York: American

Book Company, 1937), vol. 3.

[52] Ropp, *War in the Modern World*, p. 7.

[53] Geoffrey Parlier, 'The "military revolution" 1550—1660 – a myth?', *Journal of Modern History*, 48, 1976, p. 206.

[54] Bernard Brodie, *A Guide to Naval Strategy* (Princeton: Princeton University Press, 1958).

[55] Garrett Mattingly, *The Defeat of the Spanish Armada* (London: Jonathan Cape, 1959).

[56] McNeil, The Pursuit of Power, p. 100. 亦可参见 Carlo M. Cipolla, *Guns and Sails in the Early Phase of European Expansion 1400—1700* (London: Collins, 1965).

[57] cf. Jean Gimpel, *The Mediaeval Machine* (London: Victor Gollancz, 1977).

[58] 这个短语来自 Clark, *The Seventeenth Century*, p. 65.

[59] Lewis Mumford, *The Myth of the Machine* (London: Secker & Warburg, 1967), and *The Pentagon of Power* (London: Secker & Warburg, 1971).

[60] Maury D. Feld, *The Structure of Violence* (Beverly Hills: Sage, 1977), p. 6ff; 亦可参见 Jacques van Doorn, *The Soldier and Social Change* (Beverly Hills: Sage, 1975), p. 9ff.

[61] Van Doorn, *The Soldier and Social Change*, p. 11.

[62] Feld, *The Structure of Violence*, p. 7.

[63] Foucault, *Discipline and Punish*.

[64] Samuel P. Huntington, *The Soldier and the State* (Cambridge, Mass: Harvard University Press, 1957), p. 20.

[65] 关于这一主题的经典作品是 R. Ehrenberg, *Das Zeitalter der Fugger* (Jena, 1896). W. 桑巴特 (W. Sombart) 的 *Krieg und Kapitalismus* (Duncker and Humbolt, Munich, 1913) 也具有启发性, 虽然其中的一些重要观点现在备受质疑。其中一个著名的批判可参见 J. U. Nef, *War and Human Progress* (Cambridge, Mass: Harvard University Press, 1950). 也可参见 J. M. Winter, 'The economic and social history of war', in his *War and Economic Development* (Cambridge, Mass: Harvard University Press, 1975).

[66] 对这个讨论的概述, 见于 *CCHM*, vol. I, pp. 190-6.

［67］Frederik Barth, *Ethnic Groups and Boundaries* (Bergen: Universitatsfur Paget, 1969).

［68］John A. Armstrong, *Nations Before Nationalism* (Chapel Hill: University of North Carolina Press, 1982), p. 5.

［69］A. D. Alderson, *The Structure of the Ottoman Dynasty* (Oxford: Clarendon Press, 1956).

［70］Hugh Seton-Watson, *Nations and States* (London: Methuen, 1982), p. 26ff.

［71］G. W. S. Barrow, Feudal Britain (London: Arnold, 1956), p. 410ff.

［72］Albert C. Baugh, *A History of the English Language* (London: Routledge & Kegan Paul, 1951).

［73］Seton-Watson, *Nations and States*, pp. 44-5.

［74］E. Kedourie, *Nationalism* (London: Hutchinson, 1961).

［75］cf. S. B. Jones, *Boundary Making: a Handbook for Statesmen* (Washington: Carnegie Endowment for International Peace Monograph, 1945).

［76］Prescott, *Boundaries and Frontiers*, p. 65.

［77］*CCHM*, vol. I, p. 190.

第五章 资本主义、工业主义和社会转型

什么是资本主义？

在过去一个世纪的不同时间里,"资本主义"概念的命运在社会学家和历史学家的笔下起伏跌宕。历史学家对这一概念通常持怀疑态度,认为它太过宽泛,因此不能充分分析历史的细节和特殊性,这一理由也适用于其他一般性概念。当不太贴近马克思主义时,社会学家通常喜欢用其他术语来描述与现代性相伴的社会变迁,如"工业主义",或更加全面的"工业社会"概念。马克思主义者认为资本主义生产的发展是影响现代世界的根本现象,但他们不够严谨,没有准确地识别资本主义的特征。这种概念混杂的背后隐藏的是大量的实质性争议。一方面,与"资本主义"和"工业主义"相伴的那些事件或变迁,何者更加重要?在马克思及其追随者看来,从本质上说,工业主义是资本主义特征的进一步拓展;与工业主义相比,资本主义的内涵更加具有一般性,出现时间也更早。另一方面,大多数非马克思主义的社会科学家则认为,资本主义不过是现代"工业"和"工业社会"形成过程中的过渡阶段。因此,对于分析现代世界而言,

"工业"和"工业社会"概念比资本主义更加重要，内涵也比后者更加广泛[1]。

显然，这里争论的问题很大程度上是经验性的，即应该如何刻画过去两个世纪里所发生的主要经济转型？但同时也是观念性的。显然，这个理论争论中的每一方都不总是以同样的方式使用"资本主义"和"工业主义"概念的。

我无意全面考察社会科学文献对这些术语的不同用法，而是将以两个"经典"人物作为出发点，即对比马克思和韦伯关于"资本主义"性质的分析。两人所讨论的都主要是"资本主义"而非"工业主义"。但韦伯的立场接近于——也时常启发了——这样一种观点：工业主义是现代社会制度特征的主要影响因素。我将颠倒一下时间顺序，首先讨论韦伯，然后再讨论马克思。虽然我在某些方面赞同马克思而不是韦伯，但我所提出的观点却不同于这两人的。在欧洲历史上，资本主义的发展要早于工业主义，而且早相当长时间，前者是后者出现的必要条件。但资本主义和工业主义具有各自的独特特征。我们不能在观念上把两者混为一谈；在经验上，它们的存在实际上也是彼此分开的。我还将指出，19和20世纪早期欧洲国家发展过程中的其他一些基本要素也是如此。

在韦伯看来，资本主义活动存在于很多时候和地方，它绝不只存在于西方；现代（西方）资本主义活动具有某些特定的特征，从而使它与此前的资本主义活动区分开来。韦伯思想中的资本主义与下面这种观点相关："经济行动"是社会行动的一种类型或一个方面。在他的这个概念中，人类活动是"经济取向的"，它关注物质需要是否得到满足。"经济行动"指以和平方式进行的、经济取向的各种活动，并非所有的经济行动都涉及交换，但交换（可以采取各种不同的形式）显然是满足欲望的最重要手段。"交换"是指为了获得回报而为他人提供当前或未来的利益，是非强迫性的契约。在韦伯所说的"自然经济"中[2]，交换几乎不会发生，或主要是物物交换。虽然自然经济中也存在类似于"赚取利润"的行为，但是自然经济不利于资本主义的发展，因为其中一方或多方会利用物物交换来积累各种物品。但是，以物为基础的计算主要在于满足确知的、相对固定的需求。理解韦伯由此得出的结论非常重要。有人可能认为，货币是资本主义活动的必要条件，因为货币提供了评估"利润"的手段。但货币的重要性远不止于此。正像韦伯所指出的，货币首先是一种贮存和转化资源的工具；用我的话来说则是，货币是一种扩张的工具、一种时空伸延（time-space distanciation）的工具，因此也是权力的工具[3]。

货币是一种交换价值的标准；基于其标准化的性质，货币使经济交换摆脱了物物交换的情境限制。物物交换要求交换者在某个时间和地点面对面地完成交易过程。使用货币之后，交换（原则上）不再需要特定的场所了。由货币所提升的"可计算性"（calculability）与货币对直接交换情境的超越之间具有内在的联系。由于同样的原因，货币还催生了记账方法。从一般意义而言，"货币"存在于各种社会，而不仅仅是阶级分化社会。但发展程度较高的货币交换以记录和核算各种资源作为前提，这便是书写的起源；对于传统国家中权力的产生，这一点至关重要。韦伯非常强调西方资本主义形成过程中复式簿记技术的发明，他这样做无疑是正确的。但同样重要的是，他还强调货币与核算程序之间的内在关系，因此也强调货币与信息储存之间的内在关系。

和马克思一样，韦伯也强调经济交换中的货币具有"使用"和"交换"（计算）之维——当然，就这一点对于经济理论的含义而言，韦伯与马克思的观点完全不同。每一个资本主义行为（就韦伯所使用的这一术语而言）都包含"以物为基础的计算"[4]；这与待售商品所能满足的需要相关。"对使用的考量"也延伸到生产工具上。因此，在一个生产纱线的车间里，企业家一定会关注纺纱机等工具的磨损。物物交换体系没有以产出为参照对"投资"、折旧或浪费进行评估的有效方法，但货币为跨时空地组织和调整"库存"和"产品"提供了可能。以货币为基础的记账方式是一种特定的资源协调方式，记录和交互记录的方法使这种方式成为可能，正因如此，我们应该从分析的

意义上看到:"账单"与各种组织权力产生过程中的"档案"之间存在着紧密联系。正如韦伯所指出的,以货币为基础的记账

> 是保证企业未来生产率的方法,这种方法根据环境的变化将最高限度的确定性与最高限度的灵活性结合起来;任何形式的实际物质库存或任何实物性的供应模式,都会非理性地、严重地妨碍这种灵活性。如果没有以货币为基础的记账方法,将很难看到没有具体细节的"储备"是如何建立起来的。[5]

在分析货币时,韦伯没有一直保持应有的谨慎,没有明确说明现代资本主义的货币具有何种特殊性,这一点也关系到韦伯在使用资本主义这个一般性概念时所遭到的批评。当然,与韦伯生活的时代相比,现在出现了更多有关部落社会和阶级分化社会中的货币的人类学和考古学研究,它们可以填补韦伯分析中的某些空白。实际上,在现代社会之前的所有文化中,货币的"普遍性"程度都很低,而且现代社会所整合起来的货币属性在当时通常也是彼此分离的。货币在有些社会是交换媒介,但不是价值标准。在许多情况下,货币是价值标准,却没有用于今天与之相关的其他目的[6],与使用价值没有高度关联的货币是稀少和罕见的。即使在那些高度标准化的硬币广泛流通的阶级分化社会中,价格也通常保持着与使用价值的这种关联。因此,价值可能会用牲畜的数量来表示,但就算是这种表示方法,也与数量化的货币价值大致等同(如果用货币来表示的话)。由于用于长期资产贮存的价值单位通常不同于用来进行即时交易的价值单位,与现代货币体系相比,那时的流动储备金通常是比较低的。(各种形式的)延期付款是现代经济活动中时空伸延的一个主要特征,但它在传统国家中的规模却一直非常有限。延期付款的手段通常不同于这种付款的计算标准,因为这种价值单位的供应可能还没有达到需求水平。比如,汉谟拉比法典就允许债务人用一定数量的大麦来偿还用银子所发放的贷款[7]。

韦伯将"资本主义"活动界定为:为通过交换而获取利润所进行的各种经济行为[8]。资本主义以各种形式"在全世界范围内"已经

第五章　资本主义、工业主义和社会转型

存在了"数千年，只要交换、货币经济和货币融资存在，资本主义就可能存在"[9]。其中一个主要类型是商业资本主义（mercantile capitalism），这种资本主义产生于在贸易中获利的一系列可能性。这种获利可能性包括简单的商品销售（无论商品是不是制造品），也包括不同通货之间的多种信贷扩展工具和投机工具。韦伯从分析的意义上将这些活动同与政治或军事组织相关的逐利机会区分开来；也将这些活动同政治机构或国家本身的逐利取向（如包税制）区分开来。现代资本主义在很多方面都不同于此前的资本主义类型，主要体现在以下几个方面：

1. "具有固定资本的理性资本主义活动"[10]。韦伯非常强调这一点，而且这一点也与他对复式簿记技术重要性的评价密切相关。在现代社会之前，除国家直接控制的经济活动外，只有商业资本主义和某些金融资本主义可能是长期存在和正规组织起来的资本主义经济活动。"固定资本"不仅指企业存在的确定场所，而且指控制着固定数量的生产设备和库存投资。当然，韦伯在其著作中对理性化概念也进行了大量讨论，限于篇幅，我这里不拟重述他的主要观点。但就这里的讨论而言，韦伯相当清晰地表达了他的观点。"理性的"是指在配置性资源固定的情况下，能够最有效地为实现特定目标（实现经济活动盈利）而使用生产和投资工具。

2. 大量自由工资劳动者的存在。在此前的资本主义活动中，尤其是以营利为目的的生产组织，而不是纯粹的商业和银行交易中，还经常使用不自由的劳动者。韦伯比较详细地讨论了使用奴隶劳动进行资本主义生产的经济缺陷。在他看来，这些经济缺陷是非常严重的，只有在奴隶非常廉价、有可能常规性地招收到奴隶、所涉及的生产活动是农业生产的条件下，普遍使用奴隶才有可能。相对而言，雇用领取工资或薪水的工人，资本的风险和投资会更低。在韦伯看来，与对奴隶的直接处罚相比，解雇是处罚劳动力更加有效的方式[11]。当然，工资劳动者相对于奴隶所具有的功能性优势本身，并不能解释现代资本主义兴起时资本主义企业家为什么会使用工资劳动者。韦伯和

马克思的观点是一致的：使用受薪工人的条件是大量被剥夺了生产资料的农民的存在；而资本主义活动的扩张所产生的需要，也不能完全解释这种现象的发生。

3. 企业组织中明确划定且相互协调的工作任务的形成。这一主题显然与韦伯对官僚制的一般讨论存在大量的重合。资本主义企业也拥有与其他现代组织一样的行政权力特征，包括成文的行为规范所规定的具体职位等级和工作程序。但它们存在一个明显的规训难题，也就是说，受制于官僚权威的大部分人本身没有直接参与其中。工人组成了一个"横向"群体（韦伯有时用"阶级"概念），受集体"管理"权威的支配。

4. 市场经济中各种资本主义活动的彼此关联。韦伯这里所说的"市场"同时包括劳动力市场和产品市场，劳动力和大量物品在其中都变成了商品。市场经济意味着国内和国际市场的形成，因此依赖于高度标准化的货币的存在。所有阶级分化社会都存在市场，而且有些市场在某些方面还超越了具体集市的物理局限。但正如韦伯所指出的，所有这些市场不仅在范围上是有限的，而且也受除价格、投资和利润等经济需求之外的许多因素的制约。

> 最初的市场调节模式是多样化的，其中部分是传统的和神秘的，部分是由亲属关系、地位特权、军事需要、福利政策以及统治机构的利益和要求支配的。在所有这些调节模式中，其首要利益都不是最大化市场参与主体的利润和生产；相反，事实上往往是与此冲突的。[12]

5. 主要通过资本主义生产方式来满足所有人口的需要。从某种意义上说，这一点不过是前几点的总结，但它显然也是现代资本主义的基本特征。资本主义企业不仅是多种生产组织类型中的一种——之前存在资本主义活动的所有社会也都如此——而且成为每个人都依赖的生产方式。

韦伯清楚地表明，他认为资本主义的起源远早于工业主义，而且工业主义的出现是因为资本主义带来的压力。在他看来，资本主义大规模扩张的主要时期是16—17世纪。尤其在17世纪，出于降低生产成本的迫切需要，出现了"对发明创新的狂热追求"[13]。韦伯认为，正是在这种背景下，技术创新和经济逐利才开始走到一起。虽然发明的历史可以追溯到中世纪，但之前只有在战争中两者才走到一起（如我在第四章提到的）。

韦伯特别强调，生产活动的"理性化"是整个现代资本主义的核心，因此，他或多或少将工业主义视为资本主义的直接产物就不足为奇了。但他对工业的讨论是非常复杂的，将工厂和机器与此前的组织发展联系在一起。蒸汽机起源于早期的机械化生产方式，而不像维多利亚时代的人所认为的那样是一种非常根本的创新。但是，工业主义最根本的特征并不是生产过程中动力机器的使用，而是工厂所有权、生产工具、能源和原材料向企业家手中的集中。韦伯认为，这些因素在18世纪之前很少结合在一起[14]。

马克思对于现代资本主义起源的认识与韦伯几乎没有什么不同。马克思说道，"资本主义时代是从16世纪才开始的"[15]。但与韦伯不同的是，马克思不愿将"资本主义"概念应用于其他时期的经济活动，这种用法在马克思那里极为罕见。资本在现代资本主义发展之前就已存在，但马克思认为，准确地说，商业活动和金融家的逐利行为并非资本主义。我们可以对马克思的这一观点进行多种解释，但不可否认，马克思几乎没有关注韦伯所特别强调的资本主义企业的组织特征。马克思的分析主要集中在商品上，特别关注他认为之前国民经济学所忽略的主题：对于大多数劳动人口而言，劳动力已成为一种商品的事实。韦伯虽然也承认这一点的重要性，而且也因马克思对此进行的洞察而心生敬意，但对韦伯而言，这一点远不如马克思所认为的那般重要。在马克思看来，资本和工资劳动的结合不仅为揭示资本主义的起源提供了历史线索，而且构成了资本主义阶级体系的主轴。正如马克思所指出的：

> 货币和商品，正如生产资料和生活资料一样，开始并不是资本。它们需要转化为资本。但是这种转化过程本身只有在一定的

情况下才能发生，这些情况归结起来就是：两种极不相同的商品占有者必须互相对立和发生接触；一方面是货币、生产资料和生活资料的所有者，他们要购买他人的劳动力来增殖自己所占有的价值总额；另一方面是自由劳动者，自己劳动力的出卖者，也就是劳动的出卖者……商品市场的这种两极分化，造成了资本主义生产的基本条件。[16]

因此，与产品市场得以稳定和扩张的必要条件相比，马克思的分析更加关注将自然的转化与劳动力的商品化联结起来的生产过程。马克思认为，"所谓的原始积累"的主要动力是对农民的剥夺，而不是企业主本身的成就，这也是马克思政治经济学批判的基础部分。马克思主义分析的主要优点和不足都源于这一点。正统政治经济学用"节俭的精英"的勤勉来解释私有财产的神圣性[17]：一些个人通过精心经营而积累起财富，并让勤俭之人"使用"这些财富，从而使他们投入工作以获得生活资料。在马克思看来，情况绝非如此。这种"乏味的儿童故事"不仅掩盖了充满"征服、奴役、劫掠、杀戮"的一系列社会变迁[18]，而且掩盖了处于资本主义核心的阶级关系。下面这种说法有些过于简单，而且在某种程度上也具有误导性：对于韦伯而言，资本主义的独特在于其"理性"特征；对于马克思而言，资本主义是特别"不理性的"，因为它的成功与人类奴役联系在一起。这里涉及两种不同意义的"理性"，它们与不同的认识论立场有关。对于韦伯而言，"现代资本主义"与资本主义企业组织特征的扩展存在内在的联系；在他的分析中，组织特征比阶级特征更加重要。对马克思而言，资本主义所产生的强大力量很大程度上根源于资本主义对物质世界的控制的加强；其中，技术发展与人类劳动以一种全新的方式结合了起来。

马克思有关商品的讨论解释了他为什么不愿意像韦伯那样将前现代的经济活动形式称为"资本主义"，也解释了为什么必须把资本主义视为一种"生产方式"，而且是一种不同于先前各种生产方式的生产方式[19]。马克思从没有像韦伯那样对"资本主义"进行过正式界定。但很明显，对马克思而言，"资本主义"与交换关系中的逐利行为无关，而是与"抽象劳动"的剥削联系在一起。这不仅仅意味着大多数人口变成无产者，并必须通过在市场上出卖劳动力来维持生活。更根本的问题是，劳动力从工人的其他属性或特征中"分离出来"，并因此可以与技术相结合。因此，劳动合同是马克思分析的焦点，它说明了资本主义与先前劳动剥削体系的不同[20]。在资本主义中，以抽象形式存在的劳动力是一种商品。为了生存，工人必须向雇佣者出卖劳动力，这一事实是使劳动者顺从的主要约束条件。马克思强调，它取代了传统社会中综合使用的依附关系和暴力威胁。一方面，它与物质转化的急剧发展相关，而抽象劳动和技术的结合又带来了物质转化的发展；另一方面，与"资本家"对私有财产的"权利"相关，它对于资本主义企业具有核心重要性（正如马克思所说，对于现代国家而言也具有核心重要性）。马克思强有力地指出，"自由、平等"的政治参与权利是工人从属于资本的另一个方面。

理解了马克思有关资本主义的阐释方式，我们就不会奇怪为什么马克思有关货币的讨论会与韦伯的讨论具有不同的侧重点。他不是强调货币记账方式的重要性，也不是强调国家作为标准价值的保证人的重要性，而是将货币与商品的性质联系在一起。从他早期对货币的批判——"人尽可夫的娼妇""人们和各民族的普遍牵线人"[21]——到他成熟时期对货币的分析，马克思的分析始终具有一条连贯的线索。货币是劳动力商品化的媒介，或更准确地说，是劳动力商品化的物质表现，货币使劳动力能够以数量上等价的方式"转化为"物品。劳动力可以完全像物品和产品一样作为成本进行估算，虽然它们在本质属性上没有任何共同之处。在马克思看来，货币是"其他一切商品的关系固定在一种商品上面的反映"[22]。当一件商品转化为货币时，这个交换确定了特定的价值形态，而不是提供了价值本身；它表明，商品的"使用"价值并不能涵盖其全部的价值性质。

马克思有关货币的分析可以追溯到他对商品化现象所做的一般性讨论。他有关货币的分析对于如何理解"资本主义"非常重要，尽管我们同样不能原封不动地接纳其观点。马克思反对将"资本主义"概念应用到前现代经济活动上；在提出这一点时，他指出了一些非常重要的事实。用我前面的术语来说，它表明资本主义以某种方式导致了现代史的断裂性[23]。在韦伯的著作中，这一问题被其他精到的分析所掩盖，这至少部分是因为韦伯特别关注西方的长期发展区别于其他"世界文明"的特征。马克思理论的长处在于，它为分析16—17世纪欧洲发生的传统经济组织模式的剧烈变迁提供了分析工具。我们可以自信地断言，马克思的观点在这一方面更加精妙，虽然韦伯将清教主义与现代资本主义发展联系起来的观点同样引人注目。无论韦伯的观点是否合理（支持者与反对者之间的差异一如既往地巨大），他关注的是资本主义的起源问题，而不是资本主义与先前经济活动形态之间的差异问题。毫无疑问，韦伯有关现代资本主义经济的"理性"特征的分析非常重要，尽管我在下文中不会再使用这一术语。然而，马克思有关商品化的论述将使我们关注到一系列特别重要的关系。

那么，我们应该如何理解"资本主义"？我认为应该包括下面这些要素。就我对这一术语的使用而言，资本主义指大约400年前起源于欧洲的一种经济活动模式。也就是说，虽然在其他时间和地点也存在各种形式的营利活动，但它们与现代历史中产生的资本主义迥然相异，如果用同样的术语来描述它们会有很大的误导性。

资本主义涉及商品的生产，但这并不是其独有的特征，因为以有利可图的交换为目的的商品生产活动也存在于其他很多情境中。但资本主义拥有两个独有的特征。

1. 由于各种原因，先前所有社会类型中的商品化过程都没有达到如此广泛的程度。对财产可转让性的限制——尤其是对最重要生产资料（土地）的可转让性的限制——从根本上阻碍了商品化关系的扩展。韦伯提到的"市场管制模式"（modes of market regulation）也阻碍了这种发展，这意味着持续的利润追求很少不受其他因素的制约。

2. 在资本主义经济模式下，劳动力商品化本质上是与作为总体

第五章　资本主义、工业主义和社会转型

的商品生产相伴发展的。马克思坚持认为，这一点非常重要，它将现代经济活动与其他所有经济形态区别开来。这是完全正确的。大量（最终是绝大多数）劳动人口在历史上首次不再直接生产他们的生活资料，而是将他们的劳动出卖给其他人，后者再以货币工资的形式为他们提供必要的生活资料。

这里包括相互交织的两种市场：劳动力市场和产品市场。把它们都称作一般意义上的"市场"并非毫无道理，因为两者之间必然存在着紧密的联系。尽管所有阶级分化社会也都存在超越于本地范围的市场，但只有在资本主义社会，市场才与满足大量（最终，又是绝大多数）人口日常需要的物质生产联系在一起。在资本主义经济模式中，市场关系意味着区别和独立于其他制度领域的"经济领域"的存在[24]，这种独立是资本主义活动特有的"投资—利润—再投资"循环过程的基础，"私有财产"在这里发挥着至关重要的作用，因为积累过程主要受那些拥有"私有"资本的人的决策的影响。这里的"私有"与"公共"这个形容词的主要含义相对立，后者意味着资本不是掌控在企业主个人手中，相反，"私有财产"是指由个人、家庭或股份公司等能动者所掌控的资本，而非由国家的政治机构掌控。

"财务核算"的组织在资本主义经济中居于核心地位；在这种组织中，投资和成本的资产负债表是组织应该扩张或收缩的主要指标。就组织的官僚制特征而言，商业企业与其他非资本主义组织存在很多共同之处，至少对于大型经济组织而言是这样。但商业企业的持续存在依赖于充足的利润来提供再投资：事实上，其全部特征就是"商品化"。其他组织（包括国家）却并非如此，尽管它们也依赖于配置性资源，它们的持续存在在某种意义上也与"财政管理"相关，但它们不是"商品化"的，因为它们所需要的资源并非主要通过市场力量来获得。

所有前述观点都表明，资本主义是一种经济形态，但这并不足以说明我们应该如何来使用"资本主义社会"这一术语。"资本主义"可以用来指称一种总体的社会秩序，而不仅仅指一系列特定的经济关系，这个词实际上也经常被这样使用。我的确这样认为：资本主义可以说是历史上第一个也是唯一一个同时"拥有"和"成为"一种生产方式的社会形态。但我不是在准技术（semi-technical）的意义上使用"生产方式"术语的，而马克思是这样使用的。我想说的是，与其他的社会秩序相比，经济力量在资本主义社会中发挥着更大的支配作用，尽管这种作用可能不是绝对支配性的——很多与马克思主义接近程度不同的思想家就是这么认为的。被称为"资本主义"的那种社会具有何种主要特征？我这里将给出初步的答案，但更加充分地讨论这一问题还需要理解接下来所要讨论的那些现象，因为不存在非工业化的资本主义社会，也不存在非民族国家的资本主义社会。我认为"资本主义社会"的出现与民族国家的兴起发生在同一时期，即大约19世纪初或稍晚。两者都根源于几个世纪之前——显然，这里对于它们的形成时间的确定是非常笼统的。

资本主义社会具有如下主要特征：

1. 如前所述，"资本主义"是一种经济制度形态。资本主义是整个社会人口依赖的物品和服务生产活动的主要基础。由于"投资—利润—投资"循环与人类劳动力的机械化协作结合在了一起，具有高度技术能动性的"经济领域"的运行状况会对资本主义社会产生巨大的影响。

2. 独立的"经济"领域的存在，意味着"经济的"和"政治的"是相互分离的。这种分离可能存在多种具体的形式；在描述这种分离时，我们要避免常犯的那些错误。如前面所说的，过于简单地说经济和政治是"分离的"是有误导性的，因为，与阶级分化社会相比，它们的联系比先前更加紧密。同时，经济与政治的分离也不应等同于劳动力和产品市场中的竞争性[25]。受古典政治经济学影响的学者通常持这种观点，即使他们在其他方面对古典政治经济学持批判态度。古典经济学家往往将"经济"领域与独立而自主的资本主义企业的竞争联系起来，认为任何形式的国家干预都会打破经济与政治的分界。这种观点首先严重低估了一个独立的"经济体系"的存在是如何依赖于国家的，而且还错误地认为，国家对生产活动的干预将导致"经济"领域的萎缩。但是，通常所说的国家"干预"实际上可能保护经济领域的独立，甚至是独立的经济领域存在的必要条件。

3. 政治与经济的分离预先意味着生产资料的私有产权制度。这里，我们也要小心！我在前面就已指出，我们不应该仅仅将"私有"等同于企业主个人支配的财富，"财产"也不仅仅指一系列权利，而且具有与资本属性相关的特定内涵。也就是说，它还包含前面所说的商品化过程，这种过程对"无产者"和"有产者"具有同样的影响。从这一意义上说，工资劳动实际上是资本的另一面。正是出于这一原因，资本主义是一个"阶级社会"，它与阶级分化社会形成鲜明的对比。但这并不意味着阶级分化和阶级冲突是导致大多数（所有？）其他分化和冲突的制度性因素——马克思的确倾向于这么认为。但它的确意味着，与先前的社会类型相比，（各种形式的）阶级冲突发挥着更加重要的动力作用。

4. 国家与私有财产、独立"经济领域"的制度性结合，强烈影响了作为一种"统治"（government）模式的国家的性质。国家对于资本积累的依赖虽然不会"决定"国家的自主性，但一定会影响其自主性，而且国家对资本的控制很大程度上是间接的。

5. "资本主义国家"可以被用作"资本主义社会"的同义词。这表明，民族国家的"边界维护"特性是其存在的内在要素。从表面上看，作为一种经济活动形态的资本主义似乎与民族国家没有什么内在联系。事实上，这也是很多19世纪思想家（包括马克思）的基本假设。这与第一章提到的社会理论的局限性有关。资本主义促进了超越国家边界的远距离经济活动的发展。作为具有明确边界的实体，对"资本主义社会"的存在还需要作进一步的分析，不能视其为理所当然的事物。

资本主义和工业主义

在考察工业主义的性质时，有两个问题需要得到解决：其一是概念上的问题,即我们应该如何理解"工业主义";其二是必须思考资本主义与工业主义之间的关系。如果可以说其中一个是另一个的"结果",这种说法的意义是什么?

考察"工业主义"(industrialism)的词源以及其他与生产相关的术语,既会有所帮助,也非常重要。"industry"一词在18世纪下半叶同时出现在英语和法语中,其最初意思主要与勤奋工作相关——因此,也表明了它与行政权力的紧密关系;稍后还会进一步讨论到这一点。亚当·斯密将"industry"和闲散(idleness)进行了对比,而且经常不加区分地将前者用于人类劳动和生产资料[26]。弗格森(Ferguson)将"industry"与"尽责工作"(responsible work activity)习惯的习得联系起来,即努力提升技艺、扩展生意、维持财产、确立权利[27],这种用法并没有将制造业与商业、农业区分开来。同样,"机械的"(mechanical)也被用来指工作任务的集合,而不是指机器;"制造业"(manufacture)也不是以我刚才使用的方式使用的,而是指一般意义上的"生产工艺"。这些术语大约到19世纪才获得了今天的用法[28]。对这些词语的词源学考察表明,我们不能将"工业主义"仅仅视为一种技术现象。在圣西门等人所使用的"工业社会"(industrial society)概念中,工业主义也保留了这些宽泛的内涵。圣西门对"工业家"(industriels)的界定并不是依据他们对新兴工业力量的控制,而是依据他们自律的工作习性。在工业社会中,所有人——包括处于管理位置的人——都参与生产劳动,这与封建社会形成鲜明的对比。

虽然我不会使用"工业社会"这一术语,但我认为,工业主义不仅仅体现为机械化的技术。基于以下两种理由,工业主义不应该仅仅包括机械化技术和工厂化生产。"工厂"(factory)指体力劳动者直接进行生产活动的场所。但这个概念的含义非常狭隘,不能把握随着工业主义到来而发生的组织变迁。相反,用"工业工作场所"(industrial workplace)这一术语(首先也是一个"资本主义的工作场所")会更加恰当,即与家庭相分离、职业化地组织起来的劳动场所。但是,无论我们如何描述工作场所,"工业主义"的内涵都不仅仅限于直接与工作场所相关的现象。现代经济生活中的机械化过程所带来的经济转型,还影响了商品的流通。尤其是,机械化运输和通信方式的发展是工业主义的一个主要特征。

我认为,"工业主义"具有如下特征:

1. 无生命物质能源在商品生产过程或影响商品流通的过程中的使用。通常而言,后来所说的"工业革命"首先是指为实现经济目的而使用蒸汽动力。但在18世纪晚期和19世纪早期的英国,在急剧扩展的主要生产部门中,水力和蒸汽动力至少是同等重要的。此外,与更直接的"机械性"物质能源相比,电力在生产中的使用也同样产生了深远的影响。

2. 生产和其他经济过程的机械化。对"机器"的界定并不像乍看上去的那样简单,但我们仍然可以说,机器是一种人工制品;这种人工制品通过重复使用无生命物质能源而完成一系列特定的任务。无论自动化的程度有多高,所有机器在某种意义上都是由人来操作的,早期的工业化过程都结合了机械化和人类劳动。机器需要相应的程式性的人类活动来进行操作,但我们并不需要将这种特征纳入有关机械化的定义中。机械化过程还包括更加自动化的过程,其中工人的作用仅仅是"监控",劳动任务的机械化过程在某种程度上已经完成。机械化与科学的经济性应用也没有内在的联系。"工业革命"的早期阶段与科学发现之间的联系是非常有限的;科学和技术之间更加紧密的结合,很大程度上是非常晚近的现象。

3. 工业化意味着制造业的广泛发展。但对于如何理解"制造业"我们必须保持谨慎。这个词通常用来指非农产品的生产,但它应该是指生产的方式,而不仅仅是生产的物品。制造业应该被视为上述两种特征的常规性结合;因此,程式化的生产过程产生了一个"产品流"。

4. 正是在这种常规性生产过程中,我们发现了进行生产活动的集中化工作场所。工业主义不完全是一种"技术"现象,因为上面提到的三个要素还包含人类社会关系的组织方式。我不认为这意味着某种技术还原论。英国最初的工业化过程存在着各种因素之间的脱节，它们后来才结合在一起，形成一种更加同质性的生产秩序。就前三种特征而言，几个更加先进的生产部门是通过外包体系而不是集中化工作场所得到组织的。相反，在早期建立了工厂的那些部门中，有些机械化程度并不是特别高[29]。但是，这些因素一旦结合起来，就形成了一个统一的"生产组合"；这种生产组合创造了全新的经济机会，成为资本主义活动扩张的一个框架。

我们还需要直接讨论资本主义与工业主义之间的关系，但首先需要简单回答一下这个问题：为什么我们可以接受"资本主义社会"而不是"工业社会"概念？当然，这一问题涉及很多具有一般意义的问题，因为"资本主义社会"和"工业社会"的对比集中体现了不同的理论传统。虽然马克思和韦伯都更喜欢用"资本主义社会"，但如我前面提到的，韦伯的观点经常被用来支持"工业社会理论"[30]。"资本主义社会"概念在某种意义上可以站得住脚，但"工业社会"概念却不能。两个概念具有相似的形式。也就是说，两者都认为，一种特定的经济形态对于其他制度如此重要，以至于它可以用来指称与之相关的总体社会形态。两者都将动力因素归结为经济转型；其中，一个归结为资本主义，另一个则归结为工业主义。两者都认为经济制度与社会整体中的其他制度具有某种一致性。就我前面界定的资本主义而言，动力因素非常明确。也就是说，资本主义活动通过生产在市场上出售的商品来追求利润；追求充分的利润以保证足够的投资回报，是经济转型和扩张的长期动力。但这种动力源泉（现代社会断裂性的一个主要特征）在工业主义那里是缺失的。工业主义尽管是一种高效的生产活动形式，但却没有资本主义经济的那种内在动力。

现代社会"具有"其生产方式，同时也"是"一种生产方式。这种观点的一个重要方面是，"经济的"和其他的制度之间建立了某种特定的连接方式。就这一点而言，资本主义社会概念是非常明确的，但工业社会概念却并非如此。作为社会中具有主导性的生产体系，资本主义依赖于"经济的"和"政治的"的结合，这种结合的中心点是

第五章 资本主义、工业主义和社会转型

私有产权和工资劳动的商品化。但就更广泛的制度安排而言，工业主义概念是"中性的"。也就是说，对于更广泛的社会整体而言，工业主义并不具有明确的内涵，因而无法将其归入某一个独立的特定类型。当然，我并不认为，这些问题仅仅在概念的合理性层面上就能得到解决，它们的解决还依赖于对现代社会的发展趋势的经验考察。后面的论述将会进行这种经验考察。

虽然角度不同，但马克思和韦伯都认为，工业主义是业已存在的资本主义活动的基本特征的延伸；在过去的几个世纪里，欧洲的发展就是这样。在《资本论》第一卷的那些著名章节中[31]，马克思讨论了从劳动技能之间的分工到制造业和"机器制造业"的发展过程。通过将劳动力集中在工厂中而实现生产的密集化，以及机器在劳动过程中的应用，都被视为资本主义发展的产物。总体而言，韦伯对机械化和工厂的出现过程的考察，与马克思的分析是相似的[32]。但历史描述的相似性掩盖了他们截然相反的取向；这些不同取向源于他们对资本主义所作的截然相反的评价。在韦伯的著作中，官僚制、资本主义活动和机器之间存在着普遍性联系。资本主义的界定，是以经济活动的理性化组织为基础的；通过理性化概念，资本主义与更一般意义的官僚组织和机械化过程联系在一起。实际上，韦伯经常把官僚制比作一台机器，两者都是以形式化知识的"技术性"应用为基础而建立起来的。

我这里提出的观点与马克思和韦伯都不同，尽管我也同时借鉴了他们的某些观点。但是，我的观点也不同于将"资本主义"视作工业主义的一种亚类型的观点。所有这些观点的问题在于，它们没有思考清楚，一方面将"资本主义"或"工业主义"视为经济组织的模式，另一方面又将它们视为社会的类型，这意味着什么。"资本主义社会"之所以是"社会"，仅仅因为它同时也是具有明确边界的民族国家，这种边界将其主权范围与其他民族国家所宣称的主权范围区分开来。我将提出，这种国家形态特征（在欧洲的最初发展阶段）依赖于资本主义、工业主义和政府某些行政机构的结合。但是，这些因素不能化约为其中的任何一项，它们是三种独立的"组织丛结"（organizational clusters）。在最初的欧洲背景下，它们彼此直接关联，但在分析时应将它们区分开来，而且当它们在其他社会秩序中形成时，可能会产生不同的实质性后果。

最初在欧洲的发展过程中，资本主义与工业主义之间的紧密联系可以以如下方式进行说明，尽管在不同的社会情况会有所不同。作为一种生产体系的资本主义活动逐渐取得主导地位，导致在经济组织中引入了一种新的动力源泉。这一过程的本质是分化出来的、独立的经济领域的形成；与先前社会类型不同，它成为导致总体制度变迁的更加重要的根源。由于马克思指出的那些原因，资本主义社会的经济在内部和外部都是不稳定的。这与流动性和经济扩张主义相关，而这种流动性和扩张主义又与"投资—利润—再投资"的循环过程相关。无论规模大小，资本主义生产的稳定性都依赖于能够创造出足够的利润来进行"扩大再生产"。从某种基本意义上说，资本主义所有的"经济再生产"，都必然是马克思所说的"扩大再生产"，因为这种经济秩序不能像传统经济体系那样维持某种静止状态。维持利润的动力，以及当与企业投资需求一致时提高利润率的动力，与通过机械化制造进行技术发明的内在倾向相关。技术变迁既可以用来降低生产的直接成本，又可以用来抵消雇佣劳动所产生的投资成本。当然，这不是一个一帆风顺的历史过程，尤其在发展的早期，这是一个跌跌撞撞的变迁过程，发起和推进这些变迁的主要人物也没能很好地理解它们。

上面所说的进行经济扩张和提高生产效率的动力，远没有完全解释资本主义与工业主义之间的"选择性亲和关系"（elective affinities）。更为根本的动力是劳动力商品化。正是在这里，我们可以看到现代性与此前社会经济秩序之间最根本的断裂[33]。劳动力商品化将资本主义社会的阶级体系与作为生产形态的工业主义直接联系在一起。但这并不意味着阶级体系的变化一定意味着工业主义的根本性重组。马克思及其大多数追随者用阶级支配和阶级斗争解释了太多的现代社会特征。我想强调的是，与农业国家截然不同，资本主义社会是"阶级社会"，阶级冲突在资本主义社会中的"结构性存在"方式迥异于传统文化中的阶级对抗。但我们不能据此就认为，阶级结构是现代社会所有支配关系的根源。

这种观点并没有太多新意。自马克思的观点传播开来伊始，这种批判就已司空见惯。但很多此类批判在分析现代社会时仅仅用"权威"（authority）来取代"阶级"，那些主张某种"工业社会"理论的人尤其如此[34]。他们认为，马克思将某种特定的权威类型（通过私有财产集中而形成的阶级统治）误认为是所有的权威关系，他本质上将权威与财产相等同。我认为，就权力概念而言，马克思的观点存在不足之处，这首先和主要是因为他将权力归结为对配置性资源的控制。但是，在分析现代社会制度时，仅仅用权威概念来取代阶级概念是行不通的。对配置性资源（作为资本）的控制，对于资本主义社会具有特殊的重要性，"经济"在资本主义社会具有了前面所说的动力。但权威也不完全是一个整体。权威性资源具有多种不同的类型或种类。

我将首先追溯在欧洲社会"起点"上私有财产、劳动力商品化与工业主义之间的关系。在马克思所阐述的意义上，劳动力商品化是资本主义社会阶级体系的根源。在以前的阶级支配中，阶级剥削的形式是对"剩余"产品的占有[35]。统治阶级基本上不参与生产活动，而是从进行生产劳动的人那里获得收益；如前面各章指出的，这是阶级分化社会的分裂性所固有的特征。但在资本主义社会，大多数人口被剥夺了对生存资料的直接控制权，这意味着，这样的劳动力受到了企业主或"管理方"的直接控制。同时，劳动力商品化不仅允许将劳动力统一为"抽象劳动"，而且也要求这样做，从而使得劳动力服从于雇佣者的组织化指令。由此导致的结果是，劳动力与机械化生产之间产生一系列重要的联系，使得工作过程的"设计"能够将劳动力和生产技术整合起来。这不是直接通过机械化的方式得到建构的，而是依赖于对生产活动进行计算和协调的可能性的认知[36]。

资本主义与工业主义之间的联系，还进一步体现在行政权力在工作场所中的扩展上。这也与劳动力的商品化存在密切的联系，但我们也必须保持谨慎，不能把这种现象完全归结为阶级关系。如我所指出的，工业主义意味着能够聚集和协调生产活动的、集中化的工作场所的出现。因此，在阶级分化社会，进行工业生产的可能性是非常有限的，除缺乏精密的机器外，还因为难以在工作地点进行持续的监控。这又受到多种因素的影响：首要的因素是前面提到的阶级分化社会的分裂性，它使大部分生产活动发生的场所，在物理和社会方面都远离统治阶级的直接影响。但当一定规模的劳动力聚集起来从而进行集中而协调的生产活动时，其监控水平也远低于现代生产体系中的水平。正如韦伯所指出的，与大规模使用"自由的"工资劳动所产生的惩戒相比，依赖于奴隶劳动或各种赤裸裸的强制劳动的生产组织方式，也许本质上是无效的。此外，在韦伯所说的系统性记账和归档发展之前，组织的信息"储存能力"也是非常低下的。

　　监控在现代社会的扩展不限于资本主义的工作场所，也不仅仅起源于此。但由于独立的经济领域给其他制度领域带来的动力，我们可以说工作场所中监控活动的扩张和巩固极大地影响了其他领域中的监控活动。我们可以很容易说明，这与劳动力的商品化存在着紧密的联系。农民从农业生产的固定土地中"解放"出来并成为"工资劳动者"，这也是从分散的、独立的、地方化的共同体中"解放"出来。作为新兴的"流动者"，他们可以被聚集在集中化的、进行机械化生产的场所中。

　　前面这些段落的讨论使我们可以将"工业资本主义"视为生产秩序的一种类型和社会形态的一种类型。我的一个核心观点是：只有当资本主义与工业主义之间形成高度联合的时候，我们才可以说到"资本主义社会"的存在。因此，当我使用"资本主义社会"概念时，我指的是这样的一种社会：工业资本主义成为生产的主要动力，而且呈现出前面提到的各种制制特征。但需要再次强调的是，这并不意味着工业主义的实际影响或潜在影响仅仅局限于资本主义社会。

　　我这里要进一步探讨一下这一提法的含义，从而介绍其他一些主

第五章　资本主义、工业主义和社会转型

题，这些主题是本书其余部分的基础。如图1所示，在欧洲社会，在资本主义、工业主义和民族国家的结合中，我们可以区分出四种制度丛结。在西方资本主义社会，这些制度丛结如此紧密地联系在一起，以至于出现了各种还原论倾向——马克思及其反对者都体现了这种还原论的倾向。

私有财产 （阶级）	监控活动
自然的改造 （人造环境）	暴力手段 （军事力量）

图1

马克思对物品商品化（以货币资本为代表）和劳动力商品化（抽象劳动）的分析所揭示的制度丛结，构成了资本主义社会阶级体系的核心。如前所述，在物品或劳动力买卖中，资本主义的私有财产将契约自由权与资本的"普遍转化性"统一了起来。这是现代货币经济的独特特征。就阶级的利益对抗和较长期的斗争而言，阶级冲突是资本主义生产方式的内在因素，也因此（在不同程度或以不同形式）是资本主义社会的内在因素。一系列问题都需要进一步阐明，但限于篇幅，我将在后文加以讨论。

这里必须说明一下：为何工业主义没有出现在图1中。如在欧洲社会中出现的情况那样，资本主义与工业主义的结合导致人类与自然界的关系发生了一系列重大的转变[37]。工业主义嵌入于这些转变之中。在阶级分化社会，生产活动并没有强烈地改变自然，即使是大型灌溉工程也没有。城市是主要的权力容器，而且与农村存在明显的分化，但它们都参与到自然"之中"，与之形成一种共生状态，人类生活"在自然之中"，"与自然一起"生生息息。工业资本主义的到来改

变了这一切。当工业主义与普遍的商品化压力结合在一起时，工业主义为剧烈改变社会生活与物质世界的联系提供了手段。这一过程的主要媒介是城市主义（urbanism）。我这里必须重述一下本书第一卷所提出的原理："城市社会学"不能仅仅被视为社会学的众多分支之一，而应被视为力图理解现代世界的社会学本身的重要构成部分。（西方社会和其他地方的）现代城市生活并不是传统城市的延伸，即使那些在传统城市之中和周围发展起来的城市区域亦是如此。现代城市生活是一个"人造环境"，不仅是资本主义工业生产组织的存在环境，也是民族国家领土的存在环境。正如我在上一卷所指出的，城墙的废弃不仅标志着作为新行政空间的民族国家的出现，而且在实质上影响了这一进程。

基于前面讨论的那些原因，监控在工作场所中的巨大发展是工业资本主义出现的一个主要特征。但当国家开始监控"国际关系"的特征时，监控行为还在内部和外部扩展了国家本身的范围。正如我所强调的，监控是权力的媒介。无论权力与私有产权存在何种联系，权力都不是直接起源于私有产权，这一点同样适用于对暴力手段的控制。

【注释】

[1] cf. 'Four myths in the history of social thought', in *SSPT*.

[2] Stephen Kalberg, 'Max Weber's universal-historical architectonic of economically-oriented action', in Scott McNall, *Current Perspectives in Social Theory*, vol. 4, 1983, p. 266ff; Weber, *Economy & Society*, vol. Ⅰ, p. 100ff.

[3] 帕森斯和卢曼从不同的理论出发得出了相似的观点。对他们而言，货币是"沟通媒介"，而且与其他沟通媒介相互重合和结合。参见 Niklas Luhmann, *Trust and Power* (Chichester: Wiley, 1979), chapter 3；特别是 Parsons, 'On the concept of political power'.

[4] Weber, *Economy & Society*, vol. Ⅰ, pp. 101-2.

[5] Ibid., p. 102. 在相关段落中，韦伯讨论了前货币体系，也讨论了废除货币的社会主义理论。实物供给的"非理性"特征就是指后者；在韦伯看来，在现代经济背景下，这完全是行不通的。

第五章　资本主义、工业主义和社会转型

［6］cf. Paul Einzig, *Primitive Money*（Oxford：Pergamon Press，1966），part 4.

［7］Ibid., p. 447.

［8］Weber, *The Protestant Ethic and the Spirit of Capitalism*（London：Allen & Unwin, 1976), p. 17ff.

［9］Weber, *Economy & Society*, vol. Ⅰ, p. 165.

［10］Ibid. 亦可参见 M Weber, *General Economic History*（New York：Collier, 1961), pp. 232-3.

［11］Ibid., p. 163.

［12］Ibid., pp. 83-4.

［13］Weber, *General Economic History*, p. 231.

［14］Ibid., pp. 224-5.

［15］K. Marx, *Capital*（London：Lawrence & Wishart, 1970), vol. Ⅰ, p. 715.（马克思, 恩格斯. 马克思恩格斯全集：第42卷. 2版. 北京：人民出版社, 2016：736.）

［16］Ibid., p. 714.（马克思, 恩格斯. 马克思恩格斯全集：第42卷. 2版. 北京：人民出版社, 2016：734-735.）

［17］Ibid., p. 713.（马克思, 恩格斯. 马克思恩格斯全集：第44卷. 2版. 北京：人民出版社, 2001：820.）

［18］Ibid., p. 714.（马克思, 恩格斯. 马克思恩格斯全集：第42卷. 2版. 北京：人民出版社, 2016：734.）

［19］cf. *CCHM*, vol. Ⅰ, p. 96ff.

［20］Ibid., chapter 6.

［21］K. Marx：'Economic & Philosophical Manuscripts' in T. B. Bottomore, *Karl Marx, Early Writings*（New York：McGraw-Hill, 1964), pp. 189-91.（马克思, 恩格斯. 马克思恩格斯全集：第3卷. 2版. 北京：人民出版社, 2002：363.）

［22］Marx, *Capital*, vol. Ⅰ, p. 96.（马克思, 恩格斯. 马克思恩格斯全集：第42卷. 2版. 北京：人民出版社, 2016：72.）

［23］关于这一点的进一步讨论, 参见 *CCHM*, vol. Ⅰ, chapters 2-5.

［24］特别参见 Karl Polanyi, *The Great Transformation*.

［25］cf. *CCHM*, vol. Ⅰ, p. 113ff.

［26］Adam Smith, *The Theory of Moral Sentiments*（Oxford：Oxford University Press, 1976), p. 11.

[27] Adam Ferguson, *An Essay on the History of Civil Society* (Edinburgh: Edinburgh University Press, 1966), p. 105.

[28] Keith Tribe, *Genealogies of Capitalism* (London: Macmillan, 1981), p. 106.

[29] cf. 'Four myths in the history of social thought', in *SSPT*.

[30] cf. Sidney Pollard, *The Genesis of Modern Management* (London: Arnold, 1965).

[31] Marx, *Capital*, vol. I, p. 371ff. (马克思, 恩格斯. 马克思恩格斯全集：第 42 卷. 2 版. 北京：人民出版社, 2016：343.)

[32] Weber, *General Economic History*, chapter 27.

[33] cf. *CCHM*, vol. I, chapter 6.

[34] 关于其中一些问题的讨论（这些讨论与我现在的观点并不完全相同），参见 *CSAS*, chapter 3 and *passim*.

[35] *CCHM*, vol. I, p. 110ff.

[36] Harry Braverman, *Labour and Monopoly Capital* (New York: Monthly Review Press, 1967).

[37] *CCHM*, vol. I, chapter 5.

第六章　资本主义与国家：
从绝对主义到民族国家

在分析资本主义的扩张与现代国家的巩固之间的关系时，我们需要对两个连续的发展阶段进行考察。第一个阶段从16世纪到18世纪晚期，是绝对主义和资本主义活动的早期扩张阶段；第二个阶段是民族国家与工业资本主义相结合的阶段。资本主义的成熟一方面包括土地和产品的商品化，另一方面则包括劳动力的商品化。虽然这两个方面并非完全独立地进行的，但是第一个方面主要与绝对主义国家的发展相关；第二个方面的大规模发展则依赖于民族国家的形成，至少我是这么认为的。

商品化与国家发展

土地和产品的商品化——也就是由交换价值所渗透的经济活动领域的大规模扩张——涉及一些与绝对主义国家的巩固有关的因素。其中一个因素是有保证的、中央集中控制的法律秩序的出现，它创立、保护和扩大了契约权利和义务的范围；另一个因素是由国家权力调控和保证的货币体系的发展；还有一个因素是中央集中组织的税收体系的形成[1]。

就法律框架的发展而言，法律的内容与由中央集权国家机构来执行法律的可能性，都非常重要。如前面所指出的，经济交换需要对相关主体的关系进行某种最低程度的法律调节。在此前的社会形态中通常也是如此。货物交换意味着对货物的"实际控制"从一方转移到另一方，其中的假设是：通过直接的物物交换，或通过时空分离的交换，其他货物也会从后者转移到前者[2]。当这种关系长期确立后，就会涉及对未来交易和回报的信任。在传统秩序中，当这种关系得到制度性"保证"时，往往是在仪式性交换的背景下形成的，而不是在纯粹的商业交易中产生的。贸易公司有时候拥有各种制裁手段以保证债务的偿还，包括使用或威胁使用武装暴力。在商业受到高度重视、商业群体也成为特别强大的群体的文明中，通常会发展出与贸易有关的各种公法和民法。但只有在极少数的情况下，法律才会像在后中世纪的欧洲那样将"计算"和"契约"取向结合起来，并独立于国家对经济活动的直接干预。罗马就是这样的；很大程度上也是出于这个原因，对罗马法的直接继承及其长期而广泛的影响极为重要。

正如韦伯所强调的，罗马法在欧洲的恢复和演变促进了"可计算性"，也促进了契约规定下的多种可让渡性。实际上，可计算性比可让渡性更加重要。虽然韦伯没有提出这一观点，但是，法律的可计算性的大幅扩展，显然依赖于绝对主义所发展出来的主权观念和原则。虽然皇室的豁免权可能还会干扰经济活动和交换中的"理性"计算，但传统贵族的特权同时也被剥夺了。我们不能把这一过程看作集中于"市民社会"中的"现金网络"的显露过程，即从先前的政治监管的约束中释放出来的过程。某些持有此类观点的人也指出，在"资本主义的故乡"英国[3]，罗马法事实上从未取得过支配地位。显然，正是在英国政治经济学传统中，这种"市民社会的兴起"的观点才非常引人注目。但这种观点并未将法律的形式（其对可计算性的促进）同与之相伴的规范和程序区分开来。就法律的形式而言，作为一种普遍的"遗产"，罗马法及其16世纪以来的复兴，在所有地方的影响都是相当大的；即使是在那些没有直接采用其法律原则的区域也是如此。

第六章　资本主义与国家：从绝对主义到民族国家

与资本主义活动密切相关的大部分法律规范都不是直接根源于罗马法（韦伯也指出了这一点）。年金、证券和汇票起源于德国、英国、意大利和阿拉伯法律的结合。关于公司身份的法律规定，部分起源于中世纪的社团组织，部分起源于城市法律。此外，英国也不是"资本主义的故乡"，如果后者指的是商业和贸易扩散的主要中心的话。从这一意义上说，资本主义首先在其他地方取得了强劲的发展。英国是"工业资本主义的故乡"；但正如我前面指出的，我们不能认为，工业资本主义仅仅是先前资本主义活动的延伸。

就社会的内部组织而言，与主权相关的法律体系的重要性主要在于：在标明"政治"领域的同时，也界定了一个独立的"经济"交易领域。罗马法已经包含了这种区分，也成为加强政治和经济间分离的重要源泉。重要的是，我们不能认为，"经济领域"是一个剩余领域，仅仅是现代国家的宪法体制之外的领域，是未被整合的"市民社会"。**相反，"经济领域"与主权领域的起源完全相同，主权是现代国家性质的基本要素。**

我这样说不是要否认那些最初并非主要由国家推动的民法的重要性，它们也使得交易具有了普遍的可能性。这里需要强调的是，后封建时代的欧洲虽然被分裂为很多相互竞争的国家，但仍然继承了共同的文化遗产，这种遗产不仅来源于罗马残余的世俗影响，而且来源于作为泛欧洲组织的教会的影响。德国的一些法律实践很早就受到了基督教经典和教会直接参与的经济交易的影响，这些法律实践后来在北欧和中欧的民法发展过程中发挥了重要的作用。具有"跨国"特征的资本主义活动与具有明确地域界限的绝对主义国家之间的差异，在很多方面远不像看起来的那么明显。这是因为一系列共同的法律规范和程序，在某种程度上已经影响了各种商业交易，也促进了欧洲大陆内部的经济联系。在欧洲贸易公司之间存在稳定的经济联系的情况下，这些法律规范和程序也影响了它们在世界其他地区中的关系。

主权的扩张在某种程度上是通过法律执行手段的集中而得到实现的，这种集中既有助于促进总体性的社会训导，也有助于促进契约实施的手段。韦伯往往忽视法律制裁对于资本主义活动扩展的重要性。他认为，随着资本主义的扩张，法律对经济活动的权力在某些方面弱化了；而先前的社会中，这种情况只会偶尔发生。比如，与先前的某些经济体系相比，控制最高价格变得更加困难了。在经济活动中，法律强制主要在以下两个方面受到限制：第一个方面与被起诉的个人所占有的物品相关，这些物品或者数量太少，或者种类不对，因此不能履行既定的契约规定的义务。韦伯认为，产品的普遍商品化不但没有降低法律强制的困难，反而加剧了这种困难。从原则上说，用现金偿还违约义务应该变得更加容易，但这仅仅适用于单独的一项或一组违约行为。大多数经济单位变得如此相互依赖，以至于法律制裁不可能用来影响所有部门的市场行为。经济主体的相互协调必须通过生产、定价和投资上的磋商行为，而不会直接诉诸强制性的法律制裁[4]。第二个方面是，相对于服从法律的利益而言，私人经济利益更加强烈。韦伯认为，当经济机会存在时，追求这些机会的诱惑往往是无法抗拒的，除非这些经济机会强烈挑战了源于其他生活领域的道德要求。因此，由于法律的制定者——国家——的存续日益依赖资本主义的成果，制定普遍性的法律强制形式几乎是不可能的。

无论这些观点是否正确，它们似乎都忽视了强制性法律框架对于产权的重要性，后者对于资本主义的发展又极其重要。当大部分财产都表现为土地时，所有权通常是通过习俗和法律共同得到保障的，宣称拥有所有权的人往往直接拥有暴力手段来保证其权利。但当财产变成资本时，所有权就不能主要通过"既有的占有权"进行维护了。当"私有"权利不再仅限于"表面上的"土地所有权时，由有力强制手段支撑的、中央集中的法律规范，似乎成为维护"私有"权利的必要条件。正如马克思所长期坚持的，私有财产的另一面是大量个体被剥夺对生产资料的控制权。将这些个体作为受薪工人纳入常规的工业生产的过程，主要属于将要讨论的第二个阶段（民族国家的形成阶段）。毋庸置疑，工资劳动者的"解放"是早期资本主义活动大规模发展的一个重要方面。如果没有集中化的法律强制机构，这个过程能否实现是值得怀疑的，私有产权能否确立为资本也是值得怀疑的。

普遍化的"货币经济"的形成，无疑是广泛的商品化过程的必要条件。对于产品和工资劳动的商品化，马克思都非常明确地说明了这一点。但是，对于国家在提供和保证货币单位中所发挥的作用，他却没有进行全面的讨论。我们的确可以像佩雷斯-迪亚斯（Perez-Diaz）那样认为，马克思不会在这个方向上推进自己的分析，因为这可能会动摇其国家依赖于阶级统治关系的观点[5]。货币总是服务于两个主要目的——支付和交换；但在传统国家，支付的目的比交换的目的更加重要。即使在大型帝国体系，比如波斯帝国，铸币几乎全部是用来进行支付的，而且通常是军事支付。这种货币没有必要由国家机构铸造，也没有必要由国家机构保证其价值，而且这种货币可以与其他各种货币同时存在。当然，货币在传统上还用来进行贮藏；事实上，一些人认为，贮藏功能是使用贵金属铸币的主要影响因素。在17世纪之前的欧洲，流通中铸币的数量往往纯粹受技术因素的限制。中世纪的货币是手工制造和雕刻的，通常需要十多个具有不同技能的工匠的劳动，生产成本很高，小面值货币的成本达到其面值的四分之一。同时，铸币的精度也存在很大的差异，因此通常的做法是，用重量来进行估价。

虽然罗马拥有比其他传统国家更加发达的标准化铸币，但中世纪存在着多种地方性铸币。加洛林王朝的铸币在欧洲大部分地区仅仅居于边缘地位，而且是由工匠协会制造的，而不是由政治组织制造的。在16—17世纪，贵金属流入欧洲。毫无疑问，这对于货币的大规模流通发挥了关键性作用[6]。虽然人们认识到这增加了欧洲的财富，但更为重要的可能是，它推动货币成为了交换工具，而不仅仅再是支付和贮藏的工具。这是因为，贵金属的流入使国家日益加强对货币供应的控制，并与"民间"领域资本主义的蓬勃发展结合起来。这为纸币（以及后来的电子货币）的出现提供了跳板。

在分析货币现象时，我们需要区分"商品货币"（现代主要是金和银）和纸币[7]。当根据物理单位估算的货币量对应于根据指定的价值单位估算的货币量时，货币就是商品货币。商品货币的数量受到所使用的稀缺材料的数量的限制，虽然铸币的金属价值可能远低于流通中的交换价值。商品货币也可能采用纸币的形式。重要的是，商品货币与一定数量的实际存在的稀缺材料挂钩，即能够制造的货币数量受到这种材料的数量的限制。货币与金银的转换性本身并不是商品货币存在的标志。比如，20世纪上半叶，通货与黄金的挂钩并不意味着商品货币的盛行，因为货币的交换价值不再严格地依赖于一定数量的稀缺材料。货币变成了"信用"，即货币依赖于对制造和使用货币的政治和经济组织的信心。

通过这些分析，我们起码可以从总体上理解现代国家的发展与"货币经济"的扩张之间的关系。国家权力的集中是商品货币产生的必要条件，尤其是使流通中的货币脱离了它可以转换的金属价值。只有当国家以法律认可的方式垄断货币的批准权（不一定是货币的直接生产）时，产品的商品化才能获得强大的动力。在绝对主义国家，这个过程的发展还不完全，降低铸币的价值还是暂时提高国家收入的主要策略之一。虽然商品货币的实质发展需要国家的支持，但货币价值的普遍性信任基础仍然是物理上构成货币的稀缺材料的价值。这种商品货币，与保障它的国家形态一样，是典型的传统货币与信用货币之间的一种"过渡形态"。商品货币的发展不仅涉及法定货币的内部组织，而且直接涉及国家体系的反思性监控，认识到这一点非常重要。商品货币是由各个国家的保障以及自身的金属价值共同维护的。在更广泛和深入的市场关系中，商品货币是国际商品交易的基础。商品货币使资本主义交易能够扩展到边界日益巩固的国家范围之外，但商品货币本身在很大程度上又是这种国家的产物。

信用货币的存在条件是国家机构的全面发展，对自己的领土拥有行政权力，对内部"秩序"拥有某种彻底的、合法的垄断权力。商品货币不一定是法定货币，对商品货币的信心甚至可以通过各个国家物质财富的变化进行维护，虽然在危机情况下将商品货币转回"金属价值"的倾向一直都存在。信用货币没有这种转回金属价值的可能性。

第六章　资本主义与国家：从绝对主义到民族国家

信用货币依赖于对在国家影响范围内的企业组织生产能力的信心，依赖于国家自身对通货价值的保障。我们可以说，信用货币"起码最初是国家货币，因为信用货币所依赖的政治权力的实施范围，决定了信用货币被普遍地接受为流通手段的范围"[8]。但同样重要的是，信用货币从一开始就是国际性的。这不仅因为信用货币可以在各自的发行国之外进行流通，不是个别国家的发明，而且与反思性监控的国家体系的扩展密切相关，保持信用货币流通的"信心"也从来不限于作为其法律担保方的国家的公民。信用货币的发展是产品的商品化交换在全球扩张的条件，也是世界范围内民族国家体系形成的重要组成部分。需要再次强调的是，这并不否认国家与经济组织眼中的政治规则会存在严重的冲突或紧张。

不应将纸币的发展仅看作商品货币的"进一步发展"。纸币起源于资本核算，资本核算又是资本主义活动时空伸延的基础。正如我前面已强调的，资本核算使经济关系能够跨时空伸延，也促进了用来调节这种关系的信息储存和整理。在资本核算中，（作为成本、利润和亏损的列表或索引）货币已经成为一种信息，除纸张或其他记录媒介外，再也没有其他物理性存在。因此，资本主义的扩张已经包含了货币的多种特征，也预示着其后出现的各种特征。因此，我们不应该将纸币视为信用货币唯一的具体表现形式。信用货币充分发展了作为信息的货币在早期发展中已经固有的特征。因此，"电子货币"是先前确立的发展趋势的进一步发展。

货币经济兴起所促进的主要时空伸延形式之一是延期支付，尤其是信贷形式的延期支付。信贷，或者说根据未来交易的预期利润进行的贷款，是作为通货担保人的国家与作为税收增殖者的国家的主要联结点。当然，信贷也可以存在于物物交换体系中，存在于铸币主要用于支付和贮藏的体系中。但信贷的可能性明显受到两个因素的制约：对欠款进行计算的困难；在违约情况下，与债务人保持密切联系的需要，尤其在制裁债务人的法律手段还不健全的时候。信贷的本质是，货币使延期支付成为可能。但我们不能认为，这体现于债权人和债务人之间的单次交易上。更重要的是，在现代经济秩序中，信贷存在于商品流通的结构中。虽然将横跨广袤时空的商品交换所固有的延期支付视为一种信贷形式有些夸张，但这与严格意义上的信贷并不存在清晰的分界。在绝对主义时期，信贷交易的扩张与金融市场和独立金融组织的普遍发展相关，并通过为战争提供资源而获得了巨大的动力。如前所述，备战也为货币经济的再次加速发展提供了主要动力，因为新的税收形式就是货币性的，而且国家同时是社会其余部分的债权人和债务人。

在绝对主义时期，税收成为严格意义的"财政"，包含公认的公共财政和公共支出领域的经济组织。现代"税收国家"的发展，以多种形式集中体现了非个人化的主权的形成，以及政治与经济领域的分离。传统国家中的征税活动都具有某种"公共"性，因为行政机构必须协调与整个社会各个部分的生活相关的事务。但只有随着现代国家的到来，国家的行政范围才开始扩展到全部人口，并将行政活动与他们的日常生活整合在一起。与这一演变过程相携发展的是官僚体系的扩张：由于官僚与王室统治者之间不再是世袭性的关系，前者管理的事务是"公共领域"中的事务。由于生产活动大都在国家控制的范围之外进行，税收是保障现代国家支出的主要手段。但税收与国家的监控活动也紧密相关，税收政策被用于监控和调节人口的分布和活动，成为迅速发展的整体监控活动的组成部分。有人已经指出，税收"被用于增加人口（对单身者增税，为生育减税）、减少懒惰和迫使人们工作、抑制特定意见和影响消费方式（尤其是炫耀性消费）等。税收的这些教育或社会目的通常比财政目的更加重要"[9]。就其重点而言，这种说法可能有些夸张，而且在我看来，与过渡性的绝对主义国家相比，这种说法更加适合于民族国家，但它的确注意到了现代税收体系的主要特征。

现在要集中讨论我们的主要问题了：国家、货币及税收与产品的商品化之间的关系。尽管在某些方面它们各自之间存在互为因果的关系，但征税和税收支出的发展为货币化提供了主要的动力，而且在国家的行动范围内将国家的双重角色——通货担保人的角色和财政管理者的角色——统一了起来。俸禄式的税收特权是欧洲封建时期税收的主要组织基础，地方王国、庄园、市镇和其他社团群体都拥有各自的俸禄利益。人们通常认为，在法国和其他地方，统治者仅仅依赖自己的税收特权生活，庄园主只有在特定和异常的情况下才纳税。主权的观念和现实的主权某种程度上都起源于对绝对支配权的诉求，且越来越多地被用来满足君主指定的"公共"需求。与许多其他方面一样，17世纪是中央集权化的财政政策的关键发展期。那些幸存下来或边界得到扩张的国家，也都是各方面的税收权都牢牢掌握在中央政权手中的国家，包括税收的确定、征收、管理和支出。

这就是那个时代的平凡历史。它与资本主义活动的急剧扩张有什么关系？这主要涉及以下几个主要因素：国家机构对税收控制的加强和货币化，既是土地贵族的特权和权力遭到侵蚀的表现，也是实现这一过程的手段。它们为商业和资本主义活动的介入开拓了空间，同时又受到了这些活动的推进。但是，它们也拓展了社会生活商品化的范围，这一点可能是企业组织自身所无法实现的。在阶级分化社会，税收方案的实施通常依赖于道德说教和武力强制的共同作用，且常常在物质上严重剥夺所涉及的民众，但在大部分情况下不会严重改变他们的日常生活。但是，与财政管理整合在一起的新税收政策，打破了旧的政治经济相互融合的统治中所包含的各种关系。只有当那些应该交税的人至少将部分资产转化为货币收入时，常规的直接税收体系才能够维持下去。这并不意味着这些人一定会进入商品市场，但商品市场的范围一定会因此而增长。

最后，我们不应低估国家的经济管理从一开始就对资本主义经济发展所产生的影响。财政管理以及国家对货币供应、生产和消费的影响，不是从后来的"干预主义国家"时代才开始的，相反，它本质上是资本主义活动大规模扩张的必要条件。在资本主义发展的早期，它们很大程度上是政策的意外后果，即它们的初衷是为了其他目的，尤其是为了发动对外战争和对内镇压反抗。只是到后来，这些政策被有意识地推行，从而为资本主义生产的扩张创造有利的条件。当然，即使到这个时候，这些政策在大多数国家的实行也是跌跌撞撞的，也要面对土地占有者的抵制。事实上，鲁道夫·葛德雪（Rudolf Goldscheid）首先使用了"税收国家"（tax state）这一术语，认为战争是"公共财政的全部发展的发动机"，就绝对主义国家时期而言，没有人会否认这一点[10]。

工业资本主义兴起的核心是工资劳动的商品化。我们不能仅仅将其视为资本主义发展的某种内在"逻辑"的产物，而是要进行单独解释。产品的商品化，尤其是农业产品的商业化，为大量工资劳动力从残余封建束缚中"解放"出来创造了因果性条件。但是，除与经济活动的扩张直接相关的条件外，工资劳动的商品化（以工业劳动力作为形式）还依赖于其他一系列条件。对这些条件进行分析将是第七章的部分内容，它们是与民族国家及其与其他国家的关系直接相关的因素。

我的主要观点如下：工业资本主义条件下发展出了一种新型的阶级体系；阶级斗争在这种体系中普遍存在，统治阶级——那些占有或控制大量资本的人——不拥有或不需要直接控制暴力手段来维持其统治[11]。和先前的阶级统治体系不同的是，生产过程包含着主要阶级群体之间密切而持续的联系。这意味着监控的"密集化"（doubling-up），各种监控模式成为经济组织和国家本身的核心特征。国家内部和平进程（internal pacification of the states）——暂且用这个词语来表述——是不断扩展的行政协调的一个内在组成部分，这也是从绝对主义国家向民族国家转变的标志。内部和平进程正好发生在欧洲大国之间没有进行大规模战争的一个较长历史时期。正是在这一内部和平进程的背景下，自由主义和社会主义这两个"经典传统"中的思想家提出了工业资本主义本质上具有和平性的观点。

马克思关于工业资本主义特征的某些观点这里必须予以保留[12]。这种观点是非常正确的：工业资本主义的到来标志着一种新生产秩序的兴起；其中，劳动力的买卖并量化为时间单位，与快速的技术变迁相结合,为生产过程注入了极大的动力。但是,(1)就前面的分析以及下面更充分的分析而言,马克思的观点是一种阶级还原论;(2)马克思并没有充分分析用来稳定国内和国际工业资本主义的权威性资源;(3)他没有考察在劳动合同中"排除"暴力手段意味着什么。显然,这里只能粗略地说明一下第三种现象,还需要更加准确的分析。我的主要观点是:与内部和平的国家——阶级关系建立在"沉闷的经济强制"和劳动管理监督技术相结合基础上——相对应的是职业化的常备军。我将表明,内部和平进程之所以可能,是因为高度统一的行政管理,它是使民族国家区别于先前国家形态的因素。另一方面,这种高度统一的行政管理又依赖于工业资本主义发展所带来的"基础性"转变,它最终消解了阶级分化社会的分裂性。

资本主义与世界体系理论

很久以来,欧洲资本主义的发展与所谓"西方"对世界其他地方的政治和经济渗透密切相关。正如我已指出的,欧洲的权力扩张不是以旧的传统帝国的方式进行的,即不是通过对相邻地区的直接军事扩张进行的——尽管收回奥斯曼人占领的地中海地区是一个例外。在资本主义经济机制的驱动下,欧洲的权力扩张是通过海上商业和军事活动进行的,这些活动将欧洲与全球生产和贸易体系联系在了一起。当然,各种形式的殖民主义也是极其重要的相关现象,无论是在原住民被迫屈服于欧洲人的统治的地区还是在欧洲殖民者占绝对优势的地区。

我在其他地方不止一次地批判过社会科学中所谓社会变迁的内生模式观点[13]。这种模式通常将各个"社会"(表面上是指一般意义的社会,但实际上通常指民族国家)视为相互孤立的实体,主要通过内部过程来解释其变迁模式。所谓的"世界体系研究"(这些研究与沃勒斯坦密切相关)的一个重要诱人之处在于它特别反对上述观点。

作为对内生变迁模型的全面批判,"世界体系理论"(world system theory)与本书和上卷所采用的研究路径存在大量的共同之处。由于沃勒斯坦主要关注的是16世纪之后欧洲对世界其他地区的影响,因此他的很多重要的实质性观点都与我关注的问题相关。

世界体系研究关注长时段的制度变迁,特别强调现代历史与先前历史之间的断裂。按照沃勒斯坦本人的说法,他所说的"世界经济"(world economies)以前就存在,但它们与过去大约四个世纪里所出现的状况存在很大的不同[14]。以前的国家,尤其是大型帝国,处于远程贸易和生产网络的中心,全球各个区域之间的劳动分工也形成了一定程度的区域相互依赖关系。但资本主义发展所开创的世界经济,才是第一个真正的"世界经济",因为它最终成了真正的全球现象。

世界体系理论是有意识地针对另外两种观点而提出的,这两种观点都致力于分析欧洲取得全球霸权以来欧洲以外地区的社会变迁。其中的一种观点是现代化理论,主要与自由主义的政治立场有关;另一种则是依附理论,主要与某些形式的马克思主义相关。现代化理论通常提出变迁的内生性解释,关注世界各地区——早期就已建立了民族国家的那些地区除外——存在的那种被他们贸然称作"民族建构"(nation-building)的现象。针对这种观点,沃勒斯坦强调,"我们不是生活在一个正在现代化的世界中,而是生活在一个资本主义的世界中"。当今所说的"正在现代化的世界"并不是指还未赶上西方所经历的发展过程的那些国家。这些国家卷入了由资本主义在世界范围内的扩张所催生的全球经济关系中,它们过去受到了这种关系的影响,现在依然在受这种关系的影响。沃勒斯坦指出:

> 一旦资本主义发展成为一种体系且没有回转的余地,它的内在运行逻辑——追求利润的最大化——就会迫使它持续扩张。在广度上,它要扩张至覆盖全球。在强度上,通过持续地(即使不是稳定地)积累资本,它要推进工作的机械化以最大限度地扩大生产;针对劳动者无产化和土地商业化所带来的世界市场重组,它还要加强和优化其快速应对的能力。如果我们要用现代化这个

空洞的词语的话，这就是它的含义。[15]

有些学者通过依附的概念来说明西方是如何取得全球经济秩序中的统治地位的。沃勒斯坦提出上述观点时，也批判了这些学者。至少那些更加粗糙的依附理论认为，资本主义国家的繁荣是以世界其他大部分地区的贫困为代价的。不仅如此，这一理论还认为，发达国家与依附国家之间的不均衡发展仅仅是由一系列重要的过程所导致的。沃勒斯坦的观点与这些观点存在某些共同之处，与现代化理论的支持者相比，他与此类观点的共同之处更多，但两者之间也存在明显的差别。大多数依附理论者认为，正是由于经济的依附地位，影响边缘国家发展过程的那些因素不同于核心发达国家。在沃勒斯坦看来，这种观点是错误的，因为发达国家和"依附"国家都是同一资本主义经济的组成部分，这种经济的存在范围是世界性的。虽然边缘国家在世界经济中的确处于严重不利的地位，但它们的发展过程要用整体世界经济的发展来加以解释，其中涉及的主要现象是世界范围内的资本主义市场，以及以之为基础形成的劳动分工。

资本主义世界经济起源于16世纪，或更准确地说，起源于布罗代尔（Braudel）所说的从1450年到1640年的"漫长的16世纪"。在分析其主要特征时，沃勒斯坦特别强调国家与经济制度之间的分离。先前的"世界经济"是以帝国形态而政治性地组织起来的，资本主义世界经济则是经济性而非政治性地整合起来的，它存在多元化的政治中心。这一体系早期的中心地带是西北欧和中欧地区，地中海地区逐渐沦为半边缘地带。中心、半边缘和边缘等概念都是指在同一个经济体系中的位置，这一经济体系是由新世界经济构成的。中心地带拥有一系列新兴的制造业和相对先进的农业生产方式。中心地带的发展对半边缘地带造成负面影响，导致半边缘地带的发展"受阻"并被迫陷入相对停滞的发展模式。到"漫长的16世纪"末，这些半边缘国家的力量也出现了明显的衰退。因此，西班牙丧失了其统治地位，意大利北部原来繁荣的各个城邦的影响力也在下降。早期资本主义的边缘地带即东欧和拉丁美洲地区，以生产经济作物的大型庄园为主。

这些地区牢牢地卷入相互依赖的劳动分工中。它们在新兴世界经济中的相对位置也体现在其政治命运上。中心国家是那些绝对主义发展得最充分的国家，拥有中央集权的官僚行政体系和大规模的常备军。另外，"强大国家的缺失"是边缘国家的主要特征。欧洲的东部出现很多弱小的公国，拉丁美洲则"根本没有本土的国家政权"[16]。和其名称相称，半边缘国家的状况处于两者之间。

比较波兰（边缘地带）、威尼斯（半边缘地带）和英格兰（中心地带）的不同命运，可以说明这三种地带中的国家的不同命运。沃勒斯坦指出，在15世纪初，波兰的社会特征与其他两个国家没有太大的不同。其贸易和商业相当有活力，商业化的农业也在不断发展。但波兰的贵族制定了将农民束缚在其庄园中的法律，这就是所谓的东欧"第二次封建主义"（second feudalism）。强迫劳动所生产的经济作物，直接在低地国家及其他地区出售，阻碍了资本主义企业主阶级的发展。这种贸易融资，导致统治集团拖欠了巨额的外债。事实证明，他们难以从中得到解脱。到17世纪初，波兰已沦落为一个大范围经济体系中的、早期形式的"新殖民国家"[17]；这一经济体系的中心在欧洲其他地区。

威尼斯的情况从一开始就非常不同，它本身是一个区域经济体系的中心国家，而且是一个在地中海地区拥有很多领地的帝国，还与欧洲其他地区拥有广泛的商业联系。沃勒斯坦承认，威尼斯衰落的原因非常复杂。但随着波罗的海和大西洋成为海上力量和贸易的主战场，威尼斯在地理上被边缘化了，一系列因素侵蚀了其往日的商业成就，财富也流向了乡村。威尼斯虽然没有完全丧失商业和银行活动，但也"去工业化"（deindustrialized）了。

英格兰的发展过程与此相反：起初，英格兰在与欧洲大陆强盛邻国的比较中处于相当弱势的地位，但却走向了经济繁荣的道路。圈地运动打破了长久存在的封建关系。英格兰拥有足够强大的国家机构，能够阻止贵族复辟传统农业生产方式的努力。面向市场的多样化制造体系和贸易的扩张，使英格兰能够充分地利用资本主义世界经济扩张所带来的机遇。沃勒斯坦研究路径的一个核心观点是：包括阶级体系在内的主要资本主义现象，不能用"内生主义"（internalist）的观点进行解释，而必须在整体世界经济的背景下加以理解。当"资本主义"被视为世界资本主义经济时，我们就发现它并非只涉及单一的阶级统治主轴，而是两个，其中一个是工资劳动和资本的关系。但从资本主义出现伊始，这个维度就与"国际"劳动分工从中心到边缘的空间等级（spatial hierarchy）交织在一起。

16世纪以降，资本主义世界经济超越了欧洲大陆而扩展到美洲，并最终扩展到全球几乎所有区域。有学者认为，只有到20世纪，资本主义才成为真正意义上的全球现象。针对这种观点，沃勒斯坦坚持认为，世界范围内的资本主义很早就确立了。他直接说道："资本主义从一开始就是一种世界性经济事务，而不是各个民族国家的事务……在资本主义世界经济中，资本绝不允许国家边界限制其欲望，历史上出现的'国家'壁垒（更一般地说，重商主义）是各国家内部资本家的防御机制，因为这些国家还没有达到这个体系的最高水平。"[18] 从本质上说，资本主义是一种经济而非政治秩序，正因如此，资本主义才能够渗透到广泛的世界区域；仅仅因为它们与中心国家之间的距离，资本主义也不可能对这些区域进行政治统治。"漫长的16世纪"之后，资本主义世界经济的扩张延续了其诞生时确立的三部分相互依赖的关系。当然，其具体的地理位置发生了变化，也引入了新的"中心-边缘"剥削模式。对原材料不断增长的需求，是殖民或强制新区域进入世界经济的主要动力。这些原材料的生产主要是通过沃勒斯坦所说的"种植园体制"进行的。这种生产方式以大面积的土地为基础；与中心国家合法的"自由"工资劳动不同，这种生产方式使用的是强制劳动。

随着世界体系的进一步发展，经济作物生产中直接的强制劳动逐渐减少。农奴、奴隶和雇农被废除了。沃勒斯坦指出了多种原因：先前处于资本主义世界经济之外的地区（比如，那些奴隶来源地）被逐渐纳入这一体系。这增加了强制劳动体制的成本，总体上使这种体制难以维系。维持对种植园的控制的政治成本也增加了。这是因为，"中心地带维持社会相对和平的过程，发展了各种形式的'自由'意识形态；在本不想发展这种观念的领域，这种观念的扩展带来了很大的不便"[19]。最后，沃勒斯坦认为，事实证明，西方模式的"自由工资劳动"的就业政策比强制劳动更加有利，这促进了这种政策的实施。就这一点而言，沃勒斯坦和韦伯的观点是一致的。支付工人工资的人，不需要直接负责工人的家庭再生产。

  沃勒斯坦的贡献相当重要。在批判社会变迁的内生观念时，他提出了关于资本主义活动的性质和动力的另一种解释；而且经验证明，这种解释非常有效。这种解释非常强调政治和经济体系的区域化（regionalization），因此也强调社会组织和社会变迁的空间特征。通过指出资本主义世界经济和帝国形态的区别，沃勒斯坦表明了现代世界历史与此前历史之间的断裂。但我们也要对他的观点进行一系列批判，这也将明确表明我所要进一步提出的观点[20]。虽然沃勒斯坦批判了我也想批判的许多广为接受的观点，但对于充分解答本书所关注的主要问题而言，他没有提供一个有效的分析框架。因此，明确地说明这些区别非常重要。

  沃勒斯坦的"资本主义"概念是值得怀疑的，而且这个问题还影响了他对资本主义世界经济动力的很多其他讨论。他始终认为，资本主义是为了利润而在市场上进行产品销售活动的。令人奇怪的是，虽然沃勒斯坦声称自己属于马克思主义立场，但他对资本主义的界定却更接近韦伯而不是马克思的定义。在强调市场的同时，沃勒斯坦的观点掩盖了劳动力商品化对于资本主义生产的特有重要性，也因此掩盖了资本主义阶级结构的重要影响。从某种程度上说，这是因为他过于强调国家对世界经济体系发展过程的外部干预[21]。但我们可以更加细致而有力地说明这一点。如果不对作为一种政治形态的现代国家的发展过程进行分析，也就不可能理解"内部"和"外部"影响因素的含义。对沃勒斯坦而言，资本主义是在先前形成的国家体系中产生的，各个独立的国家似乎只是这一事实的历史残余。罗马帝国灭亡后

第六章 资本主义与国家：从绝对主义到民族国家

的欧洲历史与其他"世界文明"的历史形成了鲜明的对比；沃勒斯坦正确地指出了这一点的重要性，但他没有具体说明现代国家（包括民族国家）的形成过程。

沃勒斯坦的观点还将功能主义与经济还原论结合在一起。就这些方面而言，他的观点显然更加接近广为接受的马克思主义的理论假设。沃勒斯坦著作中的功能主义色彩非常明显，且相当普遍。举其中一个例子就可以说明这一点：世界体系的"需要"被用来解释半边缘地带的存在。世界体系是一个以不平等利益分配为基础的世界秩序，他因此认为，这个体系"必然持续地担心"其中处于最不利地位的地区会进行抗议[22]。被剥夺的低收入地区直接对抗高收入地区，将导致破坏性的后果。半边缘地区的发展将两种地区在空间上隔开，从而避免了这种对抗。如果这种解释仅仅用来解释半边缘地带的影响，那是站得住脚的，但沃勒斯坦提出的是一种无效的目的论解释。但是，比功能主义意涵更具破坏性的是，沃勒斯坦明显地低估了政治和军事因素对现代世界社会变迁过程的影响。在他看来，国家是世界经济中三个主要经济部分的地域性再分化，而不是能够动员经济力量之外的其他力量的组织，也不是除经济利益之外还拥有其他利益的组织。对世界经济中多元国家的存在，他提出了两种主要解释（每一种都有功能主义的含义）：第一种解释是，缺乏统一的政治权威，不能对世界体系进行全面控制，因此也不能对世界范围内的资本主义活动进行制约。另一种解释是，分散的国家有助于为资本主义的中心地带提供各种便利，以牺牲世界经济体系中处于弱势地位的国家为代价维持其优势地位。中心国家能够维护它们在"不平等交换"体系中的优势地位。

沃勒斯坦对世界市场中经济关系的强调，也破坏了他对国家所做的三维划分。显然，与其他著作中大致对应的"第一世界"、"第二世界"和"第三世界"概念一样，"中心"、"半边缘"和"边缘"概念也是相当粗糙的。政治和军事实力并不是经济发展的直接表现，虽然它们之间密切相关。这导致沃勒斯坦的社会划分方式非常怪异。一个

159

典型的例子是,他将苏联纳入世界体系中。毋庸置疑,苏联也存在于一个由资本主义体制所主导的世界经济中。沃勒斯坦对于苏联问题虽然留有余地,但仍然至多将它视为边缘性的"中心"。如我在本书前面所指出的,虽然从经济上来说,这种观点可能是合适的,但从"政治-军事"角度而言,当苏联是主导现代世界体系的两个"超级大国"之一时,这种说法显然是荒谬的。这也意味着,我们要承认世界体系不仅受到了跨国经济联系和相互依赖的影响,而且受到了民族国家全球体系的影响。两者中任何一个都不能完全化约为另一个。

这些解释也要在更一般意义上扩展到民主化和现代性上。对于"自由"和"民主"观念的输出所产生的意外后果,沃勒斯坦的分析非常缺乏说服力,难以让人接受。今天,世界上几乎所有的国家都认为自己是民主的。显然,我们不能简单地认为,这是资本主义扩张中隐含的意识形态所产生的结果。政治思想和政治动机的影响不能仅仅用经济利益进行解释。我下面将指出,"民主"扩张所涉及的因素与民族国家的性质紧密相关——这里暂且不讨论如何界定"民主"的问题。有一种倾向认为,这些因素并不重要;这种倾向与下面这种认识有关:没有认识到政治和军事力量对于塑造"国际关系"所发挥的独立作用。

沃勒斯坦对"现代化理论"的批判是合理而恰当的,但我们不可能完全不使用现代性或其他与之对等的概念。与欧洲地位不断上升相关的断裂性,不仅仅限于经济交易方面,而是涉及更广泛的方面。我将在第七章进一步说明这种观点:作为经济秩序的资本主义与作为政治形态的民族国家的一致发展,产生了四组相对独立的制度丛结。通过这些因素,我们才能够理解现代性的普遍性后果,才能理解现代性对当前和未来社会组织模式的影响。

那么,我们在何种意义上可以说16世纪以来出现了"世界体系"呢?世界体系与资本主义扩张具有什么样的具体联系?对这些问题,我稍后会进行详细的讨论,这里我只能给出一些简短的总体性说明。在资本主义发展的早期,在国家内部和国家之间,经济和政治方面都

第六章 资本主义与国家：从绝对主义到民族国家

是相互分离的。总体而言，国家之间的关系像沃勒斯坦所指出的那样，多个国家在一个经济秩序中相互联系，但任何一个国家都不能完全控制这一秩序，虽然有些国家具有更大的影响。这一经济秩序很大程度上是由市场关系构成的。因此，就阶级分化而言，这一经济秩序并不是国家内部资本主义组织的反映。但是，这一经济秩序产生和维持了严重而明显的不平衡状态。尽管经济关系不能完全归结为资本主义的扩张，但资本主义的扩张的确刺激了经济关系的全球延伸。只要辅以一些限定性条件，这种全球延伸就可以准确地被称作一个"体系"，一个单一的体系[23]。至少就其内涵而言，我们不能将一个体系视为一个统一而一致的整体。相反，体系指的是相互依赖关系，这种相互依赖关系可能是连续扩散的，也可能是断裂的，还可能包含不平等的权力关系。使用中心、半边缘和边缘概念来描述世界体系的区域化时，我们要保持谨慎。这些概念只是宽泛而非精确的参考性概念，具体的分析还需要更加准确的概念。"世界资本主义经济"仅仅是指世界体系的一个特定方面，而不是其全部内容。国家体系具有同等重要性，尤其是在国家体系演变为覆盖全球的民族国家体系的阶段。更抽象地说，这意味着，我们要充分重视政治和军事力量在国际秩序形成过程中的作用。**只有随着民族国家的兴起，"国际"这一术语才具有充分的意义。这是因为，民族国家之间具有严格的边界划分，"内部"关系和"外部"关系才得以明确区分。**

在剔除沃勒斯坦思想中功能主义成分的同时，我们还必须强调：资本主义世界经济中的相互依赖关系具有多样化的起源。也就是说，我们没有必要坚持认为，跨国劳动分工中的相互依赖关系的所有影响因素，都源于"中心"国家的活动和相互争夺。就经验事实而言，这种观点也是不合理的。我们没有显而易见的理由认为，世界体系在特定发展阶段最突出的相互依赖关系形态，也是对经济上最发达的社会最有利的形态。社会变迁的形式多种多样，尽管我们可以区分出某些主要趋势，但不能把所有现象都归结为这些趋势。

【注释】

[1] Joseph Schumpeter, 'The crisis of the tax state', in Alan T. Peacock et al., *International Economic Papers* (New York: Macmillan, 1954).

[2] Weber, *Economy & Society*, vol. I, p. 328ff.

[3] Weber, *General Economic History*, p. 251.

[4] Weber, *Economy & Society*, vol. I, pp. 334-7.

[5] Victor M. Perez-Diaz, *State, Bureaucracy and Civil Society* (London: Macmillan, 1978). 有关马克思对这一问题的观点的最佳讨论，参见 S. De Brunhoff, *Marx on Money* (London: Pluto Press, 1977), 不过，该书本身的批判立场存在局限。与我的讨论相关的有益评述，参见 G. K. Ingham, *Capitalism Divided?* (London: Macmillan, 1984). 此外还有其他一些著作，尤其是 R. F. Harrod, *Money* (London: Macmillan, 1969).

[6] cf. Weber, *General Economic History*, p. 258ff.

[7] cf. Antony Cutler, *Marx's Capital and Capitalism Today* (London: Routledge & Kegan Paul, 1978), vol. 2, p. 30ff.

[8] Ibid., p. 35.

[9] Rudolf Braun, 'Taxation, sociopolitical structure, and state-building: Great Britain and Brandenburg-Prussia', in Tilly, *The Formation of National States*, p. 246.

[10] Rudolf Goldscheid: 'Staat, öffenticher Haushalt und Gesellschaft', *Handbuch der Finanzwissenschaft* (Tübingen: Möhr, 1926), vol. I, p. 149.

[11] *CCHM*, vol. I, chapter 6 and *passim*.

[12] 当以特定的方式进行描述时。*CCHM*, vol. I, chapter 2.

[13] 比如，参见 *CPST*, chapter 6; *CS*, chapter 5.

[14] Immanuel Wallerstein, *The Modern World System* (New York: Academic Press, 1974), chapter 1. 亦可参见 Terence K. Hopkins, 'The study of the capitalist world economy: some introductory considerations', in Walter L. Goldfrank, *The World-System of Capitalism: Past and Present* (Beverly Hills: Sage, 1979).

[15] I. Wallerstein, 'Modernisation: Requiescet in Pace', in *The Capitalist World Economy* (Cambridge: Cambridge University Press, 1979), pp. 133 & 134.

[16] Wallerstein, 'Three paths of national development', Ibid., p. 39.

[17] Ibid., p. 41.

[18] Wallerstein, 'The rise and future demise of the world capitalist system: concepts for comparative analysis', Ibid., p. 19.

[19] Wallerstein, 'The rural economy in modern world society', Ibid., p. 125.

[20] 比如，R. Brenner, 'The origins of capitalist development: a critique of neo-Smithian Marxism', *New Left Review*, 105, 1977; Theda Skocpol, 'Wallerstein's world-capitalist system: a theoretical and historical critique' 和 M. Janowitz, 'A sociological perspective on Wallerstein', 均载于 *American Journal of Sociology*, 82, 1977。

[21] cf. T. K. Hopkins and I. Immanuel Wallerstein, 'The comparative study of national societies', *Social Science Information*, 6, 1967.

[22] I. Wallerstein, 'Dependence in an interdependent world: the limited possibilities of transformation within the capitalist world-economy', in *The Capitalist World-Economy*, p. 69. 需要指出的是，沃勒斯坦在后来的作品中力图摆脱早期的功能主义。但他并没有令人信服地做到这一点。正如康奈尔所说："沃勒斯坦虽然一再提及斗争和实践，但我们很难在总体理论上感觉到它们。"参见 R. W. Connell, 'Class formation on a world scale', in his *Which Way is Up*? (Sydney: Allen & Unwin, 1983).

[23] cf. *CPST*, p. 73ff.

第七章 行政权力与内部和平进程

172 我再次强调，民族国家也就是社会学家所说的"社会"。社会学文献不假思索地使用"社会"一词，这掩盖了复杂的社会变迁过程。但是，正是这些社会变迁造就了"社会"一词所指的具有明确边界和统一的整体。我这样说不是要禁止在社会科学中使用这一概念，而是要表明这一概念所掩盖的一系列问题。与传统国家不同，民族国家是一个权力容器，其行政范围与领土界限完全对应。这种行政权力是如何产生的？这是本章第一部分将会关注的问题。这一问题还涉及进一步的问题，这种行政能力的产生直接受到了工业主义和城市主义的共同影响。因此，我们还需要分析这些现象与作为资本主义社会的民族国家的核心特征之间的关系。这也意味着，我们需要阐明阶级结构特征与主权和民主之间的关系。需要注意的是：在论述本章时，我假设读者们对第一卷中的观点已非常熟悉。虽然这些观点对于本章的论述非常重要，但限于篇幅，我将不会进行详细论证。

行政权力（1）：传播与信息储存

与传播扩大有关的很多因素，都对民族国家的行政统一的强化产生了深刻的影响。这些因素包括：运输的机械化，使传播与运输分离的电子媒体的发明，以及国家"档案"管理的发展，包括为行政目的而进行的信息收集和核查。但在20世纪中期，随着电子信息储存模式变得愈益高级，第二个和第三个因素也日益结合起来。此外，电力也逐渐成为机械动力。就本书的概念框架而言，这三个因素紧密结合在一起。每一个因素都代表着一种时空干预模式，都大幅度地扩大了时空伸延的范围，这是阶级分化社会所没有的现象。

分析运输方式创新所带来的直接影响的最简单和有效的方式是时空融合（time-space convergence）概念[1]。大概在18世纪中期，出现了一系列运输方式创新，缩短了从一地到另一地的旅行时间。像罗马帝国那样，所有的传统国家都拥有某种道路系统，且这种系统通常还相当复杂。小队的人群可以迅速地进行长距离移动，尤其是在驿站可以换马的情况下。维京人可以进行快速的（时而也进行远程的）航行。在机动船只出现之前，他们的航行速度无与伦比。这种相对迅速的运输方式的主要动力通常出于军事目的；商业性长途运输不仅缓慢，而且通常仅限于河流和近海。就这些方面而言，在18世纪之前，欧洲与其他地区没有什么区别。一般而言，除主要城市和港口之间的少数交通要道外，道路的状况极其糟糕。英国大概在18世纪中叶出现了"收费公路的繁荣发展"；在此之前，"整个王国的道路极其糟糕，几乎无法通行，因此难以运输巨大和沉重的物品。四轮马车几乎没有什么用处，马驮是最常见的运输方式"[2]。

直到19世纪初，严密组织起来的收费公路网才出现，从而提供了足够便宜的商业运输方式，但在大宗运输上，它们无论如何也无法与快速发展的运河系统相抗衡。驿站马车系统是第一种运行时间规范、空间覆盖广泛的现代快速运输方式，也是第一种通过时间表组织起来的系统，虽然从后来的快速运输标准来看，19世纪使用的时间表显得非常混乱和不协调。时间表是最重要的现代组织手段之一，促进了以量化时间来调节的社会生活，这是先前各种社会所没有的。时间表是使用时间间隔来识别和组织规则性事件（马车、火车、汽车和飞机的到达和出发）的手段。**时间表是一种时-空管理工具，这种时-空管理工具是现代组织的核心**[3]。包括当今世界体系在内的所有社会组织都是通过时间表来运行的，活动的时空顺序通过时间表而得到编排。所有组织都具有某种时间表，比如，日历的发明是传统国家的显著特征之一。但只有在"时钟"基础上组织起来的规则性时空情境下，时间表才变得更加精确。修道院可能是最早出现的此类情境[4]，但内在于资本主义生产中的商品化时间无疑是其最重要的推广者。因此，时空融合成为那种老生常谈的现象——世界日益缩小——的重要指标。但是，时空融合背后出现的是另一种更加广泛却极其重要的现象——对社会生活时空顺序的日益精确的协调。

对于理解阶级分化社会的分裂性特征的消解，仅仅关注运输的机械化是非常不够的。如果没有和电子通信结合起来，这种机械化的效果将非常有限。如果没有电报以及后来的电子通信方式，快速运输将仅限于少数人和小部分产品，将只能每天进行少数几次运输。大众交通需要精确的时间安排和"空间定位"，这要求"提前"沟通计划好的活动。只有具备这些条件，总体的交通系统才能进行反思性监控，才能全面地"组织"起来。因此，现代运输的标志不是蒸汽火车，而是与电报通信相结合的火车时刻表。当时对于铁路的敬畏不难理解，铁路是"一个血管系统，一个真正的血液循环系统，非常复杂，可以分叉，可以合并，可以分断，可以延伸，长着触须、分枝、主根和支线"[5]。铁路和电报的结合，而不是火车机车和铁轨本身，产生了这个复杂的系统。

大多数历史学家和社会学家都没有意识到机械化运输方式的持续扩散过程；直到1884年采用标准时间，这一过程才告完成。那一年在华盛顿召开的本初子午线会议上，经过一系列激烈的政治争论，格林尼治被确定为零度经线。全球被划分成24个时区，每个时区相差一小时，从而确定了一天的准确开始时间[6]。一些国家的铁路和其他交通时间表很快采用了这些规定，另一些国家则更加混乱，具体情况很大程度上依赖于先前存在的系统。直到1870年，美国还存在大约80个不同的铁路时间[7]。但到1883年，各铁路公司代表举行会议，确定了统一的时间。由于每个区域的东部在中午时分将时钟调回,因此这一天被称为"拥有两个中午的一天"[8]。华盛顿会议召开的时候,法国的代表最坚决反对将格林尼治定为零度经线。当时,法国仍然拥有四个不同的地区时间,而且每个地区时间都难以转化为格林尼治时间。巴黎的时间比格林尼治时间早 9 分 21 秒,并被确定为铁路时间;1891 年,这个时间还被确定为整个法国的法定时间。还有其他一些令人奇怪的事情:火车的实际时间要比"官方"时间晚 5 分钟,以便让乘客能从容登车。但是,正是法国在 1912 年发起召开了国际时间大会,这次大会确立了统一而准确的时间信号,并发射到全世界[9]。

电报所产生的传播与运输的分离,可以与人类历史上先前所有的发明相媲美。这种分离将地理学家所说的"距离摩擦"(friction of distance)降到了最低限度。距离上的分隔不仅一直是时间上的分隔,而且一直与成本和精力的消耗直接相关。某种程度的即时通信虽然没有消除成本和精力消耗,但却的确打破了它们与空间的分隔关系。当然,以电报以及后来的电话为基础的邮政网络是其重要的补充。图 2 和图 3[10]呈现了纽约和旧金山之间不断增强的时空融合。

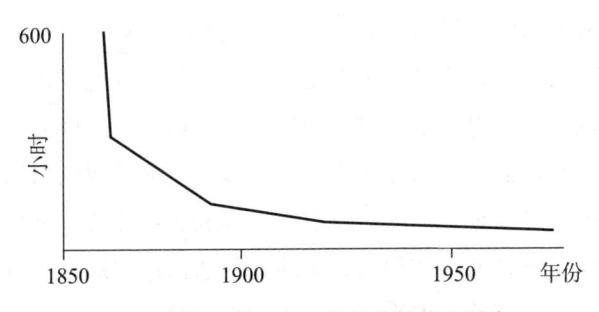

图 2　纽约和旧金山之间邮政的时空融合

国内和国际邮政服务起源于 18 世纪。但早期的邮政通信不仅缓慢,而且稀少。在 19 世纪中期以前,长途邮件的运输速度极少超过每小时 10 英里[11]①。前面提出了关于现代运输系统的一般性观点:时空协调和实际运动方式的机械化同等重要。这一观点也适用于作为

---

① 1 英里约为 1.61 千米。——译者注

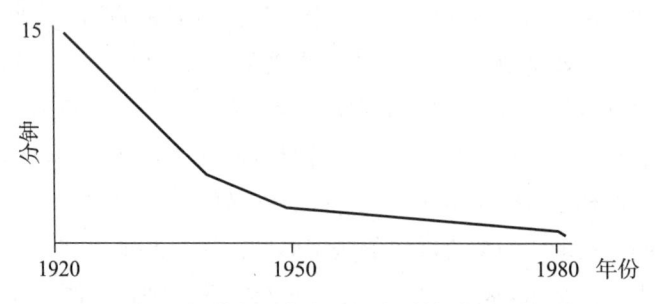

图3 纽约和旧金山之间电话的时空融合

一种交通运输方式的邮政服务。但是，高效的邮政系统肯定比电话出现得早。在美国，1915年第一条横跨大陆的电缆铺设之后，才出现全国性的电话服务。即使如此，打长途电话也要花费很多时间。1920年，打长途电话需要大约15分钟的时间，且需要多达8个接线员的合作。如图3所示，到1930年，电话网络的发展将平均服务时间降到2分钟；1950年，自动交换设备的使用又将这一时间降到1分钟；直接长途拨号则只需要拨号和等待接通的时间了。

国内和国际电话通信几乎完全是时空融合的。拨打本地电话和拨打千里之外电话的差异微乎其微[12]。当然，在无限距离之间进行某种即时（或者，如果愿意也可以延迟）通信的多种电子媒介中，电话只是其中的一种。电视是一种"单向"的通信媒介，但并没有什么必然的理由一直如此，因为原则上来说可以存在多种双向联系方式，而且有些情况下事实也是如此。传真、影像和计算机传输都代表着更新颖的、现实或潜在的通信形式；虽然这些通信形式对社会生活的影响很大程度上还不明确，但肯定会进一步扩展时空融合过程。

我这里提及的这些现象，并不是要将有关民族国家的讨论延展到现在。我只是想强调19世纪下半叶和20世纪早期信息通信和运输的分离对于民族国家巩固的重要性。民族国家行政权力最初的快速发展，是在电子通信发展之前完成的。但是，现代社会变为"电子社会"（electronic societies）的时间比我们通常认为的更早，而且现代社会从一开始就是"信息社会"（information societies）。正如我已经

168

指出的，从根本上说，所有国家都是"信息社会"，因为国家权力的产生包含着反思性监控体系的再生产，包括为行政目的而定期进行的信息收集、储存和控制。但与之前相比，行政高度统一的民族国家达到了更高的水平。

在讨论传统国家时，英尼斯（Innis）区分了"强调时间的"（emphasise time）和"强调空间的"（emphasise space）两种通信媒介[13]。强调时间的通信媒介耐用但笨重，主要是早期文明中的文本资料。石头、黏土和羊皮纸属于此种类型。它们可以在很长的时间内保存文字符号，但却不利于在广阔空间上形成行政权力。纸莎草和纸张虽然往往不那么持久，但却更轻便、更易于运输，也更容易复制。根据英尼斯的说法，罗马对埃及的征服对于帝国的扩张特别重要，这主要不是因为因此获得了土地，而是因为获得了当时广泛用于行政档案记录的大量纸莎草。罗马帝国灭亡后，欧洲国家又重新使用了羊皮纸；8世纪以后，纸莎草几乎消失。最初，纸张主要用于商业目的，比如信贷凭证和交易账单。在印刷业发展起来以前，文本（包括学术文本），无论长短，都一直是刻在羊皮纸上的。对于绝对主义国家的形成，印刷术的发明和第六章提到的那些因素同样重要。印刷术对现代性产生的影响无论如何评价都不为过[14]。印刷术是通信机械化进程的第一大步。它使文档和文本广泛流行，因此在物质、思想和艺术等领域开启了欧洲文化脱离图像模仿的进程。

对国家而言，能够轻易获得廉价印刷材料的最重要结果是"政治"领域的扩张。国家行政的"公共领域"（public sphere）的扩张，与以文本为中介的组织过程密不可分。但下面的这种观点是非常错误的：在由此形成的话语空间中，原则上可以实现"言论自由"。无论会议辩论多么重要，主要的问题都不是言论。相反，通过"自由使用的"文本（用利科的话说，与其作者相分离的文本），看法与观点的交流具有了"互文性"（intertextuality），这是向新国家形态转变的关键。我稍后还将对此作进一步说明，这里仅集中讨论对国家行政权力扩张的影响。印刷术使国家能进一步发展监控活动，而且在绝对主义的发展时期，印刷术也越来越多地被用于此类活动。这对于法典编纂来说非常关键。韦伯曾正确地强调过这一点。书面法律长久以来就存在，但在先前的手抄文化中，书面法律的影响必然非常有限和分散。在日益发展的识字文化中，法典的印刷使国家行政实践能够不断整合法律"解释"，也使标准化的法律程序能够持续而直接地应用于普通民众。但法律只是可以观察到这种变迁的众多领域之一，记录、报告和常规的数据收集也成为国家日常活动的一部分，尽管它们不仅仅限于国家的日常活动。

从绝对主义国家向民族国家转变的一个重要标志是，系统地收集"官方统计数据"的出现。在绝对主义时期，这种数据收集活动主要集中在两个领域，起码就国家内部事务而言，情况是这样的。一个领域是财政和税收，另一个领域是人口统计。但在18世纪以前，人口统计往往是地方性的，而不是中央统一的。前者体现了财政管理的重要性，前面也提到过这一点。第二个领域与我在下一部分中将要讨论的现象相关，即针对叛乱、流浪和犯罪现象，中央集权的国家要维持内部"秩序"。大致从18世纪中期开始，所有国家都开始了官方统计数据的收集，这些数据维护和扩展了国家维持内部秩序的活动。这种官方统计数据涵盖了社会生活的众多方面，而且第一次如此详细、系统和几近完备。这些数据对以下材料进行集中审核：出生、婚姻、死亡的登记材料；与居住地、族群背景、职业相关的统计材料；与自杀、犯罪、离婚等行为相关的、凯特莱（Quetelet）等人所说的"道德统计材料"。

关于官方统计数据，还有一点非常重要。社会学者从一开始就认为，他们所提供的知识可以用来描述社会组织和社会变迁的特征。社会科学中经验研究的出现，与将官方统计数据用作社会活动过程的指标密切相关[15]。在19世纪中期，很多著作都依赖于这种数据来支撑其结论，涂尔干的《自杀论》只是其中之一。现在，即使对其收集方式还持有保留意见，人们普遍认为官方统计数据是社会研究极其宝贵的资料来源。但这些数据不仅是"关于"社会物品和社会事件构成的外在世界的，**它们还是建构这一世界的因素**。离开了作为反思性自我调节手段的信息基础，民族国家的行政权力将不可能存在。它还产生了其他的影响。即使在最初形成阶段，面对整理好的经验数据，社会科学也不会是纯洁和清白的。如果收集官方统计数据的人对他们的统计对象没有系统的理解，这种数据是不可能存在的。在现代国家，对这种理解的监控也在不断加强；监控的方法与"独立的"社会科学家对这些数据的分析方法相同。这意味着，社会科学本身持续地影响了他们所要分析的现象。这种联系一部分是经验性的（因为现代统计数据的收集通常包含"系统化"和"改善"数据的学习过程），但也是观念性和理论性的。社会科学的话语不断地融入其研究对象，同时社会科学的话语也（逻辑地）借用普通行动者所使用的概念和理论[16]。

换句话说，在现代社会，社会科学从一开始就是对社会再生产的反思性监控大幅扩张的构成因素，这种扩张同时是国家的一个内在特征。在绝对主义时期，有两种话语与此特别相关：一是我前面提到过的早期政治理论话语。这种话语构成性地卷入了各种主权模式的形成过程，而主权又是绝对主义国家区别于传统国家的一个特征。二是稍后出现的早期经济理论话语。这种话语使"经济的""经济""工业"及一系列相关词语具有了现代含义。但这些用法只有在19世纪才得到牢固确立；对民族国家行政权力的发展影响最深的是经济学、社会学和心理学。我这样说，并不是要主张社会科学不能在一定程度上独立于权力，并对其进行分析和批判，我认为我自己就正在这样做。但我们应该认识到，现代国家的一个特征（一般地说，现代组织的一个特征）是：系统地研究和利用与其自身再生产相关的资料。

行政权力（2）：内部和平

监控通过信息储存和控制而运用行政权力，它是民族国家形成过程中集中权威性资源的主要手段。与监控同时发生的是大规模的内部转型过程，这一转型过程很大程度上起源于工业资本主义的发展。从本质上说，这一转型过程可以被称作形成内部和平的过程。"内部和平进程"的含义需要对照传统国家的内部行政特征来加以详细理解和说明。这又把我们带回到暴力问题上来。

正如我前面指出的，在传统国家，除在统治群体的小圈子里，"越轨"概念几乎没有什么意义。国家的行政范围没有扩展到地方共同体的活动，甚至也没有扩展到那些远离国家权力中心的城市。此外，暴力模式也不同于（西方）民族国家中的常见模式。在传统国家，政治中心对暴力手段的控制不够稳固。这意味着：政治中心几乎不可能建立现代意义的"治安"；政治中心总是面临潜在的武力挑战，各种强盗、劫匪、海盗以及城乡之中的各种流氓团伙始终存在。

在16世纪以降的欧洲社会，统治集团总是担心出现"大众动乱"（popular disturbances）。虽然这种动乱很多是传统形式的反抗，但却标志着国家与民众之间出现了一种新型关系。这里涉及两个相对独立但日益融合的发展趋势：一是在大多数国家，很大程度上由于资本主义经济活动的出现，大量失去土地的农民被解放出来，变成处于半失业状态的经济作物生产者，或者变成可能对现状不满的城镇居民，他们并没有完全融入新的社会环境。二是在指定场所建立的社会矫正组织（remedial organizations），它将某些特定类型的个体与其他人口分离开来。福柯将这一过程（或一系列过程）称作"隔离"（sequestration）[17]。据估计，在17世纪的英格兰，"贫困失业人群"占全部成年人口的10%～20%，经济危机期间更是高达30%左右。统治集团把它认定为"社会问题"。毋庸置疑，这种认定是济贫所和早期"病院"（hospitals）出现的主要原因之一[18]。

由于病院是早期大量出现的监狱组织的一个典型，因此我们有必要讨论一下它的起源和发展。有时候，"病院"与现代意义的医院是相同的，即对病人和弱者进行集中照料。在欧洲之外的地区，这种病院有着悠久的历史[19]。拜占庭的病院就是这种专门组织，虽然它们总是与修道院密切联系在一起。比如，约翰·科穆宁（John Commenos）在 1112 年建立的修道院就拥有 5 个独立的病房，分别照顾不同类型的病人，每个病房都有大约 12 个床位。每个病房拥有 2 名医生和全职的助手和护工，此外还有负责整个机构的管理者。这个病院还有一个门诊部。中世纪的欧洲也有一些与此类似的病院，比如始建于 9 世纪的瑞士圣加尔修道院（Abbey of St Gall）[20]。这个修道院拥有一个由若干病房组成的病院；这个病院由主管医师和其他医生照管。但是，这些组织与 17 世纪后建立的病院之间没有太大的关系。虽然宗教和修道院仍然影响巨大，但这些新型组织通常是由国家建立的，它们更加关心犯罪和流浪问题，而不是对病人的照护[21]。

监狱组织起源于绝对主义时期，但在向民族国家转变的过程中，当时的这些组织仅仅具有我们今天所熟知的外观而已。虽然我也承认，"规训权力"与一系列具有新型时空调节模式的组织相关，但我们没有必要全盘接受福柯的这种观点[22]。要将监狱和精神病院与其他组织（比如医疗性医院）区分开来，医疗性医院对病人的隔离不是强制的。"剥夺自由"替代了福柯所描述的示众性惩罚，成为主要的惩罚方式；当然，相对于先前更加普通的制裁方式而言，福柯所说的示众性惩罚不过是一种极端的例外情况[23]。显然，对自由的强制剥夺一定程度上表现了"民主"权利或公民权利在国家中占有的中心地位。下面这一争论在某些方面具有误导性：将禁闭作为一种惩罚性制裁的趋势，在多大程度上符合人道的理念[24]。福柯的著作尤其挑起了这一争论。重要的是，这不仅包括从一种惩罚方式（暴力的、示众的、公开的）向另一种惩罚方式（规训的、单调的、隐蔽的）的转变，还包括一系列前所未有的新强制关系的建立。对"法律和秩序"的主观需要，是"越轨"概念的另一面，而"越轨"概念又是由中央权威和职业专家确定和界定的。这些都是国家行政范围扩张（渗透到日常活动中）的内在因素，也是国家权威对暴力进行有效垄断的内在因素。

西方民族国家的主要分裂性冲突变成了阶级斗争以及与各种群众运动相关的其他斗争。具体而言，"罪犯"不再是反叛者，而是"越轨者"，他们需要进行矫正以符合公民责任所要求和公认的行为规范。

在先前社会，除相当狭隘的服从行为外，统治阶级并不追求和要求民众的默认。"秩序"的维持，需要结合地方性共同体的控制和必要时使用武力镇压，而且在这些社会，所谓的"秩序"也具有不同的含义。但在民族国家，监禁和警务很大程度上取代了这两种影响。如果发生"内战"，内战也明显不同于国家权威与不满阶级群体或其他抗议群体之间的对抗。

福柯所描述的"规训权力"可能主要依赖于信息储存意义上的监控活动，尤其是行政机构所掌握的个人的生活史记录。但是，监控还包括直接意义的监控。从这一意义而言，监狱、精神病院与现代组织（包括资本主义工作场所，以及一系列其他组织）之间存在一些共同的一般性特征。它们都包括特定场所中活动的集中，无论这种集中是持续一天，还是生命中的一段时间。我们可以将规训权力视为一般意义上的行政权力的一种亚类型。这种行政权力源于规训活动和常规性监督，从而使被监督者获得或维持某些行为特征。在此之前，修道院是对人们的大部分生活进行集中管理的极少数场所之一，因此，规训权力的一些主要特征源于修道院，这不足为奇。与空间上更加分散的其他现代组织一样，规训权力也是围绕时间表而建立起来的。但在这种情况下的时间表，是在物理限定的场所中用来组织行动情境的时空序列；其中，对个人的监督维持着行为的有序性，否则这些人可能就不会顺从。监督，要么需要进行持续的观察（比如，老师在课堂上对学生的观察），要么在必要时可以随时进行观察（比如，牢房中用来监视罪犯的设备）。正是从规训权力包括观察的意义上说，福柯正确地将边沁的圆形监狱视为典型的规训权力，无论监狱的设计者和管理者以及其他组织场所的人在多大程度上实际使用过这个模型。

但福柯却错误地认为，这种"最大化"的规训权力表现了现代国家行政权力的普遍性特征。正如戈夫曼（Goffman）所明确地指出的，监狱、精神病院以及其他一些场所将个人与外界彻底隔离开来，它们具有区别于其他现代组织的特殊特征。由于这种组织对监犯的影响是"全面的"，因此这种组织完全割断了普通人类能动者的日常生活方式[25]。我们不清楚，戈夫曼提出"全控机构"（total institution）概念时，是否意识到这一概念与"极权主义"（totalitarianism）存在相似性。但是，集中营显然是晚近最典型、最恐怖的强制隔离。毋庸置疑，在空间上完全封闭、时间上严格控制的场所中使用监控技术，为现代社会打上了邪恶的烙印。我们由此可以发现，福柯为什么会强调最初建立的那些规训权力可能是出于人道主义的目的。但我们必须强调，西方民族国家的原型是工作场所，或者更一般地说是行政权力集中的那些特定场所。企业公司、学校和大部分其他现代组织中的工作场所的特征是：个人仅仅在围墙内度过他们的部分时间；在那段时间里，规训权力的使用要比"全控机构"中的更加分散。由于控制辩证法，在所有的组织中都存在参与者公开或隐蔽地进行的"工作努力程度的讨价还价"（effort bargain）。但在强制隔离的场所之外，双方都应该且事实上也都承认：依据规定的或期望的行为模式而进行的行动强制，其程度具有严格的限制。显然，监狱和工厂在建筑风格上具有高度的相似性，在19世纪的英国和其他国家就是如此。如前所述，早期的工业企业主很想寻找顺从的、不自由的劳动者，从而在企业中创造稳定的生产条件。一位历史学家发现，"在这个国家（英国），现代工业（尤其是纺织业）大型建筑的所有区域很少不让人联想起监狱、济贫所和孤儿院"[26]。但正如这个作者接着指出的，工业资本主义最重要的特征之一是，工资劳动者是"自由的"。因此，在强制隔离的场所之外，受制于规训权力的人能够发展出（而且实际也发展了）相应的抵抗权力，这种真实而重要的抵抗权力往往会削弱规训权力。

　　这也说明，我们需要区分规训权力与现代国家之间相关联的两个实质性特征。一方面，这种形式的权力拥有明显的扩张动力。下面这种场所的建立使这种扩张成为可能：在这种场所中，可以对行动进行常规性观察以实现对它们的控制。这一点对于现代工作场所的性质而言非常重要，从而成为工业资本主义（作为一种经济活动模式）与民族国家（作为一种行政协调的单位）之间的重要联系纽带。因此，规训权力不是国家机构的直接影响力，而是一种促进内部和平进程的普遍现象；在主要矛盾点上，尤其是生产领域，对潜在反抗群体的规训促进了内部和平。这种规训权力的扩张不同于与制裁有关的、体现制裁的规训权力的增长；这里的制裁指国家机构对"越轨行为"的制裁。正是这第二个方面与监控活动的发展最为紧密地交织在一起。这种监控活动是对民众日常活动进行的治安管制，是由与武装力量主体相分离的专门机构执行的。

内部和平进程包含几种相互关联的现象，所有这些现象都与民族国家内部事务中暴力使用的逐渐减少相关。其中一个因素是法律系统中暴力惩罚的消失，福柯特别强调这一因素的重要性。在死刑的历史中，我们也许可以最明显地看到这个因素。在后中世纪时期，一系列犯罪行为都可以使犯罪者被判处死刑，其中很多行为看起来都不严重。另一方面，杀人通常可能通过赔偿而赎罪；而且在实践中，杀人通常是通过地方共同体或亲属群体而不是国家来进行制裁的。无论犯罪者属于哪个社会等级，谋杀都被视为最严重的罪行，而且谋杀与战争中对敌人的杀害存在着明确的区分，这是过去大约两个世纪以来所特有的态度。这种态度反映了"资产阶级权利"的首要地位，也反映了它们在主权国家中与普遍公民权利的联系。

英格兰直到18世纪仍然存在公开行刑的现象。对普通大众而言，绞刑吏是众所周知的人物，他们在工作中有各种个人嗜好和自我表现癖[27]。那些将要在伦敦死刑场中被处死的罪犯，被装在敞开的马车里穿过街道，后面还跟着很长的一队官员。虽然罪犯的朋友可以在绞刑架上拉拽他们的腿以缩短其痛苦，但是他们仍然死得很慢，简直生不如死。虽然这种做法在公开行刑消失之前就被废除了，但较早时候尸体通常也是公开处理的。吊在绞刑架上是最常见的方式。尸体会进行水煮或涂上焦油，然后吊在椅子或柳条架上，并放在犯罪地点、闹市或特定绞刑场。公开行刑消失后，死刑的最明显特征是逐渐引入了某些技术，以最大限度地减少痛苦和公开示众的意味。目的也变成了避免损毁尸体。绞刑架的设计也是刚好能扭断犯人的脖子，但不会撕破血管。在时间和地点上，行刑是隐蔽的，要么在早上，要么在夜间，而不像公开行刑那样在中午。正像洛夫兰德（Lofland）所指出的：

> 历史上的行刑嘈杂喧闹：扭曲身体以贴在车轮上的敲击声；将身体钉在十字架上的锤击声；准备煮人的开水的火苗噼啪声和木头的翻滚声……现代要求的则是安静的技术。实际上，英国不遗余力地让绞刑变得安静。现代初期，棉花捆被用来降低绞刑架活门的声音；在具备了相关技术后，又使用了橡胶垫和弹簧扣。[28]

毫无疑问，示众型惩罚的废除具有丰富的含义，其中涉及的一个主要因素是：在维护统治的过程中，国家的制裁能力从公开使用暴力转向广泛使用行政权力。如今，死刑在大多数西方国家已被废除。但在废除之前，死刑已经不再是施加肉体痛苦的手段，也不再是国家以武力威胁民众的手段。相反，死刑变成了最高等级的剥夺自由的制裁方式。毫无疑问，死刑"变得安静"和"隐蔽"的事实与下面这种意识有关：死刑制裁不是进一步剥夺公民的权利，而是一种与之完全不同的现象。最严重的制裁方式从死刑转变成生命监禁，这与随着行政权力扩张而出现的惩罚"新逻辑"相关。当然，我们必须意识到：很多其他形式的暴力还广泛存在于现代世界的警察局和监狱中。但它们已不是惩罚等级中的一部分，也不是为了向潜在的违法者展示违法的后果。相反，这些暴力通常必须在暗中进行。

在传统国家的地方性共同体中，习俗是主要的整合力量。在这些共同体中，个人之间、家族之间经常存在血仇和其他形式的暴力冲突。那些远离国家武装或地方领主的农民，不能有效地防御强盗或武装劫匪。比如，直到20世纪，传统中国的大部分地区还是这样，虽然就其中心区域而言，中国可能是所有大型帝国中最为和平的一个[29]。在这样的国家旅行总是一件可怕的事情，即使旅程较短，稍微富裕的商人都要组成武装的商队。最后，城市中也经常存在"禁区"，即使那些已经武装起来的其他区域的人也不敢贸然进入。

毫无疑问，绝对主义国家的发展与内部和平的重大进展相互联系，虽然在不同的时间和地点，日常暴力的程度总是存在很大的差异。按照前面提到的勒高夫和萨瑟兰的说法，在旧体制下的法国大部分乡村地区，"暴力、争吵、偷窃等现象"普遍存在[30]。另一方面，如果麦克法兰（Macfarlane）的说法正确，那么17世纪英格兰农村的个人安全程度要大大高于欧洲大陆的大部分地区。按照他的说法，在柯比朗斯代尔及其周围地区，妇女独自旅行和人们夜间独自穿过旷野都是相当普遍的事情；即使身上带着钱也是如此。这个地区存在着大量的人口移动，但似乎并不担心抢劫。在英格兰的其他农村区域，闲散青年团伙之间经常打架斗殴，但这个地区显然没有这种现象[31]。虽然我没有必要从字面上理解当时的人所表现出来的焦虑，但事实似乎确实是这样：到18世纪下半叶，所有大城市中都存在一些区域，（按照后来的标准）谋杀和持枪抢劫的程度很高。但也只有在这一时期，"违法"概念才得到广泛的使用。从乡村到城市的大规模人口迁移，不仅使现代警务成为可能，也使之成为必需；现代警务以其特定的方式将监控的信息和监督两个方面结合了起来。关于其伦敦之旅，霍勒斯·沃波尔（Horace Walpole）于1752年写道："即使在中午，人们也必须赶路，好像正在奔赴战场一样。"[32]关于这个时期英格兰城市的总体状况，韦布夫妇（Webbs）写道："对于下面这些场面，是难以描述的：违法暴力、粗俗放荡，不加监管的街道为偷窃和抢劫提供了无限的机会。"[33]

由于生活方式的改变需要一段时间才能确定下来，新的城市化人口的快速增长给"违法"创造了浑水摸鱼的条件。在一定程度上，更加稳定的居住模式可能减少违法行为。但毋庸置疑，主要的影响因素是社会控制，而且新的警务形式与法典、监禁等制裁机制结合在一起形成了这种控制。"犯罪"活动与其他社会冲突的区分变得更加明确，同时，内部社会冲突与国家的外部军事冲突的区分也变得非常清晰。在比较19世纪下半叶和20世纪初的伦敦、斯德哥尔摩和新南威尔士之后，格尔（Gurr）得出结论认为，三地都呈现出普通暴力犯罪下降的趋势；其他的研究也证实了这一发现[34]。直到19世纪初，即使在英国，长途旅行都意味着遭遇劫匪和强盗的风险。但在19世纪，这种现象很快变成了一种回忆，而且是一种充满浪漫想象的回忆，与过去的真实情况几乎没什么联系。当然，欧洲其他地区还需要更长的时间才能达到这种内部和平的水平。直至20世纪初，在法国的高山和密林地区，旅行都还是不安全的；直到今天，在西西里和土耳其的部分地区，也依然如此[35]。

内部和平进程的另一个方面是，在劳动合同（阶级体系的轴心）中根除了暴力和使用暴力手段的能力。这一点对于本书的主题非常重要[36]。这个方面与内部和平进程的其他方面紧密地整合在一起，且依赖于其他方面。这是"经济"与"政治"相分离的主要表征之一，尽管它被大多数相关著作所忽略。这与我下一部分将要讨论的社会变迁紧密相关，我这里只是给出一个梗概。与先前的阶级体系不同，在工业资本主义社会，为了从附属阶级那里获得经济收益，雇佣者并不直接占有暴力手段。马克思完全正确且特别强调了这一点，虽然他并没有充分说明这一点的含义。资本主义工作场所中的劳动集中使监控成为可能；"沉闷的经济强制"和监控，取代了武力强制的直接使用。当然，雇佣者并不情愿放弃暴力制裁，而且工人们发起的阶级斗争也常常诉诸暴力。但这些事实并没有削弱"资产阶级权利"在"去军事化"生产体系形成过程中的重要性。这是自由民主国家最显著的因素之一：资产阶级所积极争取的劳动力自由买卖的权利，也包含着对雇主权力的内在制约，如对招聘和解雇工人的权力以及对监督"管理"权力的制约。无论如何，这些都是控制活动的不容忽视的基础，但它们只有在下面这种社会中才有可能存在：这种社会已经通过其他方式实现了内部和平，而且"资产阶级权利"也不仅仅是马克思所认为的虚假自由[37]。

除关于全球国家体系部分外，本书大部分关注的都是欧洲民族国家。但这里也许适合讨论一下现代国家。在现代国家，对于生产领域中的劳动协调，武力的使用依然发挥着更加直接的作用。如果这些国家以"沉闷的经济强制"来规范工作的方式尚未发展起来，这很大程度上是因为资本主义在历史上也附带性地使用了非自由劳动。在具有这种经济背景的欧洲民族国家中，经济与政治的分离便还没有实现。与此相适应，内部和平进程的其他方面也还没有得到稳定的发展，比如，为了政治目的而持续组织恐怖主义活动的武装团伙依然存在[38]。

内部和平的最后一个表征是，军队不再直接参与国家的内部事务。这一特征与其他特征密切相关，但也与它们相区别。许多19世纪的思想家认为，正是这一点证实了工业资本主义的和平本质。但这里涉及的并不是战争的减少，而是军事力量的集中"对外"，指向了民族国家体系中的其他国家。国家内部行政资源的加强，使行政权力脱离了其强大而必要的基础——以武力为基础的强制性制裁。我不想让读者误解这一说法。和其他国家一样，在民族国家，宣称对暴力手段的有效控制也是国家权力的基础。但这种宣称在一定程度上的完成，极大地降低了国家机构对于军事力量的依赖，监控能力和内部和平的提升则使这种宣称能够在一定程度上得到实现。军队和警察之间的区分是这一现象的象征和重要表现。同时，这种区分很少是非常明确的，在发生严重国内动乱时，警察也会动用准军事部门，甚至直接动用军队。这些情况充分表明，这种区分通常充满张力。

城市主义、区域化和隔离

由于前文已经说明的原因，在阶级分化社会，城市是配置性资源和权威性资源产生的主要基础。现代城市与民族国家之间的关系非常不同，正如现代城市生活的特征也极为不同一样[39]。现代城市的拓展首先是由作为主导性生产体系的工业资本主义推动的。但就其后果和内在形式而言，现代城市的发展与之前的城市差异甚迥。现代城市的发展形成了一种"人造环境"，在这种环境中，自然的改造表现为时空的商品化。因此，这种环境成为所有社会行动的背景，而不再是更大社会整体中的一个独立的物理实体和社会区域。时空商品化是前面所说的时空排序过程的产生条件，后者又是现代组织（包括民族国家这一最重要的新型权力容器）的主要特征。

我这样说不是要否认国家领土内部和跨国社会体系中的区域化过程的重要性。与之前的传统国家相比，民族国家和民族国家体系覆盖了全球区域，从而在很多方面都变得更加区域化了。它们所呈现的行政统一体，主要是国家范围内的现象。在民族国家存在的世界中，经济与政治的相互依赖性也不应等同于同质性。区域化具有以下几种主要形式[40]。

1. 民族国家本身的区域化分布，包括经济上的中心和边缘国家，政治上的权力集团，以及全球国家版图中独特而自主的权力中心。

2. 在国家内部和国家之间的劳动分工中，工业的差序性区域分布。工业生产本质上是区域化的，因为不同类型的工业往往发展于（或被置于）不同的空间环境和地区中。这不仅适用于国家内部和国家之间的总体区域分布，也适用于非常有限的环境，比如工业区坐落于特定的城市区域。"不均衡发展"可能会与第1点和第2点中提到的任何或所有区域化过程相关。

3. 人口的差序性区域集中，无论是否表现为文化、种族或语言上的差异。与传统国家相比，民族国家中的人口更加倾向于不平衡分布；部分原因是传统国家中乡村经济的限制和民族国家中高密度的城市聚集。不可否认，在相对狭小的地理空间中聚集大量的人口，是现代世界与传统世界之间最明显的差异。直到17世纪，欧洲可能只有大约一亿人口，而这比其他大陆的人口密度要高很多。今天，在美国东海岸从波士顿到华盛顿的极其狭小的区域里，就有5 000万人口生活在这一城市群中。

4. 在人造环境的建筑区域中，居住区和其他场所之间存在明确而普遍的区域分化。这种分化虽然有时候是规划好的，但更可能是产品市场、劳动力市场和房地产市场相互交织的意外结果。在更小的范围内，组织环境的具体场所内部的区域化和它们之间的区域化通常也非常突出和重要。在传统城市中，居住区的分化程度和日常生活场所之间的分化程度通常也较低。大多数内部分化的大型场所，要么是公共建筑，要么是宗教社区。但在现代社会，这些场所变得司空见惯，它们本身就是行政权力的产生空间。场所内部的区域化，与官僚制特有的职位等级直接相关，但也与社会活动其他方面的分化相关。

隔离是区域化的一种形态。毫无疑问，隔离的作用不仅限于强制监禁领域。在现代城市的人造环境中，在充分发展的监控对于权力运作极其重要的社会中，隐藏和暴露都有了新的含义和影响力。比如，在规训权力非常集中的地方，那些可以逃避上级监视的人，对于控制辩证法具有特殊的重要性。隔离对于日常生活的组织如此重要，是因为它与个人经历的很多方面都存在联系。如果这些经历是通过礼仪和禁忌得到约束的，那它们在某种程度上就完全可以暴露在众目之下。虽然阿利埃斯（Ariès）有关西方人死亡态度变迁的研究备受争议，但他的总体分析还是合理的。在他看来，在传统社会，死亡是生命中的一种内在现象，与社会活动的连续性联系在一起。

> 就像哈姆雷特的头骨一样，死人被冲到墓地的表面。死亡的场面：给活人的印象，就像活人想到了自己的死亡一样。活人对于死人的感觉，就像他们对自己死亡的感觉。

这种态度大概在16世纪开始发生变化。变化的原因不是单一的，而是各种原因相结合而形成的一种统一趋势。

> 像性行为一样，死亡从此越来越被视为一种反常的生活现象；这种现象与日常生活相分离，与理性社会相分离，与单调的工作相分离，从而可以让人在非理性的、暴力的和美好的世界中经历阵痛……这种"断裂"的观念是一个全新的事物。[41]

在阿利埃斯看来，早期的医疗卫生改革者要求把墓地从教堂和城市中心迁出，是将死人逐出活人共同体的符号象征。这早于（也促进了）对死亡的"隐匿"；死亡隐匿是一种更为晚近的现象。可以肯定，其起源在历史和心理上都是非常复杂的；无论其起源是什么，这种

"隐匿"都不仅仅限于死亡的物质性痕迹。不仅死亡与日常生活活动隔离开来了，其他现象也与社会生活的正常运转相"分离"，形成了焦虑和悲伤（包括严重的癫狂和身体疾病）的根源。如果埃利亚斯（Elias）是正确的，那么阿利埃斯关于性行为的观点也表明了一种重要的社会变迁，尽管性行为的组织性制约方式与其他现象不同。与对待阿利埃斯的观点一样，我们对埃利亚斯的历史观点也要保持谨慎，但性行为似乎的确比后来更加开放[42]。

无论这些变迁的根源是什么，它们的影响对于现代国家中的日常生活可能是至关重要的。我在其他地方曾指出，例行化（routinization）对于制度化实践的再生产发挥着根本性作用，而例行化是能动者在其行动流中精明而熟练地组织起来的[43]。在部落社会和阶级分化社会，传统中充满着例行化，也赋予它道德意义；日常生活也由此而与人类生活的存在性特征相关，与人类同自然、出生、疾病及死亡的关系相关。人类赖以生活的"存在性矛盾"（existential contradiction）是指：一方面，人类是无机自然界的一部分，死后要返回到自然；另一方面，只要人类还生活在生命有限性的意识中，他们又不是自然的一部分。这种矛盾与社会生活的组织动力无法分开。在现代国家，存在性矛盾几乎完全被结构性矛盾消解了，后者主要存在于国家本身[44]。一个后果是，日常社会生活的例行化变得很不稳定，依赖于相对浅薄的心理基础，而没有与道德原则——它们为应对存在性困境提供了手段——整合起来。死亡、疾病和疯狂的隔离与性行为的私密化，既是这种状况的结果，也是日常生活得以稳定的条件。

因此，通过隔离，一系列心理上令人困扰的经历，就不会影响到个人日常生活中的主要活动。这些经历不再打断例行化活动的连续性；相反，这些经历被推向了大部分日常社会生活情境的边缘。我不想对隔离的起源或广泛影响提供一种功能主义的解释。隔离场所的发展，一部分是出于那些影响监狱组织发展的动力，一部分是出于"治疗""精神"和身体疾病的"技术"方法的重要性。对于社会活动的连续性，隔离的影响总体上并非功能性的。就本体性安全感（feelings of ontological security）而言，现代社会成员尤其易于陷入一种一般性焦虑。当个人必须面对通常被隔离压制的存在性困境时，或者当更大规模上的常规社会生活因某些原因而发生实质性断裂时，这种焦虑感就会变得异常强烈。现代社会生活的部门分割导致了日常生活中的空虚，这种空虚又产生了一种依附于符号象征的心理基础。这些符号象征既可以促进团结，也可能导致分裂。其中一些符号象征与民族主义联系在一起，第八章将讨论由此产生的一些问题。

【注释】

[1] D. G. Janelle, 'Central place development in a time-space framework', *Professional Geographer*, 20, 1968. 亦可参见 Don Parkes and Nigel Thrift, *Times, Spaces and Places* (Chichester: Wiley, 1980), chapter 7.

[2] J. Bischoff, *A Comprehensive History of the Woollen and Worsted Manufactures* (London, 1842), p. 428. 德里克·格雷戈里（Derek Gregory）曾经引用和批判这一段落；他认为，事实上，那个公路系统比文中说的要好。参见他的 *Regional Transformation and Industrial Revolution* (London: Macmillan, 1982), pp. 54-5.

[3] cf. Evitar Zerubavel, *Hidden Rhythms* (Chicago: University of Chicago Press, 1981).

[4] Lewis Mumford, *Interpretations and forecasts* (London: Secker & Warburg, 1973).

[5] Frank Norris, *The Octopus* (London: Giant Richards, 1901), p. 42.

[6] cf. Evitar Zerubavel, *Hidden Rhythms*.

[7] Derek Howse, *Greenwich Time and the Discovery of the Longitude* (New York: Oxford University Press, 1980), p. 121.

[8] Stephen Kern, *The Culture of Time and Space 1880—1918* (London: Weidenfeld, 1983), p. 12.

[9] Ibid., p. 13.

[10] 图2和图3源于 Ronald Abler, 'Effects of space-adjusting technologies on the human geography of the future', in Abler *et al.*, *Human Geography in a*

Shrinking World (North Scituate: Duxbury, 1975), pp. 39 and 41.

[11] Ibid., p. 40.

[12] Ithiel da Sola Pool, *The Social Impact of the Telephone* (Boston, Mass: MIT Press, 1977).

[13] H. A. Innis, *Empire and Communications* (Oxford: Clarendon Press, 1950), p. 7.

[14] 虽然我们必须承认，麦克卢汉（McLuhan）成功地做到了这一点。更加客观而具有指导意义的评述，特别参见 Elizabeth L. Eisenstein, *The Printing Revolution in Early Modern Europe* (Cambridge: Cambridge University Press, 1983).

[15] cf. Anthony Oberschall, *The Establishment of Empirical Social Research in Germany* (The Hague: Mouton, 1965). 关于国家档案的增长，参见 B. R. Mitchell, *European Historical Statistics*, 1750—1970 (New York: Columbia University Press, 1975).

[16] cf. *CS*, chapter 6.

[17] Foucault, *Discipline and Punish*.

[18] Doerner, *Madmen and the Bourgeoisie*, p. 16ff.

[19] George Rosen, 'The hospital: historical sociology of a community istitution', in Eliot Freidson, *The Hospital in Modern Society* (Glencoe: The Free Press, 1963).

[20] Brian Tierney, *Mediaeval Poor Law* (Berkeley: University of California Press, 1959).

[21] Sean McConville, *A History of English Prison Administration* (London: Routledge & Kegan Paul, 1981), vol. I, p. 31ff.

[22] cf. 'From Marx to Nietzsche? Neo-conservatism, Foucault, and problems in contemporary political theory', in *PCST*; 亦可参见 *CS*, p. chapter 3.

[23] cf. George Rusche and Otto Kirchheimer, *Punishment and Social Structure* (New York: Russell & Russell, 1968), p. 42ff.

[24] cf. Michael Ignatieff, *A Just Measure of Pain* (London: Macmillan, 1978).

[25] cf. *CS*, chapter 2.

[26] Sidney Pollard, The Genesis of Modern Management (London: Arnold,

1965), p. 163.

[27] 参见 Horace Bleackley, *The Hangmen of England*, 全文收录于 John Lofland, *State Executions* (Montclair, NJ: Patterson Smith, 1977).

[28] Ibid., p. 312. 亦可参见 Alice Morse Earle, Curious Punishments of Bygone Days (Montclair: Smith, 1969). 最初出版于 1896 年。

[29] cf. Eberhard, *Conquerors and Rulers*.

[30] T. J. A. Le Goff and D. M. G. Sutherland, 'The Revolution and the rural community in eighteenth century Brittany', *Past and Present*, 62, 1974, p. 97.

[31] Alan Macfarlane, *The Justice and the Mare's Ale* (Oxford: Basil Blackwell, 1981), pp. 189–90.

[32] 转引自 T. A. Critchley, *A History of Police in England and Wales* (London: Constable, 1978), p. 22.

[33] S. and B. Webb, *English Local Government* (London: Macmillan, 1922), vol. 4, p. 408.

[34] Ted Robert Gurr, *Rogues, Rebels and Reformers* (Beverly Hills: Sage, 1976), p. 34ff.

[35] Macfarlane, *The Justice and the Mare's Ale*, p. 189.

[36] 虽然 CCHM, vol. Ⅰ 进行了更加详细的分析。

[37] 在这个问题上，马克思的阐释者存在重大分歧。相关讨论参见 Steven Lukes, *Marxism and Morality* (Oxford: Oxford University Press, 即将出版).

[38] Gurr, *Rogues, Rebels and Reformers*.

[39] *CCHM*, vol. Ⅰ, chapter 5.

[40] 关于区域化的讨论，参见 CS, chapter 3.

[41] Philippe Ariès, *Western Attitudes Towards Death* (Baltimore: Johns Hopkins University Press, 1974), p. 58. 亦可参见 Joachim Whaley, *Mirrors of Mortality* (London: Europa, 1981); Le Roy Laudurie, 'Chanu, Lebrun, Vovelle: la nouvelle histoire de la mort', in *Le Territoire de l'historien* (Paris: Gillimard, 1973–8), 2 vols.

[42] Norbert Elias, *The Civilising Process* (Oxford: Basil Blackwell, 1978).

[43] *CS*, chapter 2; *CPST*, pp. 123–8.

[44] *CCHM*, vol. Ⅰ, pp. 230–9.

第八章　阶级、主权与公民身份

多元政治

主权作为一种概念和现实，其发展意义重大，它将两种乍看起来相互对立的发展现象联系在了一起，即绝对主义君主的权威和现代民主国家的形成。主权的发展使资源集中到统治者手中，同时也促进了这样一种普遍意识：政治权力依赖于集体力量，君主的形象可能就是这种集体力量的象征，然而传统的王权统治却与此几乎没有什么关系。

对于现代民主的发展，存在两种相互对立的解释，我对这两种解释都持有异议。一是我们熟悉的马克思主义解释。这种解释试图用阶级关系来解释民主参与的起源。我们可以（也已经）在不同的详细程度上介绍此种解释，这种解释的基本轮廓非常清晰。影响民主政治出现的主要社会转型是资本主义的发展及其导致的阶级斗争。"资产阶级自由"包含一系列公民权利和政治权利，这些权利是通过新兴资产阶级反抗土地贵族的斗争而获得的。"资产阶级权利"的倡导者将这些权利说成是普遍权利，但它们实际上被用来证明资产阶级统治的正当性。虽然马克思也承认（尤其是在其更加具体的研究中，而不是在其更加抽象的宣言中），这些权利所涉及的斗争可能在一定程度上独立于阶级冲突，但他总体上还是将这些斗争视为阶级划分的表现。马克思的批判者持相反的观点。本迪克斯力图颠倒马克思的观点。在他看来，虽然争取公民权利和政治权利的斗争在某些历史条件下与阶级冲突联系在一起，但权利斗争比阶级冲突更加重要，现代国家民主化的起源与后果都不是以阶级冲突作为前提的。因此，被马克思视为19世纪欧洲阶级斗争原型的那些斗争，被视为受排斥群体为争取民主政治的成员资格而进行的努力[1]。

在评价这些对立的观点之前，我们应该首先讨论一些相关的概念和现实。没有哪个概念比民主概念更加备受争议。我不想追溯这些争议的发展过程，而是像林德布洛姆（Lindblom）那样，从最宽泛的意义上将"民主"等同于"多元政治"（polyarchy）[2]。多元政治是指多数人的统治，包括"政府对政治上平等的公民的偏好进行持续回应"[3]，选举制度是保证"政府负责任"的一种手段。对于多元政治的形成，选举制度是最重要但非唯一的程序手段，申诉机构也是多元政治的主要维持机制。林德布洛姆关心的主要是选举制度；就其理论而言，申诉机构也同样重要。正如他所指出的，多元政治依赖于辩论和说服，从原则上说，这可以抵制权力的随意使用。我所说的申诉机构不仅包括议会、辩论会和法院，而且包括所有进行影响政策决策的辩论的场所，尤其是报刊和晚近的电子媒体。对于下述这个重要方面，我不同意林德布洛姆的观点。他将多元政治的概念限定为"资产阶级民主"或"自由民主"。我认为，多元政治是一个更加广泛的概念，自由民主不过是多元政治的类型之一。虽然欧洲民族国家的多元政治系统主要采取了自由民主形式，但各种类型民族国家中的其他政府形式也有强烈的多元政治倾向。简言之，民族国家和多元政治之间具有普遍的联系，这是我所要阐明的问题。

林德布洛姆明确指出，多元政治依赖于特定人口中所有成员都拥有的一系列权利。但我在此必须指出与主权相关的一种重要现象。多

第八章 阶级、主权与公民身份

元政治与马克思所说的"资产阶级权利"相关。就美国和法国大革命中的经典界定而言,"资产阶级权利"是普遍权利,从原则上说,这些权利适用于整个人类;因此不足为奇的是,即使像马克思那样的激烈批判者,也认为这些权利是理所当然的。作为经济交易的外在表现,这些权利与国家的边界没有特殊联系,经济交易在本质上也具有普遍性。事实上,"资产阶级权利"在主权国家中已经普遍实现了。因此这些权利更应该被视为公民权利(citizenship rights),后面我会继续使用这一术语来指代这些权利。

下面是林德布洛姆列出的与多元政治相关的权利和特权[4]:

1. 结社和加入组织的自由。
2. 表达自由。
3. 选举权利。
4. 担任公职的权利。
5. 政治领袖竞逐支持的权利。
6. 政治领袖竞逐选票的权利。
7. 多元信息渠道。
8. 决定谁将拥有最高权威的选举。
9. 制定政府政策的决策依赖于投票及其他的偏好表达方式。

显然,这些权利和特权的具体形式会存在很大的差异,"表达自由"这样的表述也可能掩盖了充满争议的不同阐释。但是,这仍然有助于从总体上分析现代政治系统。但是,我还想介绍一下 T. H. 马歇尔(T. H. Marshall)对公民权利的分类[5]。马歇尔区分了三种公民权利:"民事权利"(civil)、"政治权利"(political)和"社会权利"(social)。不过,我将把第三种权利称作"经济"权利。林德布洛姆列举的主要是民事权利和政治权利及其实现方式。民事权利主要是第1、2、7、9项权利。这些得到法律保障的民事权利主要是个人之间自由建立关系的权利、自由居住的权利、自由言论的权利、被指控为"越轨"时获得公正对待的权利。林德布洛姆列出的其他权利属于政治权利和特权;这些权利是个人作为选举者参与政治权力运作的

189

权利，或者以更加直接的方式参与政治实践的权利。经济上的公民权利与前两种权利都存在区别，它们是国家中所有成员享有最低生活保障、经济福利和安全的权利。

多元政治和公民身份

为什么民族国家与民主（多元政治）之间会存在内在关联呢？至少在一般意义上，我认为这种关联与控制辩证法、民族国家中行政资源的集中紧密相关。我已经指出，阶级分化社会不存在现代意义上的"政府"。国家机构的行政范围没有触及地方共同体的日常生活，而且大部分人口都生活在地方共同体中。就他们与国家权力的关系而言，阶级分化社会中控制辩证法的主要特征是"割据性自主"（segmentary autonomy）。也就是说，由于政治中心与被统治人口之间的相互依赖程度相对较低，"工作努力上的讨价还价"维持了地方共同体的大量自主性，只要地方共同体对国家履行了一定的义务，国家就会提供一定的互惠性服务。在维护国家机构的行政范围时，使用或威胁使用武力总是存在，因为国家可以控制的时空距离水平相对较低（至少与现代国家比较是较低的）。在现代国家，（前面所说的监控的扩展所导致的）行政权力的加强极大地弱化了国家对（作为统治媒介的）暴力手段的依赖。但是，行政权力依赖于以扩张监控为基础的社会行为动员，这就必然促进统治者与被统治者之间的互惠关系。这种互惠性程度越高，控制辩证法也就越可能使被统治者影响统治者。我将这一点看作多元统治发展的"结构性背景"（structural backdrop）。这首先隐秘地存在于绝对主义国家的影子下，然后又直接而公开地存在于向民族国家转型的过程中。

我认为，这个观点的一个启示是，对于理解现代国家的特征，帕森斯对于"权力紧缩"（power deflation）的阐释（进行改善之后）具有很大的意义[6]。帕森斯认为，统治体系需要维持被统治群体对于统治者的信心。无论出于什么样的原因，当这种信心开始减弱时，这个体系中的权力也就会减少——变得"难以治理"。只有在这种权

第八章　阶级、主权与公民身份

力紧缩的情境下，维持政府控制才需要大规模地使用武力或威胁使用武力。对于解释民族国家行政权力的基础及其与多元政治之间的关系，这种解释很有帮助，也非常合理；当然，这种解释还需要进行一些限定。民众不一定要对统治体系拥有信心，只需要务实地接受对这个体系的义务。暴力（军事力量）的作用在行政秩序的初创阶段要比帕森斯所认为的更加直接，而不仅限于权力紧缩条件下。但正是在权力紧缩的情况下，多元政治才会遇到压力或趋于瓦解。

很多偶然条件会导致权力紧缩，但一般来说，争取三种基本公民权利的斗争会对权力紧缩产生重大的影响。为了说明为什么会这样，我将回到马歇尔的著作，批判地考察他对于公民权利形成所进行的分析[7]。马歇尔有关三种公民权利的分类，从反面参照了封建主义，从正面上参照了各自的组织核心。在封建体系中，权利不是普遍的，即权利不适用于政治共同体的所有成员。不同等级和团体中的人隶属于不同的共同体，他们之间的权利和义务并不相同。此外，这些权利和义务往往彼此缠绕，只有到 18 世纪之后，三种公民权利才开始分化发展。其中部分原因是每一种权利都有不同的组织核心，起码前两种权利是这样的。民事权利的主要制度核心是法律体系，政治权利的制度核心是议会和地方政府。显然，在马歇尔看来，经济权利缺乏这样的组织核心，也许正是因为这种原因，他选择了更加宽泛的"社会权利"概念来描述这些权利。

显然，马歇尔的讨论集中于英国，而且他也没有声称其理论可以应用于其他情境。他认为，在过去两三个世纪里，公民身份的三个方面以不同的速度发展，每一个方面的发展都为其他方面提供了基础。民事权利或法律权利的主要形成期是 18 世纪，在那一时期，个体的自由权利和法律面前充分平等的权利已牢固地得到确立。因此，自由居住和工作的权利被广泛接受；在过去，习俗和法令剥夺了许多人的这些权利。马歇尔认为，传统观念只是逐渐地让位于下面这一新的原则：对于民众流动的限制是"对个体自由的侵犯和对国家繁荣的威胁"[8]。法律体系极大地促进了这种观念，法官的一系列判决逐渐将个人从出生地和先赋职业的束缚中解放了出来。从本质上说，公民自由是封建社会残余的终结。公民自由是政治权利发展的必要基础，这是因为，只有当个人被视为自主的能动者时，他们才能被视为政治上负责的人。普遍政治权利的确立发生在 19 世纪和 20 世纪早期。起码对于马歇尔而言，这一过程并不是新权利的形成过程，而是旧权利的扩展过程，这些权利从为少数特权阶级所垄断扩展到整个政治共同体。经济权利几乎完全发生在 20 世纪。19 世纪是工业资本主义兴起的时期，在这一时期，面对贫困，受经济力量最不利影响的那些人几乎得不到什么保护。贫困被视为社会地位低下的标志。在英国，那些被安置在济贫所的穷人，失去了其他公民所拥有的权利，他们的情况实际上与监狱里的罪犯和确诊的精神病人没什么差别。但这种情况在 20 世纪被扭转了过来；很大程度上，这是政治权利发展的结果。随着普遍选举权的确立，组织起来的工人阶级拥有了政治力量，从而巩固了**作为**权利的福利或经济权益。

在马歇尔看来，公民权利的发展，尤其是第二和第三种权利的发展，实质上动摇了他眼中的资本主义社会的阶级划分。他说道：

> 在 20 世纪，公民身份和阶级体系一直处于斗争状态……社会权利的扩大不再只是试图减少社会底层明显的贫困问题……不再满足于提高社会大厦的基础而不触动上层建筑。它开始重建整个大厦，最终有可能把摩天大楼转变为平房。[9]

马歇尔在这些问题上的观点不同于本迪克斯等人采用比较视角发展起来的观点。在马歇尔的观念中，公民权利及与之相关的政治斗争，在现代社会中发挥的作用并不比阶级冲突来得更加重要，相反，两者往往是相互平衡的。在资本主义社会，公民权利没有消除阶级划分，也不可能消除阶级划分，虽然这些权利确实缓和了阶级冲突所导致的紧张关系。公民身份与资本主义阶级体系的交锋导致了一种停战协议和"阶级妥协"，而不是任何一方的完全胜利。我认为这种观点在某些重要方面是正确的，但我想以不同于马歇尔的方式来使用这种观点。这意味着，要对马歇尔的某些观点进行批判，要将他的分析从英国的特定发展背景中分离开来,将公民权利与监控活动联系在一起。

就第一个问题而言,我们需要反对马歇尔的下面这种倾向:公民权利的发展是一种自然进化过程的结果,国家在这一过程中必要时会伸出援手。英国与其他国家一样,如果没有冲突,国家权威几乎不会作出让步。其中不仅存在公民身份与阶级之间的"斗争",也存在只为争取公民权利的斗争——如果我的观点正确,在这种斗争中,社会弱势人群已经可以聚集大量的资源来追求他们的权利了。对英国而言,马歇尔所描述的公民权利的发展顺序是合理的。民事权利在很大程度上早于政治权利而得到确立,政治权利也早于经济权利而得到确立。但即使在英国,实际状况也比马歇尔所说的更加复杂。比如,某些民事权利直到20世纪才实现(其他一些民事权利还受到了侵蚀或削弱)。其他地方的情况也不能简单地描述为公民权利的三个相继发展阶段,因为这些权利的实现顺序是非常不同的。比如,在19世纪的德国,为阻止马歇尔所说的政治权利的发展,俾斯麦就首先把福利权利给予了工人阶级。

因此,与其将三种公民权利视为公民身份的发展阶段,我们更应该将它们视为三个**争论**或**冲突**的领域,而且每一个领域都与不同类型的监控联系在一起。监控不仅是统治群体的权力的必要条件,也是控制辩证法的运行中心。与民事权利内在联系在一起的监控是国家的警务活动。这种背景下的监控,由控制"越轨"行为的审判和制裁组织构成。马克思倾向于认为,民事权利就是"资产阶级权利",而且被用来说明资本对工资劳动者进行支配的正当性。虽然马克思某些方面的观点是正确的,但我们也必须认识到:在现代国家,民事权利以及围绕民事权利而进行的长期斗争,具有普遍而独立的意义:

民事权利: 作为警务的监控
政治权利: 作为国家行政权力反思性监控的监控
经济权利: 作为生产"管理"的监控

和其他两种权利一样，民事权利也具有自己的特定场所，即存在一个制度化的场所——法庭——维护着这种权利的普遍性。法庭是典型的申诉机构，在这种申诉机构中，包括"公民权利"在内的一系列自由权利能够得到维护和发展。当然，我们不能认为，法庭是对警务的形式和范围进行争论的唯一场所，这种争论实际上发生在存在这种监控的所有情境中，包括规训权力的隔离场所。政治权利也是如此，其制度化的争论场所——议会或委员会——是权利进行话语表达的正式场所，但也可能是发生在议会范围之外的各种争论。马歇尔没有将经济权利与特定场所联系在一起，这从某种意义上是可以理解的，因为经济权利没有同样的争论场所。但我认为，经济权利斗争的集中场所是工作场所，其中的监控是对劳动力的"管理"。如果这里没有制度化的申诉机构，这其实体现了资本主义阶级结构中非常重要的现象。争取经济权利的主要组织机构是工会；在劳资关系仲裁中，我们可以发现这个争论场所与这种监控之间的关系。

资本主义必然是阶级社会。为了进行更充分的分析，我们需要考察阶级关系是如何影响各种公民权利的，也需要考察各种公民权利是如何影响阶级关系的。阐明这些影响，将有助于对马歇尔的观点进行批判性的评价。这包括用马克思的观点来批判马歇尔。我在其他地方已经强调过资本主义劳动契约在资本主义组织中的重要性[10]。在"经济"和"政治"领域相互区分的过程中，资本主义的劳动契约是一个主要影响因素。我们有必要将这一点与马歇尔的观点联系起来。经济领域从政治领域中独立出来，在某种程度上是通过被马歇尔称作民事权利的法律自由来实现的。这些权利和特权不是在国家范围"之外"产生的，而是"公共领域"的组成部分，其中，公共领域与"私人"组织起来的经济活动相互分离。因此，从资本主义的早期发展开始，民事权利就变得与"政治"范围的界定密切相关。民事权利和政治权利是一起发展的，此后也得到一系列不同的阐释，这些阐释可能会直接影响权力的分布。此外，经济权利与其他两种公民权利并不在一个水平上，因为经济权利体现了资本主义社会的本质，体现了阶级统治的不对称性。马克思认为，作为政治自由的民事权利和政治权利在原则上是具有普遍性的，但在实践中却有利于统治阶级的统治。马克思的观点毫无疑问在很大程度上是正确的。资本主义的劳动契约剥夺了工人对于工作场所的正式控制权，尤其是在资本主义发展的早期。对于资本主义国家而言，这种剥夺不是偶然的，而是对资本主义国家发展至关重要的，因为生产领域被界定为"政治领域之外"的领域。从这一视角出发，我们既可以解释经济权利为什么不仅仅是民事权利和政治权利的延伸，也可以解释经济权利为什么没有自己专门的申诉场所。

从某些方面而言，三种监控是交织在一起的；但从另一些方面来说，资本主义社会的阶级特征又将它们打乱了。如我刚指出的，对于经济权利和政治权利的联结和分化，民事权利具有特殊的重要性。这种关系中的阶级不对称性，使工人运动具有了特殊的历史重要性，同时也分化了两个不同领域的工人运动。在这两个领域中，公民权利往往都是阶级冲突的焦点，而不是像马歇尔所说的那样是与阶级冲突对立的。在政治领域，工党或社会主义政党的建立（在很多国家，先前存在的政府总是积极抵制此类政党的建立），主要是为了争取普遍选举权，然后再实施、维护或扩大经济权利。在19世纪晚期和20世纪早期，劳工运动将民事权利和政治权利结合了起来，而且在这一过程中扩大了那些权利。但生产领域中的情况与此不同，而且后来一直不同。经济领域和政治领域的分离意味着：在资本主义发展的早期，工人从一走进工厂大门开始就丧失了对生产过程的所有形式上的控制和很多实际上的控制。

在先前的社会类型中，工人对劳动过程的实际控制是生产活动的内在因素，但在现代生产的监控场景下，这种控制必须要重新争取。在所有资本主义国家，工会组织以劳动力退出或威胁退出作为基础，是工人在工作场所可以使用的主要权力资源。罢工或罢工威胁是工作场所中控制辩证法的主要制裁手段，它起源于新型的现代生产条件。正如马克思在《路易·波拿巴的雾月十八日》的著名论述中所指出的，农民往往是分散的[11]，资本主义工作场所的发展为集体行动的出现创造了条件。但同样重要的是，企业主的统治赖以存在的工人的无产化，本身就是一种资源。依赖于劳动力协作的雇佣者，不仅容易受到集体退出的影响，也容易受到工人拥有的一系列其他实际控制的影响，尽管工人们没有正式地拥有这些控制。

因此，在我看来，与其说公民权利的扩展削弱了阶级划分，不如说阶级冲突是公民权利发展的媒介。**马歇尔所区分的三种公民权利都堪称双刃剑**。就监控方面而言，它们可以用来加强统治阶级对被统治阶级的控制，但它们同时也是斗争的手段，是可以用来抵制这种控制的手段。在资本主义社会，阶级支配是最重要的制度轴心，所有斗争都是围绕阶级支配进行的。就这一点而言，马克思的观点仍然具有说服力。但我们不能就此认为：监控是阶级关系的附带现象，随着资本主义阶级体系的消失，监控所催生的权力模式也将消失。围绕"资产阶级权利"进行的冲突不一定是阶级冲突。与马克思的观点相比，这些权利的实现程度和性质都更加复杂。

公民身份、意识形态和民族主义

我已经指出，传统国家的公共领域与国家的监管活动直接相关，但仅限于很小的"公共领域"。作为名词和形容词，"公共"（public）一词可能具有多重含义。一种公共的现象是"公开可见的"，而不是隐蔽起来的；属于整个群体，而不是属于共同在场的特殊情境中的人。"公共"的所有这些含义再次说明了书写在传统国家中的重要性。一个清单、一个文件或一个文本在一定意义上必然是"公开的"，因为它们与口头交流不同，是与作者相分离的——至少，在信息的电子储存方式出现之前是这样。正是由于这种分离，书面文档也摆脱了言语的情境限制：它们可以传达给无数读者。书写所维持的国家权力的公共空间存在很大的差异；这取决于识字能力的存在范围、相关文档的性质、使用文档信息进行沟通的场景。但是，国家的发展必然与话语模式的形成相一致，话语模式结构性地影响了国家权力。

农业国家的性质决定了行政权力的话语体系是相对有限的，总体而言不能传达到民众那里。但是，现代国家的特征是国家反思性监控的大幅扩张。国家主权的发展体现并进一步促进了一种新型的行政权力；这一过程首先体现在绝对主义国家的形成上，但在民族国家那里得到了充分的发展。对16世纪以来的政治理论家来说，当国家大部分人口都接纳了与主权相关的一系列观念时，国家才是"拥有至高权力的"[12]。这种接纳不一定完全是话语性的，尤其是对那些要服从国家行政但不直接参与行政过程的人而言。但当马基雅维利、博丹等人开始讨论"政治"时，他们不是在描述一系列社会变迁，也不是在提供政治建议，而是在将现代国家建构为一种新型的行政权力秩序。公民身份观念的发展与此密切相关，它与整个政治共同体的成员资格相关。在很多情况下，传统国家的大部分人口并不知道自己是国家"公民"，而且这对于权力的延续也不是特别重要。但国家行政对民众日常活动的渗透范围越宽，这种理论越站不住脚。国家主权的扩张意味着，民众在某种意义上意识到了自己在政治共同体中的成员资格，以及这种资格赋予的权利和义务——尽管这种意识刚开始可能是模糊的，但会变得越来越清晰和明确。

印刷的发展和识字能力的提升拓宽了"公共"领域，使之首次在历史上既用作名词也用作形容词。印刷不仅极大地扩展了国家的反思性监控能力，而且拉大了沟通传播与口头交流情境之间的距离。但直到民族国家出现之后，印刷的潜能才得到充分的认可和运用。官方统计数据常规性收集的时代，也就是大量杂志、公报、报纸和小册子出现并到达广大读者那里的时代。古尔德纳（Gouldner）对此进行了有力的分析：

起初，这些出版物可能是"新闻"与文学评论的结合。但到1800年，新闻占据了主导地位。这是因为：议会和政治中心引起了广泛的兴趣；商场在国内和国际体系中的扩展意味着遥远的地方发生的事件会影响本地的价格和供给……大众传媒和"公共"空间的出现是相互促进的发展过程……大众传媒的发展使很多人几乎同时接触到持续的信息流；这种大众传媒首先体现在印刷品上。信息成为去情境化的（decontextualized），因为信息必须让具有不同背景和兴趣的人都感到容易理解、饶有兴趣、令人信服；而且这些人素不相识、互不影响。[13]

从"公共"领域中信息的话语性质和范围中，我们可以发现现代国家意识形态的某些主要维度。在现代国家，不同群体以话语的方式构建那些表达其利益的政策或方案的能力，以及在公共领域中开辟宣传这些政策或方案的空间的能力，变得至关重要。虽然民族国家中的所有成员具有一系列共同的、构成其主权和多元统治特征的观念，但这些观念主要存在于实践意识中，而不是作为行动的理由存在于话语中。虽然这种说法适用于所有社会阶层，但可能更加适用于特权阶层，或更一般地说，更加适用于统治阶级。

当然，重要的不仅仅是利益的话语表达程度和性质。至少，话语表达的另外三个重要方面，也会影响符号体系的意识形态意味。

1. 对"政治"领域的界定。从原则上说，这个领域是国家可以进行干预和控制的领域。在资本主义社会，国家与阶级体系之间存在直接的联系，因为经济关系的"去政治化"（depoliticizing）是阶级统治的基础。

2. 符合"普遍利益"（general interest）的实践、计划和政策的界定。它们与偏袒群体或阶级的部门利益相对立。国家的行政统一程度越高，政府诉诸（以不同方式表达的）"普遍利益"的程度也就越高，从而维持其统治基础。同样，加强阶级偏见的压力往往很大。这是因为，虽然企业主群体不直接"运作"国家，但资本主义社会中的国家机构在物质上依赖于经济企业的繁荣所提供的税收。

3. 以计划或实际的社会变迁趋势为基础，对"历史性"（historicity）所作的阐述[14]。所有国家的反思性监控都包括以某种方式发明"历史"，即对过去进行阐释，这些阐释为未来的发展预期提供了根据。但只有在现代西方社会,"历史"才变成了"历史性",即作为改变历史的一种手段,控制利用对历史的反思。

我们也可以从这三个方面对民族主义的意识形态特征进行分析[15]。当然,民族主义并不完全是一种意识形态,但它与国家行政的统一之间的确存在着一定的联系[16]。主权、公民身份和民族主义是相互联系的现象,我下面就是要阐明其原因。

布鲁伊利(Breuilly)对解释民族主义的路径所作的分类非常有帮助[17]。其中之一是与马克思主义相关的解释路径。马克思很少关注民族主义的性质和影响问题,而且他所做的讨论既不全面,也不深刻[18]。后来的马克思主义者则非常关注"民族问题",但由此进行的研究却并没有充分说明民族主义的性质和起源。各种马克思主义的解释认为,民族主义隐蔽地体现了统治阶级的利益。晚近从马克思主义视角对民族主义所做的解释中[19],最具代表性的是奈恩(Nairn)的解释[20]。他认为,民族主义起源于世界资本主义经济中的地区不均衡发展。传统马克思主义观点认为,阶级斗争是"历史变迁的发动机,民族只是一种附带的现象。因此,民族现象是不可能掩盖阶级斗争的"。民族主义的根源是资本主义的扩张,而不是阶级体系。"随着资本主义的扩张及其对古老社会形态的破坏,社会总是倾向于沿着内部断层线出现分裂。一个基本的事实是,这些断层线几乎总是民族性的断层线(虽然根深蒂固的宗教划分也在某些情况下发挥了同样的功能)。"[21]

奈恩的观点尽管有其合理成分,但关注的似乎只是反殖民主义形态的民族主义,而不是欧洲国家最初的民族主义。欧洲的主要民族主义形态,很大程度上并不是在经济特别贫困的地区出现的。比如,19世纪中期德国的民族主义,可能与德国"落后于"欧洲先进国家有关;但如果认为这是德国民族主义的主要根源,则站不住脚。在其他情况下,民族主义是在最强大的国家发展起来的,而不是在弱小或病态的国家[22]。奈恩的观点在多大程度上适用于殖民地或后殖民地地区也令人怀疑。显然,全球范围的资本主义发展与民族主义情感的形成具有一般性联系，但这种方式并不能充分解释特定区域中民族主义的重要性和具体符号内容。

第二种研究路径与多伊奇（Deutsch）等人相关[23]。这种研究路径似乎与解决这些问题更加直接相关，因此更具吸引力。多伊奇特别强调，国内传播的发展催生了一种共同的道德和政治认同感。在这种观点看来，我指出的那些提高国家行政权力的因素，也直接促进了民族主义情感。但仔细考察可以发现，这种理论的说服力并不强，因为传播的发展与国家的巩固之间并不存在必然联系，而且该理论也没有解释国家的巩固为何一定会伴随着民族主义。盖尔纳的立场与多伊奇的立场具有明显的相似性，但前者的确在试图说明民族主义为什么与传播的发展有关。工业化国家的经济依赖于文化的同质化、普遍的读写能力和"相当统一的教育体系"[24]。工业主义的发展迫切需要在整个人口中传播共同的思想和信仰模式。民族主义正是将共同的思想和信仰赋予了国家，国家则是协调这些模式的手段。但这种分析在多大程度上超越了多伊奇还是令人怀疑。正如前面强调的，就工业化社会为什么必定是民族国家的问题而言，工业生产并不是内在原因。此外，盖尔纳也没有将民族国家与民族主义区分开来。

最后一种研究路径是对民族主义的"心理学"解释[25]。多伊奇和盖尔纳都没有充分分析民族主义的内容，他们认为，民族主义的内容与其性质和影响没有太大关系。但在其产生的时候以及20世纪发展的各种形式中，民族主义情感往往具有一些共同的符号象征。对祖国（homeland）的依恋，创造和灌输特定的理念和价值，将某些历史特征追溯到特定的"民族"经历，这些都是民族主义反复出现的一些特征。大部分民族主义的心理学解释都认为，这些观念与个人归属于其所认同的集体的需求有关。由于先前能够满足这种需求的群体（比如，地方共同体和亲属群体）很大程度上已经消失，民族主义的符号象征提供了一个现代替代物。民族主义不仅提供了群体认同的基础，而且表明了这种认同是一种与众不同的宝贵成就。民族主义尽管是一种相对新颖的学说，但它迎合了以过去为寄托的群体认同需求。

这种解释路径不仅可以分析民族主义的起源，而且可以分析民族主义后来的多样化发展。现代经济和政治的发展消解了先前的传统文化，造就了对新的群体符号象征的需求，民族主义是这些符号象征中最有力的一个。民族主义产生了一种团结精神和集体责任感，在文化衰退的背景下，这种精神和责任感具有很强的动员能量[26]。

虽然我也认为民族主义的心理维度非常重要，但这种理论所假设的群体认同需求的根源和特征仍非常模糊，因此难以令人满意。这种理论没有说明民族主义与国家的关系，也没有说明民族主义与权力不对称及意识形态之间的关系。此外，民族主义情感往往起伏不定，也不是日常社会生活中的一部分；这种情感不同于小群体中的符号象征，虽然小群体中的符号象征也可以满足同样的心理需求。

我介绍有关民族主义的解释路径并不只是为了反对它们，而是想说明：解释民族主义的起源，需要整合它们指出的因素，将它们放入一个不同的框架中进行整合。我不想对20世纪的所有民族主义形式进行分析，而只是想集中关注欧洲民族国家的民族主义。对这种情境下的民族主义进行解释应该阐明下列特征：

1. 民族主义的**政治**特征，即它与民族国家的关系。

2. 民族主义与工业资本主义的关系，或更具体地说，民族主义在阶级支配中的**意识形态特征**。

3. 民族主义的**心理动力机制**。民族主义是一系列情感和态度，而不是一套制度化的实践。我们很难否认：民族主义包含独特的心理过程。

4. 民族主义的特定**符号内容**。

首先，我想讨论作为符号体系的民族主义的内容问题。无论民族主义的理念存在何种区别，它们往往都将"祖国"的概念（领土概念）与创世神话联系在一起，从而赋予承载这种理念的共同体以文化自主性。"民族主义者所追求的团结以土地占有为基础；这里的土地并不是任意的土地，而是历史的土地，过去世代占有的土地，见证了民族壮举的土地。"[27] 为了获得文化自主性而诉诸过去世代的正当性的做法，被布鲁伊利称作"历史主义"。这种说法与我前面所说的历史性密切关联。这里我们可以再度发现：历史学家和哲学家认为他们主要是描述了特定的环境，但他们提出的思想却建构了他们所描述的环境。从某些方面而言，赫尔德（Herder）的作品并不能代表对中欧以外的民族主义的所有研究；但另一方面，他的作品又很好地说明了历史主义是民族主义思想的来源。在赫尔德看来，"历史"不仅仅是对过去的记录，而是把握集体文化统一性的手段。理解一种文化及其具体的发展历程，要求从整体上进行理解，理解其与众不同的文化价值。在这一方面，语言至关重要，因为语言必然是共同体的产物，存在于任何特定世代之前，体现了特定文化体系的独特性的主要维度。

乍看起来，这些观点与经典自由主义的"资产阶级理想"完全不同，因为后者具有普遍性特征。我们这里的确可以发现，例如，英国功利主义思想与德国浪漫主义思想之间的对立。但将这些思想与民族主义的符号联系起来进行仔细观察，可以发现，它们之间存在着一种以主权和公民身份为中介的强烈关系，尽管这种关系已经有所弱化。图4表现了这种关系。

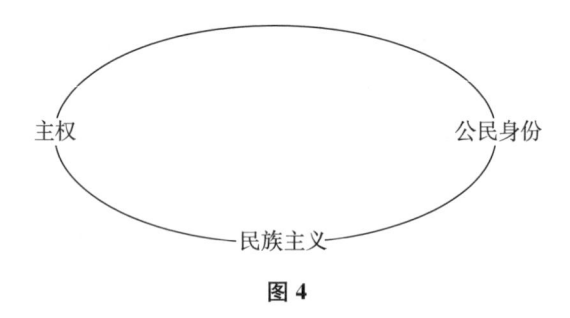

图 4

为了理解这种关系以及与之相伴的观念对世界的影响，我们必须将它分成三组而非两组关系。赫尔德提出的那种思想可以从两个方向进行扩展。一是将特定国家的文化成就视为独特而宝贵的，并因此将它抬高到至高无上的地位。在某些情况下，如此建构起来的"历史使命"可能会为最邪恶的侵略性民族主义提供工具。但我们不能错误地认为，这种邪恶的发展方式是"文化历史主义"的唯一发展方向[28]。

正如赫尔德所希望的，这种观念也可以将文化多样性和普遍性政治组织的观念结合起来。以语言为中介的文化价值体现了不同的历史进程。共同体保存着这些价值；我们可以从平等主义的角度理解共同体成员，因为所有人都是同一集体经历的继承人。二是虽然其他共同体也可以被视为独特的，但这些共同体也都可以享有平等的地位，被视为人类文化固有的多样性。由于作用方向不同，民族主义、主权和公民身份等观念之间可能存在不同的联系和张力。如果民族主义主要以主权为导向——尤其当多个国家之间相互竞争，或某个现存国家处于紧张整军备战之时——民族主义情感可能会转向排外主义，强调自身对于其他民族的优越性。在这种情况下，公民权利可能会发育不全或受到限制，尤其是民事权利和政治权利。如果公民权利得到更加坚实的发展或实现，它们也会使主权和民族主义的联系朝相反的方向发展，促进多元政治形式的民族主义情感的发展。

这就是许多民族主义研究者所指出的民族主义的双面性：一方面，民族主义会产生致命的民族侵略性；另一方面，民族主义也会产生启蒙的民主理念。但这也具有心理性的方面[29]。我已经指出，除非在反常或转型情况下，民族主义情感往往与日常社会生活相距较远。对民族主义进行心理学解释必须要考虑这一现象。另外一种现象是民族主义与领袖人物之间的关系；虽然研究文献中很少提及，但却是民族主义的普遍特征之一。毫无疑问，民族主义情感通常是以分散的方式得到经历和表达的，但在强烈拥护民族主义的情况下，领袖会以某种方式成为表达民族主义的焦点。考察社会活动在人造环境这种时空场景中的例行化，可以帮助我们澄清这些现象的性质。在现代国家背景下，大部分日常生活的例行化特征并不以传统的道德体系作为基础。在这种情况下，本体性安全感的心理基础脆弱无比，依赖于"无道德意义"的常规生活；对可能产生威胁的事件和经历进行隔离也保护了这种安全感。"道德意义"退到了私人生活和公共生活的边缘位置，民族符号（尤其是共同语言，它可能是共同经历的最有力体现）所提供的共同性（communality）成为本体性安全的支持手段，尤其当感到国家之外的威胁时。

当常规生活的破裂或普遍的焦虑感威胁到个体的本体性安全时，往往会产生退行性的对象认同。个体也更容易为领袖人物的影响所左右，而且他们对领袖人物的认同依赖于相对强烈的情感依赖。如果勒庞（Le Bon）或弗洛伊德的领导权理论是正确的，那么对领袖及其领导权符号的退行性追随，是以产生高度焦虑感的情境所带来的高度暗示作为基础的。一些政策和奋斗目标因此可能会得到大众的支持；而在其他情况下，人们很可能对它们漠不关心或心存疑虑。这种支持很可能是不稳定的，其持续性往往非常有限，可能在相互不同的立场之间摇摆不定。所有的民族主义领袖都会倡导某种形式的民粹主义；但在某些情况下，被认同的领袖代表着更加"民主的"民族主义，在另一些情况下，则是更具侵略性的"排外的"民族主义。我们因此可以从这里发现民族主义两面性的心理基础。

前面这些论述也表明，我们不能像凯杜里（Kedourie）那样将民族主义视为西方学者所创造的某种反常，也不能像传统马克思主义那样将民族主义视为统治阶级宣扬的意识形态。民族主义在心理上依赖于现代社会的独特特征，其内容与现代社会创造的历史性有关。但民族主义的情感和符号在意识形态上并不是中立的。正是在这一点上，我们有必要将以前有关意识形态的讨论与民族主义联系起来，也有必要将意识形态与下面这个问题联系起来：为什么民族主义具有内在的政治特性。本章前面的论述可以使我们更容易理解这些问题。民族主义是主权的文化情感，而主权是边界清晰的民族国家中行政权力协调的伴随物。随着民族国家的到来，国家拥有以前所没有的行政统一性和领土统一性。但这种统一性不会**纯粹**是行政性的，因为其中活动的协调还需要文化同质性[30]。如果整个共同体不能作为自觉的公民"在观念上"进行参与，就不可能出现传播的扩展。与传统国家不同，民族国家是一个"观念共同体"（conceptual community）[31]。共同的语言和共同的历史符号是建立这种共同体的最根本方法（有些领袖也这么认为，他们从最初的"民族"经历中知道了这一点）。但是，只有在政治边界与现存语言共同体相当一致的情况下,民族国家和民族主义才能相对完美地结合起来。在所有其他情况下——也是到目前为止现代世界的大部分情况——民族国家的到来,既激发了分裂性和反抗性的民族主义,也促进了民族主义情感与现存国家边界的一致性。

显然,反抗性的民族主义起源于工业资本主义的扩张,这一点在欧洲和世界范围都是如此。不均衡发展的形式是地域性的,其中,国家内部的和民族国家体系中的边缘地带处于系统性的劣势地位。但是,民族主义运动并不只是直接反抗资本主义掠夺的各种运动中的一种;在原来由传统行为模式控制的领域遭到破坏后,民族主义运动将历史性注入了这些领域,并将这种历史性与宣称国家主权联系在一起。正是由于民族主义与要求现代政治自主性之间具有内在的关联,所有的民族主义运动都必然是政治性的;无论民族主义在多大程度上吸纳了其他的符号象征,都是如此。

当然,统治群体可以精心地发展和操纵民族主义符号,从而维护他们的局部利益,而且他们也经常这么做。我们不难理解民族主义信仰和价值所具有的意识形态价值。民族主义是一种情感,可以被用来获取民族共同体对于政策的总体支持,这些政策对于共同体中的不同部分或阶级具有非常不同的后果。但就某些方面而言,民族主义的这种意识形态影响是最无趣和最不重要的。更深层次的意识形态影响是:现代国家的反思性监控所包含的、作为监控设施的那些条件,也是有利于民族主义产生的那些条件。社会再生产的监控中所包含的话语能力,对于国家至关重要,民族主义的意识形态影响集中在话语意识和"生活体验"交汇的地方。作为主权的"道德因素",民族主义符号提供的核心政治话语,显著地影响了关于民族团结和民族对立的言论。通过提供神秘的创世神话,民族主义将新近和偶然发展的民族国家自然化了(naturalize)。但与此同时,民族团结的话语也阻碍了对利益的其他话语表达方式。现代政治话语认为,"政治"与具有明确边界的国家有着内在的联系。因此,就被统治阶级(或其他群体)而言,改革方案要想取得成功,通常要以维护"民族利益"的面孔出现。但与对立群体相比，统治阶级更容易用"民族利益"来包装他们的政策，因为他们在话语阐述的风格和形式方面拥有更大的影响力。

【注释】

[1] 本迪克斯如此轻视阶级分化，以至于 *Kings or People* 一书的索引中既没有出现"阶级"概念，也没有出现其他相关观念。就这一点而言，索引编者非常忠实于该书的观点。

[2] Charles E. Lindblom, *Politics and Markets* (New York: Basic Books, 1977), pp. 132-3 and *passim*. 林德布洛姆的分析强烈地依赖于 R. A. Dahl, *Polyarchy* (New Haven: Yale University Press, 1971). 亦可参见 Dahl, *A Preface to Democratic Theory* (Chicago: University of Chicago Press, 1956).

[3] Dahl, *Polyarchy*, pp. 1-2.

[4] 同样是在追随 Dahl, *Polyarchy*.

[5] T. H. Marshall, *Class, Citizenship and Social Development* (Westport: Greenwood Press, 1973).

[6] Parsons, 'On the concept of political power', and 'Some reflections on the place of force in social process', in Harry Eckstein, *Internal War* (Glencoe: Free Press, 1964). 亦可参见 Luhmann, *Trust and Power*.

[7] 这里我大量引用了 'Class division, class conflict and citizenship rights', in *PCST*.

[8] 转引自 Marshall, *Class, Citizenship and Social Development*, p. 46.

[9] Marshall, Ibid., pp. 84 and 96-7.

[10] cf. *CCHM*, vol. Ⅰ, chapter 6.

[11] K. Marx, 'The Eighteenth Brumaire of Louis Bonaparte', in Marx & Engels, *Selected Works*, pp. 171-2. (马克思, 恩格斯. 马克思恩格斯选集：第1卷. 3版. 北京：人民出版社, 2012：762.)

[12] cf. Quentin Skinner, *The Foundations of Modern Political Thought* (Cambridge: Cambridge University Press, 1978), 2 vols.

[13] Alvin W. Gouldner, *The Dialectic of Ideology and Technology* (New York: Seabury, 1976), p. 95.

[14] *CPST*, pp. 221-3.

[15] *CCHM*, vol. Ⅰ, pp. 190-1.

[16] Armstrong, *Nations Before Nationalism*, p. 9ff.

[17] John Breuilly, *Nationalism and the State* (Manchester: Manchester University Press, 1982), p. 19ff. 我对这些范畴进行了一些调整。

[18] cf. Bloom, *The World of Nations*.

[19] 盖尔纳认可这一点，但他也认为，马克思主义并没有使它更加富有启发性。参见他的 *Nations and Nationalism*, p. 96.

[20] Tom Nairn, *The Break-up of Britain* (London: New Left Books, 1977).

[21] Nairn, *The Break-up of Britain*, pp. 351, 353.

[22] E. Gellner, 'Nationalism, or the new confessions of a justified Edinburgh sinner', in his *Spectacles and Predicaments* (Cambridge: Cambridge University Press, 1979).

[23] Karl W. Deutsch, *Nationalism and Social Communication* (Boston: MIT Press, 1966).

[24] Gellner, *Nations and Nationalism*, p. 140.

[25] 比如，参见 L. Doob, *Patriotism and Nationalism* (New Haven: Yale University Press, 1964); Anthony D. Smith, *Theories of Nationalism* (London: Duckworth, 1971).

[26] cf. David Apter, *The Politics of Modernization* (Chicago: University of Chicago Press, 1965); 和 'Political religion in new nations', in Clifford Geertz, *Old Societies and New States* (New York: Collier-Macmillan, 1963).

[27] Anthony D. Smith, *Nationalism in the Twentieth Century* (Oxford: Martin Robertson, 1979), p. 3. 参见本尼迪克·安德森关于民族主义的"近代历史的压缩性想象"特征的论述。Benedict Anderson, *Imagined Communities* (London: Verso, 1983).

[28] cf. Elie Kedourie, *Nationalism* (London: Hutchinson, 1960).

[29] 这里，我沿用了 *CCHM*, vol. I 第192—196页的分析。

[30] Smith, *Nationalism in the Twentieth Century*, p. 187.

[31] 正如霍布斯鲍姆对"被发明的传统"(invented traditions)的论述：

我们应该看到旧实践与新实践之间的一个显著差异。旧实践是具体的，与社会实践密切结合；新实践则往往是非常不具体的和模糊的……但是，虽然英国爱国主义和"美国主义"的内容界定不清，但在仪式场合中的内容通常是具体的,它所表示的实践实际上是强制性的——比如,英国唱国歌时要起立,美国学校中的升旗同样如此。其中的关键因素是群体成员的情绪性和象征性符号,而不是群体的规章和目标。它们的重要性正在于其不明确的一般性。

Eric Hobsbawm and Terence Ranger, *The Invention of Tradition* (Cambridge: Cambridge University Press, 1983), Introduction, p. 11.

第九章　资本主义发展与战争工业化

前面三章主要是分析性的，为本书后面的分析提供了概念基础。本书接下来的部分将集中探讨民族国家体系在20世纪向全球扩展的过程。这一过程的历史背景是：欧洲国家长期保持和平的时期与接下来两次世界大战的爆发之间的鲜明对比。

"长期和平"

在整个19世纪，大国之间定期举行国际会议以裁决各种潜在的危险争端。新兴民族国家之间保持了相对和平，但这并不意味着这些国家内部和世界其他地区没有紧张和冲突。相反，对现存秩序的挑战困扰着内部和平进程；欧洲对全球其他地区的影响的扩展，也伴随着各种各样的血腥冲突。但欧洲国家之间实现安全的途径是一种制度设置；很多思想家都认为，在这种制度设置中，工业主义或资本主义正在取代以前的军事暴力。但这一时期也是军事力量和创新的发展时期，其后果首先在欧洲以外的地区表现了出来。正如麦克尼尔所说的：

> 在欧洲行动圈的边缘地区……结果是系统性扩张——印度、

西伯利亚和美洲都是如此。边缘的扩张拓展了贸易网络，增加了欧洲的税收财富，也减轻了支持武装机构的负担。简言之，欧洲进入了一种自我强化的循环：军事组织支撑着经济和政治扩张，经济政治扩张也支撑着军事组织；而且，这种经济和政治扩张是以世界其他民族和国家的利益为代价的。现代的全球史记载着这样的事实……技术创新和组织创新持续不断；这使欧洲人越来越领先于世界其他民族，直到19世纪形成了全球范围内的资本主义循环体系；这个体系为欧洲人提供了便利，但对亚洲人、非洲人和大洋洲人却是灾难。[1]

比如，在某种程度上，英国军队从19世纪开始就持续地进行殖民战争。根据一份权威估算，如果我们将辅助军队也包括在内，英国军队在1803—1901年间卷入了50场重大殖民战争[2]。在那个世纪里，其他所有欧洲大国也都参加了一些大规模战争；当然除英国外，其他大国都至少还经历了一次重大的政治转型。他们进行的战争第一次使用了工业主义所创造的武器装备；除普法战争有所例外，所有胜利都是工业化国家对农业国家的胜利。"战争工业化"包括许多相关变迁；这些变迁首先出现在18世纪晚期或稍后一点，并于20世纪达到顶峰。第一次世界大战实质上是这些变迁的最终结果。这些变迁包括：工业生产技术在武器生产中的应用，以及现代运输和通信模式在军事上的应用；军事的职业化，包括废除雇佣兵——虽然这种做法还持续存在于殖民地中——和重组军官群体；去除战争的展示性和仪式性，首先体现为放弃色彩鲜艳的制服而采用迷彩服，所有等级的官兵都要穿迷彩服；在战争中，陆军、海军及后来的空军在总体战略部署中整合起来——这也带来了从"有限战争"向"全面战争"（total war）的转变。

工业技术对战争的影响首先集中在通信上。正如前面所说的，军事运输的后勤保障不仅影响了战争行为，也影响了阶级分化社会的性质。传统国家的系统整合直接依赖于使用暴力的威胁，而军队相对缓慢的行动限制了暴力制裁作为一种权力维系方式的使用。战争通常具有仪式性和"预备性"特征，这不仅因为战争和其他社会生活一样充斥着传统惯例，而且因为军队需要（通常也被允许有）时间在预定的战场上进行排兵布阵。

铁路、汽船和电报让这一切一去不复返了。在大规模战争的发展过程中，铁路比所有其他的技术创新都更加重要。1840—1870年之间的"铁路繁荣"，结束了奔赴战场的长途跋涉，让"前线"取代了传统的小规模战斗[3]。就为了军事目的而进行铁路系统建设的程度而言，欧洲各国之间存在着很大的差异。普鲁士是为军事目的而使用铁路的最明显例子，也是对后世影响最大的例子。普鲁士的总参谋部对于国家铁路系统的建设和规划具有相当大的影响力[4]。英国铁路系统的发展主要出于商业利益的自发努力，普鲁士则很大程度上出于满足军事需要。总参谋部建立了专门的铁路部门，主要是为了实现军事目的而进行铁路规划。虽然不无困难，但到1870年，这一系统显露了它的效果，在萨尔（Saar）和莱茵河左岸（Rhineland）快速集结了德国军队。意大利的铁路网起源于占领土地和实现统一的梦想。加富尔（Cavour）发起了从皮埃蒙特（Piedmont）修建铁路的计划，也是为了让铁路成为"意大利靴子的缝合线"[5]。无论英国的铁路如何与军事目的相分离，在海外纷争中英国依然是在军事中使用铁路的佼佼者。在印度和其他地方，英国都建立了复杂的铁路网，作为其殖民统治的支柱。

19世纪早期是汽船技术快速发展的时期，它也是由英国引领的。但在一个时期内，这一发展也与海军规划相分离，世界上最强大的海军使用的基本上还是过去两个世纪中使用的木船。著名的海军办公室备忘录记载了海军大臣的观点：汽船不应该被应用于海军舰队中，"因为引入蒸汽动力会给帝国的海军霸权带来致命的打击"[6]。欧洲其他国家则更富远见，看到了蒸汽动力船具有快速灵活的优势，也看到了这些舰船可以使用钢铁装甲进行保护。英国海军部很快不得不反思其保守主义的立场；由于具有发达的工业基础，英国可以相当容易地赶超其他国家所取得的进步。正是在这里，工业、技术和科学令人恐怖地结合了起来，应用于武器的生产，并扩展到军事生产的各个方面。米尼式子弹的发明使来福步枪大大地优于滑膛枪。1819年，美国首先发明了后膛枪。19世纪后半叶，后膛枪才得以大规模使用，为自动武器的发展奠定了基础。"机枪"的说法很好地反映了工业与武器的结合，蒙蒂尼机枪、加特林机枪和加德纳机枪是最早的代表性机枪[7]。

1860年，在伍利奇兵工厂（Woolwich Arsenal），特制的机器每天可以生产25万枚米尼式子弹和差不多同样数量的弹筒[8]。这个兵工厂还制订了专门的科学研究计划，以鼓励武器性能和生产方面的技术创新；美国和欧洲主要国家也都有类似的计划。武器的大规模生产，为长期从事军械制造和贸易的企业注入了新的动力。伯明翰轻武器公司、伦敦轻武器公司等企业虽然也都为国际市场进行生产，但它们的核心生意依然是政府订单。虽然武器制造商在国内和国际范围内激烈地相互竞争，但国家也都认为，武器的生产和分配必然关系到国家利益，应该进行严格的限制。这绝不是说，政府官员一直在推进最有效的技术进步模式，后来的政府决策也存在与那位海军大臣类似的看法。但在影响现代世界的众多因素中，工业生产和军事力量的结合是至关重要的一环。仅仅将军事工业视作资本主义贪婪扩张的又一表现，是一种错误的观点。工业资本主义为战争工业化提供了手段，但民族国家的活动与介入才是这一现象的根源。

19世纪和20世纪早期西方国家与世界其他国家之间的"武器装备差距"，对于全球历史的影响无论怎么夸大都不为过。与之前情况不同的是，西方的军事优势不再依赖于在欧洲之外的大规模驻军。在欧洲战场之外，新的军事纪律和训练模式也不再是欧洲优势的决定性因素。大部分殖民战争和其他外部战争是通过新兵或小规模特遣部队进行的。击溃强大传统国家的一些关键战争，是通过高度灵活、火力强大的小股部队进行的。在非洲有很多这样的战例，但最典型的例子可能是中国：一支规模甚小的英国军队击败了这个帝国的守军。当然，在欧洲极度扩张的19世纪里，欧洲霸权就存在其局限，这种局

第九章　资本主义发展与战争工业化

限后来演变为成熟民族国家体系的两极,即美国和俄罗斯。到内战时期,美国的潜在军事实力就很明显了,虽然那时还局限于美洲范围内。克里米亚战争后,俄国的内部巩固阻止了西方的扩张,俄国自己则向东进入中亚地区,并通过工业和军事力量的融合征服了中亚社会;正是工业和军事力量的这种融合,使得欧洲国家统治了世界其他地区。日本的地理隔离和快速现代化,使它成为欧洲军事力量无法渗透的重要国家。

第一次世界大战把这些国家都卷了进来;在这一意义上,"世界大战"名副其实。就参战人员(和非参战人员)的数量、战争的破坏程度和武装战斗的方式而言,这次世界大战都是过去所无法比拟的。在边境战役和马恩河战役中,双方都有50万人丧生——比50年前普鲁士军队的总数还要多[9]。在索姆河战役中,双方的死亡人数甚至更多。从来没有哪一场战争如此持久,士兵如此持续地战斗。索姆河战役不仅是前所未有的大屠杀,更是工业化战争的缩影:

> 宽阔而狼藉的索姆河平原上……在白垩色的土地上,宽大的铁丝网锈迹斑斑、残破不堪、四处零散……我看到了被奴役的面孔和身影成队前行。厚重的土褐色衣服被汗湿透了,还布满了白垩土……机枪刺耳的噼啪声变成了尖叫声。那尖叫声,就像上百台蒸汽机车的声音。不一会儿,所有人都倒下了。[10]

"厚重的土褐色衣服"还表明了一个世纪以来军队组织所发生的其他变化:上层军事指挥官的职业化,也伴随着大规模征兵的发展。在民族国家,虽然军队在某些情况下会控制政治,但军事力量已不再是国家内部行政权威的必要基础。这个现象的另一个侧面是,军队不能再像以前那样可以"选择退出"政治系统,也不能脱离更广泛的主权共同体[11]。这是因为,在战争工业化时代,武装力量依赖于领土性主权国家所控制的工业主义生产设备。即使在军队统治中,军队也不能直接进行治理,而要依赖于纯粹"文官"政府那样的常规行政机构。另一方面,除非在少数例外情况下,"文官"政府中政治和军事权力的区分,比阶级分化社会中的要更加明确。正如前面指出的,与

213

政治和经济的分离一样，国家领土范围内军事权力与政治权力的"分离"，也是欧洲民族国家的显著特征。大规模常备军的发展是民族国家的一个主要特征，常备军成了自主的职业（必要时，征兵会带来这些职业的膨胀）。

亨廷顿有关军队职业化的讨论仍然是对这一现象最好的总体性解释[12]。正如他所指出的，在19世纪之前，军官集团通常是由贵族或雇佣军官组成的。对于贵族而言，战争依然是一种个人爱好、一种表现英雄气概的方式；对于雇佣兵军官而言，战争是一种逐利活动。随着绝对主义的巩固和发展，由于君主力图在常备军中建立起持久的忠诚，雇佣军官逐渐被贵族排挤出去了。军人或是在一定时间内自愿服役，或是通过某种方式被强制服役。在18世纪中期的法国和普鲁士，军官的选拔几乎完全限于贵族。在法国，从军是没落贵族获得收入的一种手段；到18世纪末，整个军队的三分之一是由军官组成的。英国军队中，军官地位是通过购买获得的，由乡绅的年轻子弟组成。它虽然不再是封建主义的领导方式，但也保留了这种信念：勇气和荣誉是少数人天生的品质。针对普通士兵发展起来的军事训练主要是战场上的战术，而且也没扩展到军官层级。换言之，军队还不是完全现代的、反思性监控的组织——尽管军事领域首先发明了一些监控技术。这表现在：1800年以前还不存在"军事科学的观念。军事科学应该是一个统一的、全面的、独立的知识分支；其逻辑分析需包含其组成要素，但与其他知识分支具有某种明确的关系"[13]。

普鲁士在19世纪早期进行的军事改革，是迈向军官职业化的第一个重大步骤，虽然土地贵族依然是军官的主要来源。沙恩霍斯特（Scharnhorst）和格奈森瑙（Gneisenau）建立的公开征兵、考试和晋升政策，对军队组织产生了重大的影响。尽管这些政策远没有得到充分而系统的实施，但它们成为其他国家的学习样板。到19世纪后半叶，所有欧洲国家以及美国和俄国都建立了军官培训学校以及招募和晋升的官僚化体系。就普通士兵而言，与这些发展同步的是全民征兵实践和"全民皆兵"观念的发展。前面讨论的公民权利、主权和民族主义之间的关系还具有另一种影响。从"业余"军官向"职业"军官的转变,无一例外地伴随着公民士兵对职业士兵的补充[14]。在法国,1789年的大革命消除了贵族在军官集团中的统治地位;稍后,全民征兵也得到发展。除个别情况外,政府可以通过抽签的方式征召健康的年轻男子,因此,1813年拿破仑才可以组建起一支由130万法国人组成的军队[15]。

1814年,普鲁士颁布法令,建立固定的普遍兵役制度,要求所有普鲁士人必须在军队中服役五年,包括三年现役和两年预备役。在其他国家,"全民皆兵"的发展趋势也非常明显,虽然直到20世纪才出现和平时期的兵役制度[16]。总体而言,在过去一个半世纪里,职业化常备军和大规模征兵的发展是不均衡的。虽然大多数国家建立了某种征兵制度,但在非战争条件下不一定彻底执行这种制度。然而,19世纪末以来,所有西方国家都打破了军官和普通士兵之间之前的差异。军官是专业化的职业群体,与更大的社会没有什么联系;普通士兵则主要由一定时期内武装起来的公民组成。

士兵和军官都身穿同样的暗色制服,这也表现了现代大规模战争的一些特点。这种制服在战场上是一种伪装;在战场上,大部分努力都是为了免受大规模杀伤性武器的伤害。虽然勇敢与英雄主义的价值依然存在,但与传统的勇士伦理存在明显的区别;在传统的勇士伦理中,战争与展示和荣耀相关。和其他监禁性场景一样,在作为组织的军队中,制服具有同样的规训权力的含义,有助于清除那些可能干扰常规性服从行为模式的个人特征。制服也向平民表明了军队的特殊形象,即军队是专门的暴力机构——准军事性的警察部门也在一定程度上承担着同样的角色。这已经成为民族国家如此普遍的特征,以至于我们很难意识到其创新之处。在战争工业化之前,"战争技术"与其他的工具或工艺几乎是不可能严格区分开的。装甲和火炮显然属于"战争技术",但在现代制造方法发展出来之前,它们因造价太高而无法取代常规的手持武器。长期以来,人们携带刀剑以进行个人防护和其他用途,但也应用于军事目的[17]。

如果说全民征兵为全面战争提供了人力资源，那么运输和通信的融合则提供了必要的物质基础。这些因素极大地影响了发动战争时武装力量的集结以及持久战中的时空协调。"发动战争"的过程在传统社会被划分为几个阶段；每一阶段都要花费相当长的时间，都涉及缓慢的人员移动。部队必须进行动员，必须将投入战斗的士兵和必要的物资集结起来，必须按照行军计划进行集中，还必须行进至战场[18]。到19世纪下半叶，这些阶段的划分很大程度上已消失。常备军的存在，加上可以短期内召集起来的预备军，可以快速地形成大规模的战斗力。武器装备已经专业化，且批量生产，军队因此可以在任何时候配备发动战争所必需的手段。无论是战争时期还是和平时期，军队都得到持续的训练和管理，行军准备因此更加迅速。快速的运输使军队集结和攻击敌人合并为一个过程——1866年入侵波希米亚时，毛奇（Moltke）首次使用了这种战术。

在这种相互协调的行动中，电报是一个重要的因素，在战争过程中同样如此。在向前推进的过程中，通过简单便捷的电报线，普鲁士军队就可以保持前方部队与司令部之间的联络。只要有电报站，电报命令就可以即时送达战区的各个角落。和工业化社会一样，工业化战争也是电子化战争，虽然在其早期发展阶段还不完全可靠。保持数英里的电报线完好无损并非易事，而且电报常常会在关键时刻失灵。比如，在克尼格雷茨（Königgrätz）会战前夕，毛奇与王储的军队失去了联络，因此必须派遣骑兵将他们带到战斗地点[19]。但电子通信提高了协调军事力量的可能性，也因此极大地扩展了战区范围。能够进行即时报道的电子通信，也将战争展现于公共领域，其方式与"战争努力"获得现代国家公民支持的方式是一致的；当然，这种新闻报道也可能反过来影响国家权威当局的意图。

第一次世界大战是工业化战争的实际体现，但我们不能错误地将它视为两个特殊事件——"世界大战"——中的一个。第一次世界大战的确史无前例；其伤亡水平、持续时间和地域范围在当时都是难以想象的。就这些方面而言，（迄今为止）只有第二次世界大战可与之匹敌。第一次世界大战还彰显了战争与民族国家之间关系的一般特征。民族主义情感战胜了社会主义运动的国际主义,尽管这一运动中的人可能没有意识到这一事实;但它体现了主权和公民身份之间的重要联系,自那以后,这种联系主导了全球共同体的发展。如果工业发展、政治协调与军事实力之间的联系一定时期内只是明显存在于主要西方国家的现象,现在这种联系已明显地存在于所有国家。虽然战争的某些特征仅仅存在于第一次世界大战中,如非机动的阵地战,但第一次世界大战在很多其他方面成为 20 世纪所有战争的样板,虽然这些战争的范围相对有限。同样重要的是,战争加强了民族国家在其"核心地带"的地位。无论在欧洲还是其他地方,没有任何一个希望拥有广袤领土的国家,能以建立新帝国的那种方式去征服其他国家。这一事实与民族国家的一般"进化"过程没有什么关系,而是偶然事件的结果,是战后国际会议将国家的"民族性"(nationhood)奉为全球原则的结果。

正如一位历史学家所指出的,

> 和预期不同的是,由于法国加强了之前的战线,行动地点发生了转变,1914 年 8 月没有成为放大版的 1870 年 8 月。与 1870 年不同的是,战争从精英军队的事务转变为整个社会的事务,从有节制地、理性地使用武力转变为毫无节制地使用武力……到 1918 年,领袖们终于吸收了一个世纪以来工业化过程所提供的教训。[20]

战争与社会变迁

雅诺维茨(Janowitz)注意到,有关非洲、中东和亚洲以及拉丁美洲的"新兴"民族国家的研究,一直强调军事对于"民族建构"(nation-building)的影响。"相反,对于军事制度在西方民族国家兴起过程中的作用,宏观比较社会学却兴味索然……就军队和武装冲突对于塑造现代世俗民族国家的边界和性质的核心重要性而言,这是很难进行解释的。"[21]对于这种情况出现的原因,本书已进行了充分的阐述,但我们仍然需要说明战争对国家内部构成的影响。我前面强调了主权、公民身份与民族主义之间的关系在西方民族国家中的重要性,它们为分析战争的制度影响提供了重点。

前文已经指出:战争与外交相结合,塑造了欧洲国家体系;一些国家幸存下来并进一步扩大,另一些国家则被吞并或瓦解。这一点不过是历史的常识。但国家的军事行动也极大地影响了公民权利的发展及其与其他社会组织特征的关系。我们不难发现这种影响的发生方式,尽管在大多数有关这些现象的社会学研究中,它们往往被忽视了。如果说主权国家必然是一种多元政治秩序,公民权利则是统治阶级为拥有权力而必须"付出的代价",那么,公民身份反过来也意味着接受服兵役的义务。经典民族国家的共同发展模式以及这些国家之间的差异,都可以从这一点得到说明。民族国家与全民皆兵携手出场,它们是具有明确领土边界的政治共同体中公民身份的孪生标记。在美国和法国,"公民士兵"(citizen-soldier)的重要作用极大地影响了两国的革命转型过程及此后的发展。在这两个国家及效仿它们的国家当中,兵役制度、对武装力量的控制与公民权利之间关系的形成方式彼此迥异。在美国,公民可以为国家而武装起来,但不对国家造成威胁,这标志着美国与欧洲传统实践的不同。在法国,全民征兵制度将公民身份与积极参与国家紧急事务联系了起来,这也是培育国家忠诚感的一种手段。征兵不仅是为了满足军事需要,也为了满足社会需要[22]。"兵役是公民身份的标志,而公民身份又是政治民主的标志。"[23]

这种新型军事组织模式的适应性在普鲁士得到进一步体现和完善,它也是锻造一种不同政治体系的重要影响因素。兵役制度与公民权利(尤其是选举权)的关系非常清晰。随着德国的统一,为满足新国家对于军事的迫切需要,俾斯麦建立了男性的普遍选举权。在没有直接革命背景也没有直接卷入欧洲战争的国家中,选举权的扩大往往

第九章 资本主义发展与战争工业化

趋于停止,其中最典型的是英国。在第一次世界大战中,直到军队遭受到重大损失后,这个国家才进行征兵,才建立男性的普遍选举权。这是在明确认识到公民权利和军事义务之间的关系后进行的。

第一次世界大战结束未久,丘吉尔即指出:"就士兵巨大的战斗力和令人恐怖的破坏力而言,我们经历的这场战争不同于所有的古代战争。就战争过程的残酷性而言,这场战争也不同于其他现代战争。一切时代的恐怖都汇集其中;不仅军队被迫生活在恐怖之中,所有人都被迫生活在恐怖之中。"[24]没有人会怀疑这种说法以及其他无数类似的说法。但研究20世纪社会发展的社会学家往往认为,如果说第一次世界大战对社会组织产生了持续的影响,那不过是加速了一种必然出现的趋势而已,但要不是内生和进化的变迁观念对社会科学的强烈影响,这种观点是完全站不住脚的,是很难得到支持的。

如果第一次世界大战的过程(包括美国参加战争与议和)有所变化,那么当前这种形式的民族国家可能不会成为世界体系的主流政治实体。但在许多其他方面,一战不仅是世界历史的转折点,也是工业化社会发展模式的转折点。随着第一次世界大战的爆发,社会主义的国际主义崩溃了,人们对此进行了大量的讨论和分析。主权国家面临的巨大压力将社会主义运动与公民身份联系了起来。但我们无论如何也不能确定:如果没有第一次世界大战,当时的国际社会主义组织会不会成为世界政治的关键影响因素。战争导致国家主权的发展,也让国家主权的发展与公民身份及民族主义的联系更加紧密。这种联系是如此深刻,以至任何其他可能性都成为幻想。战败国德国革命的失败和俄国革命的成功,不仅仅对当代世界的地缘政治格局产生了深远的影响。新生的苏联处境孤立,导致它更加强调领土主权、"民族建构"和"强制工业化"。正如托洛茨基曾尖锐地指出的,这严重偏离了马克思列宁主义理论中的国际主义。苏联和所有"资本主义国家"一样,也走上了发展工业化军事实力的道路,并跻身全球强国的前列。

当然,这是一段人所熟知的历史。但重要的是,我们不能把偶然性事件和战争结果与更加一般的社会发展趋势对立起来,好像一个领域中发生的事件与另一个领域中毫不相干。事实上，社会发展不存在特定历史事件只能加速或延缓的"必然趋势"。社会组织和社会变迁的所有一般性模式都是由有意或无意的偶然结果构成的。所有能够以某种叙事进行描述的事件顺序，都体现了它们更加广泛的影响。因此，如果没有之前工业主义的长期发展，如果没有工业生产与暴力手段的结合，那么，第一次世界大战中的一系列事件是不可能发生的。而对于工业主义的性质、发展及其与其他社会政治制度的关系而言，那些事件也具有决定性影响[25]。

两次世界大战

236 《凡尔赛和约》将国家主权原则推广到了世界其他地区；同时，和约条款也说明了全面战争在多大程度上改变了旧的秩序。"可以这么说，和约奉行公民投票的原则；正是这一原则撼动了许多战前的欧洲政府。"[26]许多大国需要更多的士兵奔赴前线，也强调进行集体战争，这使得劳动者在很多领域拥有了坚实的讨价还价的地位，也使得妇女进入了以前无法从事的职业。在法国、英国和美国，工会组织取得巨大发展，劳工运动与国家的关系比以往更加直接和稳固了。比如，1917年，法国在所有与政府直接相关的工业部门建立了最低工资标准，并建立了调解劳资冲突的仲裁委员会。有关"阶级冲突制度化"的社会学研究，往往只是将其视为经济变迁的结果。但是，第一次世界大战也在其中发挥了重要的作用，为后来的发展提供了基本框架。战争后期，先进国家，尤其是美国和法国，采用了武器装备的大规模生产技术；大规模生产技术的使用不仅是战争的需要，而且为劳动力所接受——劳动力的工会组织化程度比以往更高，如果不愿接受大规模生产技术的使用，他们可能已经采取一致的反对行动了。

有学者正确地指出，

在第一次世界大战期间，大规模生产技术的应用范围取得了极大扩展,其后的世界工业史和社会史很大程度上都依赖于这种技术的广泛应用。看看现代家庭中安装的设备,任何人都能轻易地意识到,生活在20世纪末的我们在多大程度上得益于在近乎恐慌的情境下进行的工业发展。当时,越来越多的炮弹、火药和机枪突然成为主权国家生存所必须付出的代价。[27]

这不仅包括耐用消费品的大规模生产,还特别包括食品生产的工业化和理性化。在第一次世界大战前,食品的机械化生产和包装尚未发展起来。在战争过程中,食品生产采用了新的生产方法;无论结果好坏,这种新的生产方法都对家庭生活的习惯和性质产生了革命性影响。在大量妇女成为劳动力的同时,"家庭主妇"角色也相应出现了[28]。

最后,在第一次世界大战中,下述重大结合也比以往变得更加紧密和稳固:科学与技术的大规模结合,且这一结合成为工业发展的主要媒介。人们经常说,战争刺激了创新发明。正如前面所讨论的,事实上,武器技术的发展的确一直影响着经济变迁,但第一次世界大战过程中发生的情况更加深刻:在所有核心工业生产部门中,科学发现过程都系统地应用到了技术发展上。在第一次世界大战前的各种军事力量中,海军在这一方面最为发达,因为欧洲大国竞相将蒸汽和钢铁应用于高效战船的生产。在大战爆发前夕,正是为了满足战争的需要,在所有军事生产领域,科学在工业生产中的应用都牢固地得到确立。坦克的发展就很好地表明了这种现象[29]。最初,坦克相当于上岸的装甲战舰,在陆地上也灵活机动。坦克最早被称作"陆地巡洋舰";在英国,制造方案的最初设计是由海军设计局负责的。和飞机一样,坦克在后续的战争中才大显身手——在第二次世界大战中造成的破坏最大。但坦克的"研发"项目很快就转入民用工业,此后也一直是工业主义持续扩张的根基[30]。

当然,并不是第一次世界大战中的所有重要发展趋势都得到了持续。比如,妇女在战时广泛地承担了工业生产中的一系列重要工作,但并没有延续下来;几十年后,女性劳动力的全职就业水平才再次接近战时水平。战时出现的早期"法团主义",在战后也很快就消失了,并导致了德国、法国和英国的大规模国内冲突。国内冲突产生的混乱与战败国遭受的割地赔款,创造了极权主义意识形态兴起的社会和经济环境。但是,新型的极权主义政治控制和西方自由民主国家的干预主义计划,都受到了战争期间开始实施的政策的强烈影响。比如,在制定新政政策时,罗斯福及其内阁就不断地考察战争期间的实践[31]。

威尔逊主义强调全球国家共同体中的国家主权,这种学说很大程度上是对具有极大破坏性的战争的反应。但是,这种学说也体现了对世界体系中高度相互依赖关系的认可;参与其中的国家也支持这种体系,从而使自己远离战争。对工业和农业生产的强制性调节不仅仅局限于相关国民经济的内部组织,还力图以前所未有的方式控制资源的国际流动。一战后期德国海军对协约国取得的胜利,表明需要对海外供应进行细化管理。1917年,英国和法国建立海上运输联合委员会,整合了海军建设政策与协约国优先出口政策。协约国经济体(包括美国)还制订了影响更加深远的经济一体化计划。一战在这些措施实施之前就已结束,但它们建立的大部分联系在结束敌对状态之后得到了进一步巩固。

到20世纪30年代末,苏联、日本和经济上东山再起的德国成为世界主要大国。在这三个国家的发展过程中,战时经济模式和直接壮大的军事力量都发挥了重要的作用。苏联的计划经济虽然在形式上完全不同于资本主义国家,但实际上也受到了西方战时经济和政治动员模式的强烈影响。1932—1937年的第二个五年计划对军事生产的强调,明显体现了这一点[32]。斯大林的"二次革命"充斥着军事辞藻,和其他欧洲国家的战时经历一样,它既强调生产的最大化,也强调对消费进行严格控制的必要性。纯粹用经济标准进行衡量(也就是说,不考虑巨大的人力损失),这些强制性动员政策的成功对其后的世界历史产生了根本性影响。到第二次世界大战爆发,苏联的工业生产是25年前的三倍。在日本,战时经济的发展趋势更加明显,虽然这一趋势更多源于国家为赶超西方而进行的现代化努力,而不是从一战中

第九章　资本主义发展与战争工业化

直接借鉴的经验。从一开始，这些努力就基于这样一种认识：工业发展是军事实力的关键。不过，20世纪30年代日本的经济发展是相当突出的：重工业产出增长了五倍，其中武器装备制造占据首要地位。最后，德国的国家社会主义者精心策划，不仅重燃了一战中的民族主义激情，而且应用战时的经济和政治调节方法来实现民族目标，最终导致了大规模重整军备；此后，其他主要工业国家也纷纷效仿德国[33]。

与第一次世界大战不同，在第二次世界大战早期，每一个主要参战国都卷入了一个国际经济供应体系[34]。德国在中欧建立了自己的体系，强制性地将所征服地区的人力和物质资源纳入了战争行动。到二战中期，大约四分之一的德国劳动力是外国工人，他们主要是在强迫条件下从事工作的。日本在东方建立了"共荣圈"，将大量工人置于其直接控制下，虽然这些工人绝大多数是农民，在工业生产方面缺乏经验。通过租借法案和互助法案，苏联与主要盟国建立起经济联系。事实证明，这些联系对于苏联的战争活动至关重要，虽然与盟国之间以及与世界其他地区之间的经济网络相比，这些联系显得比较微弱。但是，苏联在战场上最终取得胜利的主要基础，是将经济投入军事生产；这种军事生产尽管在战后有所减少，但一直在苏联社会中占据重要地位。美国和英国共同主导的国际经济网络无疑是最大的；战后更高程度的世界体系整合，也可以直接追溯到这一国际经济网络。国际战时经济不可避免地将美国空前卷入到全球劳动分工体系中，而且随着大英帝国的衰落，也让美国在世界经济中的地位异常突出。除了在美国拥有核武器而苏联尚未拥有的这一短暂时间里，美国的军事优势是非常有限的。美国的军事优势之所以非常有限，主要因为苏联采取了优先发展武器装备和军事工业的政策。

美英战时经济的影响比乍看起来的要广泛得多。大英帝国内外的物质资源和劳动力都卷入了这场战争，无论其来源国是否积极地参与了战争。这引发了当时和后来的反殖民运动，在某些情况下也促进了本土经济的发展。二战也影响到了没有被直接占领的拉丁美洲、非洲和印度等亚洲国家。对大部分地区的影响是它们不断地整合到了日益

223

241 巩固的全球经济中，但在拉丁美洲和印度的某些地区也刺激了工业化进程。印度组建了一支颇具规模的军队，远赴缅甸抗击日军。武器生产及其物资供应明显促进了工业发展；同时，行政资源的集中也让政治组织具有了自主性，使得战后的独立成为预料之中的结局。

有组织的科技融合起源于之前的世界冲突，但在二战中变得更加系统和完善。在武器装备的生产领域产生了三个最重要的结果，即核武器的出现、火箭推进器的发明和武器体系的开发，这三个结果共同主导着现在的世界军事秩序。在没有世界战争的背景下，核武器是否能被发明出来，这是一个充满争议的话题。有一位学者将第一颗原子弹的制造比作传统帝国的大型建筑工程——金字塔和中国长城。它们都是"引人注目的、巨大无比的、独一无二的公共工程，都是中央集中大量资源的产物"[35]。但传统国家的这些建筑工程要耗费几十年甚至数百年时间才能完成。第一颗原子弹的制造所耗费的财富和集中的其他资源，即使在19世纪都是难以想象的，更不用说以前了。没有战争刺激的当今社会是否能发明原子弹，这是令人怀疑的。火箭和喷气动力的情况有所不同，但也都受到了战争发展项目的极大影响。

如其他工业产品一样，原子弹一旦被制造出来，很快就被投入大规模生产。但火箭技术的进一步发展从根本上改变了潜在的核对抗的性质。轰炸广岛和长崎的飞机，仍会受到传统战斗机或防空炮的反击，但火箭搭载的核弹头使得任何防御性攻击都无济于事了，起码到 *242* 目前为止是这样。1972年，美国和苏联都正式承认了这一事实，并在那一年签署条约，禁止反弹道导弹技术的发展[36]。

二战中的武装斗争包含着监控模式的扩大，它对各种武器体系的出现产生了重大的影响。为了将制造技术的进步与对特定武器装备的不断变化的需求联系起来，生产部门被严密监控。战场上战斗队伍的状况会直接反馈给科学委员会，科学委员会的职责是提升既定的技术和作战战略。某一个领域的技术发明，需要其他领域进行配套创新；敌方所取得的新进步，需要己方的新发展以进行对抗。通过系统地使用科学知识而进行的快速技术发明，与技术发展的调控一起，提高了武器体系的重要性。武器体系本质上是一个总体规划过程，是将技术的不同方面与对社会组织的深入分析结合起来的过程；战后，这也成为其他领域中技术最先进的工业部门的特征。过去40年中影响了社会和经济生活的一些最重要技术发明，都起源于二战或战后与武器相关的发展[37]。这些技术发明包括民用喷气式飞机、远程通信和"信息技术"的关键因素。

与第一次世界大战相同，第二次世界大战对直接参战国的内部政治组织也产生了持久的影响。比如，在英国，战时的经历很快就引起了战后广泛的社会改革。两个主要的政党都认为，需要建立充分的公民经济权利。1940年，凯恩斯进入财政部，推动政府对经济采取了一系列有力而复杂的控制。四年后，将这些政策具体化的白皮书，要求未来的政府必须保持足够的国家支出，以避免大规模的失业。战争期间采取的增加税收政策，也为后来的福利国家政策提供了经济基础。正像马威克（Marwick）所指出的，证据表明，如果大选是在1940年举行，工党将不会重新执政。民众的战争经历在好几个方面发挥了关键作用。对二战的普遍反对，可能加强了民众更换领导者的需求。二战的经历也让大部分民众认识到工党福利政策的好处，同时为工党领导人提供了改变政策的机会，这些政策后来成为新福利政策的一部分[38]。在美国，二战迅速催生了前所未有的工业繁荣，但也产生了进行经济调控的许多机构，并采取了凯恩斯主义的经济政策。其后，美国直接走向富裕的和平时代，成为主导世界的经济强国[39]。

瓦解德国和日本的传统精英权力的，不是内生的工业发展；导致这些国家建立自由民主制度的，也不是内部的政治变迁。传统精英权力的瓦解，是战败的结果；自由民主制度的建立，则是美国及其盟国政府直接干预的产物。同盟国在联邦德国建立新政治秩序的措施，很大程度上是对苏联野心的一种回应。由于1950年朝鲜战争爆发，在联邦共和国成立一年以后，美国就接受了重新武装联邦德国的原则。此后，联邦德国就一直是西方军事联盟在欧洲的"前哨"，而且非常紧密地被编织进由美国主导的世界经济体系。"将联邦德国纳入北约组织"[40]的政策和承认民主德国具有独立民族国家地位的事实，强化了"资本主义西部"与"社会主义东部"之间的分化。因此，1952年签署的《欧洲防务集团条约》（三年后批准的版本有很大的改动）不仅仅是军事同盟宣言，还确立了欧洲军事对立双方的政治和社会格局。同时，1953年民主德国当局面对动乱时的无能，引发了苏联的军事干预，这牢固地确立了苏联模式的政治秩序，也促进了这个新国家在东方阵营中的经济整合。

日本虽然不得不放弃它在过去半个世纪里侵占的地区，但维持了领土的完整。但与欧洲不同的是，美国在东方军事胜利中发挥的作用是如此巨大，以至于它几乎完全控制了日本的社会和政治变迁。日本是唯一尚未重新军事化的大国，却成为美国的亚洲军事政策和经济政策的支点。朝鲜战争和接下来的东南亚危机，巩固了美国在这个直接经历过核战争的国家的驻军。虽然美国和日本的政治关系几经变迁，但这些影响因素提高了两国的经济整合程度，也提升了日本在世界经济中的地位。

二战结束以来，世界不同地区也发生了不少战争，但它们都没有发生在欧洲国家体系的核心地理区域。其中一些战争——如越南战争和柬埔寨战争——伤亡情况骇人听闻。我在本部分强调两次世界大战的影响，并不是要低估其他战争所带来的社会、政治和经济变迁。我主要想强调，20世纪的战争对总体变迁模式产生如此深刻的影响，如果在理解这些变迁模式时不对战争的影响进行系统考察，是非常荒唐的。两次世界大战的影响，不仅仅体现在战争期间和结束时所导致的重大变迁；事实证明，它们对世界体系中的经济发达社会和其他社会的制度都具有深远的影响。

民族国家、工业主义和军事力量

当19世纪的思想家将新兴"工业社会"与"军事社会"进行比

较时，他们设定了现代社会科学的一些主要参数。我在本书中质疑了其中的一些主要假设。这种质疑在多大程度上能让我们完全抛弃下述这种观点呢？这种观点认为，在现代社会，军事实力的相对重要性已经下降，尤其是相对于社会组织和社会变迁的政治和经济因素而言。虽然军事权力的性质及其与其他权力来源的关系发生了根本改变，我们西方人实际上还是生活在"军事社会"中吗？

虽然马克思主义对资本主义扩张的解释与其反对者对"工业社会"的解释仍然占据主导地位，但也有一些理论强调军事权力的重要性。拉斯韦尔（Lasswell）有关"军权国家"（garrison-state）的分析——最初于20世纪30年代提出——就彻底地改变了社会科学中的常见观点。他认为，工业组织和行政理性化普遍存在于19世纪的欧洲国家和美国，但此后出现了"军警统治"（military-police dominance）的发展趋势，而且未来还有继续扩大的危险[41]。军权国家是正在出现而非业已存在的现象。在拉斯韦尔看来，军权国家的发展趋势应该在世界军事秩序发展的背景下加以理解。军权国家出现于一个军权化的世界，这个世界经常诉诸使用或威胁使用组织化的暴力。军权国家并不必然是非民主国家或非多元政治国家，因为这种国家也可能让大多数人参与国内政治过程。拉斯韦尔提出这种观点的背景是：面对"现代科学技术的爆炸式发展，对大量人口和适于资本积累的资源的控制，以及这种发展和控制之间的关联"[42]，拉斯韦尔对西方自由民主的未来充满担忧。

现在评估军事权力的重要性，需要提出几个相互区别的问题。就基本的经济组织而言，军事需要在多大程度上主导着当今的西方民族国家？军事统治模式变得更加普遍而不是更加少见了吗？导致文官政府（civil government）而不是军政府（military government）的条件有哪些？在全球范围上，"世界军事秩序"的性质是什么？这种秩序与现代世界体系的其他特征的关系是什么？虽然社会科学（尤其是社会学）一直在回避这些问题，但我们也很难一蹴而就地理解它们对于现代社会发展道路的重要性。显然，这些问题非常复杂，无法在此详细地加以解答。我这里只想提供一些概括性答案，而且主要关注工业化社会的情形。

有一件事毋庸置疑：世界经济中的总体军事支出规模令人震惊。官方公布的统计数据显示，1966年这种支出高达1 590亿美元，1973年为2 000亿美元，当前维持在6 000亿美元左右。单独来看，这些数字的意义不太明显；而与其他数字进行比较，则可能大有帮助。世界军费开支比包括南非在内的整个非洲的国民生产总值还要高，也高于除日本以外的整个亚洲的国民生产总值。位居世界第三的日本的国民生产总值，大约只是全球军事上财富用量的两倍。正如某位研究者所说的，"好像有半个'日本'存在于世界经济中，但在外交上却无法识别"[43]。

但是，工业化国家在多大程度上真的应被视为军事-工业社会（military-industrial societies），这在一定程度上依赖于评估军费开支在国民经济中的地位。最常用的统计方法是分析军费开支在国民生产总值中的占比。用这种方式进行测算，军费开支水平总体上是偏低的；当然，如果用相应的计算方法进行测算，现代军费开支水平不会低于传统国家[44]。虽然在某些情况下，军费开支会占到国民生产总值的三分之一（如以色列），但对于工业化国家而言，总体占比在3％～5％之间；这也包括美国和苏联，尽管我们对苏联的官方统计数据保持怀疑。但是，这种测算方式存在着很大的问题，更有效的方法是分析军费开支在整个政府支出中的占比。用这一指标进行测算，工业化国家中"国防开支"与其他支出的比率在11％～30％之间（虽然在过去20年中，这个比率总体上下降了）。与在国民生产总值中的占比相比，这些数据更明显地表明，用于军事目的的生产活动是工业主义的一个显著特征。但这些数据也没有揭示现代生产活动中的"军事-工业复合体"（military-industrial complex），更没有具体说明其本质。人们通常认为，大部分或所有工业化社会都存在这种现象，但这种观点非常模糊。艾森豪威尔最初使用这一术语，是为了促进科学技术在军事生产中的协同和系统性应用，他后来又用这一术语来批判

第九章 资本主义发展与战争工业化

威胁这种发展的因素。我们至少可以区分出这一概念或其他类似概念的两种使用方式：第一种观点主张，社会中权力的主要制度领域——政治、经济和军事——出现了整合，这也是米尔斯（Mills）早期著作中的观点。在这种观点看来，集中化的官僚组织（bureaucratic centralization）是主要的组织动力。另一种则是准马克思主义的观点，虽然这种观点存在不同的具体形式，但其核心主张是：军事生产必须通过资本主义生产的必然经济要求来加以解释[45]。"军事-工业复合体"是这些必然要求所引发的社会变迁的具体表现。

但是，两种立场都经不起仔细推敲。如果说"军事-工业复合体"**主导**着经济，那么军事生产活动和其他领域的生产活动一定存在明确的相互依赖关系；而且，现代经济如此依赖于这种关系的维持，以至于掌握政治权力的人也会不得不默许这种生产需求。在当今的一些西方大国，"国防"承包企业在所有大公司中的确占有较高的地位。在美国，最大的军事生产承包企业中大约有四分之三在美国500强企业之列[46]。在苏联，就技术发展中尖端科学的应用而言，与军事武装相关的工业部门远超其他工业部门，而且存在一系列致力于确保技术转化过程得到落实的机构。但这并不意味着，两个经济体中主要生产组织的繁荣实质上都依赖于与军事相关的活动。在美国，除一两个明显例外，这种生产活动在大多数大公司中的占比是非常低的[47]。此外，参与军事生产的企业，往往会根据政治和经济大气候的变化而进入或退出该领域。因此，在越南战争之后，在美国25家最大的军事承包企业中，"国防"生意的占比从20世纪50年代后期的40%左右下降到70年代中期的10%以下[48]。苏联尽管不存在这种情况，但苏联的政治计划者也在多个时期明显地改变了军费支出的投资政策。

这些考察表明，"军事-工业复合体"在工业化社会的经济地位并没有上升。与"国防"相关的产品和服务的生产，是那些经济体的重要组成部分，相关支出是大多数政府所关心的主要事务。因此，军事领导人和军事制造商可以直接和间接地对相关政策形成重大影响。但是，即使是军事领导人和军事制造商，也没有形成一个独立的团体，更不用说那些主要从事政府事务和其他经济部门的人了。从某种意义上说，工业化战争的本质确保了利益和活动的多样化。在传统国家，军事统治阶级可以统治国家，这个阶级对暴力手段的控制依赖于对军队而非生产的控制。发动工业化战争必然依赖于更广泛的生产基础。但就政治问题而言，前面提到，"在资本主义社会，统治阶级并不进行统治"；我们还可以加上：在资本主义社会，统治阶级并不发动战争。就经济因素而言，现代世界中的军费支出肯定能够为制造商和总体国民经济创造有利的生产条件。但我们不能由此得出，这个因素主导着其他因素；这种观点非常不同于下面这种让人无法接受的功能主义观点：所有实际上发生的事情，都是由于其所产生的益处。相反，当代民族国家的军费开支主要与它们在全球民族国家体系中的政治参与有关。当然，我们很难在经济利益或活动与政治利益或活动之间作出明确的区分，但这并不意味着它们之间不存在差别，也不意味着其中一个因素决定着另外一个。

尤其是在两个超级大国和其他有核国家（nuclear states）中，现代军事具有惊人的破坏能力。即使与最强大的传统国家相比，工业化国家生产的物质财富也异常巨大；因此即使用其中的很小一部分资源，也可以产生强大的军事力量。此外，在世界大部分地区，军事对峙已在很大程度上使众多人口相对和平。在考虑军事对政治的"干预"时，提出这样一个问题是说得通的：为什么现代世界各地的政府都不是"军政府"？正如芬纳所指出的："相对于平民组织，武装力量具有三个重大的政治优势：明显的组织优势、高度情绪化的符号地位、对武装力量的垄断。他们形成了一个声望显赫的集团或秩序，拥有使用武力的压倒性优势。奇迹不是军方为什么会反叛文职掌权者，而是为什么军方会服从他们。"[49] 芬纳给出的答案与我多少相同，当然，我的答案是利用本书的主题和概念提出的。

在考察现代军事统治的性质时，我们要区分两个因素：一是军事人员在多大程度组成了高层政府的官员，或在多大程度上成为政府高层的主导人员；二是军队和警察共同拥有的暴力垄断在多大程度上直接用来维持行政权力。有关军事"干预"政治的文献关注的主要是第一个因素,但第二个因素在某些方面更加重要。军事领导人在其中发挥主要作用的那些政府,通常也是广泛使用暴力手段进行镇压的政府,当然情况并不一定总是如此。

正像芬纳所指出的,从某种意义上说,现代军队是整个国家的缩影[50]。武装力量具有自身专业化的供应、工程、通信和教育系统。在工业化水平较低的国家,军事部门在组织和技术上比民用部门更加先进,因此也可能用于资源动员以促进经济发展。但在工业化社会,武装力量作为一个独立的"职业"群体,拥有专业化的培训,因此往往与其他民众相分离;同时,武装力量又依赖于他们无法直接控制的生产和行政资源。行政专业化是阻止军事干预政府和经济的一个因素,也是多元统治发展的一个重要推力。完全由军事领导者单独控制政府高层职位的"普力夺国家"(praetorian states)非常少见,更不用说那种更广泛地控制行政机构的情况了。军事政府在意识到与多元统治的互惠关系和通过获得大部分民众的支持而将自身地位正当化后,通常只是力图维持其构成和统治的某种稳定性。珀尔马特(Perlmutter)提出的三种类型的军事政体(military regime)非常有帮助[51]。他所说的"仲裁者政体"(arbitrator regime)是这样一种政府模式:军官集团掌握武装力量的指挥权,并与文官政治权威分享权力。通过广泛的监督,军事领导人会"裁判"文官政治权威的政策决策,但不会直接控制政府。这种政府类型往往不稳定,因为要么政治集团会重新获得权力,要么军事领导人会谋求更多的决策控制权。第二种类型是"统治者政体"(ruler regime),它通过军事机构来直接控制行政权力,但军事指挥部是由"非政治"的军官组成的。这种形式的政府更加持久,但也需要获得民众的高度认可。获得民众的认可度越高,这种政府就越会更多地介入行政秩序;这种行政秩序与军事领域相区分,但前者又是通过军事而得到建立的。这种类型的政体因此往往演变为第三种类型——"党军政体"(party-army regime),或演变为纯粹的文官政体。党军政体是一种军事独裁,军事领导人在掌握军事指挥权的基础上，进一步建立军事政党以控制国家的最高行政机构。执政党必须获得民众的强烈支持，这种体系才会具有稳定性。但这很难做到，尤其是当独裁性质很明显的时候。在这种情况下，军方必须持续地"巡查"社会，从而演变成主要的警务机构，但这也只能暂时遏制住所产生的反抗运动。

这些分析使我们得出如下一般性结论。第三世界国家中军事政府存在的结构性基础是：相对于工业化水平更高的社会而言，其内部行政协调的发展不足。由于它们在很大程度上是"国族"（state-nations），这些国家因此大多缺乏西方民族国家业已实现的中央化行政整合。与传统国家相比，军事力量面对的是本质上已经和平化的民众。但是，军方的"治理"越成功，便越可能遭受多元政治的压力。这里所谓的"成功治理"，指国家机构越来越能影响民众的日常生活。在第一世界国家和第二世界国家中，那些压力往往无处不在。军方也可能以各种方式介入"政治领域"，但军事政府这种说法与现实总是相互矛盾的。军方与政府之间最常见的直接联系，往往是备受欢迎的军事领导人获得多元政治的青睐。但这不是军事统治，而是军事领导人利用军事地位获得了多元政治背景下的政治正当性。

现代军事所引起的问题，不仅涉及文官政权与军事政权之间的区别问题，也涉及**治理过程中的武力使用问题**。正如勒克姆（Luckham）所说，下面这种国家并不少见："公民自由受到限制，新闻媒体受到恐吓，工会失去罢工权利，政权反对者遭到镇压……无论它们在形式上是文官政府还是军事政府，也无论它们是保守政权还是进步政权。"[52]这里包含三方面的结合：对公民权利的限制、集中各种类型的监控手段、基于国家对暴力手段的垄断而系统地使用暴力。我稍后将指出，我们可以从这些结合中发现极权主义的根源——一种现代国家特有的现象。但这一观点表明，极权主义倾向并不仅仅源于军事的作用，也不仅仅源于军警之间的结合。这里我将主要讨论世界军事秩序问题。

当今世界的军事秩序存在三个重要的制度维度：超级大国的霸权、武器交易、军事联盟体系。三者彼此直接相关，因为超级大国不仅拥有最强大的军事实力,而且也主导武器交易,并建立了全球同盟体系,经常为盟国军队提供军事培训[53]。在二战期间的租借法案、二战后的杜鲁门主义和麦克纳马拉改革中,美国开始将军事援助与全球安全网络建设结合起来。虽然我们很难获得武器交易的准确统计数据,但可以确定,工业化国家与第三世界国家之间的武器贸易在不断增长,现在大约三分之二的武器贸易是沿着这一方向进行的[54]。其中很大一部分是主要武器系统,而不是轻型武器或辅助设备[55]。在二战刚结束的那段时间里,销往第三世界国家的武器多是美国军队正要淘汰的武器。但今天,在最精尖的武器系统领域,一些第三世界国家也拥有堪与美国军队媲美的装备。美国的防御转移政策之前集中在与苏联接壤的国家,但后来扩展到未与苏联直接缔结协约的国家。一些先进的西方工业大国也是主要的武器出口国,也保持了开发先进军事技术的能力。但它们严重依赖于美国供应的某些基础性先进设备。苏联显然是第二大武器出口国,虽然在某些方面落后于美国:美国大概向 70 个第三世界国家供应武器,苏联只有 32 个[56]。大约三分之一的苏联武器流向华沙条约中的盟国。事实上,两大条约体系耗费了全球近四分之三的军事开支。

  在主要工业化国家之外,也有很多国家在为自己或为出口而制造先进的武器系统,其他国家则在努力效仿它们。尤其重要的是,这些国家具有制造核武器的潜能。虽然只有 6 个国家曾经引爆过核武器,但更多国家拥有足够制造核武器的分离钚[57]。1968 年签订的《不扩散核武器条约》禁止核国家向其他国家转移核武器,虽然有 100 多个国家签署了该条约,但也有一些政府拒绝签字。当然,这一条约没有禁止核国家使用核武器,也没有阻止核技术和核材料的非军事应用。由于再加工或浓缩方法可能将核工厂的废弃物转化为核武器,所以很多国家可能很快将拥有核武器。在国际原子能机构的 106 个成员国中,46 个国家已经拥有或正在建设核反应堆[58]。

  双边或单边军事条约为国际劳动分工提供了一个新维度,因为这些条约越来越多地包含了军事人员的招募、训练和军事技术发展方面的协作。美国建立的全球同盟体系就涵盖了这些不同的活动。北约组织、拉丁美洲的里约条约、东南亚的东南亚条约组织（后来解体了）、澳大利亚和新西兰的澳新美安全条约，目的都是要形成环绕世界的条约链。对于这些国家，美国自二战以来以贷款或资助的形式提供了大约800亿美元的军事援助[59]。在这些及其他条约中，美国提供了多种训练人员。据统计，在20世纪60年代后期，美国仅在第三世界国家就为88个军事组织提供了军事顾问[60]。到目前为止，苏联的军事援助要少一些，也没有那么广泛。苏联关注的焦点是东欧地区和一些战略重点，尤其是中东，苏联为这些地区提供了大量的武器。

正是在第三个方面——发动工业化战争的手段在世界范围内扩散——我们今天生活在"军事社会"之中。在许多严格的限定条件下，19世纪以来的下述命题依然合理：以工业主义或更一般的经济交换关系为基础的社会取代了军事社会。一个国家的工业化水平越高，其行政系统也就越统一，军事生产活动也就越不可能主导其他生产活动，直接的军事统治也仅能维持较短的时间。遗憾的是，对军事权力的限制本身并不意味着一个没有战争的世界的到来。相反，工业主义与民族国家体系携手同行，几乎让全球每一个国家都拥有了远超任何传统帝国的武装力量。

毫无疑问，资本主义机制影响了世界军事秩序。但下面这种观点显然是荒谬的：世界军事秩序是资本主义活动席卷全球的直接或主要体现。在当今世界，民族国家是政治组织的主要载体，其民众和其他民族国家都承认它是暴力手段的合法垄断者。在持续地将科学应用于发展军事技术的全球背景下，作为工业化战争手段的占有者，国家参与和推进了整个世界体系中的普遍军事化过程。我们完全不能确定，这一过程在未来是将得到遏制，还是将导致比前两次世界大战更加恐怖的冲突。

【注释】

[1] McNeill, *The Pursuit of Power*, p. 143.

第九章 资本主义发展与战争工业化

［2］C. B. Otley, 'Militarism and the social affiliations of the British army elite', in van Doorn, *Armed Forces and Society*, p. 85.

［3］Ropp, *War in the Modern World*, p. 143ff.

［4］William McElwee, *The Art of War*, *Waterloo to Mons* (London: Weidenfeld, 1974), p. 106ff.

［5］Ibid., p. 110.

［6］Michael Lewis, *The History of the British Navy* (London: Allen & Unwin, 1959), p. 199. 亦可参见 McNeill, *The Pursuit of Power*, p. 226ff.

［7］G. A. Shepperd, *Arms and Armour 1660 to 1918* (London: Hart-Davis, 1971).

［8］O. F. G. Hogg, *The Royal Arsenal* (London: Oxford University Press, 1963), vol. 2, pp. 783-92.

［9］Ropp, *War in the Modern World*, p. 224.

［10］Henry Williamson, *The Wet Flanders Plain* (London: Beaumont Press, 1929), pp. 14-16.

［11］Amos Perlmutter, *The Military and Politics in Modern Times* (New Haven: Yale University Press, 1977), p. 21.

［12］Samuel P. Huntington, *The Soldier and the State* (Cambridge: Harvard University Press, 1957). 但是，亨廷顿的一些观点已经受到了广泛而公正的严肃批评。

［13］Ibid., p. 29.

［14］Ibid., p. 37.

［15］Samuel E. Finer, 'State and nation-building in Europe: the role of the military', p. 150. 亦可参见 R. D. Challener, *The French Theory of the Nation in Arms*, *1866—1939* (New York: Russell & Russell, 1965).

［16］Feld, *The Structure of Violence*, p. 146.

［17］cf. Maurice Pearton, *The Knowledgeable State* (London: Burnett, 1982), p. 19.

［18］Ibid., p. 22.

［19］McNeill, *The Pursuit of Power*, pp. 248-9.

［20］Pearton, *The Knowledgeable State*, pp. 33-4.

［21］Morris Janowitz, *Military Conflict* (Beverly Hills: Sage, 1975), p. 70.

我在后面将广泛地借鉴他的分析。

[22] Feld, *The Structure of Violence*, pp. 145-6.

[23] Janowitz, *Military Conflict*, p. 76.

[24] 关于这个问题，参见 Raymond Aron, *The Century of Total War* (London: Verschoyle, 1954), p. 96ff, and *passim*.

[25] Winston S. Churchill, *The World Crisis* (London: Thornton & Butterworth, 1923), vol. I, pp. 10-11.

[26] Arthur Marwick, *War and Social Change in the Twentieth Century* (London: Macmillan, 1974), pp. 88-9.

[27] McNeill, *The Pursuit of Power*, p. 331.

[28] Marwick, *War and Social Change*.

[29] B. L. Hart, *The Tanks* (London: Cassell, 1959), 2 vols.

[30] cf. Gerald Feldman, *Army, Industry & Labour* (Princeton: Princeton University Press, 1966); Alan S. Milward, *The Economic Effects of the World Wars on Britain* (London: Macmillan, 1970); John Terraine, *Impacts of War* (London: Hutchinson, 1970).

[31] S. E. Morison et al., *The Growth of the American Republic* (London: Oxford University Press, 1969), vol. 2, chapter 6.

[32] cf. John Erikson, *The Soviet High Command: a Military-Political History* (London: Macmillan, 1962); Moshe Lewin, *Political Undercurrents in Soviet Economic Debates* (Princeton: Princeton University Press, 1974).

[33] D. C. Watt, *Too Serious a Business: European Armed Forces and the Approach of the Second World War* (London: Temple Smith, 1975); B. Klein, *Germany's Economic Preparation for War* (Cambridge, Mass: Harvard University Press, 1959).

[34] McNeill, *The Pursuit of Power*, pp. 353-6. 亦可参见他的 *America, Britain and Russia: Their Cooperation and Conflict, 1941—1946* (London: Oxford University Press, 1953).

[35] Michael Mandelbaum, *The Nuclear Revolution* (Cambridge: Cambridge University Press, 1981), p. 2.

[36] Ibid., p. 3.

[37] Milward, *The Economic Effects of the World Wars*.

第九章 资本主义发展与战争工业化

[38] Marwick, *War and Social Change*, p. 163.

[39] Richard Polenberg, *War & Society: The United States, 1941—45* (New York: J. P. Lippincott, 1972). 亦可参见 Joyce and Gabriel Kolko, *The Limits of Power* (New York: Harper, 1972)。

[40] Peter Calvocoressi, *World Politics since 1945* (London: Longman, 1968), p. 23.

[41] Harold D. Lasswell, 'The garrison-state hypothesis today', in Samuel P. Huntington, *Changing Patterns of Military Politics* (Glencoe: Free Press, 1962), p. 51; H. Elan, 'H. D. Lasswell's developmental analysis', *Western Political Quarterly*, 11, 1958. 这篇论文首先出现于拉斯韦尔的 *World Politics and Personal Insecurity* (New York: McGraw-Hill, 1935).

[42] Lasswell, 'The garrison-state hypothesis today', p. 54.

[43] Gavin Kennedy, *Defense Economics* (London: Duckworth, 1983), p. 45. 对于世界军费支出的计算，参见 *World Armaments and Disarmament Yearbook*, 1984 (London: Taylor and Francis).

[44] cf. Michael Mann, 'Capitalism and Militarism', in Martin Shaw, *War, State and Society* (London: Macmillan, 1984).

[45] 米尔斯的分析主要是集中于美国，而且他也没有说，他的分析完全适用于其他工业化国家。C. Wright Mills, *The Power Elite* (New York: Oxford University Press, 1956). 关于"经济学"观点，参见 Paul A. Baran and Paul A. Sweezy, *Monopoly Capital* (New York: Monthly Review Press, 1966); Ernest Mandel, *Marxist Economic Theory* (London: Merit Publishers, 1968); Michael Kidron, *Western Capitalism since the War* (London: Weidenfeld, 1968).

[46] Kennedy, *Defense Economics*, p. 156.

[47] cf. Stanley Lieberson, 'An empirical study of military-industrial linkages', in Sam C. Sarkesian, *The Military-Industrial Complex: a Reassessment* (Beverly Hills: Sage, 1972).

[48] Jacques Gansler, *The Defence Industry* (Cambridge, Mass: MIT Press, 1980).

[49] S. E. Finer, *The Man on Horseback* (London: Pall Mall, 1962), p. 6.

[50] Ibid., p. 15ff.

[51] Perlmutter, *Military and Politics in Modern Times*, p. 141ff.

[52] cf. Robin Luckham, 'Militarism: force, class and international conflict', in Mary Kaldor and Asbjorn Eide, *The World Military Order* (London: Macmillan, 1979), p. 245.

[53] cf. Ralph E. Lapp, *The Weapons Culture* (New York: Norton, 1968).

[54] Jan Oberg, 'The new international military order: a threat to human security', in Asbjorn Eide and Marek Thee, *Problems of Contemporary Militarism* (London: Croom Helm, 1980), p. 47.

[55] Mary Kaldor, The *Baroque Arsenal* (London: Deutsch, 1982), p. 133ff.

[56] Kaldor and Eide, *The World Military Order*, p. 5.

[57] Francis A. Beer, *Peace Against War* (San Francisco: Freeman, 1981), p. 310.

[58] cf. W. Epstein, *The Last Chance: Nuclear proliferation and Arms Control* (New York: Free Press, 1975).

[59] Kaldor, *The Baroque Arsenal*, p. 132.

[60] Miles D. Wolpin, *Military Aid and Counter Revolution in the Third World* (Lexington, Mass: Lexington Books, 1972).

第十章　全球国家体系中的民族国家

是什么使民族国家成为从19世纪早期到现在无法抗拒的政治形式呢？从欧洲特有的国家体系开始，在民族共同体网络中发展出了覆盖全球的民族国家体系。此前的七八千年曾存在各种相互抵牾的政治形式，但现在变得只剩下一种了，无论这种形式的亚类型区分有多么重要。虽然现在还存在新型的帝国主义和大国统治，但传统帝国已经从地球上消失。人类在大部分时间里都生活在部落社会，但这种部落社会已经被摧毁，或被纳入更大的社会实体。在这些沧桑巨变中，两个过程的影响最大，即全球范围内工业主义的发展和民族国家的兴起。虽然这两个过程彼此交织，但将它们混为一谈也是根本错误的。

概括地说，解释民族国家在现代世界中的普遍存在并不困难，涉及三种主要因素，但只有一种与工业资本主义的扩展有着内在关联：第一种因素是工业权力和军事权力的结合，这首先发生在欧洲民族国家。工业主义不但没有促进经济的和平发展，反而从一开始就与战争紧密结合。如果没有使用新组织形式和新武器的军事力量，没有国家能够经受拥有此类军事力量的国家的外部攻击。第二种因素是国家行政力量的大幅扩张。我已经指出，这是民族国家的一个主要特征。只有这种权威性资源得到了扩展，现代经济发展所依赖的配置性资源才能集中起来。民族国家强大的行政权力不仅是整合内部资源所必需的，而且是应对包括了所有现代国家的国际政治关系网络所必需的。第三种影响因素——更准确地说，是一组影响因素——是一系列偶然的历史发展过程。这些历史发展并不源于民族国家的一般特征，但对现代世界的发展轨迹产生了决定性的影响。

正如前面强调的，这些因素包括 1815 年条约以来欧洲的相对和平。拿破仑建立欧洲"超级国家"的抱负如果成功，将可能使欧洲成为一个传统的中央集权的官僚帝国，但这一抱负失败了。在 1815 年后的 100 年里，欧洲成功维持了一种势力均衡，外交解决了大部分动荡。与之相伴的则是武器技术创新的加速发展；工业主义使武器技术创新成为可能，资本主义则刺激了这种武器技术创新。武器技术创新也使欧洲大国无可撼动地主宰了世界其他地区。但同样重要的是，民族国家正式获得了自主性和"边界性"（boundedness）；一战后的各个条约正式确立了这种自主性和边界性。如果说这时形成了一种具有巨大危险的新型战争模式，那么也形成了一种新型的"和平"模式。虽然强加给德国的战争赔款给欧洲带来极大的不稳定性，但一种反思性监控的民族国家体系却首次在全球范围内出现了。重要的不是认可了各个国家的边界，而是真正认可了民族国家对各自内部事务的合法仲裁者的地位。其后，在二战结束后国际环境发生变化的情况下，这些原则也有所更新。雅尔塔会议标志着一些共识的形成：大国在全球民族国家体系中的霸权地位得到认可，社会主义民族国家在这个体系中的成员地位得到正式承认。

民族国家与"国际关系"的发明

权力均衡原则是国际关系概念和实践的前身，也成为它的一个重要组成部分。虽然没有成为一个学科的名称，但一直以来，权力均衡不仅是对现实的描述，也是一系列思想，而且这些思想被反身性地应用于构成它所描述的政治状况[1]。就欧洲国家体系而言，与其将

"权力均衡"理解为一种现实的力量均衡状态,更应该将其理解为各个国家所采取的相同政策:这些国家只是有条件地认可彼此的主权。它按照今天所说的"现实主义"信条提供了一套外交政策的指导原则。从这一意义而言,摩根索(Morgenthau)的下述论断不无道理:"国际权力均衡只是这样一种社会普遍性原则的具体体现:所有由众多自主性单位构成的社会,其构成部分都享有自主权。"[2] 自 17 世纪以来(早期也受到了古典案例的启发),在分割欧洲的各种会议中和大量的学术文本中,都有权力均衡理论家的身影。虽然他们在不同程度上怀疑实现或维持均衡状态的现实性,但是大部分人都认为,权力均衡的理念是调节相互竞争的主权国家的政策原则。

冯·根茨(Von Gentz)的《欧洲权力均衡散论》(*Fragments Upon Balance of Power in Europe*,1806)就是一个很好的例子。在他看来,只有通过成员国的"共同努力","欧洲国家体系"才能存在[3]。每一个国家都要努力实现共同的目标,即任何国家都无力集体胁迫其他国家。但这一命题的提出方式表明,它强调的是在危险的政治环境中对主权的相互认可。"如果不能阻止一个国家压迫更弱小的国家,无论那个国家是多么的弱小,对于整体利益而言它都**太过强大**了。"[4]

人们通常认为,从欧洲国家体系到一战后确立的全球国家体系,权力均衡观念基本上没有什么变化。但事实上,重建后的世界体系出现了显著的变化。当然,最明显的实质性不同是美国在世界政治中的新角色,以及新兴的苏俄在凡尔赛和会上的"消极存在"。美国对全球新秩序的影响不仅普遍,而且深刻;从一定程度上说,这代表美国向全球推广其"宪政"原则的努力,而非权力均衡原则的延续。事实证明,国际联盟无力应对那些最终导致二战的紧张关系,人们因此往往认为,国际联盟在国际事务中的作用其实微不足道。但国际联盟也表达了对世界国家体系进行反思性监控的需要。和之后的联合国一样,国际联盟显然不是维护全球安全的有效手段。但这一事实依赖于对各个国家主权的维护,因此加强而不是削弱了民族国家作为当代普遍政治形式的重要地位。

国际联盟和联合国都主要是美国思想和计划的产物。在两个组织的章程起草过程中，英国是唯一发挥了积极作用的欧洲国家。早在1918年，英国首相就说，英国的目的是"谋求建立某种国际组织，以减轻各种争端带来的压力和降低战争发生的危险"。三个月后，菲利摩尔（Phillimore）勋爵的委员会就为国际联盟拟定了一个初步草案[5]。但威尔逊的观念却成为凡尔赛和会的基础。当然，通过强调民族国家主权，凡尔赛和会很大程度上只是承认了业已存在的全球权力秩序。但是，通过倡导和推进全球反思性监控活动和更具实质性的地缘政治方案，该次会议也有利于确保民族国家成为当代世界中真正的普遍性政治形式。对苏俄的排斥强化了1917年革命所形成的国家体系分裂，这种分裂后来变得非常重大。在1918年12月的西方国家首脑会议上，劳合·乔治曾建议让苏俄参加和谈。他表达了对苏俄参会的支持，但却孤掌难鸣。克里孟梭是最强烈反对苏俄参会的人，且轻而易举地说服了其他代表接受其立场。但是，威尔逊也提出了结束俄国内战的动议，协约国部队也逐渐撤出了俄国[6]。

战争带来的巨大伤亡引起了普遍的反感。正是在这种背景下，威尔逊提出了他的十四点原则。一战源于欧洲大国的有限争端，各方都十分狂热，但谁也没有想到这场冲突后来所具有的规模，也没有想到工业化武装斗争所带来的灾难性后果。一战以对"军国主义"强烈而普遍的反抗收场，美国领导人也强调这种反抗。和约和国际联盟的发起人都在判断他们能在多大程度上阻止未来军事冲突的爆发。就这一点而言，事实证明，他们都相当失败。但他们的长期影响非常重要：通过对"主权—公民身份—民族主义"之间关系的特定阐释，他们强化了国家主权是人类"自然的"政治状态这一观念。这是国家之间"新型法律和公正体系"的最重要效果，这一体系也是威尔逊想要建立的体系。认识到下面这一点非常重要："威尔逊主义"批判了将权力均衡视为主权的主要保障的理念，强调要将公民身份观念扩展到全球民族国家共同体的成员上。"无论是否情愿，我们（国家）都是世界生活的参与者。所有国家的利益也都是我们自己的利益，我们是其他的……世界公民的伙伴。"[7]

十四点原则在许多方面将主权观念确立为一种普遍适用的观念。它们承认民族主义的重要性，将具有"文化同一性"（cultural identity）的地区视为民族国家形成的基础（虽然据此划分的领土远不是同质性的）。因此，巴尔干地区要根据现有的"民族忠诚"（national allegiance）路线进行重组，奥匈人民也要被赋予自主发展的机会。这些条款以及适用于奥斯曼帝国的条款，标志着西方古老的帝国体系最终瓦解了。对殖民地权利的"公正调整"（impartial adjustment），要求相关区域的人口被赋予与其利益相一致的自治权，不论从原则还是从实践上看，这都为欧洲监护下的那些地区通向国家形态打开了大门。这些条款中的一个明显因素是，各个国家独立统一的观念取代了权力均衡的观念，而且全球国家共同体都一致接受了这种观念。就防止战争的能力而言，威尔逊主义似乎是一个乌托邦，且很多历史学家就是这么认为的[8]。但它实际上比乍看起来的更加接近后来各国领导人所遵循的"现实主义"路径；它意识到欧洲的"均衡主义"难以在全球范围内应用；相反，它承认，具有自主性的民族国家必然是强化了的行政和军事权力中心。从原则上说，即使最强大的国家也不能战胜多个国家合作形成的反抗。威尔逊认为，《凡尔赛和约》是"旨在打破一个旧体系，并代之以一个新体系"的协定[9]；他没有夸大其词，无论后来的历史与他的设想之间存在多大的差距。

威尔逊对一个和平和自由时代的希望破灭了，这很大程度上正是由于欧洲及其他地区获得了自主性的国家之间的冲突；但这完全没有降低威尔逊主义对新型全球国家体系的影响。在实践中，领土的重新划分是"原则和权力的混合"[10]。比如，在上西里西亚（Upper Silesia）和蒂罗尔（Tyrol）地区，原则不得不让步于权力，否则结果只会分别更加有利于德国和奥地利。国际联盟的盟约所承认的新国家，增加而不是降低了军事冲突的可能性，因为它们实际上将之前少数民族之间的敌对转化成了国家之间的敌对。从少数民族向主权国家的转变，让他们的领导人拥有了军事力量，从而可以谋划之前想象不到的行动。劳合·乔治发现，"各种平庸的二流政治家"总是在对抗和约，和约因此从未有机会发挥作用[11]。但他同时还正确地指出，之前从未有一个协约解放过这么多被压迫的民众，"民族社会"（national societies）自主发展的原则比之前更加牢固地确立了起来。正是在这一方面，威尔逊主义的理念对民族国家体系的进一步发展产生了深刻的影响。

我前面已经指出，17世纪以来欧洲国家举行的各种会议和外交的早期发展，不能仅仅视作控制既有国家的活动的努力。相反，由此产生的反思性调控模式，对于那些拥有明确领土边界的国家的发展至关重要。与反思性监控的国家体系相伴发展的，是作为现代世界中主导性政治形式的民族国家的形成。这种观点也适用于一战结束后的那段时期；当时，民族国家体系在世界范围内基本上建立了起来。国际联盟成为全球信息控制过程的核心渠道，也是全球信息加工和信息交换过程的焦点。监控全球信息资源的组织蓬勃发展，其中，国际联盟最为重要，而且现代国家也依赖于这种信息资源。国际联盟不是这种组织的存在条件，很多组织在国际联盟成立前就已经存在；但国际联盟提供了一个将这些组织联系起来的行政中心，也促进了这些组织的进一步扩张。

邮政服务和国际卫生机构的发展就是其中的典型例子，它们是20世纪20年代以后加速发展的众多国际组织中的两个。欧洲国家之间的邮政服务可以追溯到几百年前。1505年，弗朗兹·冯·塔克西斯（Franz von Taxis）在几个欧洲统治者的宫廷之间建立了一个信件传递服务，五天半之内可以将信件从布鲁塞尔送至因斯布鲁克，四天之内可以送至里昂，十五天之内可以送至格拉纳达[12]。16—17世纪，大部分欧洲大国都签订了邮政条约，创建了一个复杂而多样的邮政交流网络。到19世纪中期，欧洲各个地区大概拥有1 200种邮政费率。1840年英国建立的便士邮政将该国的邮费标准化了；其后，欧洲其他地区纷纷效仿这种做法。大约20年后，美国邮政总署在巴黎召集了一个国际会议，会议一致认为双边条约已不再可行，一个国际邮政委员会因此得到建立，涉及12个欧洲国家和美国的邮政体系。1874年伯尔尼会议进一步包含了更多国家的代表，建立了第一个邮政总联盟和第一个国际邮政公约。成员国的领土被视为一个统一的邮政区域，无论邮寄跨越多少国家，每个邮件都将是一次性付费的，所有包裹都将按照国际标准统一收费。伯尔尼会议上建立的负责机构，是最早设立的常设国际组织之一，1878年更名为万国邮政联盟。在一战前后，万国邮政联盟召开了多次会议。但它并没有成为国际联盟的附属机构，而是一直完全独立，直到联合国成立，它成为联合国的"专门机构"；自那以后，其业务取得了极大的扩展。

卫生领域的国际协作尝试只能追溯到19世纪。从1851年开始，国际卫生会议定期召开，提出了关于检疫和其他公共卫生措施的普遍标准，但卫生统计数据主要是政府机构的工作。1908年在巴黎建立的国际卫生办公室主要负责统计信息的收集和发布，内容涉及不同国家的公共卫生立法和疫病传播模式。国际联盟建立了自己的卫生委员会——卫生组织。该卫生组织最初致力于分析和制止传染病的扩散，尤其是战争引起的流行病。但它不断扩展其活动，直接参与的国家也越来越多。卫生组织与国际卫生办公室同步发展，但仍然相互保持独立。对世界各地健康状况的统计监测仍然是两个组织主要关心的内容。随着联合国的成立，世界卫生组织也建立了起来。最初，世界卫生组织是要接替旧国际联盟卫生组织的工作，但在活动范围和规模上都变得更具综合性。世界卫生组织制定了内容广泛的国际卫生规则，发起了针对重大疫病的运动，而且在防治疟疾和天花上取得重大成功[13]。

如图5所示，自二战以来，世界体系中的组织数量出现了显著的增长，无论它们是不是由国家直接管理的。

也许有人认为，这里所展现的是不断迈向"单一世界"（one world）的运动，面对全球组织模式的发展，民族国家可能变得越来越不重要。我这里提出的观点与这种观点迥然相异[14]。我已经指

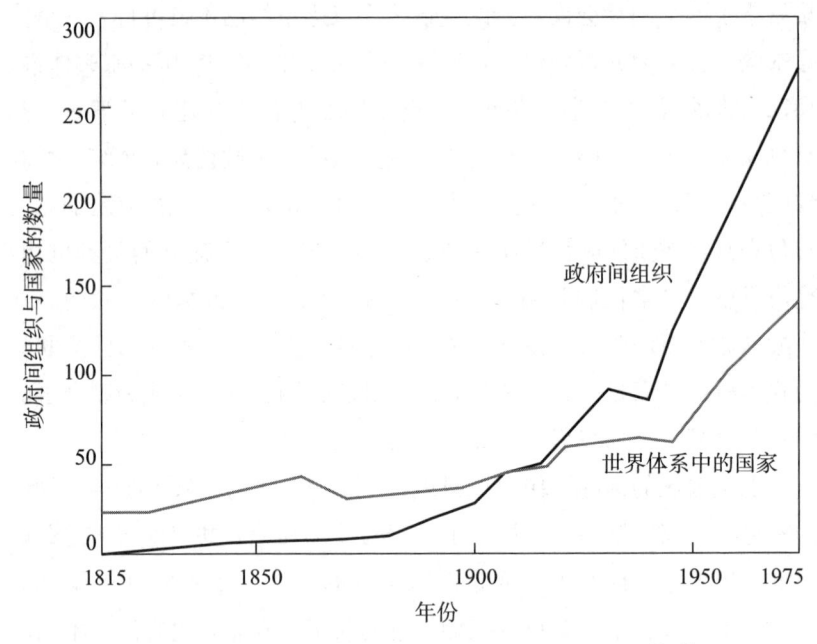

图 5　世界体系中政府间组织的数量（1815—1975）[15]

出，民族国家主权的发展并不早于欧洲国家体系的发展，也不早于民族国家体系向全球的扩展。国家权威对大片地区所拥有的最高权力，不会必然受制于国际关系网络和相互依赖模式的发展。相反，现代国家主权的发展从一开始就依赖于对国家间关系的反思性监控。国家主权的巩固和民族国家的普遍性，都是通过扩大对"国际关系"活动的监控范围来进行的。"国际关系"不是既存国家之间建立起来的联系（没有国际关系也能维持其绝对权力），而是民族国家得以存在的基础。国际组织（包括国际联盟和联合国）蓬勃发展的时期，不是超越民族国家的时期，而是民族国家的普遍性得以确立的时期。就欧洲国家体系而言，这一过程是在战争和外交的混合影响下形成的。但在战争工业化的背景下，所有战争往往都具有总体性特征，而且世界大战以各种形式影响了所有国家的某些方面。由于世界体系的整合性不断增强，外交不再只是在某一小撮国家之间进行，而是在某些基本方面牵扯到所有国家。

第十章　全球国家体系中的民族国家

　　就人员的伤亡和卷入的国家而言，二战比一战更加具有破坏性。但一战与之前的战争非常不同，二战与一战之间的差异则相对较小，因为二战与一战在时间上非常接近，且二战仅仅是扩大了的工业化战争，没有从实质上改变工业化战争。正如皮尔顿（Pearton）所指出的，第一次世界性冲突之后，各个大国很快就意识到工业化战争的意涵[16]。军事力量不再只是武器装备的数量和训练有素的士兵规模，而是依赖于国家的工业化能力。张伯伦也认为，经济力量本身就是一种震慑。这种观点虽然可能是错误的，但工业与军事之间的关系却得到了普遍认可。关于战争的政治观点和学术观点也发生了变化。在研究第一次世界大战的大量文献中，很大一部分将冲突的结果与参战国的总体经济状况联系起来。也就是说，它们普遍认为军事力量依赖的是整个工业经济的动员，而不只是战场上的军队。这种观点的含义人们很快就在第二次世界大战中感受到了：对于战争的表现，进行工业生产的那些人和武装力量同等重要；从第一次世界大战将要结束时开始，城市地区就被视为敌对冲突爆发时必然的军事打击目标。

　　另一种影响与国际领域相关，而且从第二次世界大战起延续至今。军事实力依赖于特定国家在其直接管辖的行政范围内可以集中起来的一系列配置性资源。但是，无论规模大小，一个工业经济体总是与广泛的国际劳动分工在经济上整合在一起的。因此，就军事权力而言，没有任何国家是独立存在的。这也意味着，各个大国往往会协调各自的"国际势力范围"，对这些势力范围保持着一种"军事-工业"霸权。《雅尔塔协定》和《波茨坦协定》的意义就在于此，两个超级大国——美国和苏联——都公开接受了"势力范围"概念，也确认了国家主权的普遍性。就影响而言，其他大国对苏联主权自主性的充分认可，不亚于苏联对民族国家的普遍性认可。《联合国宪章》第二条第一段指出，"基于各会员国主权平等之原则"[17]。"主权平等"这一词语首先出现于美国起草的关于总体安全的《四国宣言》中，实质上是威尔逊在25年前提出的宪章主义（constitutionalism）的修改版。这里的"平等"其实是指法律地位上的平等，而非事实平等——

247

大国具有与其强大实力相称的特殊权利和职责。一些小国反对安理会成员国的特权。荷兰在敦巴顿橡树园发表的声明中就坚持主张："所有这些特权和不平等，都不符合爱好和平的国家主权平等原则。"但是，欧洲更加强烈地反对将"主权平等"原则扩展到殖民地人民身上。美国和苏联的代表则坚持认为，国家主权应当赋予殖民地社会，这也蕴含着此后全球发展的一些主要趋势。

反思性监控的全球民族国家体系与美国和苏联拥有的强大"军事-工业"实力的结合，是当今时代的主要特征。每一个超级大国都有地缘政治上相近的"势力范围"，也都在全球范围内拥有外交上建立的附庸或同盟关系。这些关联对相关国家的内部政治经济体系具有显著影响。但如果认为这是对国家主权的单方面限制，则具有误导性。第二次世界大战以来，很多国家（有些最近才成立）的自主性都取得了相当有效的发展，但也有国家的自主性有所削弱。由于我前面指出的原因，这些现象应该被视为相互联系而不是彼此孤立的发展。

民族国家的类型

267　　政治科学和社会学文献中存在诸多现代国家的分类方式。在"民族国家"等同于"社会"的情况下，因为分类标准的数量与主要制度的识别方式一样多，所以分类方式多种多样也就不足为奇。鉴于本章和前面各章的讨论，有三种划分基础非常有帮助。民族国家是存在于世界国家体系中的实体；在这个国家体系中，工业和军事权力的两极分化非常明显。因此，其中一种划分方式应该是地缘政治的标准。在这种划分中，两个超级大国是其他国家所围绕的两极。这种划分方式可以包括下面这些类型：

　　1. 核心/霸权型；
　　2. 相邻/附属型；
　　3. 中心/结盟型；

4. 中心/不结盟型；

5. 边缘/结盟型；

6. 边缘/不结盟型。

至少到目前为止，只有美国和苏联属于第 1 种类型。它们在各自势力范围内居于霸权地位，在世界体系中也占据统治地位——尽管它们完全不同于传统的帝国中心和殖民帝国。世界体系的两极化特征并不是起源于雅尔塔会议，而是稍晚一些时间。在雅尔塔会议后的短暂时间里，美国仍有可能退回到以往的孤立主义（isolationism）状态中；或者作为核武器的唯一拥有者，可以在世界政治中发挥独一无二的作用。英国是首先采取遏制苏联的政策的主要国家。1947 年的杜鲁门主义是一个分水岭；在杜鲁门主义中，美国承担了英国的责任，为希腊和土耳其提供财政援助，为反苏政权提供支持。苏联拥有核武器则是另一个分水岭，北约和华约直接加强了军事权力的两极分化。但作为普遍原则的"相互尊重国家主权"，意味着权力两极分化的影响十分广泛。在两大阵营内部，所有民族国家都具有发达的行政自主性，且超级大国也没有完全垄断核武器。

在两大阵营内部，我们可以区分出三种类型的国家，即第 2、3、5 种类型的国家。每个核心国家都力图确保其邻国由亲近其利益的政府进行统治，从而维护其领土边界。与其他国家相比，在地理上临近核心国家的那些国家，更有可能遭受更大的政治压力，也更可能面临军事干预或军事干预威胁。出于某种原因，与苏联交界的其他大国并不顺从于它。但对于其欧洲边界上的一系列国家，苏联却维持着相当大的影响力。自 1947 年以来，美国也承认苏联的这些毗邻国家属于苏联的势力范围；但是，这些国家也是联合国的独立成员国，具有自己的内部行政体系、警务体系和武装力量。同时，由于它们的政治秩序与苏联密切相关，而且不可能进行某些制度改革，因此显然附属于苏联。美国的地理位置使其不易受到邻国变迁的影响。但在北方和南方，美国也尽量让邻近国家顺从自己的利益，竭力遏制违背其利益或可能违背其利益的发展态势。

我所说的"中心国家"指在工业和军事实力上处于"二流"地位，但在世界政治中也发挥重要作用的国家。很多这种国家，尤其是西欧国家，都与某个核心国家结盟。它们对大部分内部事务具有完全的主权；和东欧社会一样，它们也拥有自己的武装力量，但与东欧国家相比，其对于武装力量的部署和使用具有更大的自主性。不过，具有美国军事基地的北约成员国进行独立军事行动的可能性受到很大的限制。在某种程度上正是因为这个原因，在欧洲、亚洲、中东和非洲，很多中心国家都没有结盟。结盟的国家与两个核心国家组成了两大阵营，特别要协调它们的经济和军事政策，但不结盟国家则是"多中心的"（polycentric）[18]。也就是说，不结盟，在原则上给了它们更大的决策灵活性，在实践中也通常如此。中心的不结盟国家并没有在世界政治中形成一个独立的阵营，虽然其中有些国家曾努力尝试过。

最后，边缘国家是那些工业和军事实力较弱、地理上远离核心国家的国家。就边缘的结盟国家而言，重要的是与核心国家保持距离，但又能进行合作；即使是与另一个核心国家相近的国家，也是如此。古巴是苏联的一个边缘结盟国家，虽然它离美国更近。边缘的结盟国家在经济上严重依赖于其中一个核心国家，但由于在地理上不接壤的事实，使得核心国家难以保持对相邻国家那样的控制。从经济上说，并非所有的边缘国家都是"第三世界"国家（比如，冰岛）。

对国家进行地缘政治的分类，必须基于它们对"世界政治"的参与和影响，即基于政治政策的形成和实施过程的全球影响。但民族国家还可以根据国家起源的标准进行分类。从很多方面而言，欧洲民族国家——也就是"古典形式"的民族国家——显然为其他国家提供了效仿的样板。但同样明显的是，其他国家并不只是简单地重复欧洲的经历，在很多情况下反而是在反抗欧洲统治的过程中成为民族国家的。因此，第二种国家分类方式大概是这样的：

1. 古典型；
2. 殖民地型；
3. 后殖民型；

4. 现代化型。

当然,"古典型民族国家"并不是内部毫无差别的一种类型。欧洲早期建立的民族国家,往往是在大陆边缘地区发展起来的,处于之前国家权力最为集中的地区的边缘[19]。国家形成的下一次浪潮发生在中欧和意大利。在这些国家中,领土边界与语言或文化同一性之间几乎没有什么一致性。总体而言,在民族国家的较早发展过程中,民族主义运动并没有起太大的作用,但它在后来的民族国家中却发挥了重要的作用。直到其他地方的国家得到充分发展后,那些在罗马帝国领土上继承了共同语言的地区,才出现形成民族国家的微弱趋势。在法国和德国之间所谓的"洛塔林吉亚-勃艮第"地区,语言分化与领土边界没有什么一致性。虽然法国和英国通常被认为存在"民族"与"国家"的高度一致性,但两者都不是语言同质的地区。在19世纪,法国的语言标准化程度比欧洲其他国家都要高,但在这一过程中,中央权威也要应对来自布列塔尼(Brittany)、奥克西塔尼亚(Occitania)和其他地区的反抗。有鉴于此,可以认为,与文化同质性存在一定关联的语言同一性是古典型民族国家的显著特征。当然,这类国家不论在过去还是现在都存在例外情况,但都不像瑞士那样没有一种语言取得优势地位。并不是所有古典型民族国家都建立于18—19世纪,世界大战后在欧洲及其边缘建立的国家(包括奥地利和土耳其等之前的帝国)也属于此种类型。另一方面,一些较早建立的国家(如德国)却属于现代化型的民族国家。

"殖民地型民族国家"指由于欧洲移民运动而建立的国家,比如拉丁美洲国家、美国、加拿大、澳大利亚及后来的以色列。这种国家往往涉及长途迁移,且迁移的人通常有不同的文化背景。按照欧洲的标准,这些国家建立的地方人烟稀少,都对土著居民采取了武力,要么将这些群体完全消灭了,要么将他们减少到非常低的比例。一些殖民地型的民族国家,是通过反抗宗主国的民族解放战争而形成国家性(statehood)的,比如美国对英国的反抗和拉丁美洲国家对西班牙的反抗。这种国家的显著特征是:战争发生时,欧洲的国家发展还处于早期阶段，且公民身份和主权的自由主义理念比民族主义理念更加重要。虽然这些国家最终形成了同质性较高的民族共同体，但我们也不能忽视：与之前欧洲的情况一样，战争、外交和偶然事件也影响了殖民地型民族国家的形成。甚至美国独立革命的那些主要支持者，最初也怀疑将异质的、相互孤立的英国殖民地结合成一个统一国家的可能性。拉丁美洲解放战争的领导者们，对于革命成功后应该建立一个什么样的国家也存在相当大的分歧。玻利瓦尔和圣马丁都想建立一个横跨整个地区的大国，但最终却建立了好几个国家[20]。

其他殖民地型民族国家，尤其是原来属于大英帝国的那些国家，是在民族主义情感的推动下通过对宗主国的妥协而实现独立的。大多数殖民地国家都实现了语言和文化的高度统一，摆脱了这些移民的旧有文化属性。但也有一些国家（如加拿大和以色列）存在大量游离于主流文化之外的少数民族人口。南非的情况非常特殊：虽然可以与上述国家联系起来，但更应被视为一个还未完全具备"后殖民性"的殖民区域。无论如何，占人口多数的黑人所持有的反殖民主义的民族主义，是南非区别于大多数其他殖民地型民族国家的特征，虽然美国存在更多小规模的此类运动，加拿大与法国也存在某种微弱的关联。

总体而言，后殖民型和现代化型民族国家与第1类和第2类民族国家的差别体现在：语言和文化的同质化程度较低，尽管这并非绝对。在古典型民族国家内部，地方性民族主义的复兴表明，对其他种族群体的"殖民性"剥削，不仅仅限于欧洲国家统治的域外领土。但在大多数后殖民型民族国家中，"民族"绝不是在国家出现之前就已形成了，而且把这些国家称作"国族"也不是毫无道理的。因此，有人这样评论撒哈拉沙漠以南的非洲：

> 虽然我们笼统地将非洲新近建立的国家称作"民族国家"，将它们的人民称为"新民族"，但我们还完全不能确认这种称呼是否符合现实。在他们走向独立的过程中，西方人习惯于将当时日益强大的反殖民运动视为全球民族主义的一个变种……但是，在正式取得独立二十年后，我们仍然不清楚，这些早期的民族主

义情感表述在多大程度上保存了下来,并成为国家形成的基础。现在,研究撒哈拉沙漠以南的非洲政治变迁的很多学者仍然在争论:大部分非洲大陆是否存在民族国家。[21]

我认为,我们没有必要质疑非洲和其他前殖民地地区中民族国家的存在。但由于这些国家不是传统类型的国家,它们的起源和特征显然与上述国家类型大相径庭。

后殖民型国家(或者说"国族")的基础是最初由殖民地社会建立的国家机构。正如前面引文所指出的,在促使国家独立的社会运动中,民族主义通常发挥了重要的作用。但这种形式的民族主义往往主要是由觊觎或掌握国家权力的精英培育起来的。与古典型与殖民地型国家不同,这些国家行政权力的巩固不是基于内部资源动员,而是基于从外部"进口的"行政资源。这也将民族主义的支持者置于尴尬的境地,甚至有时对内部政治组织带来分裂性后果。民族主义情感与民族起源的神话相关,为政治共同体的统一提供了心理的聚焦点;但是,以具体的过去经历为基础的起源阐释,既可能造成紧张,也可能带来和谐,因为其中往往涉及文化的多样性。

在非洲和亚洲,遭受殖民统治的一些地区都存在典型的民族主义象征和运动。因此大概在 19 世纪初,定居在塞拉利昂弗里敦的北美黑人,就倡导一种与民族自决权发展相关的"非洲主义"(Africanism),利比里亚也发生了相似的运动[22]。但这种情况罕见,而且大都与后来殖民和后殖民时期发展起来的民族主义没有什么直接关系。一般而言,非洲国家的人口是由许多异质的文化和种族群体构成的;索马里、莱索托和斯威士兰在某种程度上有些例外,因此呈现出与传统国家类似的特征。据估计,尼日利亚存在超过 200 个的文化群体,虽然其中三个最大的群体构成了其三分之二的人口。甚至人口只有 50 万的冈比亚都存在八个不同的种族群体[23]。

我所说的现代化型的民族国家,即使直接经历过殖民主义,但主要通过内部政治动员而成功地实现了从传统国家向现代国家的转型。非洲历史上也存在一些类似的国家。在明治时期的日本经历现代国家转型的同时,西非也在努力进行类似的国家发展。因此,黄金海岸的芳蒂人(Fandi)和尼日利亚西南部的约鲁巴人(Yoruba)都各自努力地创建现代国家机构。最著名的是非洲东部传统的阿比西尼亚(Abyssinia)帝国。在那里,统治群体力图通过提高行政集中化和文化同一性的政策来统一国家和发展军事。在19世纪和20世纪之交,帝国军队成功地击败了意大利军队。但事实证明,这一胜利只是暂时的,而且只有在传统国家要么特别巨大,要么特别偏远,要么因某种原因而免受欧洲直接统治的时候,现代化型的民族国家才会成功建立。

民族国家的制度性特征可以根据前面区分的四种制度丛结而进行划分。因此,我们可以根据在下面四个维度上所处的位置而对国家进行分类:

工业化经济	+	−
资本主义生产	+	−
政治整合	+	−
军事统治	−	+

古典型民族国家位于左边一列。这种民族国家起源于绝对主义国家,但随着工业资本主义的到来才最终发展成形。基于高度发达的行政机构,这种民族国家实现了国界之内的高度政治整合。由于内部和平进程(本身与作为一种阶级统治形式的工业资本主义直接相关),军事力量主要是"对外"针对其他国家的。文官权威和军事权威之间存在明确的划分,"职业化"武装力量只从事战争事务。部分殖民地型国家也属于此类(如美国、加拿大和澳大利亚),其他的则不属于这种类型。大部分拉丁美洲国家仅达到较低的工业化水平,而且只存在于美国主导的资本主义范围内。虽然对其确切性质还存在很大争议,但这些国家大多数都具有内部"二元性"——现代化中心与经济作物主导的大片农业区域共存。城市化模式也不同于古典型民族国家模式:移民聚居区环绕着城市中心,至多只是大致相当于欧洲最初经

历的现代化城市组织模式。后殖民型国家与古典型民族国家的兴起过程则没什么太大的相似性。

事实证明，与古典型和现代化型国家相反，殖民地型和后殖民型国家都具有强烈的军事统治倾向。实际上，军事政权的发展是民族国家普遍化后——也就是二战后的40年——的主要特征。这也不同于马克思主义和非马克思主义的主流社会科学传统的期望。军队主导型政府基本上还是一个没有进行研究的现象，往往被视为工业主义或工业资本主义总体发展趋势中的一种暂时和反常的现象。过去四十年中世界范围内发生的事件让这种观点变得越来越不靠谱。所有拉丁美洲国家、大部分中东和非洲国家及波兰都经历了政变和反政变中军队对政府的干预[24]。在这些情况下，军队可能是职业化的，但也是普力夺式的。毫无疑问，普力夺式的国家很大程度上起源于军队在殖民主义中发挥的作用。前面分析的与欧洲民族国家有关的过程，使得军事力量可以"对外"集中于殖民统治上。正如一位作者所言：

> 在19—20世纪的欧洲殖民地中，军队是专门用来对外征服和统治的工具。对外统治提供了一种职业理念；这在下列组织中都有所体现：英属印度的民用和军事服务、法国的外国兵团、法国赤道军（"非洲人"）、西班牙在摩洛哥和南美洲的军队。这种体系的价值观念体现于"法国文明化"、吉卜林的"白人的负担"和利奥泰将军（法属非洲的一位军事总督）的传道热情上。"法国文明化"的理念是由军队提出来的；这些军队执行着、实际上也主导着法国的帝国主义政策，致力于帝国的扩张。传道取向的军队倾向于成为干预主义者，在法国和西班牙殖民地尤其如此。[25]

现代化型的国家并没有军事统治的倾向，虽然它们（最明显的是德国和日本）可能具有强烈的军国主义色彩。这里需要重复的是，我们不应当将现代军事政府视为升级版的传统国家的军事权威。现代军事统治依赖于对工业化战争武器的集中控制和官僚化的常备军，而且通常存在于实现了高度内部和平的情况下；传统国家不可能实现这种内部和平[26]。在大多数现代民族国家，无论这些国家多么"年轻"，就暴力手段的控制而言，武装部队没有真正的"竞争者"[27]。也许会存在挑战国家权力的游击运动，这些运动几乎无一例外地得到其他国家的支持，而且基地通常在目标国家之外的国家[28]。但是，由于现代交通和通信方式的引入、警务力量的发展和系统的法律制裁机构的建立，即使"国族"也实现了高度的内部和平。

世界资本主义经济

无论是用来描述某一个社会，还是用来描述多个社会之间的关系网络，或者用来描述世界范围内的联系，我们都要谨慎使用"体系"（system）一词。世界体系确实存在，但它比单个国家更加分散、发展也更加不平衡。从这一方面而言，前面对"世界体系理论"所作的批判性分析需要进一步拓展。除"经济主义"（economistic）的偏见外，世界体系理论也具有社会学家讨论单个社会时的夸大的"功能整合"倾向。世界体系的存在会影响个别国家的发展，但这并不意味着它的发展具有一个单一的主导性动力机制，也不意味着这个"整体"在某种程度上优于"部分"。我们这里必须使用一种严密的理论语言[29]，从而将国家内部的社会制度分析与更广泛的区域化体系联系起来。

下面这些术语可以更好地刻画当前的世界体系：

符号象征秩序/话语模式：	全球信息体系
政治制度：	民族国家体系
经济制度：	世界资本主义经济
法律/制裁模式：	世界军事秩序

到此为止，我集中讨论了使得国家体系得以巩固的反思性监控过程、全球军事秩序，现在应该关注经济关系了。我们应该如何分析当今世界资本主义经济的主要特征？资本主义机制在何种意义上主导着

世界经济组织？这些与国家内部的经济发展有何关系？

在各种意义上，世界经济就是资本主义经济；在世界经济的主导国家中，资本主义经济及其阶级不对称关系是生产的主导形式。在国内政策和国外参与活动方面，这些国家的经济活动受到各种形式的政治调控，但"经济"与"政治"的分离是其制度性的组织特征。由于民族国家体系中国家权力的多样化，这种状况扩大了经济组织在整个世界的活动范围。从事资本主义生产的企业组织虽然在很多方面不能与民族国家抗衡，但在国际经济关系中的作用重大。企业组织在母国的影响往往很大，因为政府依赖于它们创造的财富以获得经济资源。由于企业组织相互之间的交易关系以及与国家和消费者的交易关系依赖于生产的利润，它们影响的扩大也带来了商品市场的全球性扩展。但从一开始，世界资本主义经济就不只是一个巨大的商品市场。过去和现在，世界资本主义经济都涉及不同地区背景下劳动力的商品化过程，而且经常不是在工人"自由"进入市场的情况下进行的。无论是小企业还是大型跨国公司，大多数企业组织都直接或间接地存在于超越个别国家范围的经济关系中。因此，原材料的开采和加工都被纳入世界经济中的生产活动；由于企业组织可以在宗主国之外建立新的"初级"生产单位，资本主义生产可以而且已经在经济主导国家之外的地区建立起来了。

在苏联、东欧和其他一些社会主义社会，由于国内没有实现经济与政治的分离，因此在某种程度上成为世界资本主义经济中的一块飞地。但也只是某种程度上如此，因为这些国家也深刻卷入了全球劳动分工，受到了世界资本主义机制的短期和长期影响。与所有社会体系一样，世界资本主义经济也包含权力关系，而且权力分布极不平等。在前面提到的那些局限下，沃勒斯坦对中心、半边缘和边缘国家的区分以及以此为基础的分析，总体上很好地描述了这种权力关系。经济上的核心国家不一定是"政治-军事"上的核心国家；如果将苏联置于半边缘地带，则尤其如此。第九章对国家所做的地缘政治分类很大程度上与经济分化无关，每一种国家类型都在经济、政治和军事权力方面存在显著的差异。核心、半边缘和边缘之间的划分，也会随着全球劳动分工的变化而变化，而且通常表现为跨国家边界的区域，而不是一组国家。

核心、半边缘和边缘之间的分化是持久的，国家之间的直接经济关系长期以来也主要是国际贸易问题。从19世纪末到一战期间，贸易和资本流动已经高度国际化了，但这与今天的情形仍相去甚远[30]。那时候，核心国家的很多国民经济部门都不受国际竞争的冲击。

> 酿酒业、制砖业和面包房供应着本地市场，"服装业"仍然包括本地裁缝。国际运费如此之高，以致家具业很难参与国际贸易。农业、渔业和手工业甚至还没在国内整合起来。只有少数产品具有世界市场的价格，而且其产地还不在欧洲，如咖啡、糖和香料。很多产品甚至连统一的国内价格都没有。[31]

但几乎整个商品市场都越来越受国际竞争的影响。此外，在过去大约半个世纪里，生产也比之前更加国际化了。在世界资本主义经济扩张的整个长期过程中，资本主义生产的扩张将单个国家的资本、管理和技术与其他国家的劳动力和原材料结合在了一起。现在，所有这些要素通常都来源于不同的国家，各种零件也在世界的不同地区被制造，国际生产越来越多地取代了国际贸易的中心地位。

到20世纪70年代末，总部位于美国的公司掌握了700亿美元的海外直接投资。如果用于投资工厂和设备的每一美元每年能够形成两美元的产出，那么这些投资的年产出将是1 400亿美元。在海外生产的产品数量是美国年出口量的四倍，当然其中有些投入来自美国。海外间接投资则是国外直接生产的两倍[32]。显然，美国的对外投资大大超过任何其他国家，大约占经合组织（OECD）国家投资的三分之二[33]。然而，世界经济中按国际化生产方式组织的部分，比各主要参与国的国民生产总值的增长都要快。和所有其他核心国家一样，美国经济也依赖于进口，为基础工业提供矿产资源。就现代生产所需要的所有矿产资源而言，没有哪个国家或大陆能够自给自足。因此，在经济所需的13种最重要的矿产资源中，其中有9种美国至少需要进口一半,其他核心国家的自主供给就更少了。

自第二次世界大战以来,经合组织中核心国家之间的关系发生了重大变化,其中最引人注目的是日本进入先进国家行列。东欧社会的工业产出难以与资本主义国家进行比较,它们大概占世界总产出的30%,核心国家的占比则是60%,世界其他地区的占比只有10%。计划经济国家与核心国家之间的贸易水平相对很低,这表明全球资本主义经济关系对它们的影响主要是通过货币机制和原材料进口来体现的[34]。边缘国家,尤其是后殖民型的边缘国家,特别容易受到世界贸易波动的影响。它们在世界经济中的"极端依附"地位体现在对初级产品出口和技术产品、制成品(包括武器)进口的依赖上。作为经合组织国家的制成品的出口市场,边缘国家的重要性实际上在不断下降而非上升。但石油输出国组织对这种趋势的干扰性影响也形象地说明,偶发政治事件对那些看似"永恒不变"的经济力量也会产生重大的影响。

处于世界资本主义经济核心的老牌工业化国家,仍然是大多数国家所围绕的中枢,但它们的地位也正在衰落。与东欧国家相比,尤其是与"东方部分"(韩国、中国台湾、中国香港、新加坡)相比,这些国家和地区在过去十年的增长更加缓慢。核心国家越来越依赖于外部市场,尤其是高端资本产品的产出。生产活动向世界其他地区的转移,打破了它们此前对于高端技术能力的垄断。当然,资本从技术和劳动力优势消耗殆尽的地区流出,这不仅发生在工业发达国家内部,也发生在彼此之间。比如,在美国,生产企业从工业化水平更高的北方向南方"阳光地带"迁移,因为那里的工资更低、工会力量更弱;在法国,北部较早建立的工业区逐渐衰落了,地中海地区的新兴工业则蓬勃发展。

核心国家的去工业化和大规模失业,与世界经济发展趋势的联系非常明显,以至于大家都认为,此类现象无法通过单个国家的内部组织而得到充分解释。正是在这里我们可以发现:人们已经意识到,通常进行的社会"比较"研究已非常不足。但这还没有让人普遍地认识到：对于理解经济发达社会之性质的社会分析和社会理论，世界体系具有核心重要性[35]。对半边缘和边缘国家的分析一致认为，在研究这些国家的过程中，必须考察它们所进行的国际"不平等交换"。但对于发达国家的大部分社会研究却没有做到这一点，这些研究既没有考察发达国家之间的关系，也没有考察它们与世界其他地区之间的关系。

国际秩序和国家主权

到目前为止，我还没有直接讨论主权问题，而只是分析了这一概念在欧洲国家体系兴起过程中的重要意义，强调它只有在超越单个国家的反思性调控体系的背景下才有意义。这里，我们仍需要对国家主权进行抽象的和具体的讨论。

主权同时为国家"内部"事务和"外部"事务提供了一个秩序原则（ordering principle）。它预设了一套普遍性的、特定领土范围内的公民（将非公民排除在外）必须遵守的规则体系。正如摩根索所指出的，主权是一国制定和实施法律的最高权威，而且制定和实施法律是统一起来的[36]。政府是主权权威的"代表"（delegates），这是现代国家多元政治趋势的一个根源[37]。

主权与国家平等原则之间的关系比通常想象的更加紧密。一个国家如果不是存在于由其他主权国家所构成的体系中，并且得到它们的认可，它也就无法成为主权国家。正是在这一点上，无论权力分化的实际状况如何，这些国家都面临着相互承认平等地位的巨大压力。这也意味着一种普遍性，尽管事实上只有到第二次世界大战结束以后各个国家才普遍地相互承认主权。欧洲国家体系中的国家并没有像彼此相互承认那样承认其他政治共同体的有效存在。

主权是由什么组成的呢？下面列出的这些要素可能是最为重要的，它们实际上是主权的界定性要素。主权国家就是在一块或多块明

第十章 全球国家体系中的民族国家

确的领土范围内具有下列能力的政治组织：能够制定法律和有效地实施法律，能够垄断暴力手段的使用，能够控制有关内部政治或政府管理形式的基本政策，能够处置作为其税收基础的国民经济成果。

所有这些能力都受到国家内部因素的影响，但由于二战以来世界体系的日益整合，这些能力可能也越来越受到国家外部活动的制约。的确，下面这种说法已经习以为常了，即由于当今的发展形势，民族国家在世界组织中已变得越来越不重要。很多组织超越了国家的边界，可能也拥有了之前为国家所拥有的能力，而且，世界体系还具有抵制个别国家控制这些组织的特征。这可以列举如下：

组织：	世界体系维度：
1. 政府间机构	1. 国际劳动分工
2. 卡特尔、经济联盟、跨国公司	2. 世界军事秩序
3. 军事同盟	

联合国和西欧共同市场[①]部分属于"组织"中的第 1 种，部分属于第 2 种。它们如何影响了其成员国的主权呢？它们是某种意义上的主权实体吗？就联合国而言，这些问题不难回答。虽然联合国是一个重要的"世界机构"（world agency），在世界体系的反思性监控中发挥着显著的作用，但它一直都没有侵犯国家主权，本身也不是一个主权实体。联合国最重要的全球影响是，它实际上扩大而不是限制了国家主权。相反，EEC 则是一个更加地域性的政府间机构，但的确限制了先前的国家主权形式。这个联盟可以制定原则上适用于成员国所有人口的法律；此外，委员会或最高执行机构可以代表成员国与其他国家达成协议。

---

① 即欧洲经济共同体（European Economic Community，EEC），亦称"欧洲共同市场"。欧洲若干发达市场经济国家组成的区域性经济一体化组织。欧洲联盟的前身。根据 1957 年签订的《罗马条约》于 1958 年成立，1995 年有成员国 15 个。宗旨是实现共同体的经济均衡增长。1967 年与欧洲煤钢共同体和欧洲原子能共同体合并主要机构后，总称欧洲共同体。1993 年欧盟成立后，欧洲经济共同体改名为欧洲共同体（同时，欧洲共同体仍是 3 个共同体的总称）。设有理事会、委员会、欧洲议会等机构。总部在布鲁塞尔。——译者注

让我们首先按照上面提到的主权标准考察一下 EEC 对成员国的权威。EEC 的一些机构确实可以制定法律原则，但它们在具体国家中并不被视为有效的"法律"，因为法律原则必须得到这些国家的议会组织的批准，而且也只有这些议会组织才拥有立法权力。EEC 没有军队，也不拥有限制成员国无论出于何种理由而独立使用暴力手段的能力。当然这并不意味着欧洲议会、执行机构和法院的决策得不到执行；但就这一点而言，这些机构确实不拥有主权。一定的主权转让主要存在于经济关系领域。但即使经济关系领域的主权转让也是一种双向交换，因为成员国获得了在与世界其他地区的国际贸易关系中可能会丧失的一些自主权。

EEC 也许在未来将整合成另一个超级大国，但在没有新的世界大战的情况下，这种可能性相当遥远。正如阿隆（Aron）所指出的，

> 假设 EEC 必然会变成欧洲联邦（或欧洲联邦国家），要么是指现在的经济关系会控制或涵盖政治关系，要么是指关税壁垒的消除本身会引起政治和军事壁垒的消解。但两种假设都是错误的，EEC 即使已经非常完备，也阻止不了法国或德国（或英国！）在阿拉伯地区或远东地区采取各行其是的行动。它也不会将军队或警察置于某个人的单一指挥之下，而是会让不同的国家去面对各自不同的危险。[38]

正如阿隆所说，"我们时代的一大错觉"是，快速增强的经济和技术的相互依赖——无可否认，这是二战以来世界体系的一大特征——将导致主权的消失。

前面提到的"世界体系维度"的两个方面，即国际劳动分工和世界军事秩序，对国家主权具有更加重大的影响。根据与国际劳动分工相关的各种测量标准，国家之间在经济上越来越相互依赖。就这一方面而言，工业化国家的治理能力越来越受到本国政治权威所无法完全控制的事件的影响（那些更具"依附性"的国家则一直如此）[39]。

美国在很多方面都是一个特例，它在世界经济中占据着特别强大的地位，但在包括苏联和东欧社会在内的其他工业化国家，政府调控

国民经济的能力显然下降了。抑制经济增长比促进经济增长更加容易；提高经济增长率通常需要更多地参与世界经济，因此对外部波动也更加脆弱。旨在影响或调控世界经济活动的政府间组织未来可能会进一步发展，也可能出现新的组织。但总体而言，这些组织目前尚未威胁到国家主权，尽管在很多具体情况下债务和发展援助会附带政治条件。就国民经济而言，对国家主权最严重的侵蚀，显然是深陷世界经济中的国民经济脱离了任何形式的总体政治控制。

但毋庸置疑，对国家主权影响最大的是世界军事秩序。战争工业化将军事权力与工业实力和技术水平紧密地联系在一起，军事同盟的范围也不再是地方性的，而是全球性的。世界经济体系允许先进武器和军事技术的快速传播，这对于国家主权的影响是复杂的，甚至是灾难性的。几乎全球每一个国家的军事实力都超过最强大的传统帝国体系的军事水平，但与以前人类历史上存在的所有社会不同，超级大国是彼此之间"不可征服的"，也不是任何小国军事联盟可以征服的。

从这一点而言，超级大国的主权比之前的任何国家都更加强大，虽然获得这种主权的代价是，它们令人恐怖地提升了可能带来的破坏力。无论从总体还是从它们在特定地区的直接影响上看，超级大国的存在显然限制了其他国家的军事实力范围。在东西阵营爆发严重对峙时，北约国家和领土内有美国军事基地的国家，几乎都不可能制定独立的军事战略。东欧国家就更加不可能了。作为与苏联毗邻的附属国家，它们的国内政治经济政策受苏联的总体监督，而且这种监督以武力为后盾。与美国毗邻的中美洲国家以及世界其他一些地区（韩国等）也存在类似情况，但欧洲的情况不同。美国政府和苏联政府一样，对于维持各自军事盟国的内部稳定具有浓厚的兴趣，而且为此采取了相关政策。这些同盟中，国家的治理能力绝不仅限于内部斗争，东欧尤其如此。

可以以东欧社会主义国家为例。它们是不是主权国家？就其政治形态和领土分布而言，东欧社会主义国家是世界大战的产物，且由于它们曾处于两次战争的中心，它们也是冷战的前线。二战结束不久，那些通过红军而从纳粹统治下解放出来的国家采取了苏联模式的政治和经济制度。武力的使用在这一过程中发挥了至关重要的作用。在决定哪些国家需要强制性地采取这种模式时，战略利益的考虑比内部政治组织发挥的作用更大，民主德国与奥地利之间的区别就体现了这一点。毫无疑问，如果战后德国的苏控区很快进行选举，将很可能出现与四国共占的奥地利非常类似的结果。如果这样，"民主德国"将可能不复存在，或者将会成为"资本主义"而不是"社会主义"社会。在二战结束后的几年里，苏联与东欧国家之间以及东欧国家相互之间签订的，都是双边互助条约。和北约一样，华沙条约的签订也受到了与朝鲜战争相关的紧张态势的刺激，并将东方阵营中的军事组织整合到了苏联的领导之下。但与北约国家不同，苏联在军事同盟中垄断了核武器，且没有西方阵营中的那种总参谋部。

尽管如此，按照前面所说的标准，我们仍然很难否认东欧国家都是主权单位，因为它们在行政上与苏联是分离的，而且彼此之间也是分离的。与其他大多数民族国家相比，它们的自主性更加有限，但肯定仍然是民族国家。它们都拥有武装力量，这种武装力量尽管无法抵抗苏联的进攻，但仍然忠诚于各自的国家。1956年事件中的匈牙利军队和最近的波兰军队，都几乎阻止了苏联的军事干预；这也表明，这些国家远没有完全屈从于苏联的全面控制。与北约中的西欧国家相比，东欧国家的军队在华约军事战略中的地位更加低微；这在某种程度上反映了东欧国家相对于西欧国家的经济劣势，但也反映出这样一个事实：这些军队对某些形式的苏联控制的忠诚是值得怀疑的。

东欧国家自主性的限制最初主要是军事上的，这是民族国家体系中常见现象中的一种极端情况。与政治科学中的观点相反，主权并非不可分割，而是经常受到各国的地缘政治地位和军事实力的影响，也在更小程度上受到它们在国际劳动分工中的地位的影响。由于共同的战争经历这一历史背景，东欧国家因靠近苏联而使主权受到限制。许多后殖民型国家的主权，既可能受到相对较低的内部行政控制水平的限制，也可能受到外部经济依赖的限制。但与东欧国家一样，即使在

264

这种情况下，民族国家仍然具有高度的主权——当然，这是相对于分裂的阶级分化社会而言的，阶级分化社会存在于由边陲而非边界所组成的世界中。

资本主义、工业主义和国家体系

我这里将系统地总结本书迄今为止所提出的主要观点。有两种一般性阐释主导着有关当今世界体系的性质的文献：一种是马克思主义或倾向于马克思主义的有关资本主义扩张的解释；另一种则是许多国际关系专家所偏爱的理论——这种理论认为，世界由国家"行动者"所组成，它们通过相互合作和冲突而追求各自的目标。事实上，这两种解释模型之间不存在什么共同之处。从马克思主义的视角来看，国家是阶级统治的机器，或者是促进资本主义总体发展的机制；但这种视角根本没有具体解释国家的领土性。第二种视角特别重视国家的领土性，认为国家"行动者"的地缘政治卷入是塑造世界体系发展的主要影响因素。从这种观点来看，资本主义扩张所带来的转型不过是国家活动的一个模糊背景。

两种视角中的每一种都没有解决另一种所指出的重要问题。此外，马克思主义的分析没有清晰地将资本主义与工业主义区分开，因此甚至常常误解了塑造现代世界的某些经济趋势。相对而言，国际关系理论家不大关心国家的内部现象，往往低估了影响对外政策的内部斗争的重要性。谁都会承认：将国家视为一个行动者，是一种帮助我们理解国家关系复杂性的简单化概念。但仅仅作为理论模型的东西，却往往被赋予现实的意义，因而掩盖了政府不等于国家（作为民族国家）的事实，掩盖了政府决策通常源于社会生活中的激烈争论的事实。承认国家的具体政治和军事干预，但不应该仅仅局限于这种狭隘观念。另一方面，承认资本主义自16世纪以来对全球变迁的根本影响，也不应该忽视国家在地缘政治中的作用。

我们可以以下面这种方式来描述资本主义、工业主义与民族国家体系的兴起和扩张之间的关联。资本主义活动首先在一个多样化的国家体系中发展起来，但这一国家体系已迥异于传统的国家形态。这种国家的存在为资本主义的早期发展提供了先决条件，使资本主义突破了其原始形态。这些条件包括法律框架的形成、财政保障，以及允许"非强制性"经济交换蓬勃发展的、日益和平的社会环境。向欧洲之外的世界其他地区的扩展是资本主义发展的"内在特征"，这是因为，作为一种以市场竞争为导向的"独立的"经济活动，资本主义超越了边陲和边界。但是，无论在何处，资本主义世界经济的发展都与武力的使用相伴随，而且欧洲的武器装备和军事训练拥有极大的优势。我们不能仅仅将各种形式的殖民主义视作资本主义扩张的表现形式，但殖民主义的确在很大程度上促进了这种扩张。

工业主义首先出现于资本主义制度体系，资本主义制度体系中的竞争压力很大程度上催生了工业主义。工业主义出现之后，欧洲国家才成为我前面界定的那种成熟的民族国家。工业资本主义的发展加强了"核心"国家在日益扩张的世界体系中的地位。同时，新一轮的殖民征服产生了一个弱势的"南方"，这些南方国家也被分散地整合进世界体系之中。由于各种原因，民族国家比传统国家更像是一个"行动者"。它们是具有明确边界的行政单位；其中，政府采取的政策适用于整个人口。每个政府都是国家体系中的组成部分，受到所有其他政府的反思性监控，因此在决策过程中需要不断地与其他政府讨价还价。和其他组织一样，国家也拥有法律界定的"人格"，与个体能动者处于相同的地位。但现代国家"类似行动者"的特征应该被理解为民族国家的独特特征，而不是国际关系研究中预先给定的准则。

西方核心国家和日本仍然是"资本主义国家"，虽然其"福利资本主义"与之前19世纪的状态存在很大的不同。它们的国家性及其权力的地缘政治分布，都不是"起源于"它们的资本主义特性。显然，这些政府所采取的短期和长期政策与其对日益复杂的国际劳动分工的参与高度相关，但这还远不足以解释那些政策。当然，国家不是

第十章　全球国家体系中的民族国家

参与国际劳动分工拓展的唯一组织。政治和经济的分离从一开始就包含着一个外在的维度，即国家政治权力与商业机构和企业组织的经济活动之间的分离；当然，其中一些成为殖民国家的前哨，但这种分离却是世界资本主义经济基本而持久的特征。今天，一些大型现代跨国公司的年度预算比大多数国家的还要高，而且它们以类似于政府部门或外交使团的方式与政府保持着直接联系。有鉴于此，一些人认为，跨国公司已威胁到民族国家在世界体系中的主导地位。但是，民族国家控制着全球的所有居住区域，而公司必须在特定地方落足，因此最终必然要么攫取一个国家的权力，要么屈从于一个国家的权力。无论大公司将对国家政策产生何种影响，它们都没有采取国家的行动方式。这是有原因的：和民族国家不同，企业公司不拥有控制暴力的手段。这里也许需要再一次强调，欧洲民族国家发展过程中军事制度与经济制度之间的分离，极大地影响了此后世界历史中政治权力与经济权力之间的分离。对于现代企业组织为什么没有像最初的贸易公司那样变成武装掠夺者，我们并没有什么"逻辑性"的解释；但当今民族国家的支配地位在一定程度上排除了这种可能性。

根据本章前面提出的制度分类，我认为，世界体系受多个基本过程的影响，且这些过程在某种程度上相互独立。这些过程包括：通过全球信息交换网络得到协调的民族国家体系，世界资本主义经济和世界军事秩序。

在分析民族国家体系从欧洲起源到发展成为当前主导性政治秩序的过程中，我质疑下述观点：国家主权与世界体系中日益增强的相互依赖之间存在直接矛盾。人们通常认为，从欧洲国家体系开始，现代国家在某个历史时点上拥有范围不断扩大的主权能力，并成为一种截然不同的政治单位；但是，（这种观点还认为）当今世界体系变得如此紧密，以至于国际联系逐渐超出了国家的行政能力。这种观点也是下述命题的基础：近年来，各种规模和类型的民族国家的主权都在趋于丧失，因此在不远的将来，民族国家在全球组织中将变得越来越不重要[40]。我认为，这种观点所作的分析和得出的结论都具有误导性。"主权国家"的出现的确在很大程度上依赖于那些国家内部的一系列变迁。但从欧洲国家体系的早期起源开始,所有国家都卷入了一个反思性监控秩序,这种秩序正是"边界清晰的"领土的实现条件。资本主义的全球扩张和国家的殖民运动将那些监控过程扩展到了世界范围。不过,直到二战结束,民族国家才成为普遍的政治形态。这一过程很大程度上与那些跨国联系具有内在的关联,且很大程度上是那些跨国联系的产物;但很多人却认为,那些跨国联系预示着民族国家的终结。如果没有联合国和其他一系列政府间组织,民族国家不会成为全球性的政治秩序形态。个别国家在世界政治中的影响会出现起伏。但我们不能认为,全球联系的加强与国家主权之间总是相互排斥的。

民族国家的领土权反映了一种真正的内部行政统一。下面这种现象因此也就不足为奇:领土争端或一个国家侵入另一国家所宣称的领土,都是严重的事件。与传统国家不同,对现代国家部分领土的威胁,也是对其行政和文化完整性的潜在挑战,无论那部分领土是多么贫瘠和"无用"。由于国家存在于一个与其他国家共处的环境中,"强权政治"(power politics)不可避免地成为国家体系的地缘政治格局的一个基本要素。但由于国家之间从来都不是一种无政府的"霍布斯状态","强权政治"一直为其他的战术战略所补充,因此不能说它表明了国家之间相互关系的本质。

资本主义对国家体系发展的影响一直是双向的。经济上最发达的国家都是资本主义国家,这必然对政府机构采取的政策形成强烈的影响。国家官员意识到,政府收入依赖于企业组织的繁荣,这反过来又限制了他们的选择空间。以内部直接方式和外部间接方式,阶级关系和阶级斗争也强烈地影响了决策。但是,不仅资本主义国家卷入了由资本主义机制所主导的国际劳动分工——世界资本主义经济,而且所有国家也都卷入其中了。毫无疑问,同与之对立的思想传统相比,马克思主义对于理解这些关系作出了更大的贡献。但我对他们提出的"帝国主义"理论持强烈的保留意见,因为其中的经济联系往往(甚至典型地）源于非经济因素所引发的政策。

事实证明，工业主义可以从其最初起源的资本主义秩序向外输出。作为"第二世界"的社会主义国家的存在前提，就是使工业生产脱离与资本主义框架的直接联系。当然，在其他工业化水平更低的第三世界国家，也建立了各种形式的计划经济制度。这些国家都没有完全避开在世界范围内占统治地位的资本主义机制的影响，即使苏联也没有。美国和苏联分别处于一个复杂的政治和军事同盟的核心，代表着完全相反的经济组织模式。这一事实可能会使人认为，世界体系的深层动力是经济因素。这种观点与下述观点之间并不存在太大的差异：只要资本主义消失，国家之间的利益分化也将随之消失。社会主义国家的经历完全不能证实这种观点，且这种观点还关系到19世纪社会理论的某些典型议题。

战争工业化将科学和技术结合起来的方式，使武器发展集中在经济上更加发达的国家中。最初，这极大地强化了那些国家在世界中的地位；今天，则将美国和苏联置于全球武器发展的中心，使它们进行长期的军备竞赛。但尽管几乎所有的军事研发都发生在发达的工业化国家，武装力量和武器装备的世界分布与传统的全球分化并非直接对应。就武装力量而言，没有真正的第三世界。除了核武器扩散有所例外（这种例外还能维持多久？），几乎所有的现代国家在这个意义上都是"第一世界"国家——都拥有发动工业化战争的物质和组织手段。

【注释】

[1] cf. A. F. Pollard, 'The balance of power', *Journal of the British Institute of International Affairs*, 2, 1923; Ernst B. Haas, 'The balance of power: prescription, concept or propaganda?', *World Politics*, 5, 1953.

[2] Hans J. Morgenthau, *Politics Among Nations* (New York: Knopf, 1960), p. 167.

[3] Friedrich von Gentz, *Fragments Upon the Balance of Power in Europe* (London: M. Pettier, 1806), pp. 61-2 and *passim*.

[4] Ibid., pp. 111-12.

[5] Frans A. M. Alting von Gensau, *European Perspectives on World Order* (Leyden: Sijthoff, 1975), p. 183.

[6] Gerhard Schulz, *Revolutions and Peace Treaties 1917—20* (London: Methuen, 1967), p. 158ff.

[7] James Brown Scott, *President Wilson's Foreign Policy* (New York: Oxford University Press, 1918), pp. 190 and 270.

[8] 比如, A. J. P. Taylor, *The Struggle for Mastery in Europe, 1848—1918* (Oxford: Clarendon Press, 1954), p. 567.

[9] Ray S. Baher and William E. Doss, *The Public Papers of Woodrow Wilson, War and Peace* (New York: Harper, 1927), vol. I, p. 631.

[10] Pearton, *The Knowledgeable State*, p. 178.

[11] Lloyd George, *Truth About the Peace Treaties* (London: Victor Gollancz, 1938), vol. 2, p. 107.

[12] Evan Luard, *International Agencies* (London: Macmillan, 1977), p. 11ff.

[13] R. Berkov, *The WHO: a study in Decentralized Administration* (Geneva: WHO, 1957).

[14] 关于传统观点的比较有影响的评述,参见 James N. Rosenthau, *The Study of Global Interdependence* (London: Pinter, 1980).

[15] 源于 Bruce Russett and Harvey Starr, *World Politics* (San Francisco: Freeman, 1981), p. 52.

[16] Pearton, *The Knowledgeable State*, p. 185ff.

[17] Alting von Gensau, *European Perspectives on World Order*, p. 187.

[18] Joseph Frankel, *International Relations in a Changing World* (Oxford: Oxford University Press), p. 165ff.

[19] cf. Stein Rokkan, 'Cities, states and nations: a dimensional model for the study of contrasts in development', in S. N. Eisenstadt and Stein Rokkan, *Building States and Nations* (Beverly Hills: Sage, 1973).

[20] A. W. Orridge, 'Varieties of nationalism', in Leonard Tivey, *The Nation-State* (Oxford: Martin Robertson, 1981), pp. 50–1.

[21] Arnold Hughes, 'The nation-state in Black Africa', in Tivey, *The Nation-State*, p. 122.

［22］Paul Hair,'Africanism: The Freetown contribution', *Journal of Modern African Studies*, 5, 1967.

［23］Hughes,'The nation-state in Black Africa', p. 132.

［24］Perlmutter, *Military & Politics in Modern Times*, p. 89.

［25］Ibid., p. 92.

［26］Raymond Aron, *On War* (London: Secker & Warburg, 1958), p. 19ff.

［27］Raymond Grew,'The nineteenth-century European state', in Charles Bright and Susan Harding, *Statemaking and Social Movements* (Ann Arbor: University of Michigan Press, 1984).

［28］cf. Robert Gilpin, *War and Change in World Politics* (Cambridge: Cambridge University Press, 1983).

［29］*CS*, chapter I and *passim*.

［30］Richard Cooper, *The Economics of Interdependence* (New York: McGraw-Hill, 1968), p. 152ff.

［31］Lars Anell, *Recession, the Western Economies and the Changing World Order* (London: Pinter, 1981).

［32］Lester R. Brown, *World Without Borders* (New York: Random House, 1972), p. 21ff.

［33］Robert J. Gordon and Jacques Pelkmans, *Challenges to Interdependent Economies* (New York: McGraw-Hill, 1979).

［34］Anell, *Recession and the Changing World Order*, pp. 64-5.

［35］就这一点而言，沃勒斯坦及其追随者的著作在某种程度上是一种例外；但除了已经讨论过的那些局限外，到目前为止这些作品更加关注的是资本主义的早期发展阶段。

［36］Morgenthau, *Politics Among Nations*, p. 328.

［37］Raymond Aron, *Peace and War* (Malabur: Krieger, 1981), p. 738ff.

［38］Ibid., p. 747.

［39］Celso Furtado, *Accumulation and Development* (Oxford: Martin Robertson, 1983), p. 96ff.

［40］Raymond Aron, *The Imperial Republic* (London: Weidenfeld, 1974).

第十一章 现代性、极权主义和批判理论

20世纪50年代末,加缪在接受诺贝尔文学奖的演讲中指出,那些

> 降生于第一次世界大战开始之际的人,在希特勒上台和第一次革命尝试之时,已经20岁了。在他们完成学业时,又见证了西班牙内战和第二次世界大战——无所不在的集中营、一个充满折磨和监狱的欧洲。现在,他们又要在核毁灭的威胁下养育子女、生产劳作。显然,没有人会期望他们会是乐观主义者。[1]

现在,这些孩子都已成年,对于成长于其中的这个世界,他们感到的沮丧与加缪想象的一样。但社会理论的核心传统仍与这个世界存在着巨大的距离,不但在分析其性质时如此,在提出替代性方案时亦如此。

在本书前面区分的现代性的四个制度丛结中,只有两个得到社会科学的长期关注。马克思主义集中关注的是资本主义过去的发展和未来可能发生的变迁,且特别强调阶级冲突是社会变迁的手段。还有很多人讨论和批判了一般意义上的工业主义和更具体的技术对当代世界中的社会生活的影响。但是,除了一些值得关注的例外情况之外,监控活动的作用扩大,和工业化战争手段发展过程中军事权力的性质变化,都没有成为社会理论的核心内容。在这最后一章中,我将考察这

些现象对于20世纪末的社会分析的启示。从某种程度上说，加缪的评论不仅出于对现代性的一般性反感，而且出于对极权主义政治权力的危险的特别警惕。我将指出，极权主义是现代国家的一种内在倾向。极权主义是20世纪的一种特殊现象；理解其根源，需要分析政治权力的强化，而政治权力的强化又是发达的监控技术和工业化战争技术相结合的产物。其背后的问题是当前国家与军事权力的关系问题；这不仅是一个分析性问题，而且是一个规范性政治理论问题。国家对暴力手段的垄断如何才能与"美好社会"的政治理念结合起来呢？我将首先考察极权主义政治统治的性质，然后讨论与现代性相关的张力（tensions），以及"规范性政治暴力理论"问题。

极权主义：监控与暴力

"极权主义"是政治理论中最具争议的概念之一，但这一术语的历史亦众所周知。当金蒂莱（Gentile）站在墨索里尼的立场上使用"极权主义国家"时，他很难想这一术语后来的用法和引起的争议。就其所指的政治秩序而言，该词语最初具有称赞的含义；其时，墨索里尼仍然倡导新闻自由，承认其他政党的存在，支持竞争性市场经济。至20世纪20年代末，"极权主义"开始被用来批判意大利的法西斯主义；当时，反对党被残酷地镇压，除国家支持的工会外，所有的工会都被取缔，议会被解散，集中营被建立起来，政治犯被施以死刑。

自那以后，这一概念又经历了许多变化。它们被用于描述各种运动、政党、领袖和思想，也更经常地被用于描述政治体系[2]。很多国家或政府被冠以极权主义之名，尤其是法西斯的意大利、纳粹德国，还有沙皇统治下的俄国、一系列传统国家（尤其是埃及和罗马）、绝对主义国家和虚构的社会（比如，柏拉图的理想国）。难怪这一概念被称作"来历不明，不属于任何人，但却可服务于任何人的概念"[3]。很多学者承认,在这些杂乱的用法中,存在着某些共识。大部分人都认为,充分发展的极权主义是晚近才出现的,可以追溯到这一概念本身被提出的时候。它通常首先被认为是一个政治概念,指一种政治权力的组织模式,包括为追求一小撮领导者界定的目标而进行的极端权力集中。弗里德里希(Friedrich)的界定可能是相关文献中引用得最多的界定。他说,极权主义不同于"其他古老的独裁统治",也不同于"西式民主"。极权主义具有六个特征:"(1)大一统的意识形态(totalist ideology);(2)忠诚于这一意识形态、通常由一个独裁者领导的单一政党;(3)发达的秘密警察和三种垄断,或者更准确地说是三种垄断性控制,即(a)对大众传媒的垄断性控制;(b)对军事武器的垄断性控制;(c)对所有组织(包括经济组织)的垄断性控制"[4]。

对于解释这一概念在二战后的流行,极权主义与"西式民主"的对比至关重要。在自由主义的政治观察家看来,极权主义国家的社会秩序拥有发达的工业基础,但却没有自由民主的制度特征。极权主义不能被视为在所有现代国家都可能出现的现象。极权主义是一种与法西斯主义等相关的统治类型,只有没有自由民主时才会出现极权主义。由此产生一个问题:弗里德里希所列举的那些特征与欧洲和其他地方的法西斯主义是否非常相似?因为在我看来,我们应当承认,极权主义是一种不同于传统国家中各种独裁统治的现象。

如果对纳粹主义和意大利法西斯主义进行比较,我们会发现,它们在理论和实践上都存在明显的相似性。这些相似性往往就是弗里德里希所提到的那些特征。在两种情况下,都有一个独裁统治者将既有的符号象征体系塑造成统治的坚固意识形态基础,而且广泛地使用强制手段压制异议。在这两者中,意大利法西斯是最不凶残的一个;为了瓦解国内的政治反抗,20世纪20年代末专门成立了秘密警察机构——警戒与镇压反法西斯主义志愿组织(OVRA),而且对敌对群体进行严格的政治审查。20世纪30年代,在意大利大约有2万人在特别法庭受到指控,1万人未经审判就进行了监禁。和其他国家一

274

样，意大利的法律也是个人化的，赋予统治者个人广泛的制裁权力，以对反对者进行控制。因此，1926年，墨索里尼被赋予签发具有法律效力的法令的权利；在其统治期间，墨索里尼颁布了数以千计的此类法令。德国1933年的《授权法案》，赋予时任总理的希特勒一定时期内无须批准就可制定法律的权利[5]。在每个国家，弗里德里希所说的"大一统的意识形态"都以强烈鼓动民族主义作为基础，强调民族共同体与"外族群体"之间的根本区别，且将这种意识形态与领袖人物联系在一起。政党组织也是围绕对领袖的依附建立起来的；这种依附通过自负的民族主义语言而得到表达。

恐怖手段的使用也是两个体制的重要特征，虽然意大利的生命损失远远低于另一个国家。恐怖手段通过诉诸民族统一和大众的政府参与而得到合理性论证。希特勒说，"德国人民用3 800万选票选出了他们的一个代表……我觉得我会像任何议会一样对德国人民负责"[6]。在意大利，有效地镇压其他政治党派还需要4年多的时间，但在德国，随着大量监禁和大规模集中营的建设，这很快就极为彻底地实现了。到战争爆发时，德国有25万多人因政治原则而被监禁；到敌对状态结束时，这一数字达到原来的3倍。在这期间，可能有高达1 200万人被有组织地消灭了。

在这两个社会，系统的暴力与秘密警察网络结合在一起，广泛而频繁地使用逮捕政治越轨者的权力；这些现象又与国家对文化活动的严格管理紧密相关[7]。按照阿伦特的观点，恐怖手段的广泛使用，往往与对文化生产活动的严格控制融为一体，因为暴力威胁的重要性，与其说是制造恐惧，不如说是制造一种有利于接受宣传的气氛。

> 在东部占领区，纳粹分子首先主要利用反犹宣传来重新赢得对这些人口的控制。他们不需要恐怖手段来支持这种宣传，也没有使用恐怖手段。在清除大部分波兰知识分子时，他们这样做并不是因为反抗，而是因为他们认为波兰没有知识分子。他们计划绑架碧眼金发的儿童时，他们并不是要恐吓这些人，而是要拯救"德意志血统"。[8]

她还补充道：这并不意味着，相对于对文化生产活动的严格管制，极权主义的恐怖手段处于次要地位。相反，即使民众或部分相关民众彻底沉默，极权主义政权仍然会继续使用恐怖手段。恐怖手段一直是一种统治手段。这从一方面讲似乎是正确的，但从另一方面讲又是可疑的。在镇压了某些社会群体或实施了某些政策后，暴力手段的系统性使用还会继续。但另一方面，在这两个例子中，大多数人的顺从并不是通过使用暴力得来的，也不是用大肆宣传换来的。两种体制，尤其是它们的领袖，都取得了各类人群相当积极和热忱的支持。极权主义的研究者必须要解释这种现象，而且也必须解释恐怖手段在动员民众支持国家权威倡导的信条中所起的作用。当然，从某种程度上说，为此而精心策划的项目促进了大众的支持。比如，为发展他们想要的合适的民族统一精神，民族社会主义者就特别注意规划民众的闲暇活动。所有的共同体再造活动，都是在中央指导下由地方的政党干部进行组织的[9]。但这些项目很难完全解释民众对纳粹事业拥有的热情，以及对他们的领袖所表现出来的积极支持。

我现在总结一下上面的讨论。我认为，弗里德里希的极权主义概念是准确的，也很有帮助。极权主义不是传统国家的特征，而是民族国家的特征，而且是相对晚近的民族国家的特征；极权主义的特征可以通过弗里德里希的标准得到描绘。但"极权主义"不是一个可以应用于某种国家类型的形容词。它指的是**一种统治类型**，这种统治类型虽然在很多方面并不稳定，但可以对民众产生令人恐怖的影响，使他们遭受集中化权力的巨大冲击。至少到目前为止，极权主义是一个与意大利法西斯主义和纳粹主义相关的现象，但其他一些例子也可归属此种类型——比如，柬埔寨波尔布特短暂统治的时期。当然，这些例子存在着很大的差异，但也具有重要的共同特征，这些共同特征与现代国家的一般特征相关。在当代世界，没有哪种民族国家能够完全摆脱沦为极权主义统治的风险[10]。

为分析极权主义的本质，我们必须回顾一下本书的某些主要观点。就监控活动的最大化而言，民族国家与传统国家存在着根本性差异;而且,监控活动的最大化与内部和平进程一起,产生了具有明确边界的行政统一体。极权主义不会出现在传统国家,因为传统国家的分裂特征不能进行必要的资源集中和动员。部分传统国家也出现了极权主义控制的某些特征,但这些特征并没有像极权主义那样彼此组合在一起。因此,在阶级分化社会,弗里德里希所说的"大一统的意识形态"是常态而非例外。仅限于少数群体的识字能力、神权与军事权力的结合、现代意义上的"公共领域"的缺失,一起构成了有限的符号文化的统治。但就大部分臣民而言,这并没有构成有效的"宣传",因为国家权威不可能保证这些文化系统地传达给大众。秘密警察在传统国家也普遍存在,但其影响范围通常只限于精英和政府官员。从大规模使用武力来压制或威胁被统治人群(尤其被征服人口)的意义上说,恐怖在历史上非常普遍,但就屠杀规模和凶残程度而言,这些恐怖很难与邪恶的极权主义相提并论。

极权主义统治的可能性依赖于下述这种社会的存在:在这种社会中,国家能够成功地渗透到大部分民众的日常活动中。这要求有高度的监控水平,这种监控又以前文分析的那些条件为基础:对大部分人口的行为进行信息收集和监督。极权主义首先是监控活动的极端集中,以确保国家权威能够实现进行紧急政治动员的政治目的。监控活动的集中主要包括:(a)国家大量增加了对民众的档案记录——所有成员都必须持有身份证、各种许可证及其他官方文件,而且它们被用来对最为日常的活动进行追踪;(b)以此为基础,警察或其间谍也扩展了对这些活动的监督。

极权主义统治所指向的目的,往往具有强烈的民族主义色彩,因为民族主义情感提供了基本的意识形态手段,将本来多样化的人口团结起来。民族主义的重要性在于它确保了极权主义信条的"极"的一面,因为民族主义就是"历史性的符号象征",不仅提供了有关人民起源的神话传说,而且为人民提供了可为之奋斗的共同归宿。法西斯主义思想所利用的民族主义理念,就是民族主义两面性中的侵略性和排外性因素。

极权主义统治的要素

1. 监控的集中化，包括：
(a) 信息的收集与编码，人口活动的档案记录。
(b) 对民众活动的监督，警务管理的强化。
2. "道德整体主义"：政治共同体的命运嵌入人民的历史性中。
3. 恐怖活动：警察权力的最大化，对工业化战争手段和隔离手段的控制。
4. 领袖人物的突出地位：领袖权力的获得不是依赖于职业化的军事角色，而是产生于大众的支持。

通过加强警务活动而进行的监控活动，往往很快沦为恐怖活动，其原因显而易见。最明显的（虽然也是最不重要的）原因是：在涉及不同政治观点的犯罪中（而不是具体的违法犯罪），警察往往采用刑讯逼供的手段以获得供认。更为重要的是，警察或准军事力量可以使用工业化战争的手段来镇压手无寸铁或武装极差的平民。为了实现治安的目的，针对平民而使用坦克、迫击炮和机枪——即使仅是一种威胁而没实际使用——也可以对平民进行短期的身体控制，这一点传统国家只能望洋兴叹。当暴力手段集中于整个人口中的特定人群，而不是用作整个政治共同体的治理手段时，情况尤其如此。当它与其他越轨情况中已经使用的隔离方法结合在一起时，针对少数群体而集中使用武力的强度则变得尤其炽烈。"集中营"这一词语已具有这方面的含义，它是"全控机构"中最为"全面"的一种，因此也是极权主义恐怖的典型。正如阿伦特指出的，这里的恐怖并不是为了恐怖而制造恐怖，而是为了表明被拘禁起来的那些人的"越轨行为"的极端性，及保护大多数人免受其害的需要。

极权主义的一个关键因素是领袖人物的出现；没有这种因素，其他因素也就不可能出现，至少不能成为一种统一的统治体系。领袖人

第十一章 现代性、极权主义和批判理论

物攫取了法院、议会和各个国家部门之前拥有的权力。这在某种程度上可以以恐怖手段为基础，清洗不同意某些政策或可能反对他们的那些人。但这还需要警察和军队对领袖个人的高度忠诚，也需要大多数民众的积极支持。与阿伦特不同，我认为恐怖手段并不是极权主义统治的主要基础；相反，大众支持产生了政治权力，恐怖则是政治权力用来压制各种"越轨者"的手段。前面有关民族主义的一般性讨论，可以解释领袖人物在极权统治中的作用。两个高度发展的极权统治都源于刚结束或即将到来的战争阴影中。在取得权力的过程中，个人及其领导的政党组织都在宣传中利用了这种令人不安的氛围。正如勒庞/弗洛伊德的领导心理学理论所指出的，基于人格的退化特征（regressive features），这种情境中存在着一种认同领袖人物的强烈倾向[11]。大众很容易受到领袖人物的符号宣传的影响；虽然领袖人物可能采取惩罚性政策，但大众也对领袖人物持有超常的信任。民族主义情感的高涨往往具有救世性特征，它以一种极端的方式被赋予具有煽动性的领袖人物，领袖人物的威权主义特征加强而不是削弱了这种信任。对领袖人物的退化性认同，使个人部分地放弃了在其他情境中可以进行的独立道德判断，使他们非常坚定地接受了领袖人物的判断。用勒庞的话来说就是，个人变得"易受影响"，易于接受领袖人物关于对错的所有判断。与对领袖人物的依赖相伴而来的好斗精神，往往结合了对"内群体"的强烈心理亲近感和对"外群体"的强烈排斥感。领袖人物是"内群体"的象征，"外群体"则缺乏将领袖和追随者结合起来的那种特殊品质[12]。

名义上尽管如此，极权主义并不是一种黑白分明的现象，极权主义与现代国家的一系列不那么具有破坏性的特征存在直接的关联。我这里将扼要说明这些特征。我将从前面提到的极权主义统治的第四个特征到第一个特征依次进行说明。第四个特征涉及现代国家中个人化统治的可能性问题，它是传统国家的典型统治形式（两个明显例外是古希腊和罗马共和国）。当今的"独裁统治"必须放在已普遍接受的多元统治背景下来加以理解。正如韦伯指出的，高度个人化的领导可能出现在所有多元统治体系中,而且他自己也积极倡导这种领导方式。因为领导可以获得大众的支持,他所说的"魅力"(charisma)可能依赖于前面讨论过的领导的心理动力机制。当然,个人化领导也可能与军事政府相关。个人获得政治权力不是通过现存的选举机制,而是通过掌握武装力量,他或者是武装力量的统帅,或者在军事领导集团中居于主导地位。这些统治者控制了暴力手段,至少在一定时期内可以将一系列政策强加给很大程度上并不顺从的民众。从这一意义而言,这些统治者变成了"独裁者"。但由于维持军事政府存在的内在困难,除非其中的个人能够获得相当数量的平民的广泛支持,否则这种"独裁者"是不可能持久的。

到目前为止,高度个人化统治出现的最常见情况是,政府是在社会运动的影响下建立起来的。这再一次表明了"魅力"的重要性,且也是两个极权主义统治例子的实际情况。毋庸置疑,导致运动形成的那些条件,也影响了领袖人物能够获得的个人亲和度。由于社会运动在现代国家的政治生活中必然具有显著的影响,且现代文化为之提供了"历史性场域",个人化领导必将是很多国家政治生活的突出特征。

从一定程度上说,魅力型领袖与社会运动相结合所建立的政府权力,解释了恐怖手段使用的可能性。社会运动是一种富有活力的结社方式,致力于根据某些信念而推进社会变迁,但那些信念却未必会允许不同观点的存在。大众领袖,结合了对追随者拥有的"道德影响力"和对现代暴力手段的控制,获得了一种无比强大的压制性能力。自法国大革命以来,恐怖就与革命后政权的活动具有特殊的联系,20世纪依然如此。但在更低层次上,恐怖应该被视为治理出现严重问题时所有现代政治体系都可能出现的现象。这里涉及的问题与下面这一问题结合在一起:面对民族国家已经和平化的民众,武装力量所发挥的内部作用问题。从原则上讲,以广泛使用暴力为基础的、以准军事力量或军队为保障的警务活动,存在于所有类型的国家中。警务活动在现代国家中的重要性,在一般意义上对关于暴力手段控制的政

第十一章　现代性、极权主义和批判理论

治理论提出了质疑。我将在后文考察这些问题。

我尤其将"道德整体主义"与历史主义在现代文化中的广泛影响联系在一起。在政治领域，它又特别与现代世界中的民族主义信条相关，也以更一般的方式与社会运动的影响相关。这里所说的"整体主义"（totalism）并不意味着接受塔尔蒙（Talmon）等人的观点。他们认为，极权主义倾向源于下面这种思想的广泛影响："大众意志"（popular will）是政治组织的仲裁人。与塔尔蒙不同，在我看来，现代国家中多元政治的总体重要性与极权主义并不是毫不相干，因为多元政治参与为大众动员提供了可能性，否则大众动员将是不可能的[13]。但符号象征体系的"极权化"（totalizing）效果，主要依赖于它们在多大程度上可以被用来将历史性与对"外群体"的敌对态度结合起来。

不过，政治科学文献中已经对这些问题进行了诸多讨论，我想集中讨论的是监控的影响。自由主义和社会主义的政治理论都还没有充分理解监控作为权力媒介的核心重要性。这两种传统具有相同的侧重点，这种侧重点使它们无法令人满意地说明暴力手段对社会组织和社会变迁的影响。经济交换被认为是现代社会的基本整合力量。一般意义的社会主义，特别是马克思主义，将压迫性统治与阶级动力机制联系在一起，认为压迫性统治都直接或间接地源于阶级统治。马克思对波拿巴主义的著名分析就是其中的典型例子。一方面，在马克思看来，路易·波拿巴统治下的国家获得的"独裁权力"，是相互斗争的阶级之间"势均力敌"的结果，正是这种"势均力敌"为国家机构的介入提供了空间[14]。另一方面，在自由主义者看来，国家权力与官僚制度尤其相关，对于协调复杂劳动分工的经济架构而言，官僚制调控是必不可少的。

这些思想传统都没有将监控置于核心位置，也没有将现代国家的"越轨"控制机制置于核心位置——这种控制机制与现代国家的行政统一相关。监控可能以各种方式与阶级统治相互影响，但正如前面所强调的，监控绝不是源于阶级统治。从监控的两种含义上说，官僚制也包含各种形态的监控。但在分析官僚制行政管理时，大多数思想家（包括韦伯）往往没有足够重视我这里关心的这些主题。韦伯所认为的官僚制权力总是表现为专家和专业化官员的权力，但民族国家总体背景下的监控问题全然不同。

309 　　与传统国家相比，现代政治秩序中监控的扩张和对"越轨行为"的警务管理，从根本上改变了国家权威与所辖人口之间的关系。而今，行政权力日益介入日常生活的细枝末节和最私密的个人行动和人际关系。在信息的储存、整理和分配日益电子化的时代，与政府活动相关的信息收集几乎永无止境。现代和平国家都拥有高速的通信和交通系统，拥有精细的隔离技术，在这种国家，信息控制可以直接与行为监督结合起来，并导致国家权力的高度集中。监控是国家行政权力的必要条件，无论这种权力的目的何在。这不仅与多元政治具有紧密的联系，而且特别与公民权利的实现具有紧密的联系[15]。比如，经济权利就是如此，除非对民众生活的各方面特征进行密切而详细的监测（无论他们是否为福利政策的对象），否则福利政策将无法得到组织和资助。对于那些通过福利项目而获得物质需要满足的人而言，如此收集的所有信息可能是潜在自由的来源。但这种信息也可能是对其活动进行调控的手段，而且这种调控还可以与国家权威所倡导的政治信条相统一[16]。这与下述事实不无关系：威权主义政府可能会制订慷慨的福利计划，但同时严格限制政治权利和民事权利。

　　监控与治安的结合也可能带来其他政治压迫，这与极权主义具有相似性，但与极权主义不同的是，其形式更加温和。在现代国家，"越轨行为"的界定与对其的压制同时发生[17]。"越轨行为"不是与国家监控相分离的一系列行动或态度，而是通过国家监控活动而形成的。与大部分（虽然不是全部）传统惩罚方式不同，"越轨行为"的
310 矫正是一种具体的道德问题，无论其中涉及多少实用主义的考虑。现代国家的警务活动绝不仅仅是行政管理的"技术"问题，这种活动背后是一系列复杂的规范性政治理论问题。我们可以发现个别国家将反对者置于精神病院的做法与整个现代"矫正"治疗之间的紧密联系，

但我们没有必要因此就认为,每一个犯罪行为都是对现存社会秩序的控诉,"精神病人"的言语暴露了与另一种不同于大多数人所相信的现实。极权主义统治制造了广泛而全面的"越轨行为"类型,但我们不能认为,这是与现代国家完全不相干的现象。

(各种形态和方面的)监控必须被视为独立的权力来源,而且这种权力在现代国家得到了充分的发展。像物质不平等和多元政治的本质等问题一样,社会批判理论必须给监控以同样的关注。福柯对此进行了最为精细的分析,他的研究表明:阶级斗争和扩大民主不能消除压制性监控,而且缺乏应对此类活动的明确而简单的政治纲领。但我们也必须认为:所有现代国家都存在极权主义统治的危险,尽管它们受到威胁的程度和方式各不相同。无论喜欢与否,和工业化战争一样,极权主义倾向也是我们时代的鲜明特征。

现代性的维度

下面,我将以不同于前文的方式勾勒一下与现代性相关的四个制度丛结。我首先将简要总结本书提出的一些主要观点,然后说明这些观点如何可以被用来解释现代国家中张力和冲突的起源。

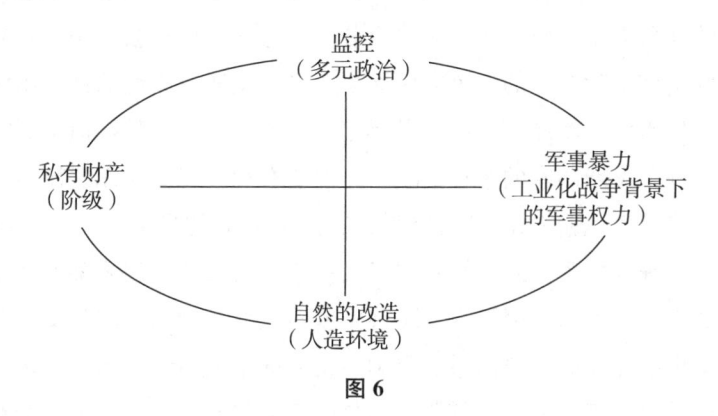

图 6

在图6中，我将四个顶点的外缘连接起来，以说明它们彼此之间可能存在的紧密联系。图中的"私有财产"并不是指法律界定的资本所有权，而是前面所说的经济与政治的分离。即使在个体企业发展的全盛时期，"私有"事物也是通过"公共"事物（比如，作为领土范围内法律保障者的国家）而得到界定的。在资本主义发展的后期，大公司往往广泛地分散股权，政府也直接管理主要工业部门，因此将资本主义企业的"私人"控制等同于"个人"控制显然并不合适。这不是因为另一种生产方式形成过程中，资本主义正趋于消失（有些解释的确这样认为），而是因为将资本主义等同于个体企业家活动的观点存在缺陷。这种观点混淆了现代经济活动的特定发展阶段——"企业家资本主义"（entrepreneurial capitalism）——与作为一种生产秩序类型的资本主义。私有财产与阶级之间存在紧密而直接的关系，这也解释了为什么"资本主义社会"就是"阶级社会"。我们没有理由否认马克思对资本主义阶级结构所做的总体分析；资本主义阶级结构确实依赖于作为商品化产品的资本与作为商品化劳动力的劳动之间的相互关系。但劳动力商品化的条件并不是同质的。除缺乏生产工具方面的所有权外，其他经济分化也影响了阶级的结构化过程[18]。

私有财产和阶级冲突都没有发挥如马克思所说的那种全面作用。阶级关系和阶级斗争在资本主义社会的确特别重要，但这并不能推及先前的社会类型。监控在所有阶级分化社会和现代社会都是一种独立的制度丛结。就监控的两个方面而言，它们是所有类型的社会组织的基础；从历史角度而言，国家是所有组织方式中的一种，但是影响最大的一种。民族国家的监控达到了先前所有社会类型所无法比肩的高度，它依赖于信息的收集和控制、通信和交通的发展、对"越轨行为"的各种监督和控制。资本主义的扩张对所有这些因素都产生了决定性的影响，但这些因素一旦出现，就不能再还原为资本主义，与资本主义也不存在必然的联系。资本主义所催生的阶级体系不是基于统治阶级对暴力工具的直接控制，而是建立在将暴力排除于劳动契约之外的基础上。在刺激这种阶级体系发展的过程中，资本主义的出现强

第十一章 现代性、极权主义和批判理论

化了现代国家的一些关键发展趋势。国家权威成功地实现对暴力工具的垄断，这是工作场所中的监督和越轨行为控制的另一个方面。

民族国家一旦以这种方式得到建立，便在国家体系中日益成为主导性的政治组织形式。在战争工业化的背景下，暴力工具的控制与职业化的武装力量紧密结合在一起，系统整合则严重地依赖于监控。当然，监控的发展并没有降低暴力工具控制的重要性，尤其在工业主义与战争存在密切关联的背景下。但军事统治的可能性却因此受到限制，因为现代国家的"治理"包含专业化行政与大众参与之间的多元控制辩证关系。

资本主义发展的强大动力刺激了技术变迁，这些技术对于自然界的改造过程与先前的情况差异甚迥。但是，这种改造过程与工业主义而不是资本主义存在着内在的联系。在部落社会和阶级分化社会，人类认为自己与自然之间"彼此相依"；但随着现代性的发展，自然越来越被视为实现人类目标的被动性工具。由此导致的结果是，以技术为基础的各种自然环境改造远远超越了先前的各种社会。在工业化社会以及工业主义所波及的世界其他地区，人类生活在人造环境（created environment）中，这种环境与"给定的"自然环境大相径庭。现代都市在大部分方面都与先前社会中的城市差异甚迥，它是最为明显和影响最大的人造环境的表征。许多城市社会学家和地理学家都把现代都市称作"建造的环境"（built environments），但这种说法具有误导性。传统城市也是"建造的环境"，工业主义对城市的影响似乎只是建造环境的物理延伸。但现代都市的人造环境并不只局限于人类建造的居住区域，也不只是这种区域的扩展。相反，现代都市的人造环境涉及日常社会生活习惯与其情境之间的关系重组，日常社会生活在这种情境中进行组织，也通过这种情境而得到组织。

在内嵌于历史性的多元政治体系中[19]，社会运动至关重要。大部分现代国家都曾在某种程度上受到了政治运动的影响，这些政治运动要么导致与先前组织模式的革命性断裂，要么导致结局相似的渐进性政治改革。由于现代国家的起源与资本主义交织在一起，政治运动与劳工运动的紧密结合因而不足为奇,很多社会学者在事实和理论上都指出了这一点。尤其在马克思主义看来,阶级斗争发挥着一种普遍性作用;从某种程度上说,劳工运动是肇始于"资产阶级"运动的社会和政治变迁的唯一继承人。但如果按照这里所做的分析,劳工运动则只是在现代国家内部和现代国家之间发展起来的诸种社会运动的一种形式。

图7必须在前面图形的基础上加以理解,后面的其他图形亦如此。虽然"资产阶级"群体在现代国家发展的早期阶段影响巨大,但致力于扩大言论自由和民主权利的运动绝不限于"资产阶级"群体。马克思曾正确地断言,新兴企业主群体倡导的理念在很大程度上是意识形态的,他对这些理念的鄙视也合情合理。但与马克思的分析相比,"资产阶级权利"在现代多元政治体系中具有更加广泛的作用。以扩大政治民主参与为导向的运动,应该被视作(在不同程度上会夹杂着其他的目的)重构监控活动中的权力不平衡的运动。这里所说的"民主"必须被理解为内在于这些运动中的抗议因素。但是,米歇尔斯(Michels)等人的这种观点犯了一个基本的错误:组织的发展必然导致"寡头"取代"民主"。相反,监控的强化既是现代社会和整个世界体系中组织发展的基础,也是**迈向民主参与的趋势和压力的形成条件**。监控的两个方面都加强了统治阶级或统治精英的权力,但同时也伴随着控制的辩证关系而形成反作用力。

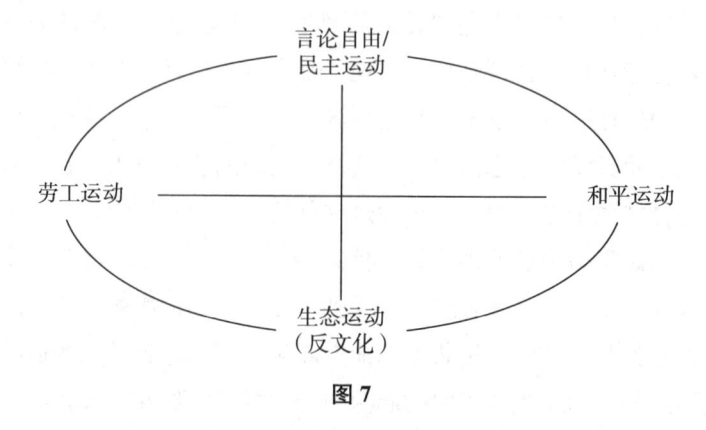

图7

第十一章 现代性、极权主义和批判理论

在一个可能发生核对抗的时代，和平运动具有特殊的重要性，但我们不能错误地认为和平运动只是最近才出现的。在常备军出现之时，可能就已出现放弃把暴力作为人类事务的组织方式的理念，这种理念的出现比现代社会要早数千年之久。这种理念至少与某些世界宗教的核心价值非常接近。现代国家出现以后，与这种理念相关的运动也一直浸淫在宗教文化的影响中。与"民主"概念一样，作为这种运动之核心的"和平"，也是一个充满争议的概念。这里的"和平"可能指战争的缺失，但它的意义往往更加丰富。在贵格派（Quakerism）看来，和平主义的价值观与已经形成的基督教观念相关，与没有暴力的、和谐的人类关系的理念相关。与之前的社会行动相比，核时代的和平运动具有更加迫切的目标，因此包含此前社会运动所没有的、非常明确的"策略性"因素。但和平运动显然与下述理念相关：免于有组织地使用暴力的、祥和的人类活动。至少在分析的意义上，我们应该区分以和平为目标的运动与以和平主义为手段的运动，尽管这种区分在现实中并不总是非常明确。一些社会运动显然是"非暴力的"，为了达到其目的没有使用暴力，但它们的目标并不一定是要降低或消除武力对世界的总体影响。

我用"生态运动"（ecological movements）来指与重塑人造环境相关的运动，此类运动因此主要关注工业主义在现代世界中的影响。这些运动通常使用传统的价值观念，但其最重要的发展时期只能追溯到 19 世纪早期。当时，反对工业主义影响的各种运动往往受到浪漫主义的强烈影响，而且从总体而言，它们具有一种"保守"倾向，因为它们倾向于恢复前现代社会对待自然界的态度。由于工业化战争的影响，以及核能技术与核武器技术之间的密切关系，生态运动与和平运动在目标导向和成员构成上存在重合之处。因此，正如下面所说的，"绿色运动"的支持者们

> 基于对大自然的热爱、对地球资源的尊重以及对不同种族、肤色和信仰的人群和谐共处理念的热忱而团结了起来。这些基本信念也意味着其他一些价值观念：对人性中仁和一面的尊重；对

> 物质享乐主义的嫌恶；所有人分享世界财富的心愿；所有相关人员都参与决策的渴望；以及对个性化真理（personal truth）的求索。[20]

这种说法的含义甚广，不仅表明了各种社会运动之间可能存在的重合，而且表明了彼此之间可能存在的冲突。最初，劳工运动主要是对工作场所的"防御性控制"方式；当时，工人对工作条件拥有的正式权威还很微弱，甚至根本就没有。无论是为了提高经济条件，还是为了确保就业，抑或仅仅为了获得政治权力，劳工运动与其他三种社会运动的目标都是截然对立的。某一工业部门中富裕起来的工人所支持的政策，在他人看来可能是不利于保护自然环境的政策。与此类似，生态保护目标的实现可能必须改变或阻挠劳工运动的核心利益。生态运动具有"反文化"的倾向，因为它们质疑现代社会的某些主导性组织和技术基础。在某些情况下，这种倾向可能导致这些运动反对言论自由或民主运动，因为后者致力于扩展政治体系的组织化参与程序。当前，和平运动和生态运动之间的紧密结合，并不能掩盖它们之间存在一系列实际和潜在冲突的事实。

前面提到的各种社会运动的相对重要性，自然会根据情境的不同而出现差异。但它们与第十章提出的国家分类方式存在非常明显的联系，也与资本主义和工业主义的广泛影响存在明显的联系。阶级冲突的特征和范围及与之相伴的劳工运动的发展，主要由资本主义生产方式的扩张水平所决定，但显然也受国家形态的影响。劳工运动可能是大多数后殖民国家的主要冲突（虽然不是核心冲突），但也可能与致力于改变政治秩序的言论自由/民主运动相结合，甚至可能被笼罩在后者的光环之下。在大多数这种国家中，无论它们是否拥有军事政府，针对军方的抗议活动更可能采取言论自由/民主运动的形式，而非和平运动的形式。但致力于民主目标的社会运动往往在某种程度上受到国内和国际和平理念的刺激，也受到反技术统治的"反文化"抵抗运动的刺激。但这里的"反文化"也可能包括承认非西方的价值观念，反对西方文化霸权产生的价值观念。在所有工业化社会，劳工运动往往为其他类型的社会抗议提供了组织基础。但这不意味着社会主义国家与资本主义国家是同样的"阶级社会",也不意味着在"阶级冲突制度化"的过程中,资本主义国家的劳工运动没有发生显著的变化[21]。

相对于其他社会运动,我们应该反对图海纳(Touraine)有关劳工运动"衰落"的解释[22]。很多其他社会研究者采纳了图海纳的分析思路。在他看来,劳工运动首先与企业家资本主义的发展阶段相关,劳工运动是在反抗私人资本统治的过程中出现的,力图对生产成果进行更加公平的分配;但随着工业化国家的发展而创建了一种"规划性社会"(programmed society),信息协调逐渐成为权力的主要媒介,劳工运动因此变得越来越不重要;其他社会运动类型日益发展,取代劳工运动在社会抗议机制中的核心地位。图海纳的著作非常重要和富有启示,因为他打破了下述这种观念:劳工运动必然是资产阶级社会的主要对立根源。他也没有屈从于下述这种观念:劳工运动的"衰落"表明了根本对立在这种社会中消失的一般过程。但他的观点忽略了这样一个事实:从一开始,资本主义社会(或民族国家)就是"规划性社会",高度监控在其中发挥着关键作用。从我在这里提出的视角来看,因为资本主义社会的内在阶级特征,劳工运动在资本主义社会仍然占据中心地位;另外,针对监控、军事权力和人造环境的运动,与那些社会中的制度丛结存在内在的关联,也与它们对世界体系的参与存在内在的关联。

还有许多其他上文未提及的社会运动形式,其中最重要的一些包括:

1. 民族主义运动。
2. 女权运动。
3. 种族运动。
4. 宗教复兴运动。
5. 学生运动。
6. 消费者运动。

前面提出的一般原则也适用于所有这些运动,即现代社会运动与它们所反对、力图改变或创建的组织存在于同一个"历史性场域"中。但我并不试图在一般意义上阐明社会运动的起源和特征，而只是尝试提出一个"概念图"，从而将社会抗议的起源与本书讨论的主题联系起来。我唯一想说的是，上述每一种社会运动以及没有列出的其他社会运动，都可以在这一概念图中进行定位。为了说明这一点，我们必须将这些讨论与公民权利联系在一起，在前两幅图示的基础上勾勒出第三幅图示。

图8在分析意义上区分出了现代社会运动的四种斗争"内容"。致力于扩大民主权利的运动，关注的首先是马歇尔称为政治权利的那些权利和义务。将民事权利的争取与和平运动联系在一起，主要基于前面有关"和平"内涵的讨论。只要和平运动的目标涉及质疑武力在人类社会关系中的使用，它就是在民事权利领域展开斗争的。从这一方面来看，它们针对的对象是国家对暴力的广泛使用，包括警察的治安镇压和军队在战争中的作用。在政治权利和法律权利相联系的地方，我们可以发现现代政治最重要和最棘手的困境。这是因为，如前面提到的，现代国家所进行的监控从某些方面来说是实现民事权利的必要条件，但监控活动扩张所导致的环境又威胁到来之不易的权利。

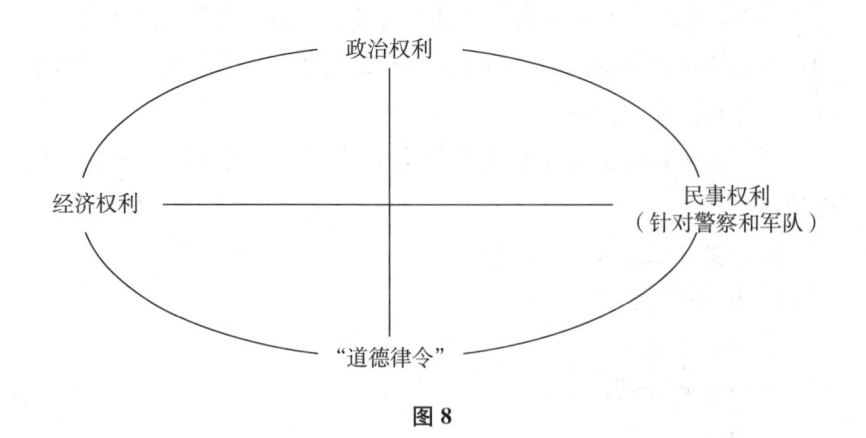

图 8

虽然劳工运动的主要斗争领域是经济公民权，但这种运动也可能对其他权利的获得和维持产生重大的影响，而且实际上已经产生了重大的影响。考虑到资本主义持续发展的性质，劳工运动必将继续产生此类影响。因此，正如前面已经指出的那样，在资本主义国家，阶级冲突是获取政治权利和某些民事权利的主要媒介。但相当明显，这三个抗争领域既彼此对立，又相互统一。比如，其他一些群体，虽然不一定支持统治阶级，但很可能认为，工人主动退出劳动的权利背离了他们的政治权利和民事权利。

在将生态运动或反文化运动的发生领域称作"道德律令"（moral imperatives）时，我无意提出三种类别的公民权利都不涉及道德因素的观点，而是认为，对于被技术或更一般意义上的人造环境剥夺了"道德意义"的生活领域，这种运动持续关注这些生活领域的再道德化（remoralization）问题。对于现代性的这个特征，社会学和哲学文献对此已有详尽的分析，而且它们提出这一问题完全正确。但它们却错误地认为，恢复对"道德意义"的关注是阶级冲突的真正根源，且大多数人都这么认为。虽然这些运动彼此之间存在明显的重叠，但不能通过另一种运动来解释其他运动。

前面在讨论马歇尔有关公民权利的分析时，我指出这些权利不一定是前后相继的发展关系，每一种权利不一定是其他权利发展的基础。我这里想再次强调这一点。在马歇尔集中讨论的英国，总体上的确存在这种前后相继的发展关系。但权利一旦确立，也可能会受到攻击，甚至可能被废除；世界上其他国家的历史相当清晰地表明了这一点，各种类型的公民权利实质上构成了相互独立的斗争领域。此外，它们的特征和实现方式也存在很大的差异。从某种程度而言，所有社会运动都涉及这些问题；正是从这一意义上说，这里提出的分析框架可以用来说明上面列出的那些运动。可以其中两种运动为例：民族主义运动和妇女运动。在图8的概念空间中，民族主义运动大概位于右上角，通常关注为国内少数民族争取政治权利，或为谋求建立新政治秩序的群体争取政治权利。总体而言，民族主义运动致力于扩大民主参与，从而获得政治参与权利。但民族主义两面性中的侵略性一面所涉及的价值，要定位于中心轴上靠下的位置，因为其中涉及"反现代主义"的伦理。妇女运动所包括的很多社会团体至少可以追溯到19世纪。早期的形式主要是为妇女争取具有与男性平等的经济和政治权利。这些目标还没有实现，又增加了其他一系列诉求。早期的妇女运动形式可以定位在图8的左上角，后来的形式则向右上角移动了一些。

社会运动是冲突或斗争场所的"积极"表现，但现代社会包含的张力当然不只限于存在实际或潜在的变革力量的领域。仅就工业化社会而言，我们可以补充前面所讨论的图示，以呈现其危机趋势。

就经济组织而言，当今资本主义社会代表着各种形式的阶级妥协（class compromise）（参见图9）[23]。也就是说，阶级冲突集中于劳资谈判体系（包括罢工权利）和政党组织的"政治性阶级冲突"。这是一种妥协，是因为主要阶级之间达成了一种相互适应，虽然脆弱的一方仍易于被国家行政力量及其他力量所瓦解。

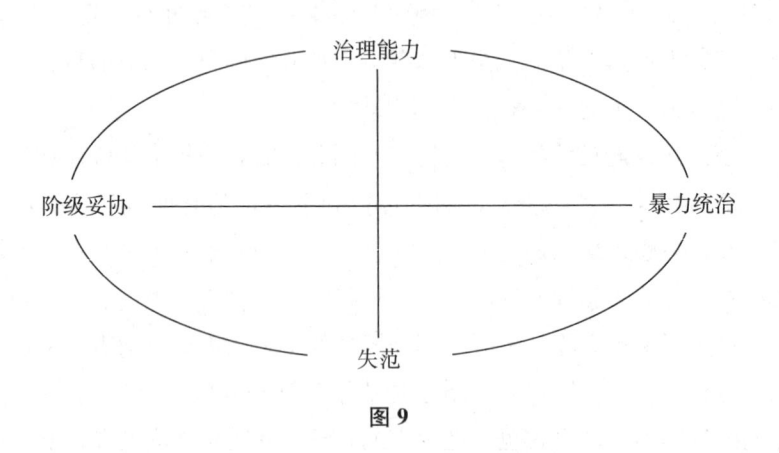

```
              治理能力
                │
    阶级妥协 ───┼─── 暴力统治
                │
               失范
```

图 9

由于资本主义社会是阶级社会，阶级之间的张力对于更大的社会体系而言仍然具有潜在的破坏性。阶级体系是通过经济与政治之间（变动的）相分离而运作的，这种分离也是自由民主政治形态的存在条件。除德国和日本外，自由民主体系存在于所有古典型和殖民地型的民族国家中，这绝不是偶然的。自由民主的特征不仅包括经济与政治的分离，也包括两者与军事的分离[24]。但资本主义活动在特定国民经济中的主导地位与自由民主之间没有内在和必然的联系，有很多例子可以证明这一点。两者同时出现的基础是将暴力"排除"于劳动契约之外的历史变迁，这种变迁不仅将经济权力和政治权力"分离开来"，而且将它们与国家对暴力工具的控制"分离开来"。

我所说的资本主义社会的治理能力（governability），是指国家权威在多大程度上能够维持统治稳定的条件。如我前面所强调的，"治理"不仅指"持有权力"，而且指能够通过系统地影响所辖人口的大量生活领域而进行资源动员。现代社会的治理能力主要依赖于它可能实现的"组织化整合"（organizational integration）程度。阶级冲突是这种整合的一个威胁。一个社会只要还是（我前面界定的意义上的）资本主义社会，阶级冲突就会普遍存在。通过正式化的阶段冲突方式和国家组织的社会福利而达成的阶级妥协，往往强烈地依赖于劳动力、雇佣者和国家之间"讨价还价的努力"。这在很大程度上又依赖于足够的经济发展，以维持更强大的、工会组织程度更高的工人的富裕生活。因此，"阶级妥协"中的张力会直接影响治理能力。但我们也不能像正统马克思主义者所认为的那样，阶级斗争是政府面临的"唯一"难题。阶级斗争是影响治理能力诸多现象中的一种——当然是重要的一种，但不一定是最根本的那种。

现代国家的治理能力与它所能维持的监控相关，监控只有在能够对民众的日常生活维持控制的条件下才变得重要。这里，重要的不是政府在大众中所拥有的正当性水平，而是在面对国家政策时，之前形成的社会行为模式的可塑性程度。也就是说，一个政府在多大程度上实际进行"治理"，更加依赖于对政策的日常接纳，而非对政策正当性的抽象接纳。不论哪一种情况，只有统治权威所规划的方案与被统治者的"行为输入"之间存在一种"双向"关系时，"管理"（government）才是有可能的。当相当多的劳动力在阶段斗争中不再合作时，这种关系便会受到威胁；此外，这种关系也会受到其他威胁。其中，一种非常重要的威胁与其说来自对国家政策失去信心——正当性的消失，不如说来自对现代社会和经济生活中主要行为方式的敌意或憎恶。"失范"（anomie）是对主要文化价值观念的普遍性不满，文化价值观念失去了对个体日常生活的控制。更准确地说，失范是一种内在于现代社会的可能性。对于治理能力而言，我们没有理由认为失范比阶级冲突的威胁更大。但是，它们的确在很大程度上具有不同的来源。

似乎可以这样认为：由于制度安排上存在的差别，资本主义社会与社会主义社会处于图 9 中的不同位置。在资本主义社会，主要的"压力"处于从右下角到左上角的线上。维持阶级妥协的问题与治理能力的问题紧密相关，而治理能力问题也部分地源于社会不同部门中的失范状态。政府在多大程度上能够成功地处理这些问题，反过来又会影响阶级斗争的水平，以及从主流制度模式中的失范性"退出"。

在既有的自由民主国家，只要能够比较有效地维持"阶级妥协"，武力在维持国内社会秩序中的作用就会受到限制。作为工业化国家，资本主义社会和社会主义社会都面临源于失范和不满的治理能力问题，这些失范和不满可能导致一系列不同的社会运动（参见图 10）。但社会主义社会不存在类似于资本主义国家的那种阶级动力机制，缺乏与政治权力机制相分离的、可以与从属阶级和国家权威进行谈判的统治阶级。在"工人"国家中，统治权威在原则和实践上都控制着大量的经济生活领域，将劳动组织中的冲突转化为与国家的直接对抗。这些都是影响国家治理能力的重要因素；这也表明，与西方国家相比，社会主义社会中的劳工运动是更加有力的变迁来源。这是因为，与西方国家不同，社会主义社会缺乏将"经济"斗争与直接"政治"斗争区分开来的手段[25]。

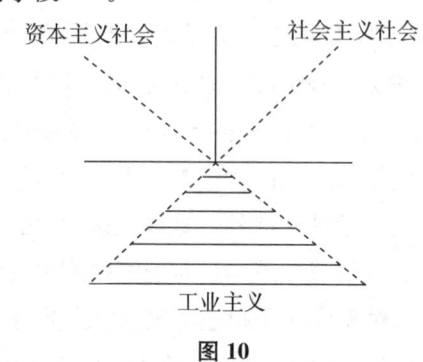

图 10

第十一章 现代性、极权主义和批判理论

需要一种有关暴力的规范性政治理论

20世纪的主要发展道路的确受到了马克思主义的影响，但在某些方面也与马克思主义思想不同。马克思的著作以下述观点为基础：人类历史创造了使社会生活从先前的压迫和剥削中解放出来的条件。马克思的历史解释具有目的论的意涵，它在某些方面令人疑惑和有些模糊；但不可否认，人类社会发展被赋予了某种目的性。在马克思看来，"人类始终只提出自己能够解决的任务。"人类社会过去的发展在资本主义达到了顶峰；在所创造的世界中，工业生产有能力生产出大大超过以往人类所拥有的财富。由于工业主义是在阶级社会的架构中形成的，大部分生产者不能享有其生产成果，不能过上"美好的生活"。但是，劳工运动正是要解决这一历史之谜；而且，正是通过资本主义生产扩大的过程，劳工运动才得以发展壮大。工人阶级的胜利让生产条件再度人性化，让生产过程的控制工具重新回到工人手中，也正在消灭阶级。一个新的（世界）社会将会由此产生；这种社会将按照人类需求而有意识地组织生产活动，而不是根据资本主义活动的奇思怪想来组织。

正如大多数马克思的批判者所指出的，这种剧情在某些方面与过去数百年的现实相去不远。至少在工业化社会，现在的资本主义与19世纪的资本主义已大异其趣，劳工运动在改变资本主义的过程中发挥了主要作用[26]。大多数资本主义国家都存在我们经常谈及的"福利资本主义"（welfare capitalism）；在这种体系中，劳工运动占据重要的地位，经济公民权也非常完善。

马克思提出的超越资本主义的未来社会秩序（他从未进行过详细说明），现在看来并不充分。如果他所预见的是计划生产，那么事实证明：与19世纪相比，在高度复杂的现代经济中进行计划生产，将更加难以有效地实现。工人自我管理的方案面临诸多困难；正如有些马克思的解读者所指出的，如果马克思预见到了全球后匮乏经济（post-scarcity economy）的来临，那种自我管理将完全是一种天方夜谭。但下面这种经济秩序绝非毫不可行：计划生产，加上自我管理的发展，可以将工作过程的控制权归还给该过程的参与者。对于暴力工具的控制，情况则有所不同。马克思提出过一个不成熟的想法：武装起来的工人大众是对抗国家强权的最好方法。今天看来，这种想法已不合时宜。在与这种情景比较接近（起码在小型武器方面）的国家中，比如美国和一些拉丁美洲国家，结果也不值得称道。无论如何，在工业化战争武器高度发展的情况下，再谈将暴力工具的控制权归还给大众是说不通的。就历史变迁的影响力量而言，武器装备领域不存在与工业劳动领域的无产阶级相对应的力量。军事权力的发展过程也不存在一个"辩证的对立力量"。虽然存在抗议运动和和平运动，但即使对不远的将来做最乐观的预测，也无法证明它们将发挥如马克思所预期的由工人阶级所发挥的那种世界历史性作用。

就此而言，完全可以说，除人类个体行动所包含的目的外，历史没有目的。但是，仅看到这些还没有解决这里所讨论的问题。就暴力工具的控制而言，"美好社会"会是什么样子呢？世界已经分化成多种多样的民族国家，所有国家都有能力使用具有巨大破坏性的武装力量，一些国家还有能力毁灭整个人类。在这种背景下，我们该如何理解"美好社会"中的"社会"呢？显然，我们这里无法充分讨论这些难题，我将集中说明一种可能的研究路径，并在本书第三卷对它们做进一步的阐释[27]。

这种研究路径不仅需要关注世界治安和国家内部军事统治的各种问题，而且需要关注工业化战争时代国家之间暴力的根本问题。前面几章的主题是：除某些情况和少数地区外，在当今世界各国，业已和平的民众都必须直面拥有工业化武器的军队。在高压的警务力量情况下，警察和军队之间已几乎不存在明显的差别。针对一系列"越轨"行为，警务活动在多大程度上广泛地使用暴力，既依赖于特定社会对于"越轨"的界定，也依赖于与社会体系的总体组织方式相关的其他一系列条件。其中的一个因素是，被界定为"越轨"的行为，在多大程度上仅限于犯罪而不包括政治行为。这当然在很大程度上又依赖于如何来界定"政治"。我这里需要指出的是，政治论辩的"公共领域"应该足够开放，从而可以以非暴力的方式在"政治"与"犯罪"之间做出区分。

军事统治的问题前面已经讨论过，虽然讨论得比较简略。如果"政府"是指对统治全盘负责的话，现代国家出现军事政府的可能性就相对较小。如果说军队拥有广泛的制裁能力，能够使政府维持某种类型的政策，或能够将政府的行为限制在一定的范围之内，则是另外一个问题了。在大部分民族国家，军队的影响力都非常强大，民族国家本质上无法保证可以免于军队的"干预"，即使在最稳定的自由民主国家也是如此。正因为如此，抵制军国主义价值观的渗透便变得比较重要，这当然也是当代和平运动和生态运动的主要共同目标。"军国主义"的内涵并非一成不变，但19世纪以来武装力量的发展和与之相伴的战争工业化，极大地改变了它的内涵。伴随着日本在二战中的战败，传统军国主义观念也就结束了其最后一次大规模展示。即使在那时，这种观念很大程度上也从属于建设现代职业化军队的诉求；在这种军队中，与战场上的纪律严明和工业中的高效生产相比，个人勇敢的作用已变得微乎其微。现在，"军国主义"主要指军队或其他领导集团高层所持有的一种倾向，即首先寻求以军事方案来解决其他手段亦能解决的问题，而且下级军官也毫不犹豫地接受这种倾向。军事训练不一定会妨碍军队发展出复杂的政治文化；对于寻求抵制军国主义的政治方案而言，培育"开放"的政治文化应当是其中的因素之一。这一问题当然非常复杂，因为下面这种观点似乎也有几分道理：职业化的、非政治性的军队最不可能通过军事权力来影响政府决策[28]。

我前面已经指出，在现代国家，军队在政府中的角色问题尽管非常重要，但与世界军事秩序中工业化武器的扩散问题相比，它还只是一个次要的问题。毫无疑问，正是在这一方面，我们今天与18—19

世纪的政治思想家们所关注的问题相去甚远。我们面临的威胁比人类历史长河中曾经面临的所有威胁都更大,但除了进行限制外,我们似乎别无他法。毋庸置疑,当"常规"武器现在都拥有大规模的破坏力时,我们需要防止任何战争的爆发。但我们今天面临的最紧迫和最必要的任务是：防止核武器——或未来在破坏力上接近核武器的其他武器——在战争中的使用。生活在当今世界的人们都需要意识到：我们面临着"两步走"过程,而且人类能否和如何进入第二步还完全不清楚。第一步是策略性的,即维持过去40年那种不使用核武器的状态；第二步则是要实施一种关于暴力工具的规范性政治理论,即建立一种军事权力的使用不再威胁人类整体生存的社会秩序。历史没有此等目的,只有最乐观的研究者才会自信地断言第二步终将到来。

简要回顾一下战争对欧洲国家体系和全球民族国家体系发展的影响,有助于我们更加深刻地理解,当前应对核战争的办法必然只是"策略性"的。大概从公元1000年开始,欧洲的战争就不再是一系列零散的武装争斗了,而是逐渐成为贵族武士文化的一部分,具有仪式化的形式[29]。除抵抗欧洲外部敌人的战争外,在许多战争中,所有交战方的战斗行为都一致遵守正式约束。在接下来的一个时期里,在服务于新兴强大国家的过程中,战争艺术和战争科学得到了发展,武装力量开始变得协同合作。总体而言,这一时期大概从16世纪持续到一战爆发。战争与外交有机地结合了起来；如正克劳塞维茨所明确地指出的,外交手段失败或遭拒后,就将使用战争手段。下面这种做法不无道理：克劳塞维茨力图在战争行为与传统军国主义之间进行区分,后者指为了战争的内在价值而进行战争,或为了通过血腥战斗而获得优秀品质[30]。在所有有关战争性质的论断中,下述论断最为著名："战争并不只是一种政治行为,也是一种真正的政治工具,一种政治交往的继续,是政治交往通过另一种手段的实现。"[31]这不是对战争的哲学表达,而是对欧洲国家体系中各国所处危险境地的真实写照。战争和军事胜利本身都不是目的,它们是实现长期政策的手段。战争受政治目的的影响,主要战略是以最小的军事代价来实现外交目的。

第十一章 现代性、极权主义和批判理论

虽然其中的大部分目标后来才告完成，但 19 世纪下半叶工业化战争手段的发展，不可逆转地改变了战争的性质及其与国家抱负之间的关系。这不是说克劳塞维茨的格言与军队冲突毫不相干，而是说战争不应仅被视为小规模缠斗，而是会受到克劳塞维茨所说的背后的政治动机的制约。"全面战争"时代直接否定了这种假设，也否定了克劳塞维茨所说的其他战争特征。20 世纪之前的交战方都接受了此类观念：战争是政治实体之间的冲突。参与战争的个体放弃了平民身份而成为国家的代表，而且这种观念后来也成为国际法的组成部分[32]。但随着工业化战争时代的到来，平民大众不可避免地卷入进来，因为战争的胜利要求摧毁作为战争必要基础的生产体系。第一次世界大战中的交战各方逐渐意识到了这一点的含义，虽然第二次世界大战才卷入各交战国的全部人口。在第二次世界大战中，军事行动的目的不仅是战胜对方的军事力量，而且要征服"敌方的人民大众"。

在两次世界大战的间歇期，政治家们在国际层面上讨论了各种限制战争的方法，就多种武器的禁用问题进行了广泛的讨论，就控制武器使用、限制空军使用的国际规则提出了多种方案。但除个别例外（如毒气的使用），所有方案都成为泡影。在二战初期，双方都努力保证将空袭局限于与军工生产直接相关的工业目标。尽管这在技术上是可行的，但现实中却并非如此，不加区分地对民用目标进行狂轰滥炸，很快就成为摧毁敌人战斗意志的主要手段。在广岛和长崎投放的原子弹正是恐怖手段的集中展示，旨在胁迫日本投降。这一目标得到了实现，但此类行为也开启了一个军事暴力的新阶段，它与此前军事冲突之间的差异远大于早期工业化战争所带来的差异。

核武器的出现是工业主义与战争模式相结合的直接产物，但它的破坏力是如此之大，以至于仅仅威胁使用它们就将改变战争的性质。就有核国家而言，尤其是超级大国，它们建立的外交联系虽然没有破裂，但却发生了逆转。它们不能再利用对核武器的占有来推进其外交目的，而是必须使用外交策略来确保不会出现使用核武器的情况。超

级大国之间的直接对抗尤其如此。比如，古巴导弹危机中外交活动的"成功"，与其说是肯尼迪实现了将苏联导弹驱逐出古巴的最初目标，不如说是避免了军事对抗（两种目标大概相同）。遗憾的是，核武器的存在虽然改变了外交谈判与战争之间的关系性质，但并没有废除外交，也没有改变这个既相互依赖又混乱分裂的世界中国家间关系的战略性质。鉴于民族国家体系的性质，国家内部和国家之间的政治活动往往只关注短期而非长期利益；只有当每个国家都能获得短期利益时，它们才会寻求共同利益。

更有甚者，超级大国所拥有的大量核武器储备，显然并未终结科学、工业和武器发展相结合所催生的技术变迁过程（虽然并没有用于战争）。在现代世界，工业生产与战争手段的结合第一次成为军事实力的基础，军备竞赛因此成为和平和战争的内在组成部分。一个记录详细的著名例子是19世纪末20世纪初发生的英国和德国之间的军备竞赛；当时，每个国家都明确地根据对方的情况进行武器生产，用公式计算出足以对抗对方的武器数量以组织工业生产。和现在的军备竞赛一样，至少在某些部门中，军备竞争的压力刺激了工业企业。据说在1850—1900年半个世纪里海军技术的发展，相当于之前数千年的发展[33]。在不到10年的时间里，在广岛和长崎爆炸的裂变式核武器，就被破坏性更大的聚变式核武器所取代；这些聚变式核武器进一步快速发展，威力提升了好几倍。技术进步在制导系统中的应用，不过是导航和其他领域一系列技术进步的一个方面，此外还有激光武器和化学武器的迅猛发展。

"军事-工业复合体"这种说法的有效性源于超级大国军事竞赛中的协调规划。持续的发明创新及其工业生产，不仅源于整个经济中的技术创新过程，而且源于应对和超越竞争对手的持续努力。在两极世界中，军备竞赛并不是将权力均衡的外交政策应用于武器发展领域。如果其中涉及某种均衡，那也是极不稳定和不断变化的；在这种均衡中，技术进步的原则不仅旨在实现与其他大国的势均力敌，而且旨在让武器生产适应未来的发明创新[34]。在"动态均衡"的局面下，对武器发展中技术进步的总体约束,总会有利于其中一方,而不利于另一方;对于终止进一步武器储备积累的呼吁也同样如此。举一个例子(后来的谈判都重复了这种基本形式):美国提出的第一个关于军备控制的倡议——1946年巴鲁克计划(Baruch Plan)——本来能够将核武器置于国际监督之下。但当时还没有进行过核爆炸的苏联与美国相比处于非常不利的地位,美国则可以控制该监督机构。苏联于是有针对性地提议,在国际控制之前先进行裁军,建立无核区和签署各种不侵犯条约。这又让苏联拥有了明显的优势,因为苏联可以保留规模更大的无核部队。只有双方都能获得短期或长期利益时才会成功,比如,《不扩散核武器条约》和《限制战略武器会谈协议》。《不扩散核武器条约》是为了阻止核武器向无核国家扩散,而《限制战略武器会谈协议》实际上将军备竞赛的竞争本质形式化了,而不是终止了这种竞赛过程。

在有关核时代军事权力的分析中,有关超级大国的大规模武器发展的分析必然占据突出的地位。但其他地方通过世界军事秩序而出现的工业化战争手段的持续增长,并不只是大国军备竞赛的副产品。"第一世界"的武器几乎扩散到了所有国家,这本身就催生出普遍性军备竞赛,在局势高度紧张地区的国家关系中,这种军备竞赛已形成诸多焦点。这些地方军备竞争的逻辑与核武器军备竞赛的逻辑如出一辙,当然,前者在某种程度上是超级大国和其他军事工业发达国家进行军备转移的结果。也就是说,相互竞争的国家会预料其他国家在不远的将来可能拥有的武器;虽然大多数国家依赖于工业化国家在武器装备上的技术进步,但越来越多的国家可能会促进本国军事工业的发展[35]。正如前面提到的,最令人困扰的是:虽然存在控制核武器的条约,但用于"和平"目的的核技术和核原料扩散,可能导致核武器的进一步扩散。

当前有关控制暴力工具的规范性政治理论只能以加缪的悲观主义作为起点,从中至少发展出一些指导原则,为长远的将来提供更加乐观的可能性。为此,我们需要更新乌托邦主义(utopianism),并把它与最可靠的现实主义结合起来。下面两种策略必须赋予绝对优先的地位：(a) 面对超级大国拥有的全球性破坏能力的生存策略；(b) 最大限度上减少其他国家卷入核战争可能性的策略。就这两种策略而言，"和平"很难说是未来长远发展的建设性道路，未来的长远发展必须与"美好社会"的观念联系起来，无论当前距离实现"美好社会"有多么遥远。

争论的一些参数是明确和公认的。用于制造核武器的科学知识不能被抛弃，尽管那些武器可以毁灭现代文明。目前还不存在任何可行的国际机构和双边协议，可以说服超级大国单方面或共同放弃核武器。但和平运动与其他国家的政府相结合，可能对国际军事秩序的某些方面和军备竞赛产生很大的潜在影响。在促进"和平"（这里指没有核战争）的策略性阶段，目标并不难实现，尽管与所要反对的政治、军事和经济组织的力量相比，实现这种目标的力量还很薄弱。此类力量首先包括：在最大限度地保证沟通和信息开放的背景下，缓和超级大国之间的关系；军事工业的转型方案，逐渐停止武器体系的生产，将研发活动转向其他用途[36]；在现有基础上，更加严格地限制核技术和核原料向无核国家转移，同时改变所有国家现有的核能项目，并转向非核能源；较小的核国家单方面放弃核武器。这些提议不可能在短期内（甚至中长期内）实现；这也表明，加缪所言不虚。

20 世纪晚期的批判理论

孔德和马克思也许是 19 世纪最杰出的两位社会思想家。他们的观点虽然差异甚迥，但却拥有一个共同的观念。对两人而言，社会科学生产的知识是要将人类从过去解救出来；在过去，影响社会发展的决定性事件处于人类的控制之外；在未来，我们可以掌控我们自己的命运。在孔德看来，最重要的是发现社会变化的规律，因为这种知识可以让我们进行系统性预测；在预测的基础上，我们可以把握自己的

第十一章 现代性、极权主义和批判理论

历史、服务于我们的目的。**预知就是力量**；就像自然科学可以让我们改造自然界一样，对社会生活的理解也可以让我们改造社会生活。在马克思看来，到目前为止，阶级分化是社会变迁的发动机，只有最终超越阶级分化，与"前历史"时代相对的"历史"时代才会翩然而至。他也认为，理解过去的历史使我们可以塑造未来；资源将会用于整个人类共同体，而不是服务于个别群体的利益。

这些观点有什么错误吗？在20世纪晚期，我们应当如何重建批判理论？如果早期的实证主义社会（Positivist Societies）思想早已被遗忘，马克思主义至少无愧于其创建者的格言：哲学家们只是用不同的方式解释世界，而问题在于改变世界。虽然马克思的著作产生了巨大的实践影响，也包含诸多合理的观点，但20世纪的世界与他预测的世界相去甚远。今天的批判理论必须是后马克思主义（post-Marxist）的。在其创立者看来，马克思主义是对政治经济学的一种批判；但事实证明，马克思主义的价值不只是反抗资本主义所带来的恶劣后果。

如果我们拒绝进化主义（evolutionism），也就击中了马克思试图建立的那种批判理论的靶心[37]。要从马克思的视角来理解从资本主义向全球社会主义的过渡，就必须接受这样一种观念：资本主义吸收了过去历史的一切成就，而且为超越资本主义生产准备了条件。但如果资本主义不是某一进化过程的顶峰，而只是欧洲社会发展的一个特殊特征——而且仅仅是其中的制度性组织轴心之一——那么，这种立场也就站不住脚了。我们无须置疑马克思有关资本主义生产的分析的有效性；相反，马克思的大部分观点都是正确的，而且像适用于19世纪那样也适用于当今世界[38]。但马克思过分地强调了资本主义和阶级斗争的中心地位，将它们视为解释不平等、剥削和超越资本主义的关键。

马克思将历史阐释与实践行动统一了起来，正是因为阶级分化和阶级冲突在资本主义的形成和超越中发挥的作用。与"空想社会主义"不同，马克思强调存在于资本主义发展趋势中的社会转型的现实

可能性，将所有历史负担都交给了一种革命力量——阶级斗争中的无产阶级。当今的批判理论必须对现代性的起源及其全球影响进行全面分析，不能将所有事物都简单而笼统地归结为"资本主义"。这也意味着，如果将"社会主义"理解为对资本主义的否定，并视其为消灭剥削的一般手段或"美好社会"的唯一模式，那么，"社会主义"本身也会负担过重。

在失去历史必然性之后，批判理论再次进入了偶然性世界，也必须采用一种不再坚持理论和实践必然统一的逻辑。否则，我们要如何面对这样一种世界：在可见的将来，这个世界将存在于全面毁灭的阴影中？我不是说必须彻底抛弃理论与实践相统一的马克思主义原理。相反，我们都应该意识到：批判过程要毫不退缩地将社会变革的物质可能性与乌托邦因素结合起来。由于现存的社会生活状态是"历史性的"（制度的时间性通过人类行动者而得到再生产），所有关于现存社会生活状态的分析，都将产生关于其潜在变迁的理解。但这是就逻辑而言，并没有具体说明如何实现变迁的特定行动过程或方案。换言之，所有的社会分析都具有社会批判的含义，具有变革其所描述的现实的含义。这些观念为批判理论提供了"依据"，但本身却没有表明如何实现特定情境下的内在可能性，也没有表明其实现与更广泛目标之间的联系。正是由于那些内在可能性没有表明达成更广泛目标的实践手段，批判理论的"乌托邦因素"才成为必要；对于缺乏历史必然性的批判理论而言，这种情况可能极为普遍。

有关社会体系发展趋势的诊断必须与社会批判密切地联系起来；但如果把它视为实践的绝对基础，则可能沦为教条。我们有必要接受乃至强调，具体变迁的可能性与社会批判所期望的结果之间的差异。也就是说，乌托邦主义中必然存在非乌托邦因素。这不仅因为之前没有意识到的、达到特定目标的道路可能被揭示出来，而且因为乌托邦设想本身会影响行动的内在可能性。这种批判理论不应与孔德的下述观点相混淆：对历史的"认知性把握"最终会让人类掌控自己的命运。这种观点存在着重大缺陷：理解历史的内在因素，并不能保证这

第十一章　现代性、极权主义和批判理论

些因素与批判理论力图实现的目标一致；对于社会生活或历史的具体特征的所有"理解"，一旦成为社会生活的组成部分，恰恰会破坏它旨在实现的控制活动。

如果本书的观点言之有据，那么现代性的四个主要制度轴心也就都具有"世界-历史性"意义。这意味着，回应当今需要的批判理论，应该将这些制度视作解释内在变迁的核心，应该将它们视为"美好社会"模式的规范性需求的核心。我们当今面临的最紧迫问题，是与世界军事秩序的扩张、战争的工业化和核武器的存在相关的问题。和平运动为限制"失控的"军事扩张提供了机会，它们也明确表明了促进内在变迁的现实活动与乌托邦主义的强大动力之间的差异。这些运动既要在策略的层次上行动，也要积极讨论关于核冲突威胁完全消失的"可能世界"。除此之外，它们别无选择。

这包含和平运动本身不愿面对的一些内涵。这是因为：乌托邦主义的话语可能（不必然）消极地影响应对高度军事化世界的战略性决策。就前文有关核武器的讨论而言，我们首先应该遵循马克思的指导：不要根据思想的表面内容对其进行评判，而要根据其实际效果进行评判。比如，力图"通过"官方组织进行的行动方案（而不是与一般化的反文化抗议活动相结合），在某些重要方面和特定情境下可能最为有效。沃尔泽（Walzer）关于核武器和核震慑的观点非常重要。他表明，和平运动尽快将这些讨论推向"公共领域"非常重要："通过震慑，将美国和俄罗斯（及欧洲）的平民转变为防止战争的手段。它们这么做不会对我们造成任何限制。新技术的本质决定了我们可能受到威胁，但不会被其控制。这就是震慑让人倍感惊恐而我们又泰然处之的原因"[39]。基于"恐怖积聚"的深度震慑也许可以打破这种自鸣得意，但我们要走的路却极其艰难：在一种完全不同的世界秩序中，将立即而持续地防止核冲突与消解战争的工业化进程结合起来。现代历史的断裂从来没有如此严峻过。

相对于其他所有问题而言，这些问题必然更加重要。但这并不意味着，防止核战争的问题与批判理论的传统议题完全分离，也不意味

着我们只是观望这种模式的现代世界能否存活下来,对问题本身却熟视无睹。全球经济由资本主义机制所主导,其中最有影响的行动者是资本主义国家和跨国公司;这一事实对整个世界体系的性质仍然具有根本重要性。核心国家与边缘国家之间国际劳动分工的高度不平衡,和对世界经济低水平的政府间调节(inter-governmental regulation),表现了资本主义生产在世界范围内的强大影响。就资本主义生产的主要构成,我们当然仍需回到马克思主义鞭辟入里的批判。马克思所指出的、内在于资本主义活动本质中的私人占有和社会化生产之间的矛盾依然普遍存在。虽然国内和国际劳动分工变得极其复杂,世界体系在经济上也日益一体化,但经济扩张的驱动力依然是资本主义的积累过程。劳工运动虽然在国民经济中缓和了资本主义机制的最有害影响,但还没有扩展到整个全球劳动分工中的不平等。第一世界与第三世界之间的分化,或者说北方国家与南方国家之间的分化所包含的资源不平等水平,相当于传统国家中阶级之间的不平等水平。但世界经济面临的最紧迫问题显然是工业主义,而不是资本主义的生产方式。也就是说,这些问题将使我们从——尤其是更加正统的——马克思主义理论关注的传统问题转向生态问题。

当工业主义在早期产生影响时,就有人认为工业生产将改变(不一定是改善)人类生活的性质,要求我们对自然界持有不同的态度。从这一意义而言,生态运动和生态问题并不是什么新鲜事。在很多方面,马克思对这一问题的论述也包含某些相同的观点,但总体而言,马克思并不是工业主义的批判者。相反,在他看来,通过让自然力量服务于人类的目的,工业主义支撑着生活富裕的希望。需要进行斗争的是工业生产的特定组织模式——资本主义,而不是工业秩序本身。从20世纪晚期的角度来看,这种观点存在不足。在19世纪的背景下,马克思对工业主义的颂扬很容易理解;尤其考虑到他对马尔萨斯的反驳,就更加容易理解了。人口惊人地增长,并卷入一个日益扩张的国际劳动分工体系;在这种世界中,工业生产持续扩大所需要的物质资源总是处于匮乏之中,现有的资源也日益不堪重负。

第十一章 现代性、极权主义和批判理论

关注生态问题的批判理论不能仅仅关注地球资源的枯竭（这方面也是我们要面对的重大问题），还要考察被工业主义压制的、与自然关联的一系列价值。这样做与其说是为了"拯救"自然，更是为了探索改变人类关系本身的可能性。对于这种探索，理解城市主义的作用至关重要。当然，从生活在建造的环境中这种表面意义而言，城市主义的扩展将人类与自然隔离开来了。但现代城市主义深刻影响了人类日常社会生活的性质，表现了资本主义与工业主义之间一些重要的相互交织。

最后，批判理论必须把握与作为权力媒介的监控有关的现代制度。监控是对社会再生产的反思性监督，对于现代世界体系的巩固和国家内部的秩序都极为重要。作为权力的来源，监控所引发的问题在可预见的将来只会变得更加重要。监控的强化与极权主义趋势有着密切的关联。但这不应该让我们感到绝望，因为行政权力与多元政治同样紧密关联。国家行政权力的扩张与政治压制之间不存在直接的联系。国家越能够有效地进行"治理"，就越可能促进多元政治参与。但由于民族国家在世界体系中明显占据主导地位，形成民主的世界政府仍然遥不可及。如果本书的观点合理，那么，全球社会整合的日益增强并不意味着政治统一体的萌芽。

【注释】

[1] 转引自 A. J. May, *Europe Since 1939* (New York: Holt, Rinehart and Winston, 1966).

[2] Carl J. Friedrich et al., *Totalitarianism in Perspective: Three Views* (London: Pall Mall, 1969), p. 6ff.

[3] Benjamin R. Barber, 'Conceptual foundations of totalitarianism', in Friedrich, *Totalitarianism in Perspective*, p. 19.

[4] Carl Friedrich, Totalitarianism (Cambridge, Mass: Harvard University Press, 1954); 亦可参见 C. J. Friedrich and Z. K. Brzezinski, *Totalitarian Dictatorship and Autocracy* (New York: Praeger Press, 1967).

[5] Aryeh L. Unger, *The Totalitarian Party* (Cambridge: Cambridge Uni-

versity Press, 1974), p. 13ff.

[6] 转引自 Michael Curtis, 'Retreat from totalitarianism', in Friedrich et al., *Totalitarianism in Perspective*, p. 76.

[7] cf. Claude Lefort, *L'invention démocratique* (Paris: Fayard, 1981), p. 85ff.

[8] Hannah Arendt, *The Origins of Totalitarianism* (London: Allen & Unwin, 1967), pp. 341-2.

[9] cf. Unger, *The Totalitarian Party*, p. 170ff.

[10] *CPST*, pp. 143-4.

[11] *CCHM*, vol. 1, pp. 194-6.

[12] cf. Sigmund Freud, *Group Psychology and the Analysis of the Ego* (London: Hogarth Press, 1922).

[13] J. L. Talmon, *The Origins of Totalitarian Democracy* (New York: Praeger Press, 1961). 正像门策（Menze）所强调的，极权主义"与现代民主之间的关系是非常模糊的……如果没有大众主权的民主观念及其在现代国家中的具体实施，极权主义将难以想象和难以实现"。参见 Ernest A. Menze, *Totalitarianism Reconsidered* (London: Kennikat, 1981), p. 15.

[14] Marx, 'The Eighteenth Brumaire of Louis Bonaparte'. （马克思，恩格斯. 马克思恩格斯选集：第1卷. 3版. 北京：人民出版社，2012：663-774.）

[15] *CCHM*, vol. 1, chapter 10.

[16] cf. F. F. Piven and R. A. Cloward, *Regulating the Poor* (London: Tavistock Publications, 1972).

[17] Foucault, *Discipline and Punish*.

[18] 参见 *CSAS*, chapter 6 and *passim*.

[19] *CS*, chapter 4.

[20] 转引自 Richard Taylor, 'The Greens in Britain', in David Coates et al., *A Socialist Anatomy of Britain* (Cambridge: Polity Press, 1985), p. 160.

[21] cf. *CSAS*.

[22] 参见 Alain Touraine, *The Post-Industrial Society* (London: Wildwood, 1974) 和其他后来的作品。

[23] cf. Claus Offe, *Disorganized Capitalism* (Cambridge: Polity Press, 1985).

第十一章 现代性、极权主义和批判理论

［24］ Huntington, *The Soldier and the State*.

［25］ *CSAS*, chapter 12.

［26］ 参见 *CSAS*, chapter 11 and *passim*.

［27］ A. Giddens, *Between Capitalism and Socialism* (Cambridge: Polity Press, forthcoming).

［28］ 这实质上是亨廷顿的观点。参见 *The Soldier and the State*.

［29］ 参见 Michael Howard, 'Temperamenta belli: can war be controlled?', 他的 *Restraints on War* (Oxford: Oxford University Press, 1979) 和他的 *War in European History* (Oxford: Oxford University Press, 1976).

［30］ 关于克劳塞维茨的最佳研究, 参见 Raymond Aron, *Penser la guerre—Clausewitz* (Paris: Gillimard, 1976), 2 vols.

［31］ K. M. von Clausewitz, *On War* (London: Kegan Paul, 1908), vol. 1, book I, p. 85.

［32］ Howard, 'Temperamenta belli: Can war be controlled?', p. 9ff.

［33］ Mandelbaum, *The Nuclear Revolution*, p. 94.

［34］ Ibid., chapter 4.

［35］ Abraham S. Becker, *Military Expenditure for Arms Control* (Cambridge, Mass: Ballinger, 1977).

［36］ cf. Mary Kaldor, 'Disarmament: the armament process in reverse', in E. P. Thompson and Dan Smith, *Protest and Survive* (Harmondsworth: Penguin, 1980).

［37］ *CCHM*, vol. 1, chapter 3.

［38］ Ibid., chapter 5, 6 and 7.

［39］ Michael Walzer, *Just and Unjust Wars* (London: Allen Lane, 1978), p. 271.

参考文献

Abler, R. et al. *Human Geography in a Shrinking World*, North Scituate, Suxbury, 1875.
Adams, R. 'Anthropological perspectives on ancient trade', *Current Anthropology*, 15, 1974.
Albrecht-Carré, R. *The Unity of Europe: an Historical Survey,* London, Secker and Warburg, 1966.
Alderson, A. D. *The Structure of the Ottoman Dynasty*, Oxford, Clarendon Press, 1956.
Alting, von Gensau, F. A. M. *European Perspectives on World Order,* Leyden, Sijthoff, 1975.
Ancel, J. *Les frontières*, Paris, Gallimard, 1938.
Anderson, B. *Imagined Communities*, London, Verso, 1983.
Anderson, P. *Lineages of the Absolutist State,* London, New Left Books, 1974.
Anderson, P. *Passages from Antiquity to Feudalism*, London, New Left Books, 1974.
Anell, L. *Recession, the Western Economies and the Changing World Order,* London, Pinter, 1981.
Apter, D. 'Political religion in new nations' in C. Geertz, *Old Societies and New States*, New York, Collier-Macmillan, 1963.
Apter, D. *The Politics of Modernisation*, Chicago, University of Chicago Press, 1965.
Arendt, H. *The Origins of Totalitarianism*, London, Allen & Unwin, 1967.
Ariès, P. *Western Attitudes Towards Death*, Baltimore, Johns Hopkins University Press, 1974.
Armstrong, J. A. *Nations Before Nationalism*, Chapel Hill, University of North Carolina Press, 1982.
Aron, R. *The Century of Total War*, London, Verschoyle, 1954.
Aron, R. *On War*, London, Secker & Warburg, 1958.
Aron, R. *The Imperial Republic*, London, Weidenfeld, 1974.
Aron, R. *Penser la guerre — Clausewitz*, Paris, Gallimard, 1976.
Aron, R. *Peace and War*, Malabur, Krieger, 1981.

参考文献

Ashley, M. *The Golden Century, Europe 1598—1917,* London, Weidenfeld, 1969.
Aston, T. *Crisis in Europe 1560—1660,* London, Routledge & Kegan Paul, 1965.
Avineri, S. (ed.) *Karl Marx on Colonialism and Modernisation,* New York, Doubleday, 1968.
Baher, R. S. and Doss, W. E. *The Public Papers of Woodrow Wilson, War and Peace,* New York, Harper, 1927, vol. I.
Baradez, J. *Fossatum Africae,* Paris, Arts et Metiers, 1949.
Baran, P. A. and Sweezy, P. A. *Monopoly Capital,* New York, Monthly Review Press, 1966.
Barber, B. R. 'Conceptual foundations of totalitarianism' in C. J. Friedrich et al. *Totalitarianism in Perspective: Three Views,* London, Pall Mall, 1969.
Barraclough, G. *European Unity in Thought and Action,* Oxford, Basil Blackwell, 1963.
Barrington Moore, *The Social Origins of Dictatorship and Democracy,* Harmondsworth, Penguin, 1969.
Barrow, G. W. S. *Feudal Britain,* London, Arnold, 1956.
Barth, F. *Ethnic Groups and Boundaries,* Bergen, Universitäts-für Paget, 1969.
Baudin, L. *A Socialist Empire. The Incas of Peru,* Princeton, Van Nostrand, 1961.
Baugh, A. C. *A History of the English Language,* London, Routledge & Kegan Paul, 1951.
Becker, A. S. *Military Expenditure for Arms Control,* Cambridge, Mass., Ballinger, 1977.
Beer, F. A. *Peace Against War,* San Francisco, Freeman, 1981.
Belloc, H. *The Servile State,* Indianapolis, Liberty, 1932.
Bendix, R. *Nation Building and Citizenship,* Berkeley, University of California Press, 1977.
Bendix, R. *Kings or People,* Berkeley, University of California Press, 1978.
Benveniste, E. *Problems in General Linguistics,* Florida, University of Miami Press, 1971.
Berkov, R. *The WHO: a study in Decentralised Administration,* Geneva, WHO, 1957.
Bischoff, J. *A Comprehensive History of the Woollen and Worsted Manufactures,* London, 1842.
Bleackley, H. 'The Hangmen of England', reprinted in J. Lofland, *State Executions,* Montclair, NJ, Patterson Smith, 1977.
Bloom, S. F. *The World of Nations,* New York, Oxford University Press, 1941.

Bloomfield, L. *Language*, New York, Allen & Unwin, 1933.
Bottomore, T. B. *Karl Marx, Early Writings*, New York, McGraw-Hill, 1964.
Braidwood, R. J. and Willey, G. *Courses Toward Urban Life*, Chicago, Atdine, 1962.
Braun, R. 'Taxation, sociopolitical structure, and state-building: Great Britain and Brandenburg-Prussia' in C. Tilly (ed.) *The Formation of National States in Europe*, Princeton, Princeton University Press, 1975.
Braverman, H. *Labour and Monopoly Capital*, New York, Monthly Review Press, 1967.
Brenner, R. 'The origins of capitalist development: a critique of neo-Smithian Marxism', *New Left Review*, 105, 1977.
Breuilly, J. *Nationalism and the State*, Manchester, Manchester University Press, 1982.
Bright, C. and Harding, S., *Statemaking and Social Movements*, Ann Arbor, University of Michigan Press, 1984.
Brock, T. and Galting, J. 'Belligerence among the primitives', *Journal of Peace Research*, 3, 1966.
Brodie, B. *A Guide to Naval Strategy*, Princeton, Princeton University Press, 1958.
Brown, L. R. *World Without Borders*, New York, Random House, 1972.
Burns, E. M. and Ralph, P. L. *World Civilisations*, New York, Norton, 1974.
Calvocoressi, P. *World Politics Since 1945*, London, Longman, 1968.
Challener, R. D. *The French Theory of the Nation in Arms, 1866—1939*, New York, Russell & Russell, 1965.
Cheyette, F. *Lordship and Community in Mediaeval Europe*, New York, 1968.
Chien-nung, Li, *The Political History of China, 1840—1928*, Princeton, Van Nostrand, 1956.
Childe, V. G. *Man Makes Himself*, London, Watts, 1956.
Chung-Li, Chang, *The Chinese Gentry*, Seattle, University of Washington Press, 1955.
Church, W. F. *The Greatness of Louis XIV, Myth or Reality?*, Boston, Mass., Heath, 1959.
Churchill, W. S. *The World Crisis*, London, Thornton & Butterworth, 1923, vol. I.
Cipolla, C. M. *Guns and Sails in the Early Phase of European Expansion 1400—1700*, London, Collins, 1965.
Claessen, H. J. M. and Skalnik, P. *The Early State*, The Hague, Mouton, 1978.
Clark, G. N. *The Seventeenth Century*, Oxford, Clarendon Press, 1947.

Coates, D. et al. (eds) *A Socialist Anatomy of Britain*, Cambridge, Polity Press, 1984.
Collingwood, R. G. *Roman Britain*, Oxford, Clarendon Press, 1932.
Connell, R. W. *Which Way is Up?*, Sydney, Allen & Unwin, 1983.
Conquest, R. *The Great Terror*, New York, Macmillan, 1968.
Cooper, R. *The Economics of Interdependence*, New York, McGraw-Hill, 1986.
Coulborn, R. *Feudalism in History*, Princeton, Princeton University Press, 1956.
Critchley, T. A. *A History of Police in England and Wales*, London, Constable, 1978.
Cutler, A. *Marx's Capital and Capitalism Today*, London, Routledge & Kegan Paul, 1978, vol. 2.
Da Sola Pool, I. *The Social Impact of the Telephone*, Boston, Mass., MIT Press, 1977.
Dahl, R. A. *Polyarchy*, New Haven, Yale University Press,
Dahl, A. *Preface to Democratic Theory*, Chicago, University of Chicago Press, 1956.
De Bary, W. T. 'Chinese despotism and the Confucian Ideal: a seventeenth century view' in J. K. Fairbank *Chinese Thought and Institutions*, Chicago, University of Chicago Press, 1959.
De Brunhoff, S. *Marx on Money*, London, Pluto Press, 1977.
De Jouvenel, B. *Sovereignty*, Cambridge, Cambridge University Press, 1957.
Derrida, J. *Of Grammatology*, Baltimore, Johns Hopkins University Press, 1974.
Deutsch, K. W. *Nationalism and Social Communication*, Boston, MIT Press, 1966.
Doerner, K. *Madmen and the Bourgeoisie*, Oxford, Basil Blackwell, 1981.
Doob, L. *Patriotism and Nationalism*. New Haven, Yale University Press, 1964.
Durkheim, E. *Professional Ethics and Civil Morals*, London, Routledge, 1957.
Durkheim, E. *Socialism*, New York, Collier, 1962.
Earle, A. M. *Curious Punishments of Bygone Days*, Montclair, NJ, Patterson Smith, 1969.
Eberhard, W. *Das Toba-Reich Nordchinas*, Leiden, Brill, 1949.
Eberhard, W. *A History of China*, London, Routledge, 1950.
Eberhard, W. *Conquerors and Rulers*, Leiden, Brill, 1970.
Eckstein, H. *Internal War*, Glencoe, The Free Press, 1964.
Edgerton, W. F. 'The question of feudal institutions in ancient Egypt' in R. Coulborn, *Feudalism in History*, Princeton, Princeton University Press, 1956.

Edwards, I. E. S. *The Pyramids of Egypt*, Baltimore, Max Parrish, 1962.
Ehrenberg, R. *Das Zeitalter der Fugger*, Jena, 1896.
Eide, A. and Thee, M. *Problems of Contemporary Militarism*, London, Croom Helm, 1980.
Einzig, P. *Primitive Money*, Oxford, Pergamon Press, 1966.
Eisenstadt, S. N. *The Political Systems of Empires,* Glencoe, The Free Press, 1963.
Eisenstadt, S. N. and Rokkan, S. *Building States and Nations*, Beverly Hills, Sage, 1973.
Eisenstein, E. L. *The Printing Revolution in Early Modern Europe,* Cambridge, Cambridge University Press, 1983.
Elan, H. 'H. D. Lasswell's developmental analysis', *Western Political Quarterly*, 11, 1958.
Elias, N. *The Civilising Process*, Oxford, Basil Blackwell, 1978.
Engels, F. Letter to K. Marx, 7 January 1858, in K. Marx and F. Engels, *Werke,* Berlin, Dietz Verlag, 1963, vol. 24.
Epstein, W. *The Last Chance; Nuclear Proliferation and Arms Control*, New York, The Free Press, 1975.
Erikson, J. *The Soviet High Command: a Military-Political History*, London, Macmillan, 1962.
Fairbank, J. K. *Chinese Thought and Institutions,* Chicago, University of Chicago Press, 1959.
Feld, M. D. *The Structure of Violence,* Beverly Hills, Sage, 1977.
Feldman, G. *Army, Industry and Labour*, Princeton, Princeton Princeton University Press, 1966.
Ferguson, A. *An Essay on the History of Civil Society,* Edinburgh, Edinburgh University Press, 1966.
Finer, S. E. *The Man on Horseback*, London, Pall Mall, 1962.
Finer, S. E. 'State- and nation-building in Europe: the role of the military' in C. Tilly (ed.) *The Formation of National States in Europe*, Princeton, Princeton University Press, 1975.
Foucault, M. *Discipline and Punish*, London, Allen Lane, 1977.
Franke, H. 'Siege and defence of towns in mediaeval China' in F. A. Kierman and J. K. Fairbank, *Chinese Ways of Warfare*, Cambridge, Mass., Harvard University Press, 1974.
Frankel, J. *International Relations in a Changing World*, Oxford, Oxford University Press,   .
Freidson, E. *The Hospital in Modern Society*, Glencoe, The Free Press, 1963.
Freud, S. *Group Psychology and the Analysis of the Ego*, London, Hogarth Press, 1922.
Friedrich, C. J. *Totalitarianism*, Cambridge, Mass., Harvard University Press, 1954.

Friedrich, C. J. and Brzezinski, Z. K. *Totalitarian Dictatorship and Autocracy*, New York, Praeger Press, 1967.

Friedrich, C. J. et al. *Totalitarianism in Perspective: Three Views*, London, Pall Mall, 1969.

Furtado, C. *Accumulation and Development*, Oxford, Martin Robertson, 1983.

Gallie, W. B. *Philosophers in Peace and War,* Cambridge, Cambridge University Press, 1978.

Gansler, J. *The Defence Industry*, Cambridge, Mass., MIT Press, 1980.

Gardiner, A. H. *Ancient Egyptian Onomastica*, Oxford, Oxford University Press, vol. I.

Geertz, C. *Old Societies and New States*, New York, Collier-Methuen, 1963.

Geertz, C. *Local Knowledge,* New York, Basic Books, 1983.

Gelb, I.J. *A Study of Writing*, London, Routledge & Kegan Paul, 1952.

Gellner, E. *Thought and Change*, London, Weidenfeld, 1964.

Gellner, E. *Spectacles and Predicaments*, Cambridge, Cambridge University Press, 1979.

Gellner, E. *Nations and Nationalism*, Oxford, Basil Blackwell, 1983.

Gibb, H. A. R. and Bowen, H. *Islamic Society and the West*, London, Oxford University Press, 1950, vol. I.

Gibbon, E. *The Decline and Fall of the Roman Empire*, New York, Modern Library, 1932, vol. I.

Giddens, A. *Central Problems in Social Theory*, London, Hutchinson, 1977.

Giddens, A. *New Rules of Sociological Method*, London, Hutchinson, 1976.

Giddens, A. *Studies in Social and Political Theory*, London, Hutchinson, 1977.

Giddens, A. *A Contemporary Critique of Historical Materialism*, London, Macmillan, 1981, vol. I.

Giddens, A. *The Class Structure of the Advanced Societies,* London, Hutchinson, 1981 revised edn.

Giddens, A. *Profiles and Critiques in Social Theory*, London, Macmillan, 1982.

Giddens, A. *The Constitution of Society,* Cambridge, Polity Press, 1984.

Giddens, A. 'The nation-state and violence' in W. W. Powell and R. Robbins, *Conflict and Consensus*, New York, The Free Press. 1984.

Giddens, A. *Between Capitalism and Socialism*, Cambridge, Polity Press, forthcoming.

Gilbert, F. *The Historical Essays of Otto Hintze*, New York, Oxford University Press, 1975.

Gilpin, R. *War and Change in World Politics*, Cambridge, Cambridge University Press, 1983.
Gimpel, J. *The Mediaeval Machine*, London, Victor Gollancz, 1977.
Goldfrank, W. L. *The World-System of Capitalism: Past and Present*, Beverly Hills, Sage, 1979.
Goldschied, R. 'Staat, öffenticher Haushalt und Gesellschaft', *Handbuch der Finanzwissenschaft*, Tübingen, Möhr, 1926, vol. I.
Goody, J. *The Domestication of the Savage Mind*, Cambridge, Cambridge University Press, 1977.
Gordon, R. J. and Pelkmans, J. *Challenges to Interdependent Economies*, New York, McGraw-Hill, 1979.
Goubert, P. *Beauvais et le Beauvaisis de 1600 à 1780*, Paris, SEUPEN, 1960.
Gouldner, A. W. *The Dialectic of Ideology and Technology*, New York, Seabury, 1976.
Gregory, D. *Regional Transformation and Industrial Revolution*, London, Macmillan, 1982.
Grew. R. 'The nineteenth-century European state' in C. Bright and S. Harding, *Statemaking and Social Movements*, Ann Arbor, University of Michigan Press, 1984.
Griffeth, R. and Thomas, C. G. *The City-State in Five Cultures*, California, Santa Barbara, 1981.
Gurr, T. R. *Rogues, Rebels and Reformers*, Beverly Hills, Sage, 1976.
Haas, E. B. 'The balance of power: prescription, concept or propaganda?', *World Politics*, 5, 1953.
Habib, I. *The Agrarian System of Mughal India*, London, Asia Publishing House, 1963.
Hair, P. 'Africanism: the Freetown contribution', *Journal of Modern African Studies*, 5, 1967.
Harris, M. *Cannibals and Kings*, London, Fontana, 1978.
Harrod, R. F. *Money*, London, Macmillan, 1969.
Hart, B. L. *The Tanks*, London, Cassell, 1959, 2 vols.
Hegel, G. W. F. *The Philosophy of Right*, London, Bell, 1896.
Hegel, G. W. F. *The Phenomenology of Spirit*, Oxford, Clarendon Press, 1977.
Hill, C. *The World Turned Upside Down*, London, Temple Smith, 1972.
Hintze, O. *Staat und Verfassung*, Göttingen, Vandenhoeck, 1962.
Hobsbawm, E. *Primitive Rebels*, Manchester, Manchester University Press, 1959.
Hobsbawm, E. and Ranger, T. *The Invention of Tradition*, Cambridge, Cambridge University Press, 1983.
Hogg, O. F. G. *The Royal Arsenal*, London, Oxford University Press, 1963, vol. 2.

Hopkins, T. K. and Wallerstein, I. 'The comparative study of national societies', *Social Science Information*, 6, 1967.
Howard, M. *War in European History*, Oxford, Oxford University Press, 1976.
Howard, M. '*Temperamenta belli*: can war be controlled?' in his *Restraints on War*, Oxford, Oxford University Press, 1979.
Howse, D. *Greenwich Time and the Discovery of the Longitude*, New York, Oxford University Press, 1980.
Hucker, C. 'The Tung-Lin movement of the Late Ming Period' in J. K. Fairbank, *Chinese Thought and Institutions,* Chicago, University of Chicago Press, 1959.
Hucker, C. O. *Chinese Government in Ming Times: Seven Studies*, New York, Columbia University Press, 1969.
Hughes, A. 'The nation-state in Black Africa' in L. Tivey (ed.) *The Nation-State*, Oxford, Martin Robertson, 1981.
Huntingford, G. W. B. *The Galla of Ethiopia*, London, Hakluyt Society, 1955.
Huntington, S. P. *The Soldier and the State*, Cambridge, Mass., Harvard University Press, 1957.
Huntington, S. P. *Changing Patterns of Military Politics*, Glencoe, The Free Press, 1962.
Ignatieff, M. *A Just Measure of Pain*, London, Macmillan, 1978.
Ingham, G. K. *Capitalism Divided?*, London, Macmillan, 1984.
Innis, H. A. *Empire and Communications,* Oxford, Clarendon Press, 1950.
Janelle, D. G. 'Central place development in a time-space framework', *Professional Geographer*, 20, 1968.
Janowitz, M. 'Armed forces and society: a world perspective' in J. van Doorn, *Armed Forces and Society*, The Hague, Mouton, 1968.
Janowitz, M. *Military Conflict*, Beverly Hills, Sage, 1975.
Janowitz, M. 'A sociological perspective on Wallerstein', *American Journal of Sociology*, 82, 1977.
Jessop, B. *The Capitalist State*, Oxford, Martin Robertson, 1982.
Jones, A. H. M. *The Later Roman Empire*, Oxford, Basil Blackwell, 1964, vol. II.
Jones, S. B. *Boundary Making: A Handbook for Statesmen*, Washington, Carnegie Endowment for International Peace Monograph, 1945.
Kalberg, S. 'Max Weber's universal-historical architectonic of economically oriented action' in S. McNall, *Current Perspectives in Social Theory*, 1983, vol. 4.
Kaldor, M. 'Disarmament: the armament process in reverse', in E. P. Thompson and D. Smith, *Protest and Survive*, Harmondsworth, Penguin, 1980.

Kaldor, M. *The Baroque Arsenal*, London, Deutsch, 1982.
Kaldor, M. and Eide, A. *The World Military Order*, London, Macmillan, 1979.
Kautsky, J. H. *The Politics of Aristocratic Empires*, Chapel Hill, University of North Carolina Press, 1982.
Kedourie, E. *Nationalism*, London, Hutchinson, 1961.
Kennedy, G. *Defense Economics*, London, Duckworth, 1983.
Kern, S. *The Culture of Time and Space 1880−1918*, London, Weidenfeld, 1983.
Kidron, M. *Western Capitalism Since the War*, London, Weidenfeld, 1968.
Kierman, F. A. and Fairbank, J. K. *Chinese Ways in Warfare*, Cambridge, Mass., Harvard University Press, 1974.
King, P. *The Ideology of Order*, London, Allen and Unwin, 1974.
Klein, B. *Germany's Economic Preparation for War*, Cambridge, Mass., Harvard University Press, 1959.
Kolko, J. and G. *The Limits of Power*, New York, Harper, 1972.
Kraeling, C. H. and Adams, R. M. *City Invincible*, Chicago, University of Chicago Press, 1960.
Kramer, S. N. *From the Tablets of Sumer*, Indian Hills, Colorado University Press, 1956.
Kramer, S. N. *History Begins at Sumer*, New York, Anchor, 1959.
Kuhn, P. A. *Rebellion and its Enemies in Late Imperial China*, Cambridge, Mass., Harvard University Press, 1970.
Kung-chuan Hsiao, *Rural China, Imperial Control in the Nineteenth Century*, Seattle, University of Washington Press, 1960.
Ladurie, Le Roy, *Le Territoire de l'historien*, Paris, Gallimard, 1973−8, 2 vols.
Lamb, B. P. *India: a World in Transition,* New York, Praeger, 1963.
Lane, D. *Politics and Society in the USSR*, London, Weidenfeld, 1970.
Lapp, R. E. *The Weapons Culture*, New York, Norton, 1968.
Larrain, J. *Marxism and Ideology*, London, Macmillan, 1983.
Lasswell, H. D. *World Politics and Personal Insecurity*, New York, McGraw-Hill, 1935.
Lasswell, H. D. 'The garrison-state hypothesis today', in S. P. Huntington, *Changing Patterns of Military Politics*, Glencoe, The Free Press, 1962.
Lattimore, O. *Inner Asian Frontiers of China*, New York, Oxford University Press, 1940.
Lattimore, O. 'Feudalism in history', *Past and Present*, 12, 1957.
Le Goff, T. J. A. and Sutherland, D. M. G. 'The revolution and the rural community in eighteenth-century Brittany', *Past and Present*, 62, 1974.

Leach, E. 'Hydraulic society in Ceylon', *Past and Present*, 15, 1959.
Lefort, C. *L'invention démocratique*, Paris, Fagard, 1981.
Lévi-Strauss, C. 'Réponses à quelques questions', *Esprit*, 31, 1963.
Lévy, B-H. *Barbarism with a Human Face*, New York, Harper, 1977.
Lewin, M. *Political Undercurrents in Soviet Economic Debates*, Princeton, Princeton University Press, 1974.
Lewis, M. *The History of the British Navy*, London, Allen & Unwin, 1959.
Lieberson, S. 'An empirical study of military-industrial linkages' in S. C. Sarkesian, *The Military-Industrial Complex: a Reassessment*, Beverly Hills, Sage, 1972.
Lindblom, C. E. *Politics and Markets*, New York, Basic Books, 1977.
Lloyd George, D. *Truth About the Peace Treaties*, London, Victor Gollancz, 1938.
Lockyer, R. *Hapsburg and Bourbon Europe 1470—1720*, London, Longman, 1974.
Lofland, J. *State Executions*, Montclair, NJ, Patterson Smith, 1977.
Luard, E. *International Agencies*, London, Macmillan, 1977.
Lublinskaya, A. D. *French Absolutism: The Crucial Phase, 1620—29*, Cambridge, Cambridge University Press, 1968.
Luckham, R. 'Militarism: force, class and international conflict', in M. Kaldor and A. Eide, *The World Military Order*, London, Macmillan, 1979.
Luhmann, N. *Trust and Power*, Chichester, Wiley, 1979.
Lukes, S. *Marxism and Morality*, Oxford, Oxford University Press, forthcoming.
Lyber, A. H. *The Government of the Ottoman Empire*, Cambridge, Mass., Harvard University Press, 1963.
McConville, S. *A History of English Prison Administration*, London, Routledge & Kegan Paul, 1981, vol. I.
McElwee, W. *The Art of War, Waterloo to Mons*, London, Weidenfeld, 1974.
McNall, S. *Current Perspectives in Social Theory*, 1983, vol. 4.
McNeill, W. H. *America, Britain and Russia: Their Cooperation and Conflict, 1941—1946*, London, Oxford University Press, 1953.
McNeill, W. H. *The Pursuit of Power*, Oxford, Basil Blackwell, 1983.
Macfarlane, A. *The Justice and the Mare's Ale*, Oxford, Basil Blackwell, 1981.
Macpherson, C. B. *Democratic Theory: Essays in Retrieval*, Oxford, Clarendon Press, 1973.
Mallowan, M. E. L. 'The development of cities: from Al Ubaid to the end of Uruk' in *The Cambridge Ancient History*, Cambridge, Cambridge University Press, 1970, vol. I.

Mandel, E. *Marxist Economic Theory*, London, Merit Publishers, 1968.
Mandelbaum, M. *The Nuclear Revolution*, Cambridge, Cambridge University Press, 1981.
Mann, M. 'States, ancient and modern' *Archives européenes de sociologie*, 18, 1977.
Mann, M. 'Capitalism and Militarism' in M. Shaw, *War, State and Society*, London, Macmillan, 1984.
Manning, C. A. W. *The Nature of International Society*, London, Bell, 1962.
Marshall, S. L. A. *The Soldier's Load and the Mobility of a Nation*, Washington, Combat Forces Press, 1950.
Marshall, T. H. *Class, Citizenship and Social Development*, Westport, Greenwood Press, 1973.
Marwick, A. *War and Social Change in the Twentieth Century*, London, Macmillan, 1974.
Marx, K. 'Economic and Philosophical manuscripts' in T. B. Bottomore, *Karl Marx, Early Writings*, New York, McGraw-Hill, 1964.
Marx, K. 'Preface' to 'A Contribution to the Critique of Political Economy' in K. Marx and F. Engels, *Selected Works in One Volume*, London, Lawrence and Wishart, 1968.
Marx, K. 'The British rule in India' in S. Avineri (ed.), *Karl Marx on Colonialism and Modernisation*, New York, Doubleday, 1968.
Marx, K. 'The civil war in France' in K. Marx and F. Engels, *Selected Works in One Volume*, London, Lawrence and Wishart, 1968.
Marx, K. 'The Eighteenth Brumaire of Louis Bonaparte' in K. Marx and F. Engels, *Selected Works in One Volume*, London, Lawrence and Wishart, 1968.
Marx, K. *Capital*, London, Lawrence and Wishart, 1970, vol. I.
Marx, K. *Grundrisse*, Harmondsworth, Penguin, 1973.
Marx, K. and Engels, F. *Werke*, Berlin, Dietz Verlag, 1963, vol. 24.
Marx, K. and Engels, F. *The German Ideology*, London, Lawrence and Wishart, 1965.
Marx, K. and Engels, F. *Selected Works in One Volume*, London, Lawrence and Wishart, 1968.
Marx, K. and Engels, F. 'The Communist Manifesto' in their *Selected Works in One Volume*, London, Lawrence and Wishart, 1968.
Mattingly, G. *Rennaissance Diplomacy*, London, Jonathan Cape, 1955.
Mattingly, G. *The Defeat of the Spanish Armada*, London, Jonathan Cape, 1959.
May, A. J. *Europe Since 1939*, New York, Holt, Rinehart & Winston, 1966.
Meinecke, F. *Der Idee der Staatsräson*, Berlin, R. Oldenbourg, 1924.

Menze, E. A. *Totalitarianism Reconsidered*, London, Kennikat, 1981.
Métraux, A. *The History of the Incas*, New York, Schocken, 1970.
Millar, J. and Nove, A. 'Was Stalin really necessary?', *Problems of Communism*, 25, 1976.
Milward, A. S. *The Economic Effects of the World Wars on Britain*, London, Macmillan, 1970.
Mitchell, B. R. *European Historical Statistics, 1750—1970*, New York, Columbia University Press, 1975.
Mommsen, W. J. *Max Weber und die Deutsche Politik, 1890—1920*, Tübingen, Möhr, 1959.
Morgenthau, H. J. *Politics Among Nations*, New York, Knopf, 1960.
Morison, S. E. et al. *The Growth of the American Republic*, London, Oxford University Press, 1969, vol. 2.
Mumford, L. *The Myth of the Machine*, London, Secker & Warburg, 1967.
Mumford, L. *The Pentagon of Power*, London, Secker & Warburg, 1971.
Mumford, L. *Interpretations and Forecasts*, London, Secker & Warburg, 1973.
Nairn, T. *The Break-up of Britain*, London, New Left Books, 1977.
Needham, J. *Science and Civilisation in China*, Cambridge, Cambridge University Press, 1954, vol. I.
Nef, J. U. *War and Progress*, Cambridge, Mass., Harvard University Press, 1950.
Nelson, M. F. *Korea and the Old Order in Eastern Asia*, Baton Rouge, Louisiana State University Press, 1946.
Norris, F. *The Octapus*, London, Grant Richards, 1901.
Novicow, J. *La guerre et ses prétendus bienfaits*, Paris, Alcan, 1894.
Oberg, J. 'The new international military order: a threat to human security' in A. Eide and M. Thee, *Problems of Contemporary Militarism*, London, Croom Helm, 1980.
Oberschall, A. *The Establishment of Empirical Social Research in Germany*, The Hague, Mouton, 1965.
Offe, C. *Disorganised Capitalism*, Cambridge, Polity Press, 1985.
Olmstead, A. T. E. *History of Palestine and Syria*, New York, Charles Scribner, 1931.
Oman, C. W. C. *The Art of War in the Middle Ages, 375—1515*, Ithaca, Cornell University Press, 1953.
Orridge, A. W. 'Varieties of nationalism' in L. Tivey (ed.) *The Nation-State*, Oxford, Martin Robertson, 1981.
Otley, C. B. 'Militarism and the social affiliations of the British army elite' in J. van Doorn, *Armed Forces and Society*, The Hague, Mouton, 1968.

Otterbein, K. F. *The Evolution of War*, New Haven, Human Relations Area Files Press, 1970.
Parkes, D. and Thrift, N. *Times, Spaces and Places*, Chichester, Wiley, 1980.
Parlier, G. 'The "military revolution" 1550—1660 — a myth?', *Journal of Modern History*, 48, 1976.
Parsons, T. 'On the concept of political power', *Proceedings of the American Philosophical Society*, 107, 1963.
Parsons, T. 'On the concept of political power' and 'Some reflections on the place of force in social process' in H. Eckstein, *Internal War*, Glencoe, The Free Press, 1964.
Peacock, A. T. *International Economic Papers*, New York, Macmillan, 1954.
Pearton, M. *The Knowledgeable State*, London, Burnett, 1982.
Perez-Diaz, V. M. *State, Bureaucracy and Civil Society*, London, Macmillan, 1978.
Perlmutter, A. *The Military and Politics in Modern Times*, New Haven, Yale University Press, 1977.
Petrie, W. M. F. *Social Life in Ancient Egypt*, London, Constable, 1923.
Piven, F. F. and Cloward, R. A. *Regulating the Poor*, London, Tavistock Publications, 1972.
Poggi, G. *The Development of the Modern State*, London, Hutchinson, 1978.
Polanyi, K. *The Great Transformation*, London, Victor Gollancz, 1945.
Polenberg, R. *War and Society: The United States, 1941—45*, New York, J. P. Lippincott, 1972.
Pollard, A. F. 'The balance of power', *Journal of the British Institute of International Affairs*, 2, 1923.
Pollard, S. *The Genesis of Modern Management*, London, Arnold, 1965.
Poulantzas, N. *Political Power and Social Classes*, London, New Left Books, 1973.
Powell, W. W. and Robbins, R. *Conflict and Consensus*, New York, The Free Press, 1984.
Prescott, J. R. V. *Boundaries and Frontiers*, London, Croom Helm, 1978.
Ratzel, F. *Anthropogeographie*, Stuttgart, 1882.
Ratzel, F. *Politische Geographie*, Berlin, R. Oldenboug, 1897.
Rawdin, M. *The Mongol Empire: its Rise & Legacy*, New York, Free Press, 1967.
Ricoeur, P. *Hermeneutics and the Human Sciences*, Cambridge, Cambridge University Press, 1981.
Rokkan, S. 'Cities, states and nations: a dimensional model for the study of contrasts in development', in S. N. Eisenstadt and S. Rokkan, *Building States and Nations,* Beverly Hills, Sage, 1973.

参考文献

Ropp, T. *War in the Modern World*, Westport, Greenwood, 1959.
Rosen, G. 'The hospital: historical sociology of a community institution' in E. Freidson, *The Hospital in Modern Society*, Glencoe, The Free Press, 1963.
Rosenthau, J. N. *The Study of Global Interdependence*, London, Pinter, 1980.
Roux, J-P. *Les traditions des nomades*, Paris, Maisonneuve, 1970.
Rule, J. C. *Louis XIV and the Craft of Kingship*, Columbus, Ohio State University Press, 1969.
Rusche, G. and Kirchheimer, O. *Punishment and Social Structure*, New York, Russell & Russell, 1968.
Russett, B. and Starr, H. *World Politics*, San Francisco, Freeman, 1981.
Sabloff, J. A. and Lamberg-Karlovsky, C. C. *Ancient Civilisation and Trade*, Alberquerque, University of New Mexico Press, 1975.
Sarkesian, S. C. *The Military-Industrial Complex: a Reassessment*, Beverly Hills, Sage, 1972.
Satow, E. M. *A Guide to Diplomatic Practice*, London, Longman, 1922.
Schulz, G. *Revolutions and Peace Treaties 1917—20*, London, Methuen, 1967.
Schumpeter, J. 'The crisis of the tax state' in A. T. Peacock, et al. *International Economic Papers*, New York, Macmillan, 1954.
Scott, J. B. *President Wilson's Foreign Policy*, New York, Oxford University Press, 1918.
Semmel, B. *Marxism and the Science of War*, Oxford, Oxford University Press, 1981.
Seton-Watson, H. *Nations and States*, London, Methuen, 1982.
Shaw, M. *War, State and Society*, London, Macmillan, 1984.
Sheppard, G. A. *Arms and Armour 1660 to 1918*, London, Hart-Davis, 1971.
Shorter, A. W. *Everyday Life in Ancient Egypt*, London, Marston & Co., 1932.
Simmel, Georg, *Soziologie*, Leipzig, Duncker and Humboldt, 1908.
Sjoberg, G. *The Preindustrial City*, Glencoe, The Free Press, 1960.
Skinner, Q. *The Foundations of Modern Political Thought*, Cambridge, Cambridge University Press, 1978, 2 vols.
Skocpol, T. 'Wallerstein's world-capitalist system: a theoretical and historical critique', *American Journal of Sociology*, 82, 1977.
Smith, A. *The Theory of Moral Sentiments*, Oxford, Oxford University Press, 1976.
Smith, A. D. *Theories of Nationalism*, London, Duckworth, 1971.
Smith, A. D. *Nationalism in the Twentieth Century*, Oxford, Martin Robertson, 1979.
Sombart, W. *Krieg und Kapitalismus*, Duncker and Humboldt, Munich, 1913.

Sorel, A. *L'Europe et la révolution française*, Paris, E. Plon, 1885.
Sorokin, P. *Social and Cultural Dynamics*, New York, American Book Company, 1937, vol. 3.
Soustelle, J. *Daily Life of the Aztecs on the Eve of the Spanish Conquest*, Stanford, Stanford University Press, 1970.
Spencer, H. *The Study of Sociology*, Ann Arbor, University of Michigan Press, 1961.
Spencer, H. *The Evolution of Society*, edited by Robert L. Carneiro, Chicago, University of Chicago Press, 1967.
Stevenson, G. H. *Roman Provincial Administration*, Oxford, Basil Blackwell, 1949.
Talmon, J. L. *The Origins of Totalitarian Democracy*, New York, Praeger Press, 1961.
Taylor, A. J. P. *The Struggle for Mastery in Europe, 1848—1918*, Oxford, Clarendon Press, 1954.
Taylor, R. 'The Greens in Britain', in D. Coates et al. *A Socialist Anatomy of Britain*, Cambridge, Polity Press, 1984.
Terraine, J. *Impacts of War*, London, Hutchinson, 1970.
The Cambridge Ancient History, Cambridge, Cambridge University Press, 1970, vol. I.
The Cambridge History of the Bible, Cambridge, Cambridge University Press, 1963—70, vol. I.
Thompson, E. P. and Smith, D. *Protest and Survive*, Harmondsworth, Penguin, 1980.
Thompson, J. B. *Studies in the Theory of Ideology*, Cambridge, Polity Press, 1984.
Tierney, B. *Mediaeval Poor Law*, Berkeley, University of California Press, 1959.
Tilly, C. 'Reflections on the history of European state-making' in C. Tilly (ed.) *The Formation of National States in Europe*, Princeton, Princeton University Press, 1975.
Tivey, L. (ed.) *The Nation-State*, Oxford, Martin Robertson, 1981.
Touraine, A. *The Post-Industrial Society*, London, Wildwood, 1974.
Toutain, J. *The Economic Life of the Ancient World*, London, Kegan Paul, 1930.
Toy, S. *A History of Fortification from 3000 BC to 1700*, New York, Heinemann, 1955.
Tribe, K. *Genealogies of Capitalism*, London, Macmillan, 1981.
Tullock, G. *The Politics of Bureaucracy*, Washington, Public Affair Press, 1965.
Turner, R. *Ethnomethodology*, Harmondsworth, Penguin, 1974.
Turner, R. 'Words, utterances and activities' in his *Ethnomethodology*, Harmondsworth, Penguin, 1974.

Unger, A. L. *The Totalitarian Party*, Cambridge, Cambridge University Press, 1974.
van Doorn, J. *Armed Forces and Society*, The Hague, Mouton, 1968.
van Doorn, J. *The Soldier and Social Change*, Beverly Hills, Sage, 1975.
Vinogradoff, P. *Roman Law in Mediaeval Europe*, London, Harper, 1909.
von Clausewitz, K. M. *On War*, London, Kegan Paul, 1908.
von Gentz, F. *Fragments Upon the Balance of Power in Europe*, London, M. Pettier, 1806.
Wallerstein, I. *The Modern World System*, New York, Academic Press, 1974.
Wallerstein, I. *The Capitalist World Economy*, Cambridge, Cambridge University Press, 1979.
Walzer, M. *Just and Unjust Wars*, London, Allen Lane, 1978.
Watt, D. C. *Too Serious a Business: European Armed Forces and the Approach of the Second World War*, London, Temple Smith, 1975.
Webb, S. and B. *English Local Government*, London, Macmillan, 1982, vol. 4.
Weber, M. *The Religion of India*, Glencoe, The Free Press, 1958.
Weber, M. *General Economic History*, New York, Collier, 1961.
Weber, M. *The Religion of China*, Glencoe, The Free Press, 1964.
Weber, M. *The Protestant Ethic and the Spirit of Capitalism*, London, Allen & Unwin, 1976.
Weber, M. *Economy and Society*, Berkeley, University of California Press, 1978, vol. I.
Wesson, R. G. *The Imperial Order*, Berkeley, University of California Press, 1967.
Whaley, J. *Mirrors of Mortality*, London, Europa, 1981.
Wheatley, P. *The Pivot of the Four Quarters*, Edinburgh, Edinburgh University Press, 1971.
White, J. E. M. *Ancient Egypt*, London, Allen Wingate, 1952.
White, L. T. *Mediaeval Technology and Social Change*, Oxford, Clarendon Press, 1962.
Williams, E. N. *The Ancien Regime in Europe*, London, Bodley Head, 1970.
Williams, S. W. *The Middle Kingdom*, New York, Wiley, 1879, vol. I.
Williamson, H. *The Wet Flanders Plain*, London, Beaumont Press, 1929.
Wilson, E. 'Egypt through the New Kingdom' in C. H. Kraeling and R. M. Adams, *City Invincible*, Chicago, University of Chicago Press, 1960.
Wilson, J. A. *The Burden of Egypt*, Chicago, University of Chicago Press, 1951.

Winter, J. M. *War and Economic Development*, Cambridge, Cambridge University Press, 1975.

Winter, N. O. *The Russian Empire of Today and Yesterday*, London, Simpkin, 1914.

Wiseman, D. J. 'Books in the Ancient Near East and in the Old Testament', in P. R. Ackroyd and C. F. Evans, *The Cambridge History of the Bible*, Cambridge, Cambridge University Press, 1963—70, vol. I.

Wittfogel, *Oriental Despotism*, New Haven, Yale University Press, 1957.

Wolf, E. *Peasant Wars of the Twentieth Century*, New York, Harper, 1969.

Wolpin, M. D. *Military Aid and Counter Revolution in the Third World*, Lexington, Mass., Lexington Books, 1972.

World Armaments and Disarmaments Yearbook, 1984, London, Taylor and Francis.

Wright, A. F. *The Confucianist Persuasion*, Stanford, Stanford University Press, 1960.

Wright, Q. *A Study of War*, Chicago, University of Chicago Press, 1965.

Wright Mills, C. *The Power Elite*, New York, Oxford University Press, 1956.

Yadin, Y. *The Art of Warfare in Biblical Lands in the Light of Archaeological Study*, London, Weidenfeld, 1963, 2 vols.

Zerubavel, E. *Hidden Rhythms*, Chicago, University of Chicago Press, 1981.

Ziff, P. *Semantic Analysis*, Ithaca, Cornell University Press, 1960.

索 引

absolutist states:
  and balance of power 87
  development of 83—4, 112, 178—9
  European system of 84—92, 93, 111—12
  and growth of capitalism 148—9, 151—60, 164, 274
  military power 104—15, 228
  as organization 93—103
  as traditional state 85, 93
  see also administration; army, standing; boundaries; sovereignty; territoriality
administration:
  in absolutist state 95—9, 102—3, 112—15, 181—3, 189
  in business organization 127
  centralization of 47, 95—9, 102, 119, 164, 179—80, 247, 273—4
  and concentration of resources 15—16, 19, 113—15
  and discipline 15, 114—15, 182—90, 194, 205—6, 230
  and law and violence 16, 201—2
  and military power 105, 112—15, 247—51
  and nation-state 4, 10, 157, 172—81, 186—7, 194, 201—2, 211—12, 214, 219—20, 256, 308—9, 341
  as organization 12
  patrimonial 61—2, 63, 76, 78, 95
  in religious organizations 48
  in traditional states 38—40, 46—9, 52, 55, 61—3, 75, 113, 178, 181—2, 209—10

  see also bureaucracy; city-state; communication; industrialism; information; pacification
agency, concept of 7, 9, 11—12
agrarian states:
  origins of 23, 32, 34
  as traditional states 35, 38, 40, 47—8, 65, 209—10
  see also traditional states
Anderson, P. 93, 97
Anell, L. 279
Arendt, H. 300—1, 304—5
Ariès, P. 194—5
army, standing 16
  in absolutist states 108—10, 112—13
  conscription 82, 227—30, 233—4
  discipline 230—1
  and industrial capitalism 160, 164, 276
  and nation-state 227—33, 312
  professionalization of 223, 227—31, 250, 275, 312, 328
  in traditional states 55—6, 113
  see also nation-state: garrison-state and praetorian state; power, military
Aron, R. 283—4
authority/authoritarianism 143, 305, 309
  see also power; resources: authoritative

Barraclough, G. 84
Barrow, G. W. S. 118
Barth, F. 116—17

327

Baudin, L. 39
Bendix, R. 28—9, 199, 204, 348n54
Benveniste, E. 41
Bischoff, J. 173
Bloom, S. F. 25
Bodin, L. 94, 100, 119, 210
boundaries:
   of absolutist states 85, 88—90
   of nation-states 4, 49—50, 79—81, 120—1, 141, 268, 270, 291
   natural 50—1, 90
   of traditional states 49, 51
   see also frontier
Bourdieu, P. 343n20
Braudel, F. 163
Braun, R. 157
Breuilly, J. 212, 216
Brodie, B. 110
bureaucracy:
   of absolutist states 97, 102—3
   of business organization 127, 134
   and capitalism 141, 308
   of traditional states 61—2, 67, 93
   see also administration
Burns, E. M. and Ralph, P. L. 55

Camus, Albert 294—5, 333, 335
capitalism, commercial 105
   and absolutist state 96, 100, 102, 115—16
   expansion of 92, 102, 126
capitalism, finance 126, 129
capitalism, industrial:
   and civil society 66—8, 206—7
   as class system 63—4, 66, 69—70, 136, 143—6, 159—60, 172, 204, 206—9, 211—12, 292, 311—12, 317—19, 321—2, 325
   and control of violence 27, 71, 190—2, 222
   and democracy 198, 204
   expansion of 1, 92, 122—8, 148, 155—9, 213, 226, 288—9, 312
   and modernity 1—2, 4—5, 31—2, 168—70, 181, 310—24, 336—7
   and nationalism 220
   origins of 68, 122—37, 150—3
   and social change 33, 182, 336
   and urbanism 192—3
   and world system theory 161—71, 276—7, 287—8
   see also bureaucracy; change, social; class; industrialism; labour; Marx, K.; Marxism: and capitalism; society, capitalist; Weber, Max
capitalism, welfare 289, 325
change, social 8, 28, 180, 212, 294, 308, 313, 335—9
   and capitalism 30, 31—3
   endogenous model 161—2, 166—8, 171, 234
   evolutionary model 31—2, 234
   and warfare 232—5, 242—4, 245, 247
Chesterfield, Lord 88
Childe, V. G. 54
China:
   military power 55—6, 77—8, 105, 226
   surveillance in 15
   as traditional state 35, 37—8, 47, 50—1, 59, 61, 63, 65—6, 74, 80—1, 189
   and world system 268
Churchill, W. S. 234
citizenship:
   and absolutist states 94
   and nation-states 28—9, 183—4, 212, 229, 232—5
   and nationalism 210, 216, 229, 259, 271
   and traditional states 210
   see also polyarchy; rights
city/countryside:
   in absolutist states 97
   dissolution of relations between 4, 22
   in traditional states 16, 21, 38, 40, 52, 146, 192, 313
city-state:
   and administration 39—40, 58
   and allocative resources 36
   and authoritative resources 38, 40, 46

索引

classical Greece 57n
  ideology/power in 16—17
  inter-state relations 79, 81—2
  military power in 40, 54, 56, 107
  as traditional state 35—41, 51, 65
  see also traditional states
civil society:
  and absolutist states 149—50
  and government 18
  in Hegel 20—1
  in Marx 21, 67
  and nation-state 21—2, 184
civil war 121
Clark, G. N. 102
class:
  in absolutist states 96—7
  compromise 204, 321—4
  formation 62—3, 68—70
  and rights 204, 206—7
  in traditional states 62—6, 69—75
  see also capitalism; class struggle; domination; traditional states
class struggle:
  institutionalization of 236, 317
  in Marx 2—3, 25—7, 65, 136, 143, 153, 198—9, 213, 294, 311, 336—7
  and modern capitalism 66, 146, 159—60, 191, 292, 311—13, 317, 319—23
  in nation-state 184, 208—9
  and traditional states 64—5, 70—1
class-divided society, see traditional states
Clausewitz, K. M. von 24, 329—30
collectivism 297
colonialism 92, 161, 213, 223, 225, 272
  anti-colonial movements 240—1
  colonized nation-state 270—1, 275
  and military power 275, 289
  post-colonial states 213, 272—3, 275—6, 280, 287, 317
commodification 129—34, 136, 140, 145—6, 311
  and absolutist state 148—60
  of space and time 174—5, 193
  see also labour: commodification of
communication:
  and administrative power 14, 172—81, 210—11, 276, 296, 309, 312

development of 138
  and nationalism 214, 219
  and warfare 56—7, 223—5, 230—1
Comte, A. 32, 335, 338
congresses 86—7, 90, 222, 257—9, 261
control:
  dialectic of 4, 10—11, 76, 186, 194, 201—2, 205, 208, 312, 314
  modes of 9
  strategies of 10—11, 183—4, 191, 208
  see also rule
corporations, transnational 247—8, 277—9, 290, 311, 339
corporatism 95—7, 100, 238
critical theory and development of modernity 5, 335—41
Cutler, Antony 155

death, attitudes to 194—6
democracy 169
  and influence of warfare 243, 245
  and nation-state 172, 198—9, 201, 218—19, 296—7, 314, 317, 319—22
  see also polyarchy
dependency theory 162—3
Deutsch, K. W. 213—14
deviance:
  in absolutist state 100—1, 182—4
  in nation-state 120, 184, 187, 205, 312, 327
  and totalitarianism 304—5, 308—10
  in traditional state 59, 181—2
diplomacy:
  in absolutist states 85—6, 87, 93, 104
  and nation-states 233, 256, 261, 264, 271, 329—31
  see also international relations
discipline, see administration
Doerner, K. 101—2
domination:
  in absolutist states 97
  capitalist 143, 159—60, 202, 308, 314, 336
  modes of 8—10, 12
  in traditional states 38, 46, 62—4, 72
  see also power

329

Durkheim, E. 180
  and control of violence 23
  and religion 74
  and social change 32
  and the state 17−18, 23−6

Eberhard, W. 47, 65−6
economy:
  in absolutist states 149−52
  government control 28, 242−3, 284
  and military power 245−9
  planned 280, 292
  as separate sphere 134−6, 142−3, 145, 211, 285
  war economy 238−40
  world 162−70, 213, 239−41, 276−81, 292, 339−40
  see also market economy; 'political' sphere
EEC as international organization 283−4
Egypt as traditional state 36, 39, 48, 55, 296
Eisenstadt, S. N. 35
Elias, N. 195
Engels, F.:
  and class struggle 350n7
  and control 26
  and military power 24−5
England/Britain:
  as absolutist state 101, 104, 111, 118, 189−90, 203−5
  and capitalism 149−50, 165, 204
  and industrialization 139, 186
  as nation-state 236, 238, 242−3, 270, 320
  and warfare 223−6, 228, 234, 240, 242, 332
  and world system 258, 267
evolutionism, cultural/social 8, 23−4, 26, 29, 31−2, 112, 336
exchange 123−6, 131−2
  in absolutist state 148−9, 153, 155

fascism 297, 303
  Germany 296, 299, 300−1
  Italy 295−6, 299, 301
Ferguson, Adam 137

feudalism 35, 79−80, 83, 202
  and the city 38
  and class 63, 65
  European 83−5, 88−9, 92, 95, 117, 158
  and law 99−100, 203
  military power 106−10, 113
  territoriality 117
Finer, S. E. 106, 249−50
Foucault, M. 46−7, 101, 114−15, 182−5, 187, 310
France:
  as absolutist state 85−6, 89−90, 95, 97−102, 104, 118−19, 158, 189−90
  military power 108−11, 228−9, 233
  as nation-state 236, 238, 270, 281
  as traditional state 60
franchise, extension of 203−4, 208, 234
Friedrich, C. 296−9, 301−2
frontier:
  of feudal states 85, 88−90
  of traditional state 4, 49−52, 79−81, 90, 120
  see also boundaries

Gellner, E. 32, 212, 214
Gentile, G. 295
Germany:
  and absolutism 104, 205
  military power 224, 228−9, 231, 234−5, 239−40, 332
  as nation-state 238−40, 243, 270, 276, 322
  nationalism 213
  totalitarianism 296, 299−301
Gibb, H. A. R. and Bowen, H. 52
Goffman, E. 185
Goldscheid, R. 159
Goody, J. 43
Gouldner, A. W. 211
government, concept of:
  in absolutist state 93−4, 103
  and capitalism 64
  and nation-state 29, 288, 312, 322−4, 341

in traditional states 4, 10, 57—60, 64, 93—4, 201
see also power; military: and state authority; rule
Grew, R. 317
Griffith, R. and Thomas, C. G. 40, 54
Gurr, T. R. 190

Harris, M. 53
Hegel, G. W. F. 11, 20—1
Herder, J. G. von 216—17
Hintze, Otto 26—7, 29
historicism 216, 313
    and totalitarianism 303, 307
historicity 212, 216, 219—20, 303
history:
    continuities of 31
    discontinuist view 31—4, 83—4, 132, 161—2, 167, 339
    and nation-state 212, 216
    in traditional states 12, 45
    see also progressivist view
Hobbes, G. 100
Hobsbawm, E. 362n32
Hughes, Arnold 272
Huntington, S. P. 228—9, 369n30

ideology:
    influence of 16—17
    and nation-state 211—12, 215, 219—20
    and religion 71—4
    and totalitarianism 299, 303
    in traditional states 46, 71—8
imperial systems 35, 38—9, 80—2, 88, 117, 153, 255
industrialism:
    and administration 137, 144, 172, 243
    definition 138
    and development of modernity 2, 4—5, 23—4, 122—3, 128—9, 214, 289, 312—13, 315
    and military power 27, 29, 222, 235, 246—7, 254, 255—6, 265, 312, 329—32
    as pacific 23, 26, 160
    relation to capitalism 34, 137—47, 148, 288—9, 292, 294, 325, 340—1

see also capitalism; society, industrial
industrialization:
    of food production 237—8
    of manufacture 138—9, 235—41
    of warfare 3, 54, 223—37, 241—2, 264—5, 276, 285, 293, 294—5, 312, 315, 338—9
    in nation-state, against own population 303, 304
    see also army, standing; weaponry
information:
    in absolutist states 87—8, 156, 179—80
    in modern capitalism 144—5
    in nation-states 173, 177—81, 184—5, 209—11, 261, 309, 312
    storage of 2, 14—15, 124
    in traditional states 44, 46—7, 75—6
    see also surveillance
Innis, H. A. 178
integration, functional 276
integration, social 2, 341
integration, systemic:
    class-divided society 16, 52—3, 56, 76, 224
    in nation-state 312
international relations:
    in absolutist states 85—9
    in nation-states 4—5, 30—1, 79—80, 86, 90, 147, 155, 170—1, 222—3, 256, 257—66, 287—90, 331
    see also diplomacy
investment 134—5, 140, 142
Italy:
    totalitarianism in 295—6, 299, 301
    warfare in 224

Jacobs, Jane 36—7, 343n19
Janowitz, M. 232—3, 343—4n30
Japan:
    military power 227, 239—40, 244, 328
    as nation-state 243—4, 273, 276, 289, 322
    and world system 280
Jones, S. B. 120

331

Kautsky, J. 57—8, 350n34
Kedourie, E. 219
Keynes/Keynesianism 242—3

labour:
  alienability of 70
  commodification of 129—33, 140, 142—6, 148, 159—60, 167, 277, 311
  contract 131, 191, 207, 312, 322
  division of 23, 26, 53, 141, 163—4
  free wage-labour 127, 136, 144—5, 152, 166, 186, 191
  international division of 164—5, 171, 193, 240, 253, 265, 278, 284, 287, 289—90, 292, 340—1
  slave 48, 127, 144, 166
  and use of violence 190—1
  and war 236
labour movements 204, 207—8, 236, 313, 316—20, 324—5, 340
language and national identity 74, 98, 117—19, 216, 218—20, 270—1
Lasswell, H. D. 245
Lattimore, O. 50
law:
  in absolutist states 98—100, 148—52, 179
  criminal 100—1, 190
  in nation-state 121, 206
  and sanctions 16, 148—9, 190, 276
  and totalitarianism 299
  in traditional states 46, 58—9, 68—9
Le Goff, T. J. A. and Sutherland, D. M. G. 60, 189
Leach, Edmund 47
leader-figures 218—19, 296, 299, 304—7
  see also nationalism
League of Nations 258—9, 261—4
Lévi-Strauss, C. 32, 76, 343n16
Lindblom, C. E. 199—200
Lloyd George, D. 259, 261
locale:
  of class struggle 66
  definition 12—13
  of dominant class 38, 76—7
  of industrialism 138, 144—5, 194

and military power 16, 107—8
and origins of capitalism 124, 126
Lofland, J. 188
Luckham, R. 251—2

Macfarlane, Alan 189
McNeill, W. H. 54, 111, 222—3, 236—7
management:
  in capitalism 66, 127, 160, 206
  and control 10, 144
market economy and origins of modern capitalism 128, 130, 133—5, 140, 164—7
Marshall, T. H. 28, 200, 202—9, 319—20
Marwick, Arthur 236, 243
Marx, K.:
  and absolutist states 96—7, 152
  and capitalism 122—4, 127, 129—33, 136, 142—3, 145, 160, 167, 311, 335—7, 340—1
  and civil rights 205—9
  and control of violence 2—3, 23, 24—6, 71, 191, 326
  and industrialism 2, 140—1
  and nationalism 212—13
  and religion 71—2, 74—5
  and social change 31—3, 64—5, 313—14, 325—6, 335, 338
  state/civil society 20—1, 24, 28, 153, 200
  and traditional states 59, 69, 71—2, 78
  see also class struggle
Marxism:
  and capitalism 1, 2, 66—7, 122, 245, 287—8, 292, 294, 336, 340
  and class domination 63—4, 68, 308, 322
  and democracy 198—9
  and military power 2—3, 28, 245, 308
  and nationalism 212—13, 219, 303, 307—8
  and private property 68
  and social change 313, 325, 335—8
  and warfare 226

materialism, historical 83
  and allocative resources 8, 15
  in Marxism 1—3, 8, 213, 337—8
  and social change 32, 54, 64, 336—8
Michels, R. 314
modernity 295—341
  influence on 2
  institutional clusterings of 5,
    141—6, 150, 169, 310—25
  see also capitalism: and modernity;
    industrialism; nation-states
modernization theory 162, 169
monarchy, see absolutist states
money 124—6, 128, 130, 131—2
  in absolutist states 148, 152—5,
    157—9
  commodity money 153—5
  fiduciary money 154, 155—6
  paper money 154, 155—6
Moore, S. 39
Morgenthau, H. J. 257, 281
movements, social:
  ethnic 318
  ecological 314, 315—16, 320, 327,
    340—1
  peace movements 314—17, 319,
    326—7, 334, 338—9
  and social protest 313—21, 324
  and use of terror 306—7
  see also labour movements;
    nationalism; revolutionary move-
    ments; women
Mumford, L. 113

Nairn, T. 213
nation, definition 116—17, 119
nation-states:
  and balance of power 87
  and capitalism 4—5, 27, 141, 145,
    148, 152, 160, 172, 255, 274,
    287—8, 292
  classifications of 267—76
  colonized, see colonization
  and democracy 169
  economic relations 276—81
  formation of 34, 83, 85, 179—81,
    270—1

  and industrialization of war 5, 159,
    226—7, 245—54, 329—32
  military power 16, 104, 111—13,
    116, 227—35, 245—54, 255,
    274—6, 329
  modern states as 1—2, 4—5, 121,
    135—6, 177, 341
  modernizing nation-state 273—6
  nation-state system 170, 193, 222,
    226—7, 233, 249, 254, 255—93
  and organization 12, 15, 221
  'political' and 'economic' spheres
    67—70, 136, 179, 211—12, 221
  as power-container 13—14, 97, 120,
    172, 193
  praetorian state 274
  reflexive monitoring 178, 180—1,
    210, 212, 220—1, 256, 258—9,
    261, 263—4, 266, 277, 289
  regionalization 193—4, 220
  socialist 257
  and 'state-nation' 251, 272, 276
  administration; boundaries;
    ideology; international relations;
    nationalism; polyarchy;
    sovereignty; surveillance;
    territoriality; totalitarianism;
    violence
nationalism 197
  in absolutist states 119
  definition 116, 121
  in feudal systems 118
  modern liberal views 28, 216
  and nation-state 212—21, 229,
    232—3, 235, 259—60, 270—3,
    318, 320—1, 338
  and totalitarianism 299, 303, 305,
    307
NATO 243, 253, 267—9, 285—7
nature and modernity 130, 146—7,
  312—13, 315, 318, 340—1
Nietzsche, F. 27, 29
nomadic states 35—6, 81

organization:
  absolutist state as 93—104
  and capitalism 130—1, 134

333

definition 12, 87
international 258—9, 261—4, 282—7, 290—1
in modern state 15, 193, 312, 314
political aspect 19—20
religious 48
in traditional state 46, 48, 52

pacification, internal:
  and military power 113, 251, 276
  and nation-state 4, 120, 160, 181—92, 222, 274, 289, 302, 307, 309
Parsons, T. 202
Pearton, M. 232, 265
peasants:
  in absolutist states 97—8
  and class struggle 65—7, 70—1
  and ideology 76—8
  and modern capitalism 127, 130, 145, 182, 208
  in traditional state 58, 60, 69
Perez-Diaz, V. M. 152—3
Perlmutter, A. 251, 275
Poggi, Gianfranco 99
Polanyi, K. 67
police/policing:
  in absolutist states 190, 205
  in nation-state 251—2, 276
  power 16
  secret 297—300, 302—3
  and supervision 205—6, 303—4, 307, 309—10, 319
  in traditional state 182
  world policing 327
  see also power, military; surveillance
'political' sphere:
  definitions 19—20, 21
  and dominant class 75—6
  and 'economic' sphere 66—70, 75, 134—6, 140, 150, 157, 191, 207—8, 290, 311, 322
  expansion of 179
  and regulation of economic sphere 277—8
Pollard, S. 136

polyarchy 4, 198—201, 233, 306—7, 309, 312—14, 338, 341
  and citizenship 201—9, 218
  and military power 250—1, 312
  see also democracy
power:
  balance of 86—7, 256—60
  centralization of 94—5, 97—9, 154, 296, 308—9
  deflation of 202
  distribution of 74, 207, 278, 314
  and domination 8—9
  institutional mediation of 9—10, 45—6
  and locale 12—13
  and resources 7—8, 10, 13—17, 143
  technologies of 11, 295
  see also domination; rule
power, military:
  bipolar division 267—8, 332
  and capitalism 254
  and development of modernity 2, 5, 16, 24—5, 27, 80, 170, 245, 271, 289—90, 294—5
  'garrison-state' 245
  and law 16
  neglect of in social theory 2—3, 22—7, 308, 326
  and state authority 4, 55—7, 192, 227—8, 247—51, 274—6, 306, 312, 317, 327—8
  and violence 3, 16, 20, 192, 222—3, 327—33
  world military order 5, 284—5, 328—34, 338
  see also absolutist states; army, standing; industrialization: of war; nation-states; traditional states
power, naval 90—2, 105—6, 110—11, 225, 237, 332
printing and modernization 178—9, 210—11
production:
  capitalist 70, 134—5, 142—5, 159—60, 279, 340
  internationalization of 278—80

mass 236—7
mental 71, 75—6
planned 326
surplus 15, 68, 143—4
profit, and origins of capitalism 124, 126—9, 131, 133, 140, 142, 167
progressivist view of history 83
property, private:
  in absolutist states 99—100, 152
  capital as 69—70, 134, 136, 152, 317
  and capitalism 130—1, 136, 140, 143, 146, 152
  and class formation 68—9
  and industrialism 129
  and modernity 310—11
  in traditional societies 69—70
punishment:
  capital punishment 187—8
  see also administrative power: discipline

Quételet, A. 180

Ratzel, F. 49
religion:
  rationalization of 71—5
  in traditional societies 48, 54
  see also ideology
representation as constitutive of modern state 20
resources:
  allocative 2, 7—8, 13, 36, 67, 134, 143, 256, 265
  authoritative 2, 7—8, 13—14, 19, 36—8, 40, 67, 143, 160, 181, 256
  concentration of 13—17, 198, 201, 241
  distribution 43, 67—8, 340
  generation of 13, 36, 46, 52, 67—8, 192—3
  see also power
revolutionary movements:
  modern capitalism 3, 66
  peasant 65—6, 71
  and social change 31
  see also movements, social

Ricoeur, P. 41—3, 45, 179
rights:
  'bourgeois' 131, 187, 191, 198—200, 205, 209, 313—14
  citizenship 200—1, 202—9, 216—18, 233—4, 242—3, 252, 318—20, 325; civil 199, 200—1, 203, 205—8, 217—18, 309, 319—20
  economic 200—1, 203—8, 242, 309, 319, 321, 325
  political 199, 200—1, 203—8, 217—18, 309, 319—21
  and surveillance 309
rule 20
  intensity of 10, 11
  scope of 9, 11
  see also government
Russia/Soviet Union:
  law in 59
  military power 28, 227, 229, 235, 239—40, 246—8, 253—4, 266, 267, 293, 333
  as nation-state 244
  totalitarianism 296—301
  and world economy 168—9, 292
  and world system 258—9, 265—9, 278, 284—7

Saint-Simon, C. H. comte de 26, 71, 137
sanctions:
  and absolutist states 100, 149, 151—2, 190
  and capitalism 127, 151—2, 187
  and military power 16, 71, 149
  of the state 10, 19, 188
  and traditional states 46
Sartre, J. -P. 343n16
Schumpeter, J. 27
science and technology:
  and natural world 312—13
  and warfare 237—8, 240—2, 247, 248, 254, 293, 331—2
sequestration:
  in absolutist states 101, 182—5
  in nation-state 120, 185—6, 194—7, 206, 218

335

and totalitarianism 303—4, 309
  see also deviance
Simmel, B. 343n17
Sjoberg, G. 36—8
Smith, Adam 137
social sciences and use of
    statistics 180—1
social theory:
  modern liberal 28—9, 308
  modern Marxist 2—3, 28, 294—5,
    308
  'new philosophers' 29—31
  nineteenth-century 2, 22—8,
    53, 136—7
socialism:
  and capitalism 2, 5, 336—7
  and internationalism 232, 235
  and the state 21, 24—5
  state socialism 28, 286—7, 292—3,
    297, 317, 323—4
society, capitalist 145, 172, 339
  characteristics of 134—7, 139—41,
    318, 321—4
  as class society 143, 146, 311, 322
society, industrial 2, 4, 53, 122, 137,
    139—40, 143, 244—5, 317, 321
  see also industrialism
society, military 4, 53, 245—54
  see also power, military
Sorel, A. 87
sovereignty:
  in absolutist states 4, 87—9, 91,
    93—4, 98—100, 103, 149—51,
    157—8, 181, 198, 210
  as constitutive of modern state 4,
    20, 51, 198, 257—60, 263, 265—6
  and equality of states 281—2
  and international orders 281—7, 291
  of nation-state 4—5, 90—1, 141,
    172, 200, 205—10, 212, 219, 228,
    235—6, 238, 268
  and nationalism 119, 216—21, 229,
    232—3, 259, 271
  in traditional state 93
Spain as absolutist state 102, 104, 107,
    109, 111, 114, 163
Spencer, H. 23

Stalinism 296—301, 303
state, the:
  and control of violence 18—20,
    23—4, 26—30
  definitions 17—20, 23—6
  and information 177—8
  intervention by 136, 159, 238
  political aspects 19—20, 29
  public sphere 209—11
  state systems 79—82, 84—7, 155,
    255—93
  see also boundaries; government;
    territoriality
state-nations, see colonialism: post-
    colonial states
statistics, use of 45, 179—80, 210
  see also information
surveillance:
  in absolutist states 85—6, 160,
    179, 189—90
  and authority 2
  in capitalist society 66, 144—5, 147,
    160, 191, 294, 312, 318—19
  and direct supervision 14—15,
    46—8, 65—6, 184—5, 303, 309
  and information 14—15, 46—7
  and military power 228, 242, 252,
    295
  in nation-state 4, 5, 14, 120, 157,
    179, 181, 184—7, 192, 194,
    201—2, 220, 263, 312, 314, 319,
    323, 341
  and totalitarianism 302—3, 304,
    308—10, 341
  in traditional society 14—15,
    16—17, 44—9, 52, 65, 76, 144
  see also information; police: secret
symbols, national 93, 116, 118,
    214—16, 218—21, 273, 299,
    305, 307
  see also nationalism

Talmon, J. L. 307
taxation:
  in absolutist states 98, 102—3,
    148, 157—8
  in modern states 157

in traditional states 58—9, 67, 157—8
territoriality of state 18—20, 23—4, 49, 85, 88—9
 of absolutist states 85, 88—9, 97, 103, 120
 of nation-states 26, 103, 147, 172, 216, 228, 235, 256, 288, 291
 of traditional states 49
 see also boundaries; frontier
Thompson, J. B. 42
Tilly, C. 103—4
time-table, importance of 174—5, 185
totalitarianism:
 elements of 303—10
 and modernity 3, 295—7, 301—3, 341
 rise of 238, 252, 295—6
Touraine, A. 317—18
trade, international 91—2, 105, 278—80
tradition:
 importance of 45, 47, 59, 196, 218
 monitoring of 11—12
traditional states 35—60, 61—82
 as class-divided societies 1—2, 13, 62—5, 158, 192, 196, 312—13
 communication 178, 224
 definitions 35
 and feudalism 83
 generation of resources 36, 52, 67—8, 192—3
 and history 12, 32—4
 markets in 128
 military power 2, 16, 40, 48, 53—60, 76—7, 80, 112—13, 120—1, 189, 224, 248, 251, 276
 and origins of capitalism 124—6, 153
 'political' and 'economic' spheres 66—71
 power in 41, 77—8, 117, 124, 209
 religion in 71—6
 and rule 10, 85, 305—6
 as segmental 3—4, 16, 21, 39, 47, 52—3, 73—4, 113, 143—4, 160, 174, 302

transportation 173—4, 224
 see also agrarian states; boundaries; bureaucracy; city-states; government; ideology; law; organization; surveillance; taxation
transportation:
 mechanization of 138, 173—7, 276, 309, 312
 and warfare 56—7, 223—4, 230—1
 see also power, naval
tribal systems 53, 68, 79—80, 117, 196, 255, 312—13

unionization 208, 236
 see also labour movements
United Nations as international organization 258, 262—4, 266, 268, 283, 291
urbanism, modern 22, 36—7, 146—7, 192—4, 313, 341
 and nation-state 120, 172, 274—5
 see also city-state
USA:
 military power 225, 226—7, 229, 233—4, 240, 246—8, 252—4, 266, 267, 293, 333
 as nation-state 236, 238, 243—4
 and world system 258, 265—6, 268—71, 274, 279—81, 284—5, 292
utopianism 334, 336—9

Valéry, P. 84
van Doorn, J. 113—14
violence 2, 16, 18—20, 23, 26, 202
 in absolutist states 149, 152, 182—4, 190
 in capitalism 70—1, 147, 160, 190—1, 222, 322, 326
 and 'garrison-state' 245
 military intervention in government 249—52
 in nation-states 4, 16, 18, 23, 26—30, 120—1, 188, 230, 235, 254, 276, 295, 312, 315, 319, 324
 political theory of 325—35

337

totalitarianism 299—302, 304—7, 308
  in traditional states 56—7, 76, 120—1, 131, 181—2, 201, 248
  see also power, military
Voltaire, F. M. A. de 98
von Gentz, F. 257—8

Wallerstein, I. 161—70, 278, 352n17, 367n35
Walpole, H. 190
Walzer, M. 339
war, see army, standing; communication; democracy; industrialization: of war; transportation; weaponry
Warsaw Pact 267, 286—7
weaponry:
  development of 53—4, 55, 102, 105—12, 223, 225—6, 230—1, 236—7, 256
  and industrialization 240—1, 285, 293, 315, 326—31
  and nuclear weapons 240—2, 253, 315—16, 328—9, 331—5, 338
  trade in 252—4
  weapons systems 241—2, 252
Webb, S. and Webb, B. 190
Weber, Max:
  and administration 15—16, 18, 62, 144—5, 308
  and capitalism 123—9, 130—1, 132—3, 167
  and city 36—7, 39, 59—60
  and industrialism 128—9, 140—1
  and labour 166
  and law 59, 99, 149—52, 179
  and market economy 128
  and military power 3, 27, 54, 105
  and religion 71—3
  and the state 18—20, 26—7, 29
Wesson, R. G. 58, 61
Williams, E. N. 103
Williamson, H. 227
Wilson/Wilsonianism 238, 258—61, 266
Wiseman, D. J. 46
Wittfogel, 39, 47, 62—3
Wolf, E. 65, 350n20
women, status of 236—8
  women's movements 318, 320—1
work-place 138—9
  as locale of administrative power 144—5, 185—6, 191, 206—8, 316
  as locale of surveillance 66, 144—5, 147, 312
world system 4, 174, 238, 240, 255—93, 339—41
  as bipolar 267
  regionalization 163—5, 168—9, 170—1, 193
  and social analysis 281
  theory 28, 161—71, 276—7
Wright Mills, C. 247
writing, development of 14, 41—6, 54, 68, 71, 75, 124, 209
  and surveillance 44—7

The Nation-State and Violence: Volume Two of A Contemporary Critique of Historical Materialism
By Anthony Giddens
Copyright © Anthony Giddens 1985
Simplified Chinese version © 2024 by China Renmin University Press.
This edition is published by arrangement with Polity Press Ltd., Cambridge.
All Rights Reserved.

图书在版编目(CIP)数据

民族国家与暴力 /（英）安东尼·吉登斯著；徐法寅译. -- 北京：中国人民大学出版社，2025.6.
ISBN 978-7-300-33695-4
Ⅰ. D0
中国国家版本馆 CIP 数据核字第 2025YQ1671 号

民族国家与暴力

[英] 安东尼·吉登斯（Anthony Giddens）/著
徐法寅/译　郭忠华/校
Minzu Guojia yu Baoli

出版发行	中国人民大学出版社		
社　　址	北京中关村大街 31 号	邮政编码	100080
电　　话	010－62511242（总编室）	010－62511770（质管部）	
	010－82501766（邮购部）	010－62514148（门市部）	
	010－62511173（发行公司）	010－62515275（盗版举报）	
网　　址	http://www.crup.com.cn		
经　　销	新华书店		
印　　刷	北京宏伟双华印刷有限公司		
开　　本	720 mm×1000 mm　1/16	版　次	2025 年 6 月第 1 版
印　　张	22	印　次	2025 年 8 月第 2 次印刷
字　　数	299 000	定　价	108.00 元

版权所有　侵权必究　　印装差错　负责调换